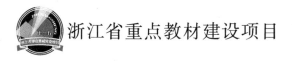

浙江省重点教材建设项目

第二代电子商务系列实用规划教材

电子证券与投资分析

主　编　张德存

内 容 简 介

本书从电子证券交易投资分析入手,详细介绍了证券交易过程电子化的趋势和模式;交易投资分析系统如何安装与使用;如何将传统的技术分析方法利用到软件系统中来,并借助各种投资分析方法进行详细的投资分析,最终达到投资理财的目的。本书共分10章,分别介绍了电子证券投资的一般问题;证券市场电子交易的发展;电子证券投资分析系统;行情分析方法与操作;电子证券投资的基本分析;技术分析方法与应用;K线图分析方法;趋势线分析方法;形态分析方法及其他技术分析理论和方法。本书知识含量丰富,具有趣味性、简洁性,注重培养学生的实战能力,是一本操作性较强的电子商务类用书。

本书以本科的电子商务专业学生为主要读者对象,也可作为管理类和财经类专业的选修课教材。此外,本书还可供广大证券投资者阅读和参考。

图书在版编目(CIP)数据

电子证券与投资分析/张德存主编. —北京:北京大学出版社,2013.3
(第二代电子商务系列实用规划教材)
ISBN 978-7-301-22122-8

Ⅰ. ①电… Ⅱ. ①张… Ⅲ. ①计算机应用—证券投资—投资分析—高等学校—教材 Ⅳ. ①F830.53

中国版本图书馆 CIP 数据核字(2013)第 026671 号

书　　　　名:	电子证券与投资分析
著作责任者:	张德存　主编
策 划 编 辑:	李　虎　刘　丽
责 任 编 辑:	刘　丽
标 准 书 号:	ISBN 978-7-301-22122-8/F · 3529
出 版 发 行:	北京大学出版社
地　　　　址:	北京市海淀区成府路 205 号　100871
网　　　　址:	http://www.pup.cn　新浪官方微博:@北京大学出版社
电 子 信 箱:	pup_6@163.com
电　　　　话:	邮购部 62752015　发行部 62750672　编辑部 62750667　出版部 62754962
印　 刷　 者:	北京鑫海金澳胶印有限公司
经　 销　 者:	新华书店
	787 毫米×1092 毫米　16 开本　20.5 印张　468 千字
	2013 年 3 月第 1 版　2016 年 1 月第 2 次印刷
定　　　　价:	38.00 元

未经许可,不得以任何方式复制或抄袭本书之部分或全部内容。
版权所有,侵权必究
举报电话:010-62752024　电子信箱:fd@pup.pku.edu.cn

第二代电子商务系列实用规划教材
编审指导委员会

顾　　　问　　倪光南　　李　琪　　陈德仁　　吕廷杰

主任委员　　宋　玲

副主任委员

　　　　　　王汝林　　秦成德　　陈　进　　汤兵勇

　　　　　　丁明跃　　郑会颂　　原忠虎　　张润彤

委　　　员（按拼音排序）

　　　　　　蔡志文　　陈高伟　　陈拥军　　费玉莲　　郭　鹏
　　　　　　郭士正　　洪国斌　　洪　涛　　黄健青　　李占全
　　　　　　刘千桂　　聂秀英　　汪　楠　　王小宁　　魏修建
　　　　　　吴吉义　　章剑林　　张小红　　张一星

丛 书 总 序

我国电子商务经过 10 年的发展，历经了网络"泡沫"幻境，走出了网络"寒冬"的阴影，现在已进入飞速、稳定发展时期。在模式上，实现了由定性模式向创新模式的转变；在应用上，实现了由低端应用向深度应用的转变；在信息资源和利用上，实现了由一般化利用信息资源向深层利用信息资源进行价值开发的转变；在资源整合上，已经实现了由单网应用向多网应用的整合增值价值转变。

同时，随着 2009 年 3G 牌照正式发放，智能手机普及率提高，移动应用服务日趋丰富，移动互联网产业进入快速发展时期，电子商务已进入一个新的阶段，移动电子商务将覆盖全局，并与云计算、物联网等产业对接。基于此，我们称移动互联网时代的电子商务为第二代电子商务。

随着电子商务的发展，社会对电子商务专业人才需求逐年递增，尤其是对有一定理论基础、实践能力强的技术及管理人才的需求缺口更大。因此，以就业市场为导向，培养具备职业化特征的创新型应用人才已成为大多数高等院校电子商务专业的教学目标，从而对电子商务专业的课程体系以及教材建设都提出了新的要求。

为适应我国当前电子商务专业教育教学改革和教材建设的迫切需要，北京大学出版社联合全国多位电子商务专家共同合作编写出版了本套《第二代电子商务系列实用规划教材》。其宗旨是：立足电子商务业发展和相关从业人员的现实需要，强调理论与实践的有机结合，从"创新"和"应用"两个层面切入进行编写，力求涵盖现代电子商务专业研究和应用的主要领域，希望以此推进电子商务专业的理论发展和学科体系建设，并有助于提高我国电子商务从业人员的专业素养和理论功底。

本系列教材按照电子商务专业规范、培养方案以及课程教学大纲的要求，合理定位，由长期在教学第一线从事教学工作的教师编写而成。教材立足于电子商务学科发展的需要，深入分析了电子商务专业学生现状及存在的问题，尝试探索了电子商务专业学生综合素质培养的途径，着重体现了"新思维、新理念、新能力"三个方面的特色。

新思维

1. 编写体例新颖。借鉴优秀教材特别是国外精品教材的写作思路、写作方法，图文并茂、清新活泼。

2. 教学内容更新。教材充分展示了最新最近的知识以及教学改革成果，并且将未来的发展趋势和前沿资料以阅读材料的方式介绍给学生。

3. 知识体系实用有效。着眼于学生就业所需的专业知识和操作技能，着重讲解应用型人才培养所需的内容和关键点，与就业市场结合，与时俱进，让学生学而有用，学而能用。

新理念

1. 以学生为本。站在学生的角度思考问题，考虑学生学习的动力，强调锻炼学生的思维能力以及运用概念解决问题的能力。

2．注重拓展学生的知识面。让学生能在学习到必要知识点的同时也对其他相关知识有所了解。

3．注重融入人文知识。将人文知识融入理论讲解，提高学生的人文素养。

新能力

1．理论讲解简单实用。理论讲解简单化，注重讲解理论的来源、出处以及用处，不做过多的推导与介绍。

2．案例式教学。有机融入了最新的实例以及操作性较强的案例，并对实例进行有效的分析，着重培养学生的职业意识和职业能力。

3．重视实践环节。强化实际操作训练，加深学生对理论知识的理解。习题设计多样化，题型丰富，具备启发性，全方位考查学生对知识的掌握程度。

我们要感谢参加本系列教材编写和审稿的各位老师所付出的大量卓有成效的辛勤劳动。由于编写时间紧、相互协调难度大等原因，本系列教材肯定还存在一些不足和错漏。我们相信，在各位老师的关心和帮助下，本系列教材一定能不断地改进和完善，并在我国电子商务专业的教学改革和课程体系建设中起到应有的促进作用。

《第二代电子商务系列实用规划教材》编审指导委员会
中国电子商务协会移动商务专家咨询委员会
2011年10月

前　言

随着计算机的普及应用，移动电子商务及通信电子技术、网络技术的迅猛发展，社会经济在经历一场前所未有的变革，其中，经济全球化、数字信息化、金融电子化成为众人瞩目的焦点，这场变革也给金融证券业带来了机遇和挑战。从金融全球化的角度看，金融电子化导致全球资本市场急剧扩张。随着"以网络应用为核心的无所不在的计算机时代"的到来，金融业全新的经营模式——网上金融开始形成。网上证券交易是指借助互联网，完成开户、委托、支付、交割和清算等证券交易的全过程，在线获取与证券交易有关的财经资讯信息等服务，也包括部分或完全利用有线或无线网络、内联网或互联网完成开户、委托、清算、支付、交割等证券交易过程，部分或完全在线获取投资资讯信息及建立在此基础上的个人理财服务。

金融电子化对世界证券市场的交易机制、交易方式及竞争方式都产生了深刻的影响。网上证券交易促成了行情的接收、委托交易、查询、交割、银证转账、资金划转、金融咨询等一体化服务。网上交易打破了时空界限，任何一个投资者，只要能上网就能享受到各项证券服务。而网上证券咨询、投资理财、投资顾问、网上证券投资和社区等新的证券服务形式给投资者提供了全方位、多层次、全天候的贴身专业咨询和理财服务，以满足不同投资者需求。此外，利用金融电子化，证券行业产品的推销，上市公司、证券公司、金融机构的网上路演与推介、发行也都将成为深入人心的服务。

正是在上述背景下，编者编写了本书，且本书于 2010 年被浙江省教育厅评为重点建设教材。本书从电子证券交易投资分析入手，详细地介绍了证券交易过程的电子化的趋势、模式、交易投资分析系统的安装与使用，以及如何将传统的技术分析方法应用到软件系统中来，并借助各种方法进行详细的投资分析，最终达到投资理财的目的。

作为一本专业的电子证券投资分析教材，编者充分考虑了其知识性、趣味性、简洁性。本书主要有三大特色：举例均来自证券市场的实战、通篇图文并茂、阐述清晰简洁。本书力求全面地阐述电子证券投资分析所涉及的分析手段及实务操作的主要步骤，并注重电子证券投资活动中的各种分析手段和方法的实战性，培养电子证券投资实务操作的综合基本技能，突出操作能力的训练，使学生通过对电子证券投资分析知识与技能的学习，奠定良好的知识基础。

本书设计课时为每周 3 课时，一学期 18 周，共 54 课时为课堂讲授时间，作为选修课教材时可以根据课时情况作适当调整。

本书共分10章，张德存编写了第1章～第6章；李艳蕊编写了第7章和第8章；阮绩智编写了第9章和第10章。此外，张德存还进行了章节设计和统稿的工作，并且补充了大量的实战图片及案例。

在编写过程中，编者参考了国内外近年来出版的有关著作和网络资料，得到很多启发，在此谨对所参考著作的作者表示衷心的感谢！

由于编者水平有限，疏漏之处在所难免，恳请广大读者不吝赐教，以便今后进一步修改完善。

编　者

2012年12月

目 录

第1章 绪论 ………………………… 1
1.1 选题背景 ……………………………… 2
　　1.1.1 证券交易电子化的形成 ……… 2
　　1.1.2 相关领域的研究进展 ………… 4
1.2 概念的界定与比较 …………………… 6
　　1.2.1 电子交易的含义 ……………… 6
　　1.2.2 电子交易与人工交易的
　　　　 比较 …………………………… 7
1.3 电子证券投资的一般问题 …………… 9
　　1.3.1 电子证券投资的概念和
　　　　 分类 …………………………… 9
　　1.3.2 电子证券投资的品种 ………… 11
　　1.3.3 电子证券投资的平台 ………… 12
　　1.3.4 电子证券投资的步骤 ………… 13
　　1.3.5 证券投资分析的信息
　　　　 来源 …………………………… 14
　　1.3.6 电子证券的投资者 …………… 15
　　1.3.7 电子证券投资的监管
　　　　 机构 …………………………… 17
本章小结 …………………………………… 17
习题 ………………………………………… 18
实验实训题 ………………………………… 20

第2章 证券市场电子交易的发展 …… 23
2.1 证券交易技术的历史变迁 …………… 24
　　2.1.1 人工交易阶段 ………………… 25
　　2.1.2 电子交易阶段 ………………… 26
2.2 不同证券市场的电子交易 …………… 27
　　2.2.1 股票市场的电子交易 ………… 27
　　2.2.2 固定收益证券市场的电子
　　　　 交易 …………………………… 28
　　2.2.3 衍生品证券市场的电子
　　　　 交易 …………………………… 30
2.3 证券交易过程的电子化 ……………… 30
　　2.3.1 证券的交易过程 ……………… 30
　　2.3.2 交易信息披露的电子化 ……… 31

　　2.3.3 指令传递与指令执行的
　　　　 电子化 ………………………… 33
　　2.3.4 结算环节的电子化 …………… 34
2.4 基于互联网技术的证券交易 ………… 35
　　2.4.1 证券商网上交易服务 ………… 35
　　2.4.2 网上直接公开发行 …………… 38
　　2.4.3 另类交易系统的发展 ………… 39
2.5 电子证券交易的模式 ………………… 41
　　2.5.1 国外电子证券网上交易
　　　　 发展的模式 …………………… 41
　　2.5.2 网上交易模式层次分析 ……… 43
　　2.5.3 我国网上交易的模式 ………… 45
本章小结 …………………………………… 47
习题 ………………………………………… 47
实验实训题 ………………………………… 50

第3章 电子证券投资分析系统 ……… 52
3.1 电子交易的方式 ……………………… 54
　　3.1.1 现场委托 ……………………… 54
　　3.1.2 电话委托 ……………………… 55
　　3.1.3 网上委托 ……………………… 56
　　3.1.4 远程可视委托 ………………… 58
　　3.1.5 "银证通"交易 ……………… 59
　　3.1.6 手机委托 ……………………… 60
3.2 网上交易分析工具 …………………… 61
　　3.2.1 网上证券分析系统 …………… 61
　　3.2.2 通过Web方式查询行情并
　　　　 交易 …………………………… 62
　　3.2.3 通过下载软件到计算机和
　　　　 手机进行交易 ………………… 64
3.3 电子证券投资分析软件的功能 ……… 71
　　3.3.1 趋势判断 ……………………… 71
　　3.3.2 主力监测 ……………………… 74
　　3.3.3 智能选股 ……………………… 76
　　3.3.4 全面资讯 ……………………… 77
　　3.3.5 高速行情 ……………………… 80
　　3.3.6 深度F9剖析基本资料 ……… 82

本章小结 ………………………………… 85
习题 ……………………………………… 86
实验实训题 ……………………………… 87

第4章 行情分析方法与操作 …… 89

4.1 证券品种及交易代码 ……………… 91
4.1.1 股票及其代码 ……………… 91
4.1.2 基金及其代码 ……………… 93
4.1.3 债券及其代码 ……………… 94
4.1.4 其他交易品种 ……………… 97

4.2 大盘分析 …………………………… 99
4.2.1 行情分析系统的主要功能 …… 99
4.2.2 指数及大盘指数 …………… 99
4.2.3 分时走势图 ………………… 100

4.3 股价指数及走势分析 …………… 101
4.3.1 股价指数 …………………… 101
4.3.2 上证50指数走势 …………… 102
4.3.3 上证180指数走势 ………… 103
4.3.4 上证指数走势 ……………… 104
4.3.5 深证100指数 ……………… 105
4.3.6 沪深300指数 ……………… 105
4.3.7 深证综合指数走势 ………… 106
4.3.8 深证成指走势 ……………… 107
4.3.9 中小板指数走势 …………… 107
4.3.10 创业板指数走势 ………… 109

4.4 证券行情分类报价 ……………… 110
4.4.1 报价内容 …………………… 110
4.4.2 证券交易和分析软件操作及应用说明 ……………… 111
4.4.3 分类报价及页签 …………… 114

4.5 个股分析 …………………………… 115
4.5.1 个股分析的基本操作 ……… 115
4.5.2 分时走势图的盘面说明 …… 116
4.5.3 个股分析的多种功能及其使用 ……………………… 117
4.5.4 辅助显示区的功能运用 …… 121

本章小结 ………………………………… 121
习题 ……………………………………… 122
实验实训题 ……………………………… 124

第5章 电子证券投资的基本分析 … 127

5.1 证券投资的宏观经济分析 ……… 128
5.1.1 宏观经济分析的意义与方法 …………………………… 128
5.1.2 宏观经济分析的主要内容 … 131
5.1.3 证券投资的市场分析 ……… 138

5.2 证券投资的行业分析 …………… 139
5.2.1 行业的一般特征分析 ……… 140
5.2.2 影响行业兴衰的主要因素 … 143
5.2.3 行业投资的选择 …………… 144

5.3 公司分析 …………………………… 146
5.3.1 公司基本分析 ……………… 146
5.3.2 公司财务分析 ……………… 150
5.3.3 其他重要因素分析 ………… 154

本章小结 ………………………………… 156
习题 ……………………………………… 157
实验实训题 ……………………………… 160

第6章 技术分析方法与应用 …… 164

6.1 技术分析的基本问题 …………… 165
6.1.1 技术分析的含义 …………… 165
6.1.2 技术分析的假设条件 ……… 166
6.1.3 技术分析的三大要素 ……… 166
6.1.4 技术分析的理论基础 ……… 167
6.1.5 技术分析方法的分类 ……… 168
6.1.6 应用技术分析方法的注意问题 …………………………… 170
6.1.7 技术分析基本操作 ………… 171

6.2 移动成本分析 …………………… 172
6.2.1 移动成本分布状态分析 …… 172
6.2.2 单峰密集 …………………… 173
6.2.3 多峰密集 …………………… 174
6.2.4 成本发散 …………………… 176

6.3 技术指标及其应用 ……………… 176
6.3.1 技术指标法的含义与本质 … 176
6.3.2 技术指标法与其他技术分析方法的关系 ……………… 177
6.3.3 技术指标的应用法则与注意问题 ……………………… 177
6.3.4 常用技术指标 ……………… 178

本章小结 ………………………………… 186
习题 ……………………………………… 186
实验实训题 ……………………………… 189

第7章 K线图分析方法 …………… 194

7.1 K线图的画法及主要形状 ……… 196
- 7.1.1 K线图的画法 …………… 196
- 7.1.2 K线图的主要形状 ……… 197

7.2 K线图的组合应用 ……………… 203
- 7.2.1 单独一根K线图的应用 … 203
- 7.2.2 两根K线图的组合应用 … 210
- 7.2.3 其他重要的K线组合 …… 216
- 7.2.4 应用K线图组合的注意问题 …………………… 221

本章小结 ………………………… 223
习题 ……………………………… 223
实验实训题 ……………………… 226

第8章 趋势线分析方法 …………… 229

8.1 趋势与趋势线 …………………… 231
- 8.1.1 趋势与趋势方向 ………… 231
- 8.1.2 趋势线及其画法 ………… 232

8.2 支撑线与压力线 ………………… 234
- 8.2.1 支撑线与压力线的含义与作用 ……………………… 234
- 8.2.2 支撑线与压力线的相互转化 ……………………… 236
- 8.2.3 支撑线与压力线的确认与修正 ……………………… 238

8.3 趋势线与轨道线 ………………… 238
- 8.3.1 趋势线 …………………… 238
- 8.3.2 轨道线 …………………… 241
- 8.3.3 应用趋势线的注意问题 … 243

8.4 黄金分割线、百分比线和甘氏线 … 243
- 8.4.1 黄金分割线 ……………… 243
- 8.4.2 百分比线 ………………… 244
- 8.4.3 甘氏线 …………………… 245
- 8.4.4 其他常见的支撑压力点位 … 247

本章小结 ………………………… 248
习题 ……………………………… 248
实验实训题 ……………………… 250

第9章 形态分析方法 ……………… 252

9.1 反转突破形态 …………………… 254
- 9.1.1 头肩形态 ………………… 254
- 9.1.2 双重顶和双重底 ………… 257
- 9.1.3 圆形顶(底)和潜伏底 …… 260
- 9.1.4 V形、喇叭形与菱形形态 … 263

9.2 整理形态 ………………………… 266
- 9.2.1 三角形整理形态 ………… 267
- 9.2.2 矩形整理形态 …………… 270
- 9.2.3 旗形与楔形整理形态 …… 272

9.3 缺口理论 ………………………… 275
- 9.3.1 缺口的概念 ……………… 275
- 9.3.2 缺口的分类及作用 ……… 276

本章小结 ………………………… 278
习题 ……………………………… 279
实验实训题 ……………………… 281

第10章 其他技术分析理论和方法 …… 284

10.1 波浪理论 ……………………… 285
- 10.1.1 波浪理论的基本思想 … 285
- 10.1.2 波浪的形态 …………… 286
- 10.1.3 波浪的特征 …………… 289
- 10.1.4 波浪理论的要点 ……… 289

10.2 量价关系理论 ………………… 290
- 10.2.1 量与价的关系 ………… 290
- 10.2.2 古典量价关系理论——逆时钟曲线法 ………… 295
- 10.2.3 成交量与股价趋势——葛兰碧九大法则 ……… 297

10.3 周期循环理论与相反理论 …… 299
- 10.3.1 周期循环理论 ………… 299
- 10.3.2 相反理论 ……………… 300

10.4 均价关系分析 ………………… 300
- 10.4.1 移动平均线的含义 …… 300
- 10.4.2 移动平均线的分类 …… 301
- 10.4.3 移动平均线的实质 …… 301
- 10.4.4 移动平均线的用途 …… 302
- 10.4.5 移动平均线的优缺点 … 303

本章小结 ………………………… 305
习题 ……………………………… 306
实验实训题 ……………………… 308

参考文献 …………………………… 311

第 1 章 绪 论

教学目标

通过本章的学习，了解电子证券相关领域的研究进展，掌握电子证券和电子证券交易的含义、电子交易和人工交易的区别和电子证券投资的相关概念，了解电子证券的投资步骤。

教学要求

知识要点	能力要求	相关知识
电子证券交易	掌握电子证券交易的含义，了解电子交易和人工交易的区别	自动化交易、在线交易、电子指令传递、自动交易执行、指令驱动、报价驱动、交易者身份、交易前信息透明度、交易指令的撮合速度、运行成本与指令处理成本、结算的速度与成本、指令簿
电子证券投资的相关问题	电子证券投资的相关概念	电子证券投资分析、股票、债券、基金、股指期货、个人投资者、机构投资者、QFII、金融机构、社保基金、监管机构

导入案例

伦敦证券交易所网站

伦敦证券交易在 1953—1973 年就开始了证券交易所的陆续电子化过程。伦敦证券交易所(London Stock Exchange, LSE)网站的建立，标志 LSE 全球通信成为现实。为帮助上市公司尽可能有效地利用万维网(World Wide Web, Web)，LSE 的网站提供一整套信息、建议和第三方链接，协助上市公司制定和实施它们的投资者关系(investor relations, IR)策略。

LSE 还与相关行业组织，包括投资者关系协会合作，建立了"投资者关系最佳规程"网站。此网站的宗旨是协助上市公司应对在互联网上开展 IR 工作时面临的挑战。此网站可通过 LSE 网站的链接进入。

日点击数已达到 200 万人次的 LSE 网站，还向投资者提供一整套有助于支持上市公司 IR 工作的免费信息。股票行情服务向投资者提供延迟 15 分钟的股价、指数动向、涨跌幅排行榜、关于上市公司的基本信息。外国公司在伦敦上市并开始推行 IR 方案后，需要通过一种快速、便利，而且成本有效的方式，评估其实施中的 IR 策略对股票交易活动产生的影响。针对这一需求，LSE 向所有外国上市公司免费提供基于互联网的国际简报(international stock report, ISR)服务。上市之后，每一家外国公司均可在 LSE 网站有密码保护的安全区域进入属于该公司的特别 ISR 网页，此网页提供一些详尽数据，包括上一个月该公司股票的交易笔数，以及交易的股票数量。

外国公司的互联网 IR 策略取得成功的关键之一是要最大限度地提高公司网站的点击数。在伦敦上市的外国公司，可在 LSE 的网站上建立通往其公司网站的链接，大幅增加其公司网站被访问的次数。这种链接使在 LSE 网站上查询该公司信息的投资者能够快速、顺利地进入公司本身的 IR 网页。

(资料来源：http://baike.baidu.com/view/11104.htm.)

证券市场的高速发展对如何更有效、更快捷、更安全、更电子化地进行证券交易提出了挑战，本章就顺着这个思路，从 3 个维度向大家展示本书的编写理由。

1.1 选题背景

1.1.1 证券交易电子化的形成

拥挤不堪的交易场所(trading venues)、紧张忙碌的交易商(dealers)及交易场所内交易商们相互高声的公开喊价(open outcry)，曾一度是证券交易活动给人们留下的最为直观的印象。例如，英国著名历史学家 W.R. 司格特在描述 1805 年的 LSE 时，就曾写下这样一句话："狼嚎，猪哼，驴吼，半夜三更的猫儿喵喵叫——所有这些声音都比不上电子证券投资分析市场的嘈杂与狂乱。"虽然这个比喻不尽妥帖，但却在很大程度上真实反映出了当时证券市场交易秩序的基本特征。

具体地说，在传统的交易模式下，人们是从四面八方汇聚到一个有形的交易场所(physical location)，通过面对面的交流(face-to-face communication)，来实现各类金融工具的买卖交易的。由于交易双方通常是在交易大厅(trading floor)内面对面地进行讨价还价,并且交易对象的标准化(standardization)程度较低,交易对手的选择具有很大的随机性,这就使得早期的证券交易市场与其他的有形商品集市一样,其交易过程必定是喧闹和无序的。更重要的是,在传统的交易模式下,由于各个交易环节基本都是由人力手工操作来完成,因而证券交易的规模普遍较小、过程较长,效率也较低下。

然而令人瞩目的是,近年来,证券交易活动的传统模式发生了脱胎换骨的变化。首先,目前绝大多数证券市场的交易活动已经不再是在喧闹无序的环境中进行了,市场参与各方无须当面讨价还价;其次,证券交易活动的范围不再受到地域或时间的限制,相当一部分的证券交易不需要借助固定的或有形的交易场所就可以在全球范围内轻松完成,并且一些交易系统开始向投资者提供每天 24 小时、每周 7 天的不间断式服务;再次,证券市场交易操作的便捷程度和成功率大大提升,而交易成本却在逐步下降。很多研究者都认为,带来这一系列重大变化的关键性原因是此间以计算机技术、现代通信技术和互联网技术为代表的电子通信技术(electronic and communication technologies)在证券交易领域广泛而深入的应用。

电子通信技术在证券交易领域的应用,始于 20 世纪 60～70 年代的少数经济发达国家。在此之前,证券交易的信息传递工作主要是通过电话、电报和电传等传统型的电子通信工具来完成的,但在具体的交易过程中,如委托、撮合、清算、交割等一系列过程和大量烦琐的工作,仍然是依靠人工在有形的交易大厅里完成的。20 世纪 60 年代,计算机技术开始被引入证券市场,并很快被应用于证券交易过程的各个环节,从而揭开了证券交易领域"电子化革命(electronic revolution)"的序幕。

此后,伴随着计算机技术和现代通信技术的突飞猛进,许多发达国家的证券市场陆续实现了证券交易的自动化(automation),证券市场原本的嘈杂和狂乱逐渐被静静运行的电子交易系统(electronic trading systems)所代替,包括证券交易指令(orders)的下达和传送、指令数据的撮合和执行、市场交易价格的确定、交易前后相关信息的披露及清算交割等诸多事项,基本上都是依靠电子通信技术来实现的。与此相对应的是,各证券市场有形的交易大厅和人工作业程序被相继取消。表 1-1 列示了世界范围内各主要证券交易所交易系统自动化历程归类。

表 1-1　主要证券交易所交易系统自动化历程归类

交易所(交易系统)	交易系统自动化历程类型
多伦多(CATS)、新加坡(CLOB)、赫尔辛基(HETI)、澳大利亚(SEATS)	交易大厅→较不活跃电子证券投资分析自动化交易→全面自动化交易
巴黎(CAC)	交易大厅→较活跃电子证券投资分析自动化交易→全面自动化交易
东京(CORES、FORES)	交易大厅→较不活跃电子证券投资分析半自动化交易(兼自动交易功能)→全部电子证券投资分析半自动化交易(兼自动交易功能)

续表

交易所（交易系统）	交易系统自动化历程类型
中国台湾（FASTS）、吉隆坡（SCORE）、中国香港（ASM）	交易大厅→电子证券投资分析半自动化交易→电子证券投资分析全面自动化交易
韩国（KATS）	交易大厅→较不活跃电子证券投资分析半自动化交易→除巨额交易外，全采用自动化交易→全面自动化交易
伦敦（SETS）	交易大厅→部分电子证券投资分析全面自动化交易
深圳	交易大厅→电子证券投资分析全面自动化交易
上海	计算机自动化交易

注：①表中"交易大厅"是指在交易大厅进行口头喊价或人工撮合（有证券商参与定价），而非特指是否存在有形的交易大厅；②我国台湾在半自动化交易（或称计算机辅助交易）时期，有30多台撮合机负责全部电子证券投资分析的撮合，交易所派员工人工操控撮合机的撮合，每1.5～2分钟撮合一次；③我国香港的半自动化交易是指计算机屏幕上显示报价，交易商可以相互议价，谈妥后按键确认。

（资料来源：http://www.szse.cn/szseWeb/FrontController.szse.）

20世纪90年代，互联网技术开始被应用于证券交易领域，该项技术所具有的开放性、即时性、互动性和匿名性等特征，从根本上改变了证券市场的传统运营模式，打破了证券市场一直以来的垄断与封闭状态。如今，不论是在发达国家，还是在众多的新兴和转轨经济国家，通过计算机、现代通信和互联网等电子通信技术进行证券交易，都已经成为证券市场上占据主导性地位的交易方式，而人工交易或大厅交易方式因为在运作绩效方面的劣势，已逐步退出了证券交易的历史舞台。

鉴于电子交易具有十分丰富的内涵，而且在其日常运行过程中还能产生各种显著的经济效应，因此近年来，有关证券电子交易的相关问题，开始受到来自证券投资者、证券发行人、证券交易所、利益相关者（stakeholders）及政府监管当局等各方面的密切关注。

1.1.2 相关领域的研究进展

目前国内外学术界专门针对"电子证券投资分析"的研究成果还比较少。因为很多人认为电子证券投资分析属于一个技术性的命题，即电子证券交易更多的是指证券行业的分析师利用电子交易系统和分析软件进行的投资分析。实际上，这种看法是比较片面的。"电子证券投资分析"尽管是一个技术性的命题，但同时更是一个来自证券投资界的命题。所以我们完全有可能，而且也有必要从证券投资技术的角度来关注和研究它。

目前，"电子证券投资分析"的研究进展主要集中在以下两个领域。

金融电子化或电子金融（electronic finance）属于电子商务（electronic commerce）的一个分支，是近年来国内外学术界的一个研究热点。从已有的文献来看，主要分为两大类：一类是立足于整个金融行业的角度来研究金融电子化的总体发展趋势；另一类则是选择某一个具体的金融服务行业，如银行业、证券业、基金业或保险业，来研究该行业电子化的发展趋势及内在运作机制。就目前的情况来看，大多数的文献都是将焦点聚集于网络银行（internet bank）的研究上。

第1章 绪 论

1. 电子金融

Yong H. Kim(2001)将电子金融定义为"在互联网或其他公共网络上提供网上银行、经纪、支付、抵押和其他借贷、保险及相关金融服务"。在此基础上,作者介绍了现阶段世界范围内电子金融的增长状况,并在理论上对金融领域各行业电子化增长速度不同的问题做出了解释。作者还研究了现阶段电子金融所面对的各种问题、风险及相关的政策应对。针对电子金融未来的发展方向,作者提出了"电子金融将会在任何高代理成本(high agency cost)、低进入壁垒(low entry barrier)的行业成长"的鲜明观点。

艾伦·富兰克林(2001)将电子金融定义为"运用电子通信和计算技术(electronic communication and computation)来提供金融服务"。在此基础上,作者研究了3个方面的问题:一是电子金融技术在广义上对存款机构、保险公司和证券公司等金融服务企业所造成的影响,二是电子金融如何改变银行业的支付系统(payments systems),三是电子通信和计算技术对电子证券投资分析市场、债券市场和外汇市场等金融市场的影响。

斯汀·克拉森,托马斯·格莱森纳和丹妮拉·克林格比尔(2001)介绍了世界范围内电子金融的发展态势。他们将电子金融的发展划分为两大领域:一是对银行业和金融服务的影响,互联网的发明及其他电子通信手段从根本上改变了银行业的诸多方面,许多传统上由银行提供的服务品种改由其他机构或以其他形式提供;二是金融市场发生的转变(transformation),主要体现为金融市场的运作不再需要一个有形的场所。他们还研究了电子金融发展所带来的政策应用问题,如安全性与完善性的管理、竞争政策、消费者和投资者保护及全球公共政策等。

国际清算银行(Bank for International Settlements,BIS)2001年出版了一份名为《电子金融:一个新的视角与挑战》的研究报告。该报告是BIS"电子金融工作组(workshop on E-finance)"相关研究成果的汇编文集,研究的命题涉及电子金融问题的诸多方面,具体包括网络时代的金融问题、电子交易及其在金融体系中的应用、交易系统竞争与做市商竞争、零售支付系统的发展、网络银行的发展、电子金融与货币政策及电子金融与转型的政治学等。值得一提的是,在该报告当中,海伦·艾伦、约翰·霍金斯等专门针对金融体系中的电子交易问题(并非证券市场中的电子交易问题)进行了研究,但该项研究总体上表现为粗线条式的描述,相关重要命题均未做有效展开。

此外,前美国联邦储备委员会主席艾伦·格林斯潘(2000)在一篇会议致辞中介绍了电子金融在证券市场的表现,并侧重指出了电子金融问题给监管当局带来的挑战;班克斯(2001)在电子金融问题的大框架下,重点研究了互联网技术在金融服务各行业的应用;约翰·霍金斯和阿利克桑德·贝伦森等(2001)研究了电子金融现阶段的发展态势及该领域的相关政策应用问题。

2. 网络银行

网络银行包含两个层次的含义,第一个层次是机构概念,指通过信息网络开办业务的银行;第二个层次是业务概念,指银行通过信息网络提供的金融服务,包括传统银行业务和因信息技术应用带来的新兴业务。在日常生活和工作中,网络银行更多是第二个层次的概念，即网络银行服务的概念。网络银行业务不仅是传统银行产品简单从网上的转移，其他服务方式和内涵发生了一定的变化，而且由于信息技术的应用，又产生了全新的业务品种。针对网络银行，巴塞尔银行监管委员会(Basel Commlttee on Banking Supervision，BCBS)在1998年发表的《电子银行与电子货币活动风险管理》的报告中认为，网络银行是指那些通过电子通道提供零售与小额产品和服务的银行，这些产品和服务包括存贷账户管理、金融顾问、电子账户支付，以及其他一些诸如电子货币等电子支付的产品和服务。这份研究报告是国际金融机构首次以正式文件的形式对网络银行概念做出的定义。2000年10月，BCBS又在《电子银行集团活动白皮书》当中对网络银行的定义进行了一些补充，指出网络银行是利用电子手段为消费者提供金融服务的银行，这种服务既包括零售业务，也包括批发和大额业务。

网络银行通过互联网向客户提供开户、销户、查询、对账、行内转账、跨行转账、信贷、网上证券、投资理财等传统服务项目，使客户可以足不出户就能够安全便捷地管理活期和定期存款、支票、信用卡及个人投资等。可以说，网络银行是在互联网上的虚拟银行柜台。

网络银行又被称为"3A银行"，因为它不受时间、空间限制，能够在任何时间(anytime)、任何地点(anywhere)、以任何方式(anyway)为客户提供金融服务。

1.2 概念的界定与比较

1.2.1 电子交易的含义

电子交易是近年来出现频率相当高的一个专业术语。关于它的其他称谓还有电子屏幕交易(electronic screen trading)、基于屏幕的交易(screen-based trading)、自动化交易(automated trading)、在线交易(online trading)等。

目前，关于电子交易比较权威的定义，是由BIS下属的全球金融系统委员会(Committee on the Global Financial System，CGFS)给出的。该委员会在2001年发表的一份研究报告中认为，电子交易所包含的内容涉及面很广，从单笔指令的传送服务到整个交易执行的设施等诸多方面，都属于电子交易的内容。CGFS采取了电子交易系统的广义定义，他们认为，一个电子交易系统通常能够提供以下部分或全部的功能：电子指令传递(electronic order routing，即将委托指令由用户传送至执行系统)、自动交易执行(automated trade execution，即将委托指令转化为实际交易)、交易前和交易后信息的电子化披露(electronic dissemination of pre and post-trade information，即交易前披露买卖报价和深度，交易后披露成交价格和成交量的数据)。CGFS特别指出，在他们的定义中，还包括了那些在固定收益证券市场、外汇市场广为接受，但却不提供自动交易执行功能的电子系统。

而从狭义上来看，电子交易系统仅指那些为了实现交易过程自动化的设施。本书基本上遵从CGFS对电子交易所下的定义，但在这里有必要做出以下5点补充性的说明。

(1) 电子交易中所采用的"电子技术",是指以计算机、现代通信和互联网为代表的电子通信技术。之所以要特别强调这一点,是因为在计算机技术产生以前,人们虽然已经开始在金融商品交易当中使用电话、电报、电传等电子通信工具来传递交易信息,但由于交易的大部分环节仍然是由人工完成的,因而并不能称之为电子交易。只有在计算机使各类电子技术手段实现多方连接和高度融合之后,交易的大部分环节由电子系统自动完成时,才可以称之为电子交易。

(2) 电子交易并不等同于电子交易系统,但两者是密不可分的。以证券交易为例,前者是指一种证券交易机制,或是一种证券价格的形成方式,而后者是指证券商和证券交易所为了完成证券的自动化交易或证券价格的形成,所购置和安装的各类电子化的硬、软件设备。同时,电子交易也不仅仅局限于买卖指令的具体执行这一个环节,它还涉及交易前后相关信息的披露、买卖指令的传送、清算交割等内容。

(3) 严格来说,证券市场的电子交易应当包括发行市场(一级市场)的电子交易和流通市场(二级市场)的电子交易。前者是证券发行人与证券投资者之间利用电子交易系统所进行的交易,后者是证券投资者相互之间利用电子交易系统所进行的交易。但根据CGFS对电子交易所下的定义,似乎仅限于流通市场的电子交易。

(4) CGFS认为交易信息的电子化披露是指买卖报价、深度、成交价格、成交量等数据信息的披露,这无疑是一种狭义的理解。在证券市场的电子交易中,交易信息电子化披露的内容不仅包括证券交易本身的信息,而且还包括与证券和整体市场相关的基本面信息(fundamentals)。因为基本面信息在很大程度上影响甚至决定着证券投资者的行为决策,同时也关系到证券市场的整体运作绩效。

(5) 根据CGFS的定义,在电子交易系统所提供的各种功能中,并没有包括清算交割功能(或称证券结算功能)。因为当前在很多国家的证券市场,这一功能都是在经纪商和证券交易所之外专门设立的结算存管机构来完成的。例如,我国证券经纪商和沪深证券交易所在完成证券交易之后,其结算事项是由中国证券登记结算有限责任公司(下设上海和深圳两家分公司)来承担的。

1.2.2 电子交易与人工交易的比较

电子交易是与人工交易相对应的一种交易方式,它们之间的划分标准是交易手段或交易自动化程度的不同。具体地说,人工交易主要是指大厅交易,因而通常又被称为是公开喊价交易;电子交易主要是指无形市场,市场参与者无须面对面进行交易,交易通过基于计算机屏幕的电子网络来进行。

根据交易中介作用的不同,证券市场的电子交易又可以进一步分为指令驱动型(order-driven)交易(或竞价交易)和报价驱动型(quote-driven)交易(或做市商交易)两种形式。德莫维兹(1993)则根据证券交易价格确定中自动化水平高低的不同,将各证券交易所(包括期货交易所)的价格确定方式划分为从其他市场引入价格模式、以其他市场的价格为准并加以优化模式、协商定价模式、屏幕报价模式、自动双向连续竞价模式、自动集合竞价模式及带有自动定价模型的自动竞价模式7大类。

针对两者之间的区别,海伦·艾伦和约翰·霍金斯(2002)指出,在证券交易技术变迁的过程中,一方面,人工交易并非完全没有电子技术的参与,在很多以人工交易为主的证券市场,仍然保持着较高的自动化程度,之所以认为它是人工交易,主要是因为证券交易在更大程度上仍需依赖于有形的交易场所或互动形式,如通过交易大厅或通过电话来匹配交易双方提交的买卖指令;另一方面,电子交易也并非没有手工操作的参与。例如,证券交易指令的下达总是需要人来做出,即使是在程序交易(program trading)等完全自动化的交易当中,也无法排除人力的因素。因此,不论是电子交易还是人工交易,都不是一个绝对意义上的概念,并且两者之间并不存在十分清晰的分界线。但在基本原则上,电子交易和人工交易还是在以下3个方面存在着重要区别。

(1) 电子交易是场所中性的(location neutral),它可以允许连续的多边互动(continuous multilateral interaction)。所谓场所中性,是指交易者只要和交易系统连接,其自身所处何地对交易能否进行并不构成障碍。相比之下,通过电话或其他传统通信方式进行交易虽然也具有一定程度的场所中性,但无法实现交易者的多边互动,而人工交易虽然允许交易者的多边互动,但却不具有场所中性。

(2) 电子交易具有规模性(scaleable),而且能够比非电子化交易方式更多地发挥规模经济效应(scale of economics)。电子交易系统的处理能力,只需要通过提高计算机芯片的速度和网络的容量就可以实现,从而能够容许更多的用户降低平均交易成本。相比之下,无论是人工交易还是证券商柜台交易,要提高交易处理的能力就没有那么便捷。

(3) 与人工交易相比,电子交易更能够实现交易过程各环节的一体化(integration)。所谓一体化服务,是指将交易前的信息收集和分析、交易中的指令传递与执行、交易后的信息披露及清算交割等证券交易的各个环节整合在一个系统里面。通过一体化的电子交易系统,投资者可以享受到全方位的服务。系统前后台的同步运行,也有利于减少人工差错和提高风险管理效率。

此外,根据格罗斯曼和米勒(1988),罗克(1988),本维尼斯特、马库斯和威廉(1992),马德哈万(1996),德莫维兹和斯泰尔(1999)等人的研究,电子交易与人工交易的区别主要体现在交易者身份(identity)、交易前信息透明度、交易指令撮合的速度、运行成本与指令处理成本、结算的速度与成本、指令簿(order book)等方面,见表1-2。

表1-2 电子交易与人工交易的区别

项 目	电子交易	人工交易
交易者身份	对手经纪商的身份通常是在交易后披露,仅有少数交易所在交易前披露经纪商的身份	交易前就知道对手经纪商的身份
交易前信息透明度	通常是披露5个最佳的买价和5个最好的卖价,有时也在电子屏幕上显示整个指令簿	交易者通常只知道买卖报价和委托量

续表

项　目	电子交易	人工交易
交易指令的撮合速度	交易指令通过计算机系统自动配对，1秒内即可完成	交易指令通过公开喊价系统进行手工配对，花费时间为10秒到数分钟
运行成本与指令处理成本	较低	较高
结算的速度与成本	通常是速度较快的无纸化结算，成本较低	通常是建立在纸张基础上的结算，并且存在时间滞后性
指令簿	指令簿集中客户的所有限价指令，以实现此后的配对，在客户撤销指令之前，买卖委托均为有效	通常不存在指令簿，买卖委托指令仅在报出时有效

总之，在互联网上，传统地理上的边界与距离的概念基本消失，给券商带来了突破地域、时空限制扩张市场、拓展经纪业务的最佳手段。通过电子证券，券商可以进入其他券商占有的市场进行竞争；通过电子证券，券商可以把市场拓展到证券业务发展程度低的市场，如农村等。农村的居民也可以通过网络进行交易，和大城市的投资者同步了解各种信息。普通电子证券投资分析投资者在全球任何一个国家，只要能上网，就可以参与股市的交易。互联网提供了最有效的信息传播途径，投资者可以轻松获得自己关心的电子证券投资分析行情、企业基本情况、盘面走势等诸多实用、实时信息，进而以最快的方式参与交易。电子证券由于不需要修建昂贵的营业厅，可以降低固定资产的投资；电子证券把部分业务转移到网上进行，也可以减轻营业部的工作负荷，从而减少营业部的人力投资。网上委托所要支付的通信费用相对传统的电话查询、委托，可以节省大量交易成本。特别对远离营业厅的农村、城镇的股民来说更是如此。电子证券使得普通散户也可以方便地进行信息检索，享受功能强大的信息咨询服务，查阅丰富的金融信息，掌握全面的背景资料，享受到过去只有大户才能享受的服务。

1.3　电子证券投资的一般问题

1.3.1　电子证券投资的概念和分类

1. 电子证券投资的概念

电子证券投资是指投资者通过互联网、手机等手段购买电子证券投资分析、债券、基金等有价证券及这些有价证券的衍生品以获取红利、利息及资本利得的投资过程。研究和现实表明，证券业、保险业和银行业等金融业与互联网有着高度的相容性，网上证券交易、网上保险和网上银行在近些年取得了飞速的发展，这其中又以网上电子商务的发展尤为引人注目。证券电子商务涵盖网上证券交易、网上投资银行、网上客户理财、网上投资咨询、网上路演等。其中，网上证券交易起步最早、发展最快、规模最大。

美国学者迈克尔·曼德尔在《即将到来的互联网大萧条》(The Coming Internet Depression)中提出"赛马效应"(或"鲇鱼效应")。就网上证券交易而言,小型券商拓展网上证券交易及网上经纪公司的出现,激发了传统证券公司,特别是大型证券公司的创新压力、创新意愿和创新能力的转变,给整个证券业注入了活力和生机,尽管它们自身的状况并不是很好,开始时总是网上证券经纪公司和小型券商领先,随着时间的推移,大型券商往往会再显神威,重现风采。美国、中国台湾等国家和地区网上证券交易和网上证券经纪公司的出现和发展就是一个很好的例子。表1-3为互联网公司挑战传统金融服务业的情况。

表1-3 互联网公司挑战传统金融服务业

行业 地位	证券交易	银行	信用卡	抵押	保险
进攻者	Ameritrade Schwab E-Trade E-offering	E-Trade Tele Bank Net Bank	NextCard	E-Loan Loancity Mortagage.com	CFN Rewards Plus
防御者	Merill Lynch Legg Mason	BankAmerica Bank One Chase Citygroup	American-Express City group FristUSA	Cendant Mortagage Country Wide	AIG All State
武装者	AOL Bloomberg Edipse Trade Intuit Microsoft Yahoo!	AOL Check Free Intuit Microsoft Yahoo!	AOL HNC Intuit Microsoft Yahoo!	AOL Microsoft Priceline.com Yahoo!	Insur Quote CFN Inswab Microsoft

(资料来源:http://www.doc88.com/p-043804031811.html.)

2. 电子证券投资的分类

根据投资对象、投资期限、投资收益的方式不同,可将投资划分为不同种类。按投资对象划分,可将投资分为直接投资和间接投资。直接投资一般指为获得资本产品而进行的资金运用,如用于厂房和设备的支出、购买原材料、存货所占有的资金等,这种投资活动一般发生在生产要素市场和产品市场中;间接投资是指投资者购买电子证券投资分析、债券和银行存款等各类金融产品而进行的资金运用,其投资活动发生在金融市场中。在金融市场中的投资又可以分为间接金融投资和直接金融投资两类。间接金融投资指投资者先将资金的使用转让给银行等金融机构,由这些金融机构贷给资金需要者进行直接投资或购买证券;直接金融投资指投资者在金融市场上通过直接购买电子证券投资分析、债券等有价证券进行的投资活动。本书讨论的投资分析方法主要适用于直接金融投资分析。

按投资期限的长短，可以将投资分为长期、中期和短期投资。一般来讲，投资周期在1年以下的为短期投资，1~5年的为中期投资，5年以上为长期投资。长期和短期投资可以转化。例如，购买股票是一种长期投资，如果企业不破产清算，其偿还期是无限的，但电子证券投资分析持有者可以在二级市场进行买卖，使电子证券投资分析成为短期投资。

按投资收益获得方式的不同，投资又可以分为固定收益投资和非固定收益投资。固定收益投资的证券，其收益的多少和支付方式是预先规定好的，在证券持有期内保持不变，如企业债券就是固定收益证券。非固定收益投资的证券，其收益的多少和支付方式没有预先固定，完全由市场和投资者决定。根据其特点可以得出，固定收益的投资风险小，收益也小；非固定投资承担的风险大，作为对承担风险的回报，其收益也较高。

1.3.2 电子证券投资的品种

1. 证券品种

证券是各类财产所有权或债权凭证的通称，是用来证明证券持有人有权依票面所载内容，取得相关权益的凭证。所以，证券的本质是一种交易契约或合同，该契约或合同赋予合同持有人根据该合同的规定，对合同规定的标采取相应的行为，并获得相应的收益的权利。证券交易被限缩在证券法所说的有价证券范围之内，主要是股票、债券、基金、金融衍生产品（如股指期货）等。

（1）股票是有价证券的一种主要形式。根据我国《公司法》的规定，是指股份有限公司所持股份的凭证。从这个意义可以看出：第一，股票的签发主体是股份有限公司。第二，股票的基本功能是证明股东持有的股份，在股份有限公司，股份采取了股票的形式。股份有限公司将筹集的资本化分为股份，每一股的金额相等，份额以1股为一个单位，用股票表示。购买股票的投资者即成为公司的股东，股票实质上代表了股东对股份公司的所有权，股东凭借股票可以定期获得公司的股息和红利，参加股东大会并行使自己的权力，同时也承担相应的责任风险。

（2）证券投资基金是一种利益共享、风险共担的集合证券投资方式，即通过发行基金单位，集中投资者的资金，由基金托管人托管，基金管理人管理和运用资金，从事股票、债券等金融工具投资。在我国，基金托管人必须由合格的商业银行担任，基金管理人必须由专业的基金管理公司担任。基金投资人享受证券投资基金的收益，也承担亏损的风险。

（3）债券是由中央或地方政府、金融机构、企业等机构向社会公众筹措资金而面向投资者发行的按一定的利率支付利息并按约定的条件偿还本金的有价证券，其本身是一种表明债权债务关系的凭证，并具有相应的法律效力。债券持有人（即投资者）为债权人，而债券发行人即为债务人。债权人有权按约定的条件向债务人按约定的条件取得利息和收回本金。债券上一般均载有发行单位、面额、利率、偿还期限等内容。

（4）股指期货全称为"股票指数期货"，是以股价指数为依据的期货，是买卖双方根据事先的约定，同意在未来某一个特定的时间按照双方事先约定的股价进行股票指数交易的一种标准化协议。买卖双方交易的是一定时期后的股票指数价格水平。在合约到期后，股指期货通过现金结算差价的方式来进行交割。

2. 电子证券

电子证券则是指证券市场的组成主体、发行主体、中介机构和投资主体及其他相关主体，以互联网为手段进行的与证券交易相关的活动。这些活动通常包括证券的网上发行、证券信息的发布和查询、网上理财经纪服务和网上委托交易等。

电子证券的功能很多，见图1.1。

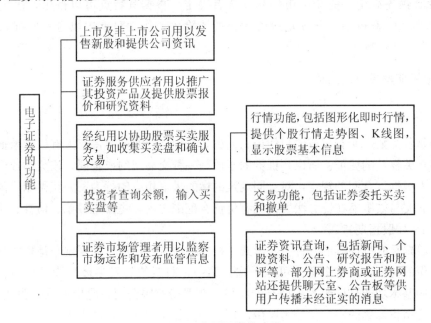

图1.1 电子证券的功能

电子证券投资的交易过程主要包括以下5个步骤：开户、委托、报价和竞价、清算和交割、过户。

1.3.3 电子证券投资的平台

一般证券投资的平台也就是证券市场的投资终端系统，而电子证券投资的平台是通过客户端的证券交易分析软件连接到网络交易商为客户提供的主机系统进行交易投资的。交易程序是用计算机将各大公司电子证券投资分析的买进或卖出价格输入储存系统，机构交易双方通过租赁的电话与机构网络的中央主机联系，当任何会员将拟买进或卖出的委托储存在计算机记录上以后，在委托有效期间，如有其他会员的卖出或买进的委托与之相匹配，即可成交，并由主机立即发出成交证实，在交易双方的终端上显示并打印出来。由于市场的保密性及节省性等优点，对证券交易所来说，它是一个颇具竞争性的市场。图1.2是证券交易场所系统的硬件逻辑结构。

第1章 绪 论

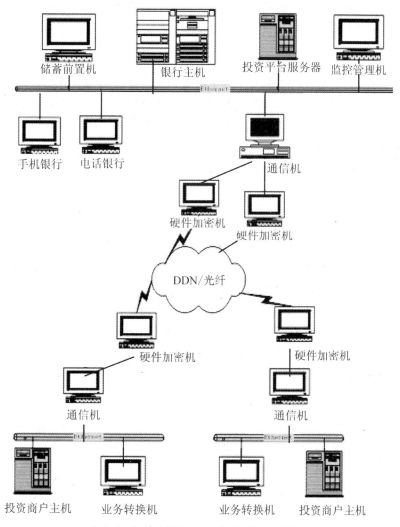

图 1.2 证券交易场所系统的硬件逻辑结构

1.3.4 电子证券投资的步骤

电子证券投资是一种风险投资，具有鲜明的特点。理性的电子证券投资过程一般应包括确定投资政策，进行投资分析，构建投资组合，修正投资组合和投资业绩评估5个基本步骤。

1. 确定投资政策

确定投资政策是投资决策的第一步，是投资者根据拥有的财富及其风险承受能力来确定投资数量和投资品种的过程。电子证券投资属于风险投资，收益的取得是以承担相应的风险为代价的，要想获得高收益，必须承担高风险，风险与收益呈现一种正相关关系。因此，投资目标不能只考虑收益而忽视相应的风险，应该把风险的控制放在和收益目标同等甚至更重要的位置上。理性的投资者应该追求风险和收益能力之下的收益最大化。投资目标的确定应该同时考虑风险和收益两项内容，追求两者之间的最佳平衡。投资者应根据自己的实际情况，确定不同风险和收益特征的证券比例，根据投资目标构造投资组合。

2. 进行投资分析

证券投资分析就是对各种不同类型的金融资产的特征进行考查分析，为构造投资组合提供技术支持。分析的其中一项内容是各种证券的价格形成机制，影响证券价格波动的各种因素和它们的作用机理；分析的另一项内容是对证券的价值进行评估，竭力发现那些价格偏离其内在价值的证券，将价格低于价值的证券吸收进证券组合，而尽量避免或剔除价格偏高的证券。

3. 构建投资组合

构建证券投资组合是投资过程的第三步，也是最关键的一步。在对各种不同品种的证券和同一品种中不同证券进行深入细致分析的基础上，以投资目标为指导，确定具体投资的证券品种和投资在各种证券上的分配比例。在进行投资组合的构建时，投资者要注意3个问题：证券选择、投资时机选择和分散风险。证券选择主要依据证券投资分析的结论，从微观层面把握所关注的个别证券的价格走势及波动情况；投资时机选择是指从宏观层面上分析经济政策和经济形势对不同品种证券价格走势当前和潜在的影响；分散风险是指所构建的投资组合中证券的多样性，并尽可能减少风险。由于组合中不同证券收益之间存在相关性，这使得所构建的投资组合可以保证在期望收益一定的情况下，风险达到最小。

4. 修正投资组合

投资过程是一个动态过程，这是由投资对象和投资环境的动态性所决定的。作为投资对象的证券价值，会随着公司经营情况的变化而变化，也会随着宏观经济形势的变化而变化。证券的价格同样受到来自宏观经济形势、资本市场本身等因素的影响而频繁变化。因此，任何一个投资组合都不可能一劳永逸，都要随着情况的变化进行新的调整和修正。随着时间的推移，投资者会改变投资目标，那么当前持有的投资组合就不再满足新的投资目标，为此需要对之进行调整，抛售现有组合中的一些证券，同时购进一些新的证券以形成新的组合。投资决策的修正，主要取决于交易成本和组合修正后的投资业绩改善的边际效应。

5. 投资业绩评估

投资业绩评估是投资过程的最后一步，主要是定期评价投资的表现，其依据是投资组合的回报率和对应的风险。因此，需要有计量收益和风险的标准。投资业绩评估很重要，它是投资组合修正和构建下一步投资组合的基础。

1.3.5 证券投资分析的信息来源

在证券投资分析中，信息起着十分重要的作用。信息的质量和数量直接影响证券投资分析的可靠性及最终结论。一般来说，进行证券投资分析的信息主要来自以下3个渠道。

1. 历史资料

历史资料是指对证券投资分析有借鉴意义的过去已发布或获得的信息资料。它包括有关世界各国或地区经济政策方面的信息，也包括某个行业的发展状况、某个公司经营管理状况的信息及某项产品生产与销售状况的信息等。它可以通过互联网和证券投资分析交易软件获取。

2. 媒体信息

媒体信息主要是指通过各种书籍、报纸、杂志、其他公开出版物及电视、广播、互联网等媒体获得的有关国家的法律法规、政府部门发布的政策信息、上市公司的年度报告和中期报告等分开发布的信息，也包括会计师事务所、银行、资信评估机构、咨询机构、证券公司等撰写的研究报告等。它也可以通过互联网和证券投资分析交易软件获取。

3. 实地访查

为了保证证券分析所需要信息资料的真实性和针对性，证券投资分析人员往往采用到有关的上市公司、交易所、政府部门等机构实地访查的方法获取信息资料。这种方法所花费的时间、精力都比较多，成本比较高，而且具有一定的难度。因此，通常将这种方法作为以上两个信息来源的补充。

1.3.6 电子证券的投资者

证券市场的证券投资者是资金供给者，也是金融工具的购买者。投资者的种类较多，既有个人投资者，也有机构（集团）投资者。投资者的目的也各不相同，有些意在长期投资，以获取高于银行利息的收益，或意在参与股份公司的经营管理；有些则企图投机，通过买卖证券时机的选择，以赚取市场差价。

1. 个人投资者

个人投资者是证券市场最广泛的投资者，其特点是具有分散性和流动性。不论男女老幼和文化职业，只要有起码的购买能力和投资欲望，都可在证券市场上进行投资。由于个人投资者的目的是为了获利，所以任何投资者都可根据市场变化状况及自己的需要变换证券种类。虽然每个个人投资者因投资能力所限，单个投资额不可能很大，但由于社会公众的广泛性，其集合总额却是比较可观的。

2. 企业

企业（公司）不仅是证券发行者，同时也是证券投资者。特别是当一个股份公司意欲吞并或控制其他股份公司时，就会购进其他公司的电子证券投资分析，这样，该股份公司就成了另一家或另几家发行公司的电子证券投资分析投资者或股东。同样，企业也可以成为债券的投资者。由于企业具有较大的购买力，因此单个企业（股份公司）的投资量远远大于个人的投资量。

3. 各类金融机构

参与证券投资的金融机构包括证券经营机构、银行业金融机构、保险公司及其他金融机构。无论是商业银行，还是各种非银行金融机构，作为专门从事金融业务的特殊企业，都希望并能够从购买证券中获取利润。各类金融机构的资金拥有能力和特殊的经营地位，使其成为发行市场上的主要需求者。商业银行仅限于买卖政府债券（government bonds）；投资基金公司的主要运作对象是各类债券和电子证券投资分析；证券公司、信托投资公司的证券部等证券专门经营机构，既可进行电子证券投资分析和债券的代理买卖，也可进行电子证券投资分析和债券的自营买卖；保险公司可在证券市场上对政府债券进行投资。

4. 各种社会基金

证券市场为社会上各种公共基金提供了值得选择的投资场所。信托基金、退休基金、养老基金、年金基金等社会福利团体虽是非营利性的，但这些基金可以通过购买证券（主要是政府债券）以达到保值、增值的目的。

5. 外国投资者

随着经济国际化趋势的不断发展，证券的发行与买卖已超出了国界限制。外国公司、外国金融机构、外国人等可以购买别国发行的证券，或者某国发行公司通过跨国公司在境外发行证券，向外国个人或团体募集资金。目前我国有以下3种电子证券可供境外投资者认购。

（1）B股。它是我国股份公司发行的以人民币标明面值，以外币认购和买卖的，在境内上市的普通股电子证券。

（2）H股。它是境内公司发行的以人民币标明面值，供境外投资者用外币认购，在香港联合交易所上市的电子证券。H股的发行和交易由境内和香港证券管理部门双重监管。

（3）N股。它是以人民币标明面值，供境外投资者用外币认购，获纽约证券交易所（New York Stock Exchange，NYSE）批准上市的电子证券。目前几乎所有的外国公司（即非美国公司，但不包括加拿大公司）都采用存股证（depository receipts，DR）形式，而非普通股的方式进入美国市场。存股证是一种以证书形式发行的可转让证券，通常代表一家外国公司的已发行电子证券。我国目前在美国成功发行的山东华能和华能国际电子证券，即是以N股DR的方式在NYSE挂牌交易的电子证券。目前，我国正在积极开拓国外市场，与澳大利亚、新加坡、英国等国签署了联合监管备忘录，为外国投资者投资中国的证券提供了日益丰富的品种和渠道。

6. QFII

QFII（qualified foreign institutional investors）是合格的境外机构投资者的简称，QFII机制是指外国专业投资机构到境内投资的资格认定制度。QFII是一国在货币没有实现完全可自由兑换、资本项目尚未开放的情况下，有限度地引进外资、开放资本市场的一项过渡性的制度。这种制度要求外国投资者若要进入一国证券市场，必须符合一定的条件，得到该国有关部门的审批通过后，汇入一定额度的外汇资金，并转换为当地货币，通过严格监管的专门账户投资当地证券市场。

另外，随着互联网的发展，中国很多证券投资者，越来越看好国际证券投资，亦称

"国际间接投资"。是指在国际债券市场购买中长期债券,或在外国股票市场上购买企业股票的一种投资活动。从一国资本流出和流入角度来看,购买国际证券意味着资本流出,发行国际证券则意味着资本流入。对外证券投资主要可以通过以下3条途径实现:①委托国内证券公司在国外证券市场购买外国证券。②在国内购买本国证券交易所上市的外国证券。③在国内购买本国场外交易市场交易的外国证券。

1.3.7 电子证券投资的监管机构

现在世界各国证券监管体制中的机构设置,可分为专管证券的管理机构和兼管证券的管理机构两种形式,这两种机构都具有对证券市场进行管理和监督的职能。美国是采取设立专门管理证券机构的证券管理体制的国家。实行专门管理证券机构体制或类似这种体制的国家,还有加拿大、日本、菲律宾等国,但这些国家都结合本国的具体情况进行了不同程度的修改和变通。英国的证券管理体制传统上以证券交易所"自律"为主,政府并无专门的证券管理机构。IOSCO(International Organization of Securities Commissions,证券交易委员会国际组织)于1998年对互联网上的相关活动提出了下列4个监管原则:①传统的证券监管原则仍应不变;②监管机构不应阻止网络电子化在证券市场上的应用;③监管机构应努力强化监管,提升电子化交易的透明度及一致性;④各国监管机构应加强合作及信息交流。

在我国,对证券市场进行监管的机构是中国证券监督管理委员会(以下简称"中国证监会")。中国证监会省、自治区、直辖市和计划单列市设立了6个证券监管局,以及上海、深圳证券监管专员办事处。主要包括以下监管措施。

(1) 建立市场准入制度。监管部门对意图取得网上交易业务资格的券商应该进行严格的资格审查。只有满足开设电子证券业务基本条件的券商,才能允许其开展网上交易业务。

(2) 加强对网站内容的事中监管。监管部门对已经取得网上交易业务资格的券商还应进行定期的审查。如果在审查中发现券商不再符合有关条件,应限期改正;对限期不能改正者,要取消其开展网上交易业务的资格。

(3) 建立必要的风险披露制度。风险披露,是指券商应实现为网上客户提供足够的信息,告知其网上交易存在的风险,使客户对网上交易的风险有较为充分的认识。

(4) 建立有效的风险分担制度。尽管网上交易系统采用了多项安全措施,但投资者对网上交易仍然存有诸多担心。同保险公司合作,通过保险机制的配套工程来消除投资者的疑虑,树立投资者对网络安全的信心,建立保障投资者的切实可行的运行机制。

本 章 小 结

本章主要介绍本书的选题背景、研究对象、相关领域的研究进展。近年来,证券交易活动的传统模式发生了脱胎换骨的变化,很多研究者都认为,带来这一系列重大变化的关键性原因,是以计算机技术、现代通信技术和互联网技术为代表的电子通信技术在证券交易领域广泛而深入的应用。"电子证券投资分析"尽管是一个技术性的命题,但同时更是一个来自证券投资界的命题。

电子证券交易系统仅指那些为了实现交易过程自动化的设施。电子交易是与人工交易相对应的一种交易方式,它们之间的划分标准是交易手段或交易自动化程度的不同。

基本概念

自动化交易　在线交易　电子指令传递　自动交易执行　指令驱动　报价驱动　交易者身份　交易前信息透明度　交易指令的撮合速度　运行成本与指令处理成本　结算的速度与成本　指令簿　电子证券投资分析　债券　基金　股指期货　个人投资者　机构投资者　QFII　金融机构　社保基金　监管机构

习　题

一、简答题

1. 当前,证券交易活动的传统模式发生了怎样脱胎换骨的变化?
2. 什么是电子证券交易?
3. 电子证券交易和传统的人工交易有何区别?
4. 什么是股票、普通股、优先股?
5. 股票有哪些特征?
6. 我国现行的股票类型有哪些?它们之间有什么不同?
7. 什么是债券?
8. 债券的性质和特征有哪些?
9. 简述债券的种类。
10. 简述政府债券的基本特征。
11. 与其他债券相比,公司债券有哪些特征?
12. 证券投资基金与股票、债券有哪些异同?
13. 证券投资基金主要有哪几种类型?
14. 投资基金的概念是什么?
15. 投资基金与股票、债券的区别在哪里?
16. 什么是金融衍生产品?它是如何分类的?
17. 通过资料阅读了解沪深300股指期货合约标准。

二、选择题

1. 证券交易的信息传递工作主要是通过(　　)电子通信工具来完成的。
   A. 电话　　　　B. 电报　　　　C. 电传　　　　D. 网络
2. 有关证券电子交易的相关问题开始受到来自于(　　)等各方面的密切关注。

A. 证券投资者   B. 证券发行人
C. 证券交易所   D. 利益相关者   E. 政府监管当局
3. 电子金融技术在广义上对(　　)等金融服务企业造成了影响。
 A. 存款机构   B. 保险公司   C. 证券公司   D. 服装公司
4. 网络银行通过互联网向客户提供的服务有(　　)。
 A. 查询   B. 对账   C. 转账
 D. 信贷   E. 网上证券   F. 投资理财
5. 在进行投资组合的构建时，投资者要注意(　　)。
 A. 证券选择   B. 投资时机   C. 分散风险   D. 投资分析
6. 外国投资者可以投资(　　)。
 A. B股   B. H股   C. N股   D. QFII
7. 证券投资分析的信息来源有(　　)。
 A. 历史资料   B. 媒体信息   C. 实地访查   D. 小道消息
8. 电子证券投资的交易过程主要包括(　　)。
 A. 开户   B. 委托   C. 报价和竞价
 D. 清算和交割   E. 过户

三、判断题

1. 债券不是债权债务关系的法律凭证。(　　)
2. 一般来说，当未来市场利率趋于下降时，应发行期限较长的债券，这样可以有利于降低筹资者的利息负担。(　　)
3. 债券利息对于债务人来说是筹资成本，对于债权人来说是投资收益。(　　)
4. 债券投资收益不能收回有两种情况，一是债务人不履行义务，二是流通市场风险。(　　)
5. 一般来说，当市场利率下跌时，债券的市场价格也会随之下跌。(　　)
6. 发行债券是金融机构的主动负债。(　　)
7. 债券持有者可以按期获取利息及到期收回本金，并参与公司的经营决策。(　　)
8. 在美国发行的外国债券被称为扬基债券，在日本发行的外国债券被称为武士债券。(　　)
9. 普通股是股份公司发行的一种标准股票。(　　)
10. 所谓不记名股票，是指在股票票面和股份公司股东名册上均不记载股东姓名的股票。(　　)
11. B股是以美元或港币标明面值并认购和交易的。(　　)
12. 公众股是指社会公众股部分。(　　)
13. 境外上市外资股是外币认购的、以境外上市地的货币标明面值的股票。(　　)
14. 证券投资基金既是一种投资制度，也是一种投资工具。(　　)
15. 证券投资基金是一种金融信托形式。它与一般金融信托关系一样，主要有委托人、受托人、受益人3个关系人，其中受托人与委托人之间订有信托契约。(　　)
16. 公司型基金是以发行股份的方式募集资金的。(　　)

17. 契约型基金设有董事会。（　）
18. 基金托管人是基金资产的名义持有人。（　）
19. 基金管理人的主要职责是负责投资分析、决策，并向基金托管人发出买进或卖出证券及相关指令。（　）
20. 债券基金的收益受市场利率的影响，当市场利率下调时，其收益会下降；反之，若市场利率上调时，其收益会上升。（　）
21. 根据我国相关基金法规的规定，各基金资产之间可以相互交易。（　）
22. 基金托管人也可以从事基金投资。（　）
23. 契约型基金是依法注册的法人。（　）
24. 所谓金融期货，是指以各种金融商品，如外汇、债券、股价指数等作为标的物的期货交易方式。（　）
25. 期货交易的目的是为生产和经营筹集必要的资金及为暂时闲置的货币资金寻找生息获利的投资机会。（　）
26. 在期货交易中，大多数期货合约是做相反交易对冲了结的。（　）
27. 多头套期保值，是指为回避未来现货价格上涨的不利风险，先行买进期货，而于合约到期前再卖出以实现套期保值的策略。（　）
28. 期权的买方以支付一定数量的期权费为代价而获得了买或卖的权利，但不承担必须买或卖的义务。（　）
29. 期权的卖方在一定期限内必须无条件服从买方的选择并履行成交时的允诺。（　）
30. 看跌期权的卖方具有在一定期限内按协议价买进一定数量金融资产的权利。（　）
31. 可转换证券持有者的身份不随着证券的转换而相应转换。（　）
32. 认股权证是普通股股东的一种特权。（　）
33. 优先认股权在多数情况下与债券或优先股共同发行。（　）

四、分析题

1. 下载并分析益盟操盘手手机软件的优劣。
2. 走访学校附近的证券公司，分析其电子交易的状况。

实验实训题

实验：个股及大盘行情的判断

1. 基本分析实验

学习使用和讯新飞狐电子证券投资分析系统，掌握基本分析的主要方法，即应用宏观分析、行业分析、公司股权结构、财务状况、投资发展规划等进行投资分析。

第1章 绪 论

2. 电子证券投资分析实盘模拟操作实验

开设个人电子证券投资分析模拟账户,熟悉证券交易基本流程,掌握电子证券投资分析买卖技巧。通过模拟投资比赛,激发学生的学习热情,增强教学效果。

3. 实验效果考核

对实验效果进行考核和检查是课程实验教学的一个重要环节。本课程实验结束后,主要进行以下两方面的考核,并由指导教师根据学生的实验态度、实验效果及对实验理论和操作能力的掌握情况综合评定成绩。

(1) 考核学生参与程度及模拟账户收益排名。证券投资模拟交易系统提供个人操盘成绩评估功能,并按电子证券投资分析总市值、周赢利、月赢利、交易量等指标进行排名。这些数据为教师评定实验成绩提供了参考。

(2) 考核学生投资分析报告。要求学生提交实验报告,重点介绍在实验期间购买的一只电子证券投资分析,说明该电子证券投资分析上市公司的基本情况、技术指标分析和对政策面、消息面的分析。

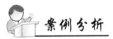
案例分析

常用软件哪个好?

电子证券投资分析软件提供的行情信息推荐和指标参数,已成为交易买卖时的重要依据。而实时交易的便利也使电子证券投资分析软件深得股民喜爱。面对众多常用电子证券投资分析软件,股民应该如何选择,我们对目前市场上的3款主要电子证券投资分析软件进行介绍和比较推荐。

1. 钱龙:免费提供港股交易行情

对投资者而言,钱龙软件几乎是常用行情分析软件的代名词。如今,经过不断推陈出新,钱龙旗舰2011版相当值得推荐。其附带了港股行情,在这个A股、H股联动日益加剧的年头,对于辅助判断此类电子证券投资分析的走势大有好处。包括免费level-2行情提供。

钱龙在处理港股行情上,充分利用了当地数据的特点,原汁原味地提供了经济排行排位的功能,可以让用户轻松了解到究竟是哪几家券商目前在排队购买电子证券投资分析,对于把握大户动向大有好处。不过因为是免费行情,因此港股行情有1个小时的延时。

此外,钱龙还推出了内置视频播放功能,为广大投资者推荐包括央视一套、央视二套、第一财经、交易日等在内的权威财经电视节目,帮助投资者拓宽视野、收获更多财富。其流畅稳定的播放性能,开创了多媒体证券分析软件的典范。

2. 大智慧:盘中送出参考信息

大智慧软件的界面,基本延续了钱龙经典的黑底黄字设置,满足了大多数投资者的习惯。而软件本身也提供了自定义界面背景、字体、图形的功能,使顾客可以在自己喜欢的色彩环境下参看行情,进行操作。

大智慧提供独有的"信息地雷"功能。只要在盘中出现重要市场评论及预测、买卖参考等推荐内容,都会在相应的分时走势图上出现地雷标志,用户只要点击查看,就能接受到分析师对于个股作出的最新评价。

同时，大智慧还具有个股区间统计功能，可以帮助用户迅速统计选定的阶段内的累计涨幅、跌幅、金额、换手率、均价等，从中了解到个股的压力支撑力度，掌握主力资金运作规律。而个人常用理财功能不仅能够实时计算盈亏，更能从不同角度汇总每笔交易，让顾客可以结合市场实际迅速调整资金比例和持仓结构，理性操作，从容进出。

3. 同花顺：A股、H股行情随时查

相比于大智慧和钱龙软件，同花顺的知名度也许不算太高。但对于同时横跨股市、汇市、期市的投资者而言，同花顺无疑是免费看行情的最佳选择，除了传统A股、B股行情外，同花顺还提供了港股、外汇、内地期货的行情报价排行和技术分析。

在处理港股行情上，同花顺有其独到之处，当需要输入代码看港股时，只需在代码前加上HK的前缀，就可得到直接选择，而无须在多个候选电子证券投资分析中选择，尤其在比较A股和H股股价时，避免了想看H股却看成A股股价的错误。

（资料来源：http：//www.9118.com.cn/stock/shidagupiao.html.）

第2章 证券市场电子交易的发展

教学目标

通过本章的学习,了解证券交易的历史变迁,掌握证券交易过程电子化的步骤,掌握在网上采用电子交易的方式。同时,了解电子证券交易的模式。

教学要求

知识要点	能力要求	相关知识
证券交易过程的电子化	了解证券交易的历史变迁,掌握证券交易过程电子化的步骤	人工交易阶段和电子交易阶段、电子交易、信息披露、提交买卖指令、买卖指令的传递、买卖指令的撮合与执行、证券结算
网上证券交易模式	掌握在网上采用电子交易的方式。同时,了解电子证券交易的模式	网上交易、E-Trade 模式、Schwab 模式、Merrill Lynch 模式、自建网站模式、租用现有的电子商务网站模式与网络系统集成商紧密合作的模式

电子证券与投资分析

> **导入案例**
>
> ### 深圳证券交易所交易手段的变化
>
> 在深圳证券交易所(以下简称深交所)成立初期,主要通过各会员派驻的出市代表(俗称红马甲)在交易所的交易厅通过计算机终端进行交易(在1992年2月25日前,红马甲甚至是通过人工竞价的方式来达成交易),由于会员单位众多,深交所不得不两度扩充交易厅,设立第一、第二、第三交易厅来缓解拥挤情况。在早期,一个股民的交易请求要传送到交易所的撮合主机进行委托成交,必须先在证券公司的营业部柜台填写买卖申请单并排队递交,柜台人员接受申请单后电话通知红马甲,红马甲把股民的交易请求输入到交易所终端,并把成交情况电话通知柜员。在这种信息传递方式下,难免会有很多差错,证券公司不得不为处理这些差错设立专门的容错账户,同时也出现了有的红马甲与柜员勾结,吃客户差价的情况。
>
> 1992年2月25日,深交所正式启用计算机自动撮合竞价系统,实现了由手工竞价作业向计算机自动撮合运作的过渡。
>
> 1992年5月26日,人民保险公司深圳分公司证券部和深圳特区证券公司达成与交易所的计算机联网,首创从柜台通过多个终端直接向交易所撮合系统输入客户买卖委托。
>
> 1992年7月3日,浙江省证券公司采用数据专线方式与深交所开通实时行情揭示,成为首家可在当地接收深圳股市行情的异地会员。
>
> 1992年10月中旬,我国第一套证券业电话自动委托交易系统开发成功,并在中国农业银行深圳分行证券部投入使用。
>
> 1997年6月2日,深交所不再为已使用地面线路或双向卫星等远程通信方式进行交易结算的席位同时提供终端,证券经营机构的出市代表"红马甲"正式退场(B股及债券特别席位例外)。此举标志着深交所A股市场完全实现无形化交易模式。
>
> 至此,深交所市场交易采用电子竞价交易方式,所有上市交易证券的买卖均须通过计算机主机进行公开申报竞价,由主机按照价格优先、时间优先的原则自动撮合成交。
>
> (资料来源:http://wenku.baidu.com/view/f64172222f60ddccda38a014.html。)

上面的案例导出了本章要研究的问题——证券市场电子交易的发展。本章主要从5个维度来阐述问题:第一个维度是证券交易技术的历史变迁;第二个维度是不同证券市场的电子交易;第三个维度是证券交易过程的电子化;第四个维度是基于互联网技术的证券交易;第五个维度是电子证券交易的模式。

2.1 证券交易技术的历史变迁

鉴于金融服务强烈依赖于信息的互动,并且基本上不存在物理配送的(Physical delivery)问题,因而金融业是电子技术迄今为止应用得最为成功的行业之一。其中,证券交易活动又以其标准化(standardization)和对时间敏感的特点,走到了金融业电子化革命的最前沿。现阶段,电子技术几乎已经渗透到了证券交易领域的每一个角落。但不论是在发达国家的证券市场,还是在发展中国家的证券市场,证券交易的技术系统基本上都经历了一个由人工交易向电子交易演变的过程。并且,电子交易在不同证券市场、不同业务品种及不同交易环节的表现形式也不尽相同。在证券交易和证券市场产生之后的数个世纪,证券交易技术并非是一成不变的。伴随着证券品种的多元化和证券交易规模的扩大,证券交易技术也在不断升级。表2-1简要列举了相关技术及其应用于证券市场的时间。

表2-1 相关技术及其在证券市场的应用时间

技术名称	发明时间	首次应用时间	应用于证券市场的时间
电报	1844年	1845年	1846年
报价器	1867年	1867年	1867年
电话	1820年	1876年	1880年
电灯	1882年	1882年	1882年
计算机	1948年	1948年	1964年
互联网	1969年	1969年	1990年

总体上,我们可以大致以20世纪60年代作为分界线,将证券交易技术的历史变迁过程划分为人工交易阶段和电子交易阶段。在电子交易阶段,证券交易的显著特征是电子化的程度越来越高。

2.1.1 人工交易阶段

在早期的证券交易活动当中,各项工作基本上依靠人工作业的形式在有形的交易场所内完成。人们为了实现所持证券的交易,或者自己亲身前往固定的交易场所进行交易,或者委托证券经纪人(brokers)代理买卖事务。由于各种证券均为有形产品,且标准化程度不高,再加上通信技术落后,交易的范围较为有限,因而包括证券交易前后的信息传递、买卖意愿的撮合及交易的执行等在内的诸项工作,一般都是通过交易者们相互之间面对面的讨价还价来实现的。此外,早期证券交易主要是现货交易,人们"一手交钱、一手交货",交易完成后双方钱货两清,但因为是人工操作,证券成交与资金清算、证券交割之间往往存在时间上的滞后(time lag)。

然而,随着证券交易活动范围的不断扩大,人工作业方式在证券交易各个环节均表现出很大的局限性,其中,在信息传递环节的弊端尤其明显。于是,人们开始努力寻找外部力量的帮助。起初,证券市场的各种信息是靠马车在各地之间进行传递的。后来,铁路在证券市场信息传递方面的作用开始加强,不同地方的证券市场之间主要依靠火车来传递信息。1846年,NYSE的第一批电报线开始为投资者传送最新的报价信息。1850年,著名新闻机构路透社(Reuters)的创始人保罗·朱利叶·路透,首次采用信鸽把股市行情从布鲁塞尔传到亚琛,从而使两地间的信息传递时间从原先的9小时缩短到了2小时。这在当时堪称是证券市场通信技术上的一次革命。

19世纪中后期,电话、报价器、电报等工具或技术问世之后,相继被引进到证券市场,这使得证券市场的交易格局发生了很大的变化。例如,1866年,第一批横跨大西洋的电报就开始有助于均衡纽约市场与伦敦市场的价格差。从此，一直到20世纪六七十年代，证券市场的交易技术又发生了很大的变化，但是，真正落实到具体的交易过程中，如委托、交易执行、清算交割等一系列过程和大量烦琐的工作仍然是由人工来完成的，因而仍然属于人工交易方式。

> **知识链接**
>
> 在20世纪的大部分时间内，技术分析和基本面分析都在同台共舞。之后，大量拥有物理学和统计学高级学位的新型交易员涌入华尔街，这些勇士们有一个绰号叫做宽客(quant)，他们开发出了许多与传统的基本分析和技术分析几乎毫无关联的先进的数学模型。新的数学模型孕育了"量化交易"，这种数学模型驱动的交易方式从根本上与已有的基本面和技术分析交易方式分道扬镳了。统计套利(stat arb)策略成了金钱帝国里的一颗新星。随着统计套利大发其财的故事传播开来，统计套利技术也变得非常流行，而不断进行技术创新的军备竞赛也接踵而至，那些跑在最前面的交易者往往能获得市场上的最高利润。

2.1.2 电子交易阶段

到20世纪六七十年代，随着证券市场的快速发展，证券经纪商和证券交易所面对着越来越多的日常文书处理工作，后来这种情况几乎到了一种极点，人工操作方式成为了制约证券交易进一步发展的致命性障碍。特别是1968年美国由于证券交易量剧增，导致人工清算交割危机，即著名的"纸工作危机"(paperback crisis)之后，采取新的自动化证券交易已刻不容缓。在这一背景下，发明时间不长的计算机开始被用于证券交易。从此，以现代电子通信技术为基础的电子交易系统迅速形成，电子交易方式开始取代人工交易方式，在证券市场上占据主导性地位。

20世纪70年代以后，越来越多的证券交易所纷纷引进独立的电子交易系统，实现了证券交易过程的自动化，传统上在交易大厅公开喊价和人工撮合的交易模式逐步被取消。引进自动化的电子交易系统之后，各国证券交易所的日常运作普遍实现了无纸化(dematerialization)，同时还与经纪商之间建立起了安全的链接和高效的运行架构，投资者在家里即可通过电话机上的按键下单买卖，其委托指令由经纪商柜台终端通过计算机通信网络传送至交易所的撮合主机，撮合成交后实时回报，投资者在下单后可以不用放下电话，立即查询交易结果。

进入20世纪90年代，互联网技术在证券交易领域的成功应用，标志着证券交易技术的变迁又迈上了一个具有里程碑意义的新台阶。

> **知识链接**
>
> 什么是高频交易，它的魅力何在呢？相较于低频交易而言，高频交易的主要创新之处在于，其在计算机驱动之下，能够对变化的市场迅速做出反应，并且实现资金的快速周转。高频交易的特征是交易次数更多，而每笔交易的平均盈利较小。很多传统的资金管理人持有交易头寸长达数周乃至数月，每笔交易的盈利为数个百分点。相比之下，高频交易的资金管理人每天都交易多次，平均每笔交易的盈利不到一个百分点，并且他们基本上不持有隔夜头寸。

2.2 不同证券市场的电子交易

现阶段,不同证券市场上电子交易的发展参差不齐。这种参差不齐不仅体现在不同品种的证券市场之间,而且在同一证券市场内的不同部分也有所体现。并且,证券市场电子交易自身的发展形势变化相当快,一种原本占据主导地位的交易系统可能在短短数月内就会被另一种交易系统所取代。以下按照不同的证券品种,对证券市场电子交易的发展情况进行概述。

2.2.1 股票市场的电子交易

一般认为,股票资产在流动性(liquidity)和同质性(homogeneity)方面具有先天的优势,因而股票市场是电子交易发展最广泛、应用也最深入的证券市场。其中,美国和欧洲是股票市场电子化最为发达的两个地区。

股票市场上的电子交易,包括折扣经纪商提供的在线股票经纪业务(online stock brokerages),电子通信网络提供的所外交易系统(off-exchange exchanges)等。表 2-2 列示了目前美国主要的在线股票经纪商的相关情况。

表 2-2 美国主要的在线股票经纪商

经纪商名称	佣金标准 (市价/限价指令)	功能特征					
		网上银行	账户核对	期权交易	电话帮助	电话债券	共同基金
Charles Schwab&Co.	$29.95		●	●	●		●
Fidelity	$25		●		●		●
Merrill Lynch&Competitiveness	$29.95		●	●	●	●	●
TD Waterhouse Inc.	$12.00		●	●	●		●
E-Trade Group	$14.75/$19.95	●	●	●	●		●
Ameritrade	$8/$13		●	●	●		●
DLJ Direct	$20			●	●		●
Datek Online Inc.	$9.99				●		●
National Discount Brokers	$14.75/$19.75	●		●	●		●

(资料来源:Basics of Stock Trading Online)

股票市场电子交易的模式具体可以划分为两种类型:一是指令驱动或竞价交易模式,是指交易系统将交易者提交的所有买卖指令全部集中到一个中央指令簿,然后根据一定的指令匹配规则自动撮合,实现证券交易,确定证券成交价格,目前绝大多数证券交易所都采取了该种交易模式;二是报价驱动或做市商交易模式,是指由做市商在交易时间内连续不断向投资者报出特定证券的买入报价和卖出报价,并在该价位上接受投资者的买卖要求，以其自有的资金和账户与证券交易者进行交易，买卖报价差(bid-ask spread)构成了做市商的利润。

阅读材料

企业电子交易历程

第一阶段，黄页型(yellow page)。互联网提供企业或产品黄页，取代了电子交易传统的传播介质，与之相比，它的优势在于使用方便、内容新、信息多、传播范围广、获得成本低。直到现在，这种服务依然受到市场的欢迎，生命力极强。

第二阶段，广告型(pamphlet)。这种方式取代了传统的企业介绍画册，增加了多媒体内容，信息量更大，作用相当于一个广告，同时为企业和消费者建立了平等的沟通渠道。由于成本低廉，更多地受到小企业的欢迎，拉近了小企业和消费者的距离，降低了小企业和大企业竞争的资本。

第三阶段，销售型(sale)。销售型取代了传统的销售方式，一些适合在网上销售的产品开始向互联网转移，主要是出于减少流通环节和降低经营成本的考虑，同时因为互联网具有其他销售方式不可比拟的优势，集成了前两个阶段的功能，消费者和企业都更加乐意接受，最先采纳这种销售方式的是原有的邮购商品，大大降低了经营成本，使之成为最快获利的商业网站。当前国内互联网企业主要处于这个发展阶段，如 B2C(business to customer)、B2B(business to business)等，但就目前来说，还不能说"取代"传统的销售方式，只是提供了更多选择。

第四阶段，整合型(integrated)。前面几个阶段着重于外向型商务平台，其实内部电子交易从简单的计算机文字处理时代就已经存在了。财务管理、库存管理、人事管理、决策管理等企业应用层软件一直没有停止过网络化的步骤。随着服务器系统管理软件功能的强大，为了节约成本，越来越多的企业采用了整合型的方案，产品销售、招聘、招商引资、企业宣传、售后服务、技术支持、合作意向等，凡是可以公开的内容，都上网了。

第五阶段，在线生产和在线消费(produce online & consume online，POCO)。其实这种方式现在就已经存在，只不过它仅仅存在于一些特殊商品上，被人们忽略了。多媒体应用，如电视、广播、电子图书、远程教育、远程医疗、咨询、报关、交税、金融业务等，这是电子交易化程度的最高电子交易形式。

(资料来源：http：//baike.baidu.com/view/49752.htm.)

2.2.2 固定收益证券市场的电子交易

固定收益证券主要是指由各级政府和企业发行的债券。很长时间内，大多数债券的交易都是通过电话交易市场来实现的，直到最近数年，电子交易系统才开始进入债券市场。海伦·艾伦和约翰·霍金斯(2002)认为，固定收益证券市场电子交易的发展之所以落后于股票市场电子交易的发展，原因主要有两点：一是固定收益证券的标准化程度或者说同质性要弱于股票，因而在技术层面上不利于引入自动交易系统；二是固定收益证券的交易方式有别于股票的交易方式，通常是次数少、单次交易量大，并且相当数量的购买者会一直持有到期。

第2章 证券市场电子交易的发展

在固定收益证券市场内部,政府债券,尤其是一国中央政府发行的债券(即国债),由于在同质性方面优于其他的债券品种,因而电子交易在政府债券市场的发展,要明显快于在其他品种债券市场上的发展。

按照交易模式来划分,固定收益证券市场的电子交易系统包括拍卖交易平台(auction trading platforms)、基于询价的交易系统(inquiry-based system)、交叉配对系统(cross matching system)等。表2-3列示了现阶段世界范围内固定收益证券市场上具有代表性的电子交易系统。

表2-3 世界范围内固定收益证券市场上具有代表性的电子交易系统

交易模式及系统名称		交易品种	地 区
拍卖交易平台	Muni Auction	社区证券、货币市场工具	美国
	EBondUSA.com	代理证券、资产支持证券、公司证券、抵押支持证券、政府债券	美国
	Bloomberg Secondary Marke Auction System	资产支持证券、公司证券、抵押支持证券、政府债券	美国
	Valubond	代理证券、公司证券、社区证券、政府债券	美国
基于报价的交易系统	Trade Web	美国政府证券、代理证券、欧洲主权债券、TBA-MBS证券	美国
	Market Axess	代理证券、公司证券、欧洲证券、社区证券	美国
	Bond Click	欧洲政府债券	欧洲
	Prime Trade	衍生产品、外汇、政府债券	美国、亚洲
	Bioomberg	政府债券	美国
交叉匹配系统	Bond Book	投资级和高收益的公司债券、社区债券	美国
	Hond Desk	代理证券、公司证券、社区证券、政府证券	美国
	Bondsin Asia	国内政府债券和公司债券	亚洲
	Broker Tec	代理证券、政府证券	美国、欧洲
	Euro MTS	政府债券、欧洲债券	欧洲
	eSpeed	政府债券、欧洲债券、公司债券、新兴市场证券、回购、社区证券	美国、G7、欧洲、新兴市场
	Autobahn	美国政府证券和代理证券、欧洲政府和半政府证券	美国、欧洲
	Apogean Technologies	新兴市场主权证券	新兴市场
	Currenex	外汇	美国、欧洲
	Instinet	政府证券、欧洲主权证券	美国、欧洲

(资料来源:http://books.google.com.hk/books?id:2TjAVS5-PMC&printsec:frontCover&hl.)

2.2.3 衍生品证券市场的电子交易

与基础类证券市场相比，衍生品证券市场上电子交易的发展进程相对较慢。从交易机制来看，各衍生品市场传统上采取的是公开喊价交易方式，它是指衍生证券经纪商派驻证券交易所的出市代表，以可以听得见的叫喊方式及各种专业手势在有形交易大厅内公开竞价。公开喊价制度属于竞价方式中的人工竞价方式。

1990年之后，一些衍生品证券市场开始采用电子自动交易系统。例如，伦敦国际金融期货交易所于1998年11月全部采取电子自动交易系统LIFFE CONNECTT；悉尼期货交易所在1999年11月用电子交易系统SYCOM Ⅳ取代了原有的人工喊价交易；Eurex和美国的国际证券交易所成立后就立即采用了全电子化的自动交易平台；香港交易所的期货交易也于2000年6月5日转向了电子交易系统。即使是在长时间实行公开喊价模式的衍生品市场，如芝加哥交易所、芝加哥商业交易所和芝加哥期权交易所等，也在保持原有公开喊价模式的情况下，相继开发了自己的电子交易系统，见表2-4。

表2-4 主要衍生品市场的交易模式

市　　场	交易品种	交易模式
伦敦国际金融期货交易所	期货、期权等	电子自动交易系统
Eurex(欧洲期货交易所)	金融期货与期权	电子自动交易系统
芝加哥交易所	期货、期权等	公开喊价、电子交易系统
芝加哥商业交易所	期货、期权等	公开喊价、GLOBEX电子交易系统
芝加哥期权交易所	期权	电子执行的公开喊价、CBOEdirect电子交易系统
国际证券交易所(美国)	期权	电子交易系统、做市商交易
香港交易所	期货、期权	电子自动交易、做市商交易
吉隆坡期权与金融期货交易所(吉隆坡证券交易所的全资子公司)	金融期货	基于屏幕的自动交易系统
马来西亚商品与货币交易所	利率期货、商品期货	公开喊价系统
蒙特利尔交易所	股票期权、债券期权、期货与期货期权、股票指数期货、股票指数期权	基于屏幕的MAX系统和交易大厅交易、使用NSC平台的自动化系统、大厅内的公开喊价交易

(资料来源：引自刘逖，2002)

2.3 证券交易过程的电子化

2.3.1 证券的交易过程

证券的交易过程(trading process)是指证券市场上交易双方完成证券产品买卖的过程。

第2章 证券市场电子交易的发展

从完整意义上来说,证券交易过程包括证券发行市场上的交易过程和证券流通市场上的交易过程这两个内容不同,但程序上相互衔接的组成部分。在这里笔者仅讨论流通市场上投资者买进或卖出上市证券的过程。

一般情况下,证券交易过程包括交易前(pre-trade)的信息披露、交易双方提交买卖指令、买卖指令的传递、买卖指令的撮合与执行、交易后(post-trade)的信息披露及证券结算(settlement)等环节,见图2.1。其中,交易前的信息披露是指披露上市证券的基本面、买卖报价、委托指令分布等信息,以供投资者决策参考,从而向市场提交买卖的委托指令;买卖指令传递是将指令从投资者传递至指令的撮合与执行系统,由系统将相互匹配的买卖指令变为实际交易;交易后的信息披露是指披露成交价格和成交量等数据信息;证券结算主要包括清算和交割两个方面,前者是指计算在证券结算日买卖双方应收或应付金额的特定程序,后者则是指卖方向买方交付证券和买方向卖方交付价款的过程,结算环节的完成,意味着整个证券交易过程的结束。

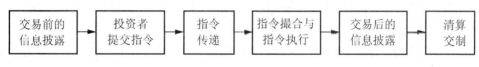

图 2.1 证券交易的过程

2.3.2 交易信息披露的电子化

证券交易信息披露的电子化,是以电子化方式提交、传递、接收、审核、接受、加工存储、分发有关证券及证券交易的相关数据信息。如上所述,按照交易过程来划分,证券信息披露的电子化包括交易前信息的电子化披露和交易后信息的电子化披露两个组成部分。

1. 证券信息披露系统

美国是世界上最早建立并实施证券信息电子化披露系统的国家。早在1983年美国证券交易委员会(the US Securities and Exchange Commission,SEC)即着手证券信息电子化披露系统的研究和开发工作。1993年年初,SEC开始要求信息披露义务人志愿通过电子化信息搜集、分析和检索系统(electronic data gathering, analysis and retrieval system, EDGAR)进行电子化入档。1996年,SEC规定信息披露义务人必须进行电子化入档。SEC官方网站在对EDGAR的介绍中明确提出,建立EDGAR系统的目的是为电子化入档人提供便利,提高SEC信息处理的速度和效率,使投资者、金融机构和其他人士能够及时获得市场信息。

加拿大各省的证券主管机构借鉴美国的做法,联合建立了一个类似EDGAR系统的证券信息电子化披露系统,即SEDAR系统(system for electronic document analysis and retrieval)。该系统自1997年1月1日启动,加拿大联邦政府为其颁布了一个全国性文件,规定了电子化信息披露的要件与程序,要求各省的证券监管部门执行。关于该系统建立的初衷,SEDAR网站上的有关文件做了说明和解释,即SEDAR系统为证券市场提供一个创造性的联系方式,实现以电子化方式提交档案和交纳入档费,节约时间和费用,系统也为信息使用者提供及时、高效获得信息的途径,同时在发行人、入档人和证券监管机构之间搭建一个重要的联系信道。

我国台湾于1998年开始实施公开信息电子档案网络申报系统,简称电子申报系统。建立该系统的目的,是台湾证券监管机构为配合实施电子化政府的政策及贯彻信息充分披露原则,积极推动"公开信息电子档案网络申报",期望证券市场各项公开信息得以完整、快速地透过互联网络提供给投资人,以建立一个信息透明与公平的证券市场。

2. 证券交易所的交易信息披露

在NYSE,交易信息报告系统是由市场数据系统(market data system)和统一收录系统(consolidated tape system)组成的。市场数据系统的功能,是对已经执行的交易进行确认和检查,然后将相关信息传送至统一收录系统。统一收录系统则是一个关于上市证券在国内各证券市场的成交价格和成交量数据的统一的、世界范围内的报告系统。此外,NYSE还开发了无线数据系统(wireless data system),该系统是一个在经纪人与专家指令簿之间高速准确传送信息的电子化系统,它可以使经纪人在交易大厅的任何地方接受指令、接受和发送成交报告、市场行情及其他电子信息。

LSE通过其信息系统TOPIC公布信息,并提供两种不同的服务:一是给投资人提供最佳买卖价;二是为做市商提供成交量、最佳买卖价及做市商的名称。对于大宗交易(block trading)的信息披露,LSE另有特殊规定。

东京证券交易所(Tokyo Stock Exchange,TSE)的交易系统与信息系统是相互独立的。交易系统将有关委托与交易信息传给交易所全资子公司JASDAQ的信息系统,该信息系统还要接受日本另外7个交易所的信息(包括期权、债券等10个类别的信息)。通过加工整理,信息系统一方面可以通过股价报告网络将交易信息传送给证券商,用户再通过证券商的股价显示屏取得有关信息;另一方面则直接通过电话线路传送给用户,如券商(用于交易或服务)、特殊参与人(用于债券交易或服务)、新闻媒介、信息出售者等。

台湾证券交易所在1985年以前的人工交易时期,交易信息通过与交易所连线的证券商的"行情揭示板"同步揭示证券行情,此外交易所内还设有行情播报室,通过电台向外广播。1986年实施计算机辅助交易后,台湾证券交易所于1987年11月启用"市况报道系统",用以揭示各项交易信息。目前台湾证券交易所交易信息的发布渠道有3种:一是通过市况报道系统,二是通过电信局电传视讯系统,三是通过资讯商。投资人除可在证券商营业处所观看市况报道系统的交易信息外,还可在家中以数据线路或电话线通过交通行政部门的"数据通信所电传视讯系统"或"资讯公司证券资讯系统"得到交易所的交易信息。

香港联合交易所有限公司(The Stock Exchange of Hong Kong,SEHK)的交易信息由"大力士"系统披露,其披露的内容除了一般的交易信息以外,还有成交价位的买卖双方的证券代号及以成交价为基准的上下各4个价位的买卖盘数量。

2.3.3 指令传递与指令执行的电子化

1969年,美国太平洋证券交易所(Pacific Stock Exchange,PSE)率先采用了交易指令的自动传递与执行系统(order routing and execution system),随后其他各交易所竞相模仿,纷纷采用了自动传递与执行系统。

NYSE的电子指令传递与指令执行系统是SuperDOT和市场间交易系统(intermarket trading system,ITS)。在指令传递方面,SuperDOT负责将指令从会员公司传递至NYSE交易场内,并且将交易报告从场内传回会员公司。具体地说,指令从会员公司通过数据通信线路传送至公共信息交换机;CMS将指令传送给SuperDOT进行处理并将它们传送至后台支持系统(PSS);指令通过PSS,经过NYSE场内网络,达到适合的专家(specialist);成交报告按照同一路径的相反方向传递。在指令执行方面,SuperDOT包含许多有不同历史的子系统,如处理市价指令的DOT、处理限价指令的LMT及开市自动报告系统OARS。ITS是一个电子网络,它把参与的交易所和柜台市场联系起来,使合格证券的指令以最好的ITS报价来成交。只有交易所的专家、场内经纪人和柜台市场合格证券的做市商才可以直接进入ITS中,柜台市场做市商通过美国国家证券交易商协会(National Association of Securities Dealers,NASD)进入ITS,而且必须是ITS或CAES注册做市商才能这么做。通过NASD进入ITS的只限于19c-3证券,如果柜台市场做市商要通过ITS交易规则390证券,他们必须事先成为参与交易所的会员。

纳斯达克(National Association of Securities dealers Automated Quotations,NASDAQ)市场的电子指令传递与执行系统主要包括小笔交易处理系统(SOES)、SelectNet、高级计算机化执行系统(ACES)、计算机辅助执行系统(CAES)和超级小笔交易处理系统(SuperSOES)。SOES是NASDAQ第一个交易系统,于1984年被启用,系统设计的目的是提供500股以下的NASDAQINMS证券的代理指令的执行。指令被自动传递到当前提供最好报价的做市商。1985年9月,利用SOES可以交易所有的NASDAQ证券,而NMS指令的最大股数增加至1 000股。1988年6月,NMS股票被强制要求使用SOES。SelectNet前身系1988年引入的指令确认交易服务系统(OCTS),该系统早期是一个电子邮件系统,于1988年被启用。1990年11月,OCTS升级并更名为SelectNet,主要是加强了两方面的功能:一是电子化的前后议价功能,即指令发送方和接收方的议价;二是广播功能,将"广播指令"送给一支股票的做市商。ACES是一个灵活的指令传递与执行系统,与SOES不同,它是完全主动的系统,允许市场参与者利用NASDAQ网络来传递指令。CAES则可以用来传递限价指令给第三市场做市商,并且以第三市场做市商为对手自动执行市价指令。此外,CAES还作为第三市场和ITS两者之间的连接。SuperSOES是一个用于NASDAQ全国市场上市证券的指令传递与执行系统,该系统于2001年9月被启用。

LSE的电子指令传递与执行系统是SETS。该系统于1997年10月20日被启用,当时只是针对金融时报100指数成分股(FTSE 100)的交易。目前,FTSE100成分股、FTSE-Eurotor300指数中的所有英国股票和最活跃的FTSE250指数股(主要是在伦敦国际金融期货期权交易所进行期权交易的股票），均通过该系统交易。除此之外，伦敦证交所还拥有 SEAQ（交易不在 SETS 交易的相对活跃的 FTSE250 指数股）、SEATS PLUS（交易流动性差的股票、备兑权证、另类投资市场股票等）、SEAQ International（交易非英国股票）、IOB（交易发达国家的交易较活跃的存托凭证）等电子交易系统。

巴黎证券交易所的电子指令传递与执行系统是 NSC（nouven systeme de cotation）。该系统于 1995 年 4 月被启用，此前采用的是 1986 年启用的 CAC（cotation assiste en continu）系统。NSC 是 CAC 的升级，投资者可以直接将他们的指令传递给中央计算机，这意味着他们的指令不需要任何经纪人的下单就可以自动进入指令簿。阿姆斯特丹交易所的电子指令传递与执行系统是针对零售交易部分的 TSA 和针对批发交易部分的 AIDA。2000 年 3 月泛欧洲证券交易所（Euronext）成立之后，采用 NSC 作为统一的交易系统。

法兰克福证券交易所的电子指令传递与执行系统是 Xetra，于 1997 年 6 月 1 日被启用，替代 1991 年启用的 IBIS。IBIS 是指令驱动和报价驱动都具备的系统，而 Xetra 是纯粹的电子指令驱动系统。目前，维也纳证券交易所、爱尔兰证券交易所和赫尔辛基证券交易所等也在使用 Xetra 系统。瑞士证券交易所的电子指令传递与执行系统是 SWX。1995 年，瑞士的巴塞尔、日内瓦和苏黎世三家交易所合并，场内交易被 SWX 系统所取代。

TSE 的电子指令传递与执行系统是 CORES 及 FORES。前者于 1982 年 1 月 23 日被启用，属于场外电子指令传递与执行系统；后者于 1990 年 11 月 26 日被启用，属于场内电子指令传递与执行系统。韩国证券交易所（Korea Stock Exchange，KSE）的电子指令传递与执行系统是 KATS，该系统于 1997 年 9 月被启用。我国台湾证券交易所的电子指令传递与执行系统是 FASTS，该系统于 1985 年 8 月被启用。SEHK 电子指令传递与执行系统是针对股票交易的 AMSI3（第三代指令撮合与执行系统）和针对期货交易的 HKATS（香港期货自动交易系统）。AMSI3 于 2000 年 10 月被启用，它包含的指令传递系统允许投资者通过互联网或其他渠道（如手机）电子化地传递交易指令，HKATS 于 1999 年 4 月被启用。

2.3.4 结算环节的电子化

就现阶段的国际实践来看，大多数证券市场的结算作业都是由设立在证券商和证券交易所之外的专业结算存管机构来执行的。

美国证券交易的清算交割工作，是由国家证券结算公司（National Securities Clearing Corporation，NSCC）负责的。根据现行的规定，NYSE，NASDAQ 市场和美国证券交易所（American Stock Exchange，AMEX）等证券市场的成交资料必须在 T+1 日（交易登记日的次日）前输入 NSCC 的对账系统，内容包括证券代号、数量、成交的交易所、对方交易商代号、交易价格及其他规定事项。对账完毕后，NSCC 在 T+1 日提供合约清单（contract list），按照不同结算方式计算结算头寸，同时将确认交割的指令通知证券存托与清算公司（The Depository Trust & Clearing Corporation，DTCC）办理账簿划拨转账，以完成证券的交割。款的交割则是通过 NSCC 的同日款项支付系统（same-day funds system）来完成的，该系统与清算银行的支付系统相连接。此外，NSCC 还建立了并行管理系统，该系统通过电子屏幕向参与清算的实体与公司提供多项信息,这些信息是实时的,内容涉及超额资金、清算资金的头寸与保证金头寸等。并行管理系统能够帮助清算代理机构及客户更好地监控清算资余、保证金及其他存款,如果会员未对清算机构尽责,该系统能保护清算机构,使其免受损失。

在英国,证券交易的清算交割工作主要是由 CCP 系统和即时交割系统来执行的。CCP 系统由 LSE、伦敦结算所(London Clearing House Limited,LCH)和 CRESTC 共同建造,它提供了多交易平台的连接,LSE 的 SETS 和 SEAQ 系统通过 CCP 系统完成结算作业,相关券款交割作业则由 CRESTC 负责处理。即时交易系统包括 CREST 和 CMO 两套系统,它们均与英格兰银行的跨行支付系统 RTGS(real time gross settlement)连接。其中,CREST 系统是一个多币种的电子化交割系统,提供英国、爱尔兰、国际证券及政府证券的即时券款同步交割服务(delivery versus payment,DVP);CMO 系统为英国及欧洲货币市场提供高效的交割和集中保管服务。

德国证券交易的清算交割工作,由 CBF(Clearstream Banking Frankfurt)负责。目前,德国约有 90%的公债和 75%的权益证券是通过 CBF 清算交割并保管在 CBF 的。交易商在完成证券交易后,成交资料由交易所传送至 CBF 的 CASCADE 系统,由 CASCADE 系统进行配对。配对完成后(以当日交割为例),CASCADE 系统随即开始自动执行预先转账作业(pre-arrangement),并将交易证券从卖方账户划转至买方账户,但暂时将证券锁定。只有在 CBF 通知 LZB 完成款项划拨并将划拨结果回复 CBF 之后,划转的证券才能解锁。

2.4 基于互联网技术的证券交易

基于互联网技术所进行的证券交易,简称网上交易(internet trading)或网上证券交易,是在 20 世纪 90 年代随着互联网技术的发展而出现的一种新型证券交易方式。关于网上证券交易,比较流行的定义是:投资者利用互联网网络资源,获取证券的即时报价、分析市场行情,并通过互联网委托下单,实现实时交易。从内容来看,网上证券交易主要包括证券商网上交易服务、网上证券直接公开发行(direct public offering,DPO)及互联网上直接撮合证券买卖等 3 种形式。

2.4.1 证券商网上交易服务

证券商网上交易服务是互联网在证券交易领域发展最早、应用最为深入的业务品种,其内容包括证券经纪商通过互联网将投资者的委托指令输送到证券交易所的计算机撮合主机进行匹配成交、通过互联网进行广告和市场销售、提供投资咨询和进行证券承销(underwriting),以及证券商通过互联网向投资者发布信息资料等。

与大多数现代新技术的运用一样,证券商向投资者提供的网上交易服务起源于美国。1995 年,几家美国的折扣经纪商(discount broker),包括嘉信理财(Charles Schwab)等公司,开始了大规模的网上股票经纪业务。一些原本为投资者提供传统性综合服务的经纪商,如美林证券(Merrill Lynch)、帝杰集团(Donaldson Lufkin&Jenrette)等,也很快跟进，开始为投资者提供网上证券交易服务。此外，还出现了一些新式的专业网上交易商，如 E-Trade 等。

随着网上证券业务的不断推广，证券市场将逐渐从有形的市场过渡到无形的市场，现在的证券交易营业大厅将会逐渐失去其原有的功能，远程终端交易、网上交易将会成为未来证券交易方式的主流。网上证券对未来证券市场的发展主要具有以下影响。

1）市场发展速度加快

证券市场是一个快速多变、充满朝气的市场。在证券市场发展过程中，网上证券作为证券市场创新的一种新形式，发挥了积极的推动作用。其表现如下：第一，证券市场的品种创新和交易结算方式的变革，为网上证券建设提出了新的需求；第二，网上证券建设又为证券市场的发展创新提供了技术和管理方面的支持。两者在相互依存、相互促进的过程中得到了快速发展。

2）证券业的经营理念在实践中发生了变化

未来的证券公司将不再以雄伟气派的建筑为标志，富丽堂皇的营业大厅不再是实力的象征，靠铺摊设点扩张规模已显得黯然失色。依托最新的电子化成果，积极为客户提供投资咨询、代人理财等金融服务，发展与企业并购重组、推荐上市、境内外直接融资等有关的投资银行业务，努力建立和拓展庞大的客户群体将成为其主营目标。

3）营销方式在管理创新中不断地变化

未来证券公司的市场营销将不再依赖于营销人员的四面出击，而将集中更多的精力用于网络营销。通过网络了解客户的需求，并根据客户的需求确定营销的策略和方式，再将自己的优势和能够提供的服务通过网络反馈给客户，从而达到宣传自己、推销自己的目的。

4）证券业的经营策略发生了变化

在未来网络互联、信息共享的信息社会里，证券公司将不再单纯依靠自身力量来发展业务，而是利用自身优势建立与银行、邮电等行业的合作关系。各行业在优势互补、互惠互利的前提下联手为客户提供全方位、多层次的立体交叉服务。这种合作会给各方带来成本的降低和客源的增加，从而达到增收节支、扩大业务的目的。

5）金融业中介人的地位面临严重的挑战

在未来网络互联、信息共享的时代，企业可绕过证券金融机构，直接通过互联网公开发行股票来募集资金，甚至自己开展交易活动，如美国电子股票信息公司自 1996 年开始利用互联网为客户提供股票交易服务；又如美国春街酿造啤酒公司（Spring Street Brewing），作为全球第一个在互联网上发行股票的公司，直接在网络上向 3 500 个投资者募集了 160 万美元资本，并在网络上发展了一套交易制度来交易该公司股票。该公司还计划成立一个网络投资银行，专门做网络上公开发行的股票交易业务。在网络技术迅速发展的今天，金融机构如果无法适应网络技术的发展，无疑将成为最大的输家，很可能成为明日的"恐龙"。

6）大规模网上交易的条件日渐成熟

首先是技术的进步，从技术角度讲，网上交易已可以使投资者在时间上领先一步。其次，我国的互联网用户群已呈现几何级数增长势头。最后是我国证券市场正日趋成熟。

7) 集中式网上交易成为一种发展趋势

我国证券行业正在向集中交易、集中清算、集中管理及规模化和集团化的经营方式转换。网上交易采用这一经营模式，更有利于整合券商的资源，实现资源共享，节约交易成本与管理费用，增强监管和风险控制能力。可见，集中式网上交易模式符合未来券商经营模式的发展方向。

8) 网上经纪与全方位服务融合

在固定佣金政策的大背景下，国内券商提前从价格竞争进入了服务竞争阶段。一般情况下，这一竞争阶段应该是在充分的价格竞争之后到来。价格竞争的直接结果是导致网上交易佣金费率的降低，当竞争达到一定程度后，仅靠减佣模式已不能维持下去时，全方位服务模式就会出现。这时候，券商的收入将由单一的经纪佣金转向综合性的资产管理费用。

9) 速度问题将会得到解决

在今后几年里，宽带网会获得突破性发展。基于有线电视的 Cable Modem（电缆调制解调器）技术、基于普通电话线路的 DSL（数字用户线路）技术及基于卫星通信的 DirecPC（卫星直播）技术等典型宽带技术的发展，将使电信能提供接近于零时延、零接入、零故障的服务。而基于 IP 协议的交换技术的发展，又将使传统电信业务和网络数据业务的综合统一成为可能。由于互联网协议（TCP/IP）是电信网、有线电视网、计算机网可以共同接受的协议，因此，未来的宽带网实质上就是宽带互联网的代名词。

10) 网上证券交易正在进入移动交易时代

无线应用协议（Wireless Application Protocol，WAP）为互联网和无线设备之间建立了全球统一的开放标准，是未来无线信息技术发展的主流。WAP 技术可以使股票交易更方便，通过 WAP 可实现多种终端的服务共享和信息交流，包容目前广泛使用和新兴的终端类型，如手机、PDA（手持电子设备）等设备。用户通过手机对券商收发各种格式的数据报告来完成委托、撤单、转账等全部交易手续。由此可见，未来几年基于互联网的移动证券交易市场将有巨大的发展空间。

11) 网上证券交易实现方式趋向多元化

据资料显示，截至 2012 年 6 月底，中国网民数量达到 5.38 亿，互联网普及率为 39.9%。在普及率达到约四成的同时，中国网民增长速度延续了自 2011 年以来放缓的趋势，2012 年上半年网民增量为 2 450 万，普及率提升 1.6 个百分点。2012 年上半年，通过手机接入互联网的网民数量达到 3.88 亿，相比之下台式电脑为 3.80 亿，手机成为了我国网民的第一大上网终端。因此，突破 Web+PC 的网上交易模式，使投资者可以借助电脑、手机、机顶盒、手提式电子设备等多种信息终端进行网上证券交易，这是中国网上证券交易发展的必然方向。

12) 网上证券交易将以更快的速度发展

目前我国大多数县、县级市都没有证券营业部，投资者买卖股票需要到地级市，非常不方便。特别是在一些经济发达的县镇，它们有很多 ATM 机，却没有一家证券营业部。网上交易的普及、交易网络的无限延伸，将使占中国 85% 以上的小城市和农村居民变成潜在的股民，使很多没有条件进行股票买卖的人加入到股民的队伍中来。

13）中国网上证券交易即将面临大突破

加入 WTO 后,中国证券市场变成了全球证券市场的一部分,中国的股市会完全国际化,国际上的一些大券商也进入中国市场。这必将促进网上证券业的发展。另外,根据美国的经验,网上证券交易量一旦超过 10%,就会有一个大的突破,中国网上证券交易即将进入快速发展时期。

2.4.2 网上直接公开发行

所谓证券的直接公开发行(direct public offering,DPO),是指证券的发行者不借助或不通过承销商、投资银行等中介机构,由自己直接将证券发售给潜在投资者的行为。而网上证券直接公开发行,又称网上虚拟交易所(virtual exchange),是指证券的发行者不借助或不通过承销商、投资银行等中介机构,而是利用互联网直接向潜在的投资者发布信息、传送发行文件,并通过互联网接受投资者订购要求,划拨证券和资金的一种新型证券发行方式。

网上证券直接公开发行之所以出现,主要是由于在现行的证券发行上市法规条件下,许多初创企业和中小企业普遍面临着融资上的困境。由于实力有限,银行和其他金融机构一般都不愿意贷款给这些企业,因为他们认为这些企业没有足够的资本、财产作为抵押,贷款的风险太大。投资银行也很少承销这些公司的股票,因为他们认为发行的规模太小,难以获利。即使一些风险投资公司愿意对处于创业初期的新兴公司投资,但历史经验表明,在所有呈送到风险资本家那里的项目建议书中,通常只有 1%～4% 的项目最终会有机会获得风险资金。在这种情况下,许多初创企业和中小企业就不得不依靠自身的力量来筹措发展所需的资金。

美国春街酿造啤酒公司首开网上证券直接公开发行之先河。1995 年 2 月,这家公司的老板绕过了投资银行和经纪公司,直接在公司的网页上以每股 1.85 美元的价格向公众发行了 844 581 股普通股,筹资约 160 万美元。春街酿造啤酒公司的 3 500 名投资者在购买了直接发行的股票后,通过一个设在公司网页内的电子公告牌 Wit-Trade 进行交易。希望进行交易的投资者将其意愿通过互联网发送到 Wit-Trade 上,然后直接接触进行交易。一家独立的银行负责资金的清算和交割,这使得春街酿造啤酒公司没有必要注册成为经纪商。

继春街酿造啤酒公司之后,又发生了几起颇为成功的网上证券直接公开发行的案例,如 Internet Venture 公司在 1998 年通过互联网上直接公开发行证券,募集了 500 万美元的资金。目前,在提供网上直接公开发行服务方面,较为活跃的公司主要有 Direct IPO,Virtual Wallstreet,Open IPO 等,其中,Virtual Wallstreet 将投资者和想要筹资的公司利用互联网通过直接公开发行的方式汇集在一起,而不是通过传统的发行承销团,Open IPO 公司则通过互联网进行股票发行的竞价拍卖。

网上证券直接公开发行的流程:首先,在进行证券的直接公开发行前,公司必须向监管当局申请并征得同意,在获得监管当局同意之后,公司就可以通过各种方式,包括传统的发行促销方式、电子邮件及网络营销手段等,向潜在的投资者发布信息;其次,感兴趣的投资者通过互联网访问公司的网站,下载公开发行的有关文件(包括招股说明书等),如果认为可行,投资者就可以通过互联网(电子邮件或网上填表等)定购股票,与之相对应的,发行公司对所有定购指令进行汇总,并根据定购情况向投资者发出购买确认信息;最后是进行资金支付和股票交收等。见图2.2。

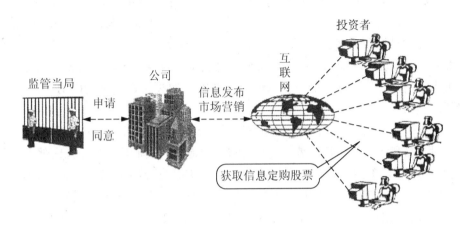

图 2.2 互联网直接公开发行的流程

2.4.3 另类交易系统的发展

通常所说的另类交易系统(alternative trading system,ATS),泛指既有证券交易所(或上市证券挂牌场所)以外的各种交易系统。根据SEC的看法,另类交易系统是指证券交易所或证券商协会以外,未经SEC注册登记,但却能提供证券集中、显示、撮合、配对买卖、执行交易及成交信息的电子系统(或组织、协会、个人、群体等)。

从实际的运作形式看,另类交易系统主要包括4种类型,见表2-5。

表2-5 另类交易系统的类型和特征

系　　统	专用交易系统(PTS)	电子通信网络(ECN)	配对系统(CS)	内部配对系统(ICS)
运作特点	运作与交易所几乎完全相同,而且获准以交易所的形式开展业务	将买卖指令通过连续竞价进行直接配对	在特定时点按照参考市场的价格对买卖指令进行配对	将大量的买卖指令在内部自行配对
竞争优势	匿名、全球化交易	绕过做市商以免去价差,交易时间长	只进行活跃股票的买卖和大宗交易	匿名,免去价差
目标客户	个人投资者或机构投资者	个人投资者或机构投资者	机构投资者	机构投资者
典型代表	Tradepoint,JinWay	Instinet,Island	ITG-Posit,AZX,OptiMark	E-Cross-Net

(资料来源:转引自施东辉(2001),并适当修改。)

一是以 Tradepoint，JinWay 为代表的专用交易系统（proprietary trading systems，PTS）其运作与正规交易所几乎完全相同，而且获准以交易所的形式开展业务，交易特征是匿名性和全球性。

二是以 Instinet，Island 为代表的电子通信网络（electronic communication networks，ECN），其交易特征是将买卖指令通过连续竞价的方式进行直接配对，投资者通过 ECN 开展证券交易，可以绕过经纪商、做市商、专家等中介体，因而交易的成本相对较低。

三是以亚利桑那证券交易所（Arizona Stock Exchange，AZX）、OptiMark 和 ITG-Posit 为代表的配对系统（crossing system，CS），这些系统自身并不决定价格，而是在特定时点从参考市场引入价格，并按照所引入的价格对客户的买卖指令进行配对，CS 仅适用于活跃股票的交易和大宗交易。

四是以 E-Cross-Net 为代表的内部配对系统（interior crossing system，ICS），该系统主要是针对交易量大的机构投资者，由系统将客户提交的大量买卖指令在内部自行配对。

早在 1968 年，美国证券市场上就出现了第一家另类交易系统 Instinet。进入 20 世纪 90 年代以后，伴随着美国证券市场的持续繁荣、投资者分层化现象的出现及 NASDAQ 市场指令处理规则（order handling rules，OHR）的改变，另类交易系统开始获得蓬勃发展。

按照 SEC 1997 年颁布的《另类交易系统监管规则》（Regulation of Alternative Trading System），美国的另类交易系统主要包括 ECN 和 CS 两大类。其中，ECN 是指任何将交易所的做市商或柜台市场的做市商的指令传送到第三方，并允许这些指令与做市商的指令全部或部分匹配的电子系统。要想成为 ECN，必须满足 3 项条件：一是持续分发价格信息；二是实行限价指令簿管理或连续竞价交易；三是能够自动撮合和执行客户的委托指令。

相比之下，CS 还没有达到 SEC 针对 ECN 所规定的条件，它们并不持续分发价格信息，且系统本身并不决定价格，而是在特定时点参考其他交易所的价格，对客户的委托指令进行配对。通过 CS 所执行的交易价格可以有多种形式：有些是固定在特定时点最高买入报价和最低卖出报价的中间值，也有一些是市场的收盘价或交易量加权平均价。

在欧洲，由于各国证券法律不尽相同，到目前为止还没有针对另类交易系统的统一定义。这里以德国的情况为例，德国证券交易监管局（BAWE）将另类交易系统分为公告板（bulletin board）、ECN 和 PTS 3 种类型。其中，公告板又可以进一步分为 3 种类别：一是主动式公告板，是指客户必须事先注册才能在公告板上刊登或接受报价，所报价格具有强制力；二是半主动式公告板，是指由系统负责管理信息资料，向交易者提供联络渠道，实际交易在系统外进行；三是被动式公告板，这种类型的系统只准许刊登无强制力的报价，实际交易直接在买卖双方之间进行，公告板经营者不得介入。

与 SEC 对 ECN 的界定不同，BAWE 将 ECN 定义为促进发行人与金融中介机构之间进行交易的系统。当有交易意愿时，金融中介机构会要求发行人通过 ECN 对特定类型和数量的证券产品提供报价。在德国，较为知名的 ECN 包括花旗银行的 CATS-OS 系统、Bankhaus Sal. Oppenheim 的 XEOS 平台等。

BAWE 界定的专用交易系统更类似于美国的 ECN，它是让市场参与者(主要是机构投资者)按照一定规则交易有价证券的电子系统。目前，Instinet GMBH 是德国监管当局认可的唯一的 PTS。

2.5 电子证券交易的模式

2.5.1 国外电子证券网上交易发展的模式

网上交易在世界范围内的兴起与迅猛发展虽然只有几年的时间，但基本形成了两种交易模式。一种是以美国为代表的自由佣金制度下的网上交易模式；另一种是以日本为代表的固定佣金交易制度下的网上交易模式。

1. 自由佣金制度下的网上交易模式

佣金是证券经纪人向证券买卖的双方收取的手续费。目前世界各国的证券法规对佣金制度额均有明确的规定。然而为了扩大市场，争取客户，各券商在法规的规范下，实行佣金标准额度下的自由调节式。这一自由运营模式的代表首推美国。

美国的证券市场自有经纪商以来，一直实行的是固定的手续费制度。到 20 世纪 60 年代，以退休金、保险公司为代表的机构投资者迅速成长起来，对机构投资者来说，固定的手续费制度就意味着高昂的交易成本。因此，固定的手续费制度开始动摇。在 1975 年 SEC 终于放弃了证券经纪固定的手续费制度。

美国的网上交易始于 20 世纪 90 年代初，开始只是在网上设立投资者账户、证券交易所及银行结算系统之间信息流和资金流传输的通道，为机构投资者提供实时行情和网上交易，不需要向投资者提供除实时行情以外更多的增值服务，网上经纪商自身的运作成本因而相当低，使得他们可以提供十分诱人的低佣金收费，而且这种方式打破了传统经纪业务的时空限制，吸引了大量的投资者。

美国证券网上交易的迅猛发展取得成功的主要原因在于：①低廉的手续费满足了投资者对低成本的要求。由于网上交易对证券公司来讲，运行费用较低，因此收费标准和其他的收费标准相比最低，而提供的服务和传统券商相比却相差不远。②充足的信息资源也促使网上交易获得成功。由于互联网的迅猛发展使得信息传播的速度及信息量都有了很大的提高。投资者通过互联网作出投资决策时，可以获得详细的咨询。③互联网在美国的普及是推动网上交易的主要动力。美国是互联网的发源地，也是互联网应用最为成功的国家。它不仅拥有世界上最先进的信息网络，同时互联网上的各种商务应用也非常成功，超前的教育培训政策，使得美国人快速掌握了使用互联网的各项技术。④美国发达的金融系统及较为开放的投资制度也是促使网上交易迅猛发展的重要原因。

2. 固定佣金交易制度下的交易模式

固定佣金制度是依据现行的法律法规所制定的一定额度标准的证券交易佣金规范。在这一制度下，证券交易手续费均规范于相应的额度限定中。它的最大作用是规范交易程序，收费合理标准化，但局限是限制了券商以低廉收费争取市场份额的扩张行为，缺乏竞争机制。因此，这一模式具有制约性特征。采取这种网上交易模式的代表主要是日本。

日本证券业最早引进网上交易的是大和证券，它于1996年4月开始实施网上交易。TSE也于1998年6月底推出网上交易。从1998年6月29日开始，TSE推出了专为在正常交易时间以外进行的交易而设计的大宗交易和一揽子证券交易的计算机化网络。到1998年年底，日本进入网上交易的券商有19家。而日本目前还没有放开交易手续费，因此，各券商进入网上交易的最主要目标是尽早从网上争取更多的顾客，为手续费自由化以后可能面临的竞争局面做准备。因此，网上交易目前在日本规模较小，还没有形成竞争热点。

日本网上交易的特点是固定佣金制度下的网上交易。网上交易已得到券商的普遍认同，在佣金固定制前提下，券商开展广告宣传、树立品牌等策略来扩大自己的客户群。网上交易的品种集中在股票交易，商品差别化的竞争战略还处于萌发阶段。

其他实行固定佣金制度的国家和地区如中国内地、中国香港、新加坡、马来西亚，其目的主要是通过提供优质的服务来争夺客户。

3. 证券电子商务的典型模式

证券电子商务的典型模式主要包括以下几种。

（1）E-Trade模式。这种模式完全是以网络方式提供纯虚拟的投资与服务，其特点就是用尽可能低的折扣吸引对价格在意而对服务要求不高的自助投资者。价格优势是这些公司的主要竞争优势。

（2）Schwab模式。同时以店面、电话、网络向投资者提供服务，客户可自己选择需要的服务模式。注重通过技术手段创新服务模式，提高服务质量。希望通过技术手段有效降低成本，进而降低服务价格，不会以牺牲服务为代价。通过有效利用技术来降低成本，改进服务，提供创新的业务模式是这些公司的主要经营特色。

（3）Merrill Lynch模式。美林证券是美国乃至全球的著名品牌。由于有庞大的客户托管资产作为后盾，美林证券对于20世纪90年代兴起的网上经纪浪潮反应迟钝，认为投资始终是一项专家从事的行业，理财的专业化是竞争的核心。因此，对于技术的变化导致的市场变化，新的投资客户对于投资的新要求并没作出反应。等到这些变化已经培养出新的挑战者时，才匆匆应阵，失去了最有利的时机，也为此付出了沉重代价。如美林证券迟至1999年6月1日才发布在线交易系统，使其在线交易系统推出不到一个星期后，其总裁也被迫辞职，保持了多年的龙头角色在新兴对手的挑战下岌岌可危。当然这些老牌证券经纪公司也有自己的传统优势，那就是多年积累下来的专业化客户经纪队伍与庞大的市场研究力量，而且其业务种类也多于以上的竞争对手。因此，对他们而言，最为迫切的任务是如何用新技术手段对原有业务进行重组，以适应市场的变化与客户的新需求。

（4）Web App模式。所谓"Web App"即"Web Application"的缩写，是指通过使用Web浏览器技术，跨越网络完成一个或多个任务的应用程序。简单来说，就是内容和用户体验很类似苹果商店或者安卓商店里的应用程序，完全支持炫目的功能体验，却实际上在浏览器内运行，非常节省资源和流量，Web App具有开发成本较低，容易适配多种移动设备,实现跨平台和终端统一服务,以及不需安装等明显优势。当然,这些优势的最终指向,就是用户体验大大提升,更简单、快捷、节省流量。

在传统手机炒股的模式下,用户必须下载一个手机客户端,然后注册,填写手机号码,冒着被无数电话骚扰的危险,还要花费很多流量,才能看股票行情。而 Web App 模式只需要打开手机浏览器,在搜索框中输入股票的代码,就直接可以进入证券之星提供的行情、资讯、F10 资料、K 线等内容,全过程只要 5 秒钟,永不下载,永不注册,见图 2.3。

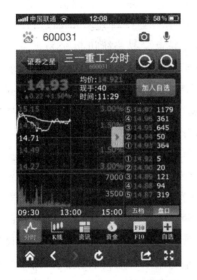

图 2.3　证券之星股票行情 Web App 界面

这种模式主要有两个好处,一是交互感觉流畅炫丽,用户体验流畅;二是省资源省流量,快捷方便。目前业界率先使用 HTML5 开发股票行情应用的,也就是证券之星网站。越来越多的主流应用将转移到 HTML5 上来。Web App 模式将遇到巨大的发展机遇。

4. 网上证券经纪商的经营模式

现阶段,网上证券经纪商的经营模式主要有 4 种模式:第一种模式是美国折扣经纪商提供网上交易服务,如嘉信理财同时给投资者提供网上交易、电话交易、店面交易等多种选择,TD Waterhouse 公司也采取了这一模式;第二种模式是美国传统的经纪商兼营网上经纪业务,该模式是利用公司专业化的经纪人队伍与庞大的市场研究力量为客户提供增值服务和其他理财业务,美林证券、摩根士丹利等公司都是这种业务模式的典型范例;第三种模式是美国传统的经纪商将网上证券经纪业务分拆出来,设立一个独立的网上经纪子公司,如 D LJdirect 就推行了这种做法;第四种模式是美国纯粹的网上经纪商完全以 Web 方式提供纯虚拟的投资与服务,交易完全在网上进行,公司并无有形的营业网点存在,采用这种经营模式的公司包括 E-Trade,TD Ameritrade 等。

2.5.2　网上交易模式层次分析

电子证券交易是网络经济时代的产物,在国内外已形成了多种网上交易模式。网上交易的模式选择应本着有序竞争、规范发展的原则。在分析了美日网上交易的典型模式后，现在再来看看网上交易模式的划分。单从整体上考查，可以将网上交易的运作模式分为3个层次，即技术层次，主要涉及对网上交易的系统与技术的组织与管理；结构层次，主要指在系统内部合理组织网上交易的资源布局；内容层次，主要指提供服务的类型。

1. 技术层次

网上证券交易的技术层次，按照技术的主要提供方可以分成两种主要模式，一种是证券公司全权委托证券类网站负责，由网站开设站点，为客户提供投资资讯，而证券公司以各交易点的身份在后台为客户提供网上交易的通道；另一种是券商通过设立自己的网站，开通内部网络，客户委托直接通过内部网络到交易点交易系统进行交易。

两种方式各有所长：第一种模式具有建设成本低、速度快的优点，但证券公司不完全掌握网上交易技术，在网上交易系统运作过程中需要进行大量的沟通，并且要定期支付系统维护费用；第二种模式虽然前期建设周期长、成本高，但公司将掌握自身发展的主动权，可以便捷、快速地对交易系统进行维护与升级完善，并针对自己公司的特色开发系统的个性化功能，提高服务质量，并且从长期看可以降低交易系统的运作成本。

另一方面，在第一种模式中，券商与网站合作可以实现一定程度的用户资源共享与服务分工，从而降低整体运营成本，但考虑到证券类网站往往与多家证券机构同时展开合作，这种用户资源的共享是难以保证的；第二种模式中则完全依靠券商自身的实力吸引用户，不仅成本相对较高，也需要承担一定的风险，但用户群体具有一定的忠诚度，能够形成一个比较稳定的用户群。比较而言，大券商倾向于采取后一种模式，而中小型券商则以第一种模式为主。在实际运作中，两种模式之间也存在着一定的渗透：采取第一种模式的券商有将核心技术内部化的动机，而通过自己建立整套交易系统的证券公司也需要从证券类网站中得到帮助。

2. 结构层次

网上交易模式的结构层次是指如何把一个证券公司分布在各地的证券交易点和谐地统一到公司网上交易的系统中来，具体有集中式与分散式两种选择。

集中式指同一证券公司的所有证券交易点在网上交易方面完全统一，对网上交易的投资者来说证券交易点的概念趋向模糊。这种模式的优点是简单集中，所以运作成本低，对管理与技术的要求也相应偏低。同时，因为所有交易点整齐划一，能够起到一种宣传的效果。在这种交易模式中，对于目前指定交易的要求，可以在技术上通过增加交易点识别码的方法加以解决。在进行网上交易的时候，投资者输入的信息将包括开户交易点的识别码。这样，虽然投资者的交易指令传到了券商的专门网站，交易系统可以方便地根据识别码将相关信息传递到指定交易的交易点。

分散式则排除了完全的集中，交易点也拥有部分网上交易的自主权。这种分散可以依据地理位置的划分，也可以基于其他的考虑。采取分散式的优点是可以提高服务的针对性，因为可以充分考虑到不同地区不同经济发展程度的具体情况。另一个优点是可以加强公司内部证券交易点之间的竞争，将交易点也真正地引入到网上交易的发展中来。

3. 内容层次

网上交易模式的内容层次包括对网上证券交易与相关服务的选择与侧重。这是一个市场定位问题，根据公司的资源优势情况，在提供完善、全面、个性化服务与其成本控制、收费标准上取得一种利益最大化的均衡。相对于其他两种层次的分类，处于内容层次的模式是最丰富的，也是发展最快的，随着网上交易发展的不断深入，其内涵也在不断地得到充实和更新。

基于3种层次分析得到的模式是一种静态的模式，在现实中是远远不能满足实际交易的需要的，它们仅仅是从一个角度去分析网上交易模式的类型，对于网上交易模式的探讨具有一定的指导意义。事实上，现有的任何一种网上交易模式都是将处于技术、内容和结构层次上的不同模式互相渗透、互相交融的结果。

2.5.3 我国网上交易的模式

我国电子证券网上交易尚处于起步阶段，在其发展过程中，不可避免地会碰到许多问题。但是，为了迎接国际竞争和挑战，我们不可能等到所有条件都完备了再来开展电子证券网上交易，而必须在创新中不断完善。我国网上交易是在固定佣金制度下的网上交易，网上交易模式也有两种可以选择：一种只允许传统券商开展网上交易业务；另一种允许其他有IT背景的企业进入，与传统券商一起在网上交易业务中进行竞争。

1. 我国网上交易的模式选择

在我国目前的管理规定下，特别是在2000年4月，中国证监会颁布《网上证券委托暂行管理办法》，其中的第26条明确规定，证券公司以外的其他机构，不得开展或变相开展网上委托业务。证券公司不得以支付或变相支付交易手续费的方式与提供技术服务或信息服务的非证券公司合作开展网上委托业务。因此，我国目前开展网上交易的发展模式主要是由一些综合类和经纪类的证券公司采用网上与网下业务相结合的模式，或自主开发网上交易的平台，或并购重组IT公司，积极拓展网上交易业务。这主要有以下原因。

（1）我国券商的证券经纪资格一直由中国证监会审批、专营，为了保证网上交易发展的有序性和监管的有效性，网上证券经纪委托也应同样采用这一原则。

（2）有较强的信用基础。传统证券公司有形证券营业部的设立和营运是通过有关部门批准的，并且这些公司有数千万元的投入，这就形成了信用的物质基础，而投资者对这些证券公司的认知程度和安全感就比较强，一旦发生相关的网上交易纠纷和信用问题，投资者认为这些证券公司是有一定的信用保障的。而且我国现在对于证券公司的监管力度也在不断加大，这在一定程度上有助于证券公司防范和控制相关风险，提高整个行业的信用程度，从而在客观上提高了有实体支撑的网上交易的可信度。

（3）有熟悉证券业务的专业人才和IT人才。目前我国证券公司都已经培养和造就了一支高素质的证券从业人员队伍。这些证券从业人员为证券公司提供在线证券咨询服务、理财顾问和行业研究分析报告等起到了重要的保障作用。与此同时，这些证券公司IT方面的人才平时比较多地接触了证券业务，因此比专业IT公司的从业人员更了解证券业务，可以更好地防范和控制相关的风险，可以为投资者提供更好的服务。

(4) 有较强的风险防范和控制能力。这主要体现在监管机构对证券公司的监管范围和力度都在不断加强，从而有助于证券公司不断地朝着规范化的方向发展，逐步增强其风险防范和控制能力。

但是传统券商在拓展网上交易方面也存在一些不足，这主要体现在：第一，与IT企业相比，券商在网络技术的开发与维护方面的专业技术和经验不足，这也是部分券商积极寻求和实力较强的网络公司进行合作，共同开发网上证券交易的原因之一；第二，与IT企业相比，券商的网上客户群不如专门的网络信息服务和信息咨询企业多；第三，与IT企业相比，券商开办网上交易所需的成本投入比较大。

2. 券商提供网上交易服务的模式

券商开展网上交易服务，其服务模式主要有以下几种。

1) 证券公司自建网站模式

这种模式是证券公司建立广域互联网站，证券营业部直接和互联网连接起来，形成"股民计算机→营业部网站→营业部交易服务器→证券交易所信息系统"的网络结构，其特征是为证券交易双方提供一个网络平台。投资者在网上通过所开户的证券营业部的网站下单、查询交易结果、实时接收股市行情等。这种模式分为集中化模式和分散化模式两种。集中化模式指证券公司成立一个相对独立的网上经纪公司(或称电子商务公司)，与营业部脱钩，专门负责网上交易，这种方式便于节约扩张成本，目前西南证券股份有限公司(以下简称西南证券)和国信证券股份有限公司(以下简称国信证券)就采用这种模式。分散化模式指证券公司以营业部为依托，建立多个网站，由公司的电子商务部为各营业部的网站提供技术支持与服务，这种方式可以更好地利用营业部资源并方便核算，这对于业务范围面向全国的券商来说吸引力较大，目前华泰证券股份有限公司(以下简称华泰证券)和广发证券有限责任公司(以下简称广发证券)就采用这一模式。

2) 证券公司租用现有的电子商务网站模式

这种模式是证券公司无自己的互联网站，证券营业部通过网络接入服务商(internet server provider, ISP)和互联网连接起来，网上客户的下单请求通过ISP的网站送达营业部，并从ISP网站上实时获取股市行情和成交结果，形成"股民计算机→ISP网站→营业部交易服务器→证券交易所信息系统"的网络结构。

3) 证券公司与网络系统集成商紧密合作的模式

这种模式有两方面优点：一方面，券商可与网络系统集成商合资组建网站，充分利用其人才、技术、经验优势；另一方面，券商还可通过收购或其他整合方式来控制证券类网站，既利用了原有网络平台运行成熟的系统，又达到了自身的扩张目的。

考虑到网上交易的安全问题和《网上证券委托暂行管理办法》的有关规定，目前在我国不允许采用证券公司租用现有的电子商务网站模式。虽然证券公司与网络系统集成商紧密合作的模式比证券公司自建网站模式更节约资金和人力成本，并且网站的技术服务也更专业，但具体操作时会涉及两种行业背景的公司之间的整合问题，存在着一些组织管理、政策约束等问题。

所以，我国目前的证券公司采用的是证券公司自建网站模式。网络系统集成商只是提供交易平台(如同花顺、大智慧、益盟操盘手等)，这种模式对于今后我国证券业的发展，特别是对券商经营模式的影响将是十分深远的。

本 章 小 结

本章从不同角度对证券市场电子交易的发展进行阐述，从而为后续各章做好背景铺垫。从交易技术变迁的角度看，大多数证券市场都经历了从人工交易演变为电子交易的过程；从不同证券市场来看，电子交易在股票市场发展最为深入，但固定收益证券市场和衍生品证券市场电子交易的发展势头也非常迅猛；从证券交易过程来看，电子交易已渗透至交易信息披露、指令传递与指令执行、清算交割等环节。

进入20世纪90年代之后，互联网技术在证券市场的应用，及移动互联的出现，彻底改变了证券交易的传统运作模式，基于Web App和互联网技术的证券交易(即网上证券交易)主要包括证券商网上交易服务、网上证券直接公开发行及另类交易系统等。

基本概念

人工交易阶段　电子交易阶段　电子交易　信息披露　提交买卖指令　买卖指令的传递　买卖指令的撮合与执行　证券结算　网上交易　E-Trade模式　Schwab模式　MerrillLynch模式　Web App模式　自建网站模式　电子商务网站模式　网络系统集成商

习　题

一、简答题

1. 试说明股票市场电子交易的程序。
2. 证券交易过程是如何电子化的？
3. 简述电子证券交易结算环节的电子化过程。
4. 什么是网上证券直接公开发行？
5. 网上证券直接公开发行的流程是什么？

二、选择题

1. 证券交易技术的历史变迁过程可划分为(　　)。
   A. 人工交易阶段　　　　　　　　B. 电子交易阶段
   C. 电话交易阶段　　　　　　　　D. 电报交易阶段
2. 电子交易系统其委托指令靠(　　)。
   A. 计算机　　B. 网络　　C. 电话
   D. 电报　　　E. 电传

3. 证券电子商务的典型模式有（　　）。
   A. E-Trade 模式   B. Schwab 模式
   C. Merrill Lynch 模式   D. WAP 模式
4. 网上交易的运作模式具有（　　）。
   A. 技术层次   B. 内容层次   C. 结构层次   D. 逻辑层次
5. 证券公司网上交易的运作服务模式主要有（　　）。
   A. 自建网站模式   B. 租用现有的电子商务网站模式
   C. 与网络系统集成商紧密合作的模式   D. 软件模式
6. 债券根据（　　）不同，可分为政府债券、金融债券和公司债券。
   A. 性质   B. 对象   C. 目的   D. 主体
7. 债券分为实物债券、凭证式债券和记账式债券的依据是（　　）。
   A. 券面形态   B. 发行方式   C. 流通方式   D. 偿还方式
8. 安全性最高的有价证券是（　　）。
   A. 股票   B. 国债   C. 公司债券   D. 金融债券
9. 公司以其金融资产抵押而发行的债券是（　　）。
   A. 承保公司债   B. 不动产抵押公司债
   C. 证券抵押信托公司债   D. 设备信托公司债
10. 股票体现的是（　　）。
    A. 所有权关系   B. 债券债务关系   C. 信托关系   D. 契约关系
11. 蓝筹股通常指（　　）的股票。
    A. 发行价格高   B. 经营业绩好的大公司
    C. 交易价格高   D. 交易活跃
12. 契约型基金反映的是（　　）。
    A. 产权关系   B. 所有权关系   C. 债权债务关系   D. 信托关系
13. 开放式基金的基金单位是直接按（　　）来计价的。
    A. 市场供求   B. 基金资产总值
    C. 基金单位资产净值   D. 基金收益
14. 先在期货市场买进期货，以便将来在现货市场买进时不致因价格上涨而造成经济损失的期货交易方式是（　　）。
    A. 多头套期保值   B. 空头套期保值
    C. 交叉套期保值   D. 平行套期保值
15. 先在期货市场卖出期货，当现货价格下跌时，以期货市场的盈利弥补现货市场的损失从而达到保值的期货交易方式是（　　）。
    A. 多头套期保值   B. 空头套期保值
    C. 交叉套期保值   D. 平行套期保值

16. 看涨期权的买方具有在约定期限内按（　　）价格买入一定数量金融资产的权利。
   A. 市场价格　　　B. 买入价格　　　C. 卖出价格　　　D. 协议价格
17. 金融期货的类型主要有（　　）。
   A. 外汇期货　　　B. 股票期货　　　C. 利率期货　　　D. 股价指数期货
18. 金融期权的种类主要有（　　）。
   A. 金融期货合约期权　　　　　　　B. 外汇期权
   C. 利率期权　　　　　　　　　　　D. 股票期权
19. 金融期货的特征之一就是其金融商品的特有性质，其主要表现在（　　）。
   A. 金融商品的同质性　　　　　　　B. 金融商品的耐久性
   C. 金融商品价格的易变性　　　　　D. 金融商品的复杂性
20. 金融期货的功能主要有（　　）。
   A. 投资功能　　　B. 筹资功能　　　C. 套期保值功能　　　D. 价格发现功能
21. 期货交易中套期保值的基本类型有（　　）。
   A. 多头套期保值　　B. 空头套期保值　　C. 交叉套期保值　　D. 平行套期保值

三、讨论题

1. 讨论 E-Trade 模式、Schwab 模式、Merrill Lynch 模式、Web App 模式、自建网站模式、租用现有的电子商务网站模式、与网络系统集成商紧密合作的模式。
2. 进入 world-exchanges 网站，查询全球交易所数据，讨论交易所的分布。

四、分析题

1. 分析金元证券网站的交易模式，见图 2.4。

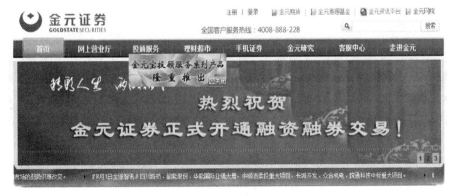

图 2.4　证券公司网站

2. "20 世纪 70 年代以来，日本经济实力大增，成为世界经济强国。为适应日本经济结构和 TSE 经济发展的国际化需要，日本证券市场的国际化成为必然趋势。为此，日本政府自 70 年代以来全面放宽外汇管制，降低税率，以鼓励外国资金进入日本证券市场，使国际资本在东京证券市场的活动日益频繁。1988 年，日本政府允许外国资本在东京进入场外交易；1989 年，又允许外国证券公司进入 TSE，使 TSE 在国际上的地位大大提高。"搜集信息分析 TSE 交易业务国际化的历程。

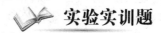

实验实训题

实验：智能手机移动电子商务的功能

1. 实验教学目的

利用手机、PDA 及掌上电脑等无线终端进行的 B2B、B2C 或 C2C（customer to customer）的电子商务。体验在任何时间、任何地点进行各种商贸活动，实现随时随地、线上线下的购物与交易、在线电子支付及各种交易活动、商务活动、金融活动和相关的综合服务活动等。

2. 体验课程内容设计

（1）银行业务。

（2）股票交易。

3. 实验效果考核

对体验效果进行考核和检查是课程体验教学的一个重要环节。本课程体验结束后，主要进行银行业务和股票交易的考核，并由指导教师根据学生的体验态度、体验效果及对理论和操作能力的掌握情况综合评定成绩。

考核学生投资分析报告。要求学生提交实验报告，重点介绍手机支付宝（或手机淘宝、手机团购、手机购买、订阅等），选取其中的一种用自己的手机进行操作，并完成实训报告。

LSE——世界第三大证券交易中心

作为世界第三大证券交易中心，LSE 是世界上历史最悠久的证券交易所。LSE 曾为当时英国经济的兴旺立下汗马功劳，但随着英国国内和世界经济形势的变化，其浓重的保守色彩，特别是沿袭的陈规陋习严重阻碍了英国证券市场的发展，影响了市场竞争力，在这一形势下，LSE 于 1986 年 10 月进行了重大改革。例如，改革固定佣金制；允许大公司直接进入交易所进行交易；放宽对会员的资格审查；允许批发商与经纪人兼营；证券交易全部实现计算机化，与 NYSE 和 TSE 联机，实现 24 小时全球交易。这些改革措施使英国证券市场发生了根本性的变化，巩固了其在国际证券市场中的地位。

为什么 LSE 会有如此的地位？

分析：

1. 良好投资者关系

外国公司在 LSE 上市，一方面打通了全球资本和国际投资界的门户；另一方面也必须接受在伦敦上市所带来的责任和义务。与这些群体的沟通过程，即 IR。从根本上说，IR 是一项长期的营销运作,上市公司通过 IR 与现有和潜在的投资者沟通。与其他任何沟通过程一样,IR 也应该是双向的。这些服务的宗旨,就是帮助上市公司与它们的投资者群体保持沟通,并在正确的时间向正确的对象传达公司的消息。

2. 建立 LSE 网站

日点击数已达到 200 万人次的伦敦证交所网站,还向投资者提供一整套有助于支持上市公司 IR 工作的免费信息。股票行情服务向投资者提供延迟 15 分钟的股价、指数动向、涨跌幅排行榜、关于上市公司的基本信息。

3. LSR 服务

外国公司在伦敦上市并开始推行 IR 方案后,需要通过一种快速、便利,而且成本有效的方式,评估其实施中的 IR 举措对股票交易活动产生的影响。针对这一需求,LSE 向所有外国上市公司免费提供基于互联网的 ISR 服务。上市之后,每一家外国公司均可在 LSE 网站有密码保护的安全区域进入属于该公司的特别 ISR 网页,此网页提供一些详尽数据,包括上一个月该公司股票的交易笔数,以及交易的股票数量。

4. 网站链接

由伦敦证券交易所提供专业网站的链接网址。

5. 专门设计的商务培训服务

针对其他市场的这一需求,LSE 面向海外主管机构、公司董事及公司顾问,发展了一些量身定制的培训课程。这些课程涵盖多个证券交易所领域,在与每一家具体顾客密切协商的基础上分别提供。课程形式多样,从 LSE 的主管人员进行一对一培训,到多达 70 人的团体听取专题陈述。

培训的费用为最多 6 人的小组每天 2 500 英镑+消费税(如在英国以外进行,还需加上住宿和机票)。对更大的团体,将增加培训顾问的人数,并针对具体服务商定合适费用。

(资料来源:http://baike.baidu.com/view/11104.htm#3.)

第 3 章 电子证券投资分析系统

教学目标

通过本章的学习,熟悉并会使用证券行情分析软件系统,掌握电子证券投资分析系统的下载、安装和使用,掌握基本操作方法和软件的基本功能,熟悉开立账户、委托、交割等交易步骤。

教学要求

知识要点	能力要求	相关知识
电子交易的方式	掌握电子交易的各种方式	现场委托、电话委托、网上交易、银证通
电子证券投资分析系统	掌握电子证券投资分析系统的下载、安装和使用	计算机证券投资分析系统 手机证券投资分析系统
电子证券投资分析系统的功能	掌握基本操作方法和软件的基本功能,熟悉开立账户、委托、交割等交易步骤。	趋势判断、主力监测、智能选股、全面资讯高速行情、深度 F9 剖析基本资料

导入案例

快赢数据系统

(1) 2011年4月开始股指破位下行,在6月下旬,反弹机会悄悄来临。2011年6月15日,快赢数据中决策精选(快赢数据决策精选功能就是通过数据分析,可以提示短期市场中有可能强于大盘走势的个股)之扭转乾坤通过数据分析,提示股票雅化集团(002497)提前大盘见底。

(2) 快赢决策精选选出了雅化集团(002497),并且快赢数据显示商务部研究院信用评级五星,说明公司抵御风险能力很强,没有财务风险,可以重点关注。

(3) 2011年6月21日,快赢资金流显示,主力资金大幅流入雅化集团(002497),说明主力机构加速建仓该股。如果投资者能看到这样的数据,就完全可以和主力机构同步建仓。见图3.1。

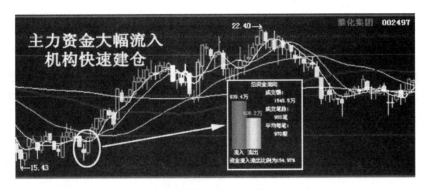

图 3.1 快赢数据技术分析系统(1)

(4) 从2011年6月21日~8月25日快赢数据操盘一号功能(操盘一号功能是快赢数据判断个股股价运行强弱的核心指标功能,红色区域可以持股,蓝色区域应该卖出)一直显示红色,说明该股处于强势运行区域,可以持有,见图3.2。

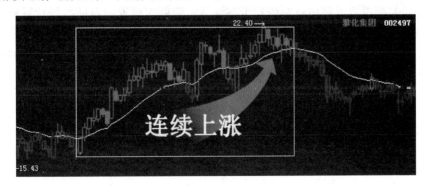

图 3.2 快赢数据技术分析系统(2)

(5) 2011年8月26日快赢数据显示主力资金大幅流出,同时操盘一号功能由红变蓝,充分说明该股主力有撤退动作。投资者若持有该股,应该减仓或退出,见图3.3。

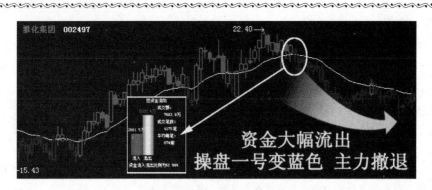

图 3.3　快赢数据技术分析系统(3)

通过以上实战案例分析，雅化集团(002497)从 2011 年 6 月 21 日—8 月 25 日最大涨幅 39% 的波段收益是可以轻松把握到的。可以对比同期大盘表现，这一简单操作，是一典型逆势获利的案例。

（资料来源：http：//file.service.jrj.com.cn/marketing/index.phplarchive/article/id127.）

上面的案例导出了本章要研究的问题——电子证券投资分析系统。本章主要从 3 个维度来阐述问题：第一个维度是电子交易的方式；第二个维度是网上交易分析工具；第三个维度是电子证券投资分析软件的功能。

3.1　电子交易的方式

3.1.1　现场委托

1. 自助委托

自助委托是指投资者利用资金账户卡在证券营业部内设置的自助委托计算机终端上划卡输入密码后，自行下单交易的委托方式。这种方式一般在营业大厅内进行投资，交易的投资金额较少，适合散户投资者使用。采用这种交易方式，投资者在委托下单的过程中能实时了解证券交易品种价格，具有方便、迅速、直观的特点。

2. 热键交易

热键交易是指，投资者在证券营业部证券行情界面下，通过输入资金账号或证券交易所股东账号和密码后自行委托交易的方式。该种方式一般为证券营业部的大中户投资者使用。

知识链接

中信证券营业部热键自助委托须知

(1) 严格遵守法律、法规及我部各项规定。

（2）凡使用交易密码进行的热键自助委托均视为客户本人委托，对泄露密码而造成的损失由客户本人全部负责。

（3）若违反使用说明操作而造成的经济损失客户应承担全部责任。多次违反，我部有权取消客户热键自助委托资格。

（4）通过热键自助委托进行的交易，均以计算机记录资料为准，客户应对各项交易活动的结果承担全部责任。

（5）客户应在交易的下一个营业日到我部办理清算交割手续，如有疑问，在领取清算交割单的当日提出，如本人未在交易的下一个营业日领取清算交割单或提出疑问，则视同本人已认可成交结果。

（6）因客户违约或违反交易规则而使我部遭受的损失应由客户予以赔偿。

（7）因通信、电力、计算机故障、自然灾害或其他不可抗力等原因造成的损失，我部不承担经济和法律责任。

3.1.2 电话委托

电话委托是指投资者通过拨打证券营业部的电话委托交易号码，按电话中的语音提示操作委托的交易方式，由证券商、经纪人受理股票的买卖交易。此种方式为交易时间内不能亲临营业部或通过网上交易等其他非现场交易方式进行委托的投资者提供了方便的交易手段。目前电话委托交易已占证券营业部交易的相当比例。

手机交易也称"移动证券"业务，是一项基于无线数据通信的全新业务。目前主要有两种技术方向：一种基于手机短信息，一种基于WAP。它的最大特点是实现手机移动与证券交易的全面整合，构建一个跨行业横向发展的新平台。在这项业务中，证券服务的信息内容提供商利用移动通信的无线技术，通过移动电话接收证券行情，进行证券交易，查看证券资讯。让客户享受到与证券交易所、电话委托或网上委托完全等同的投资、交易权益。

 知识链接

电话委托简要流程

（1）自助委托：拨打4008285888，按1号键后按语音提示输入账户和密码，即进入自助委托系统：

证券买卖：按1；

查询账户或证券信息：按2；

银证转账：按3；

开放式基金申赎：按5。

（2）人工服务：拨打4008285888，按0号键或在任意自助委托过程中按0号键。

（3）语音咨询：拨打4008285888，按6号键。

图3.4是南京证券电话委托操作流程。

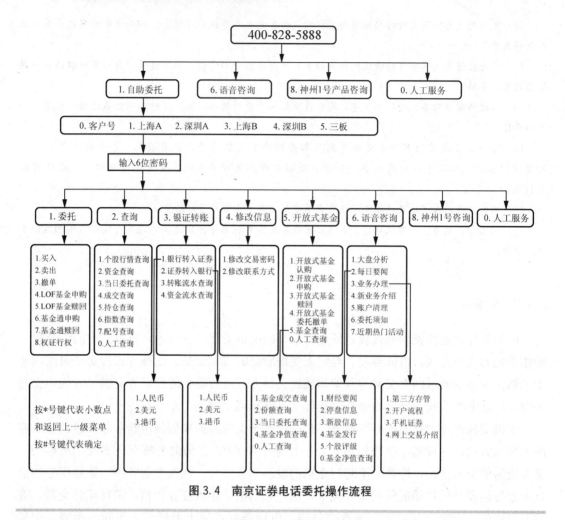

图 3.4 南京证券电话委托操作流程

3.1.3 网上委托

网上委托(电子证券网上交易)是指投资者利用互联网登录证券公司网站获取证券实时行情,并通过互联网进行下单交易的方式。我国大部分证券公司均已获中国证监会批准开通了网上交易功能。网上交易已成为各证券公司开展竞争、争夺客户的重要手段。网上交易突破了地域限制,不受工作时间等因素影响,不管投资者是在办公室、家中或出差之中,均可自行委托下单交易。随着互联网技术的飞速发展,电子商务和计算机应用的日益普及,电子证券的交易方式也发生了很大的变化。证券交易手段从人工委托,逐步过渡到电话委托、自助委托、远程委托等,而且作为证券市场标志的红马甲也正被无形席位所淘汰,通过互联网进行的电子证券网上委托交易也日益显示出广阔的市场前景。

1. 电子证券网上交易的概念

电子证券网上交易是指投资者在互联网上通过专门的交易软件将交易指令下达给指定券商,并通过互联网查询成交、资金等情况的电子交易方式。目前的网上交易概念并不局限于简单地通过互联网委托下单,实现实时交易,更重要的价值体现在投资者可以通过网络来及时获取电子证券报价,分析市场行情,进行投资咨询,查询上市公司的相关资料,查看券商和证券研究机构提供的投资咨询信息,了解证券交易所公告和相关的新闻资讯,进行电子划账,通过电子公告板进行交流讨论等。

 知识链接

国信证券网上交易指南

(1) 进行网上委托有两种认证方式可供选择,即简单认证方式和口令认证方式。为了保障网上交易的安全,应使用口令认证方式。

(2) 交易密码只能为6位。认证口令为6~12位,可以是字母和数字串。认证口令不要只使用数字,使用字母的时候要注意大小写,提倡使用字母和数字组合。

(3) 交易密码和认证口令是网上交易安全的钥匙,股东代码和资金账号也是重要的私人信息,要认真设置、保存,不要丢失或者透露给无关人员。

(4) 交易密码和认证口令不要相同,避免使用生日、电话号码、身份证号等容易猜测的数字串作为密码。

(5) 为了增强网上交易的安全性,请定期修改交易密码和认证口令。

(6) 尽量避免在网吧等公共场所使用网上交易,防止相关的个人资料被他人盗用和仿冒。

(7) 如果由于某种原因无法通过互联网进行正常的交易委托,请立即使用国信证券各地营业部提供的电话、小键盘自助等其他多种委托方式进行交易委托,或及时与国信证券电话服务中心(CALL-CENTER)联系,服务中心会尽快帮助投资者解决出现的问题,并且提供全面的人工咨询服务。

2. 电子证券网上交易的参与对象

电子证券网上交易一般涉及的参与对象主要包括证券商、证券投资者、设备供应和维护商、网上交易软件供应和维护商、网络接入商和商业银行等。

(1) 证券商,是电子证券网上交易的主导者和实施者,是证券交易所的会员。

(2) 证券投资者,是电子证券网上交易的参与者。证券投资者的积极参与是网上交易的关键。

(3) 设备供应和维护商,主要负责和维护有关的网络、服务器和客户终端。

(4) 网上交易软件供应和维护商,主要负责提供和维护网上交易系统和应用软件。

(5) 网络接入商,主要向证券投资者提供互联网的网络接入服务,同时为证券商的行情服务器提供场地和维护服务。

(6) 商业银行,主要向证券投资者提供转账、网上划账及开户服务。

3. 电子证券网上交易的流程

电子证券网上交易的程序和现实的交易步骤是一样的,也是要经过开户、委托、成交、交割等几个环节,只是实现交易的方式不同而已,原来需要亲自去交易所办理的一切手续,在网上交易时都可以通过计算机来完成。要进行电子证券网上交易,首先必须将计算机接入互联网并连接到所开户的证券公司或营业部的网站上,然后下载证券商提供的专门的交易软件,并将专门的交易软件安装在计算机上,最后登录营业部网站。这样就可以进行网上交易了。

4. 电子证券网上交易的特点

电子证券网上交易是在互联网上进行的交易,它与目前的柜台交易、自助委托交易、电话委托交易等交易方式相比较,有着很多优势。它不受地域限制,成本低,减少了交易环节,降低交易风险,加快证券市场信息流动速度,提高资源配置效率。电子证券网上交易之所以成为一种趋势和潮流,与传统的证券交易相比,具有以下特点。

1) 速度快

在大量用户并发访问时,能迅速提供响应。如目前证券之星的一个交易网关能同时满足 1 000 个用户的并发访问,每个访问在交易网关处理的时间少于 1 毫秒。如果用户数量增长很快,可通过简单增加交易网关服务器的数量来保证响应的实时性要求,实现了无限的扩展性。

2) 通用性好

交易网关与券商采用的柜台交易系统无关,通过在券商处设立与券商柜台交易系统交互信息的前置机,可实现信息的转换和传递。

3) 开放性强

将网上交易系统的安全通信部分提取出来,组装成标准的应用程序编程接口(application programming interface,API)。其他网上交易系统的软件开发商利用这些 API,就可以构造自己的安全客户端和安全服务器,而无须关心烦琐的安全细节,减少了开发工作量。

4) 安全性好

目前,网上交易系统采用了硬件防火墙、数据保险箱和系统检测系统等服务,抵御内、外部黑客的入侵。我国采用国际通用的 SSL(Secure Socket Layer)协议和有效位 128 位的高强度对称加密算法,1 024 位高强度非对称加密算法,有效地确保了交易过程的安全性。有的网上交易系统还使用证书授权中心(Certificate Authority,CA)中心签发的证书和私钥进行签名。采用 CA 中心签发的证书,保证互联网上身份的确认,通过比较证书的有效性,客户可以避免与非法服务器通信,还可通过验证客户证书是否合法来确认该客户的身份,从而保证证券投资者在网上交易的安全性。

3.1.4 远程可视委托

远程可视委托主要是为证券营业部外的用户进行委托交易的后台处理,将远程系统中规定的委托查询数据格式转换成证券营业部所采用的交易柜台格式,并与交易柜台服务器通过电话线路进行数据交换。行情多采用有线电视接收系统,通过增加计算机中的硬件装置来实现行情咨询分析。目前,随着互联网的普及,网上交易的发展速度逐渐超越了远程交易的发展。

3.1.5 "银证通"交易

"银证通"业务是指投资者直接利用在银行网点开立的活期储蓄存折,通过银行或券商的委托系统(如网上交易、电话委托、客户呼叫中心等),进行证券买卖的一种金融服务业务。是在银行与券商联网的基础上,个人股东投资者直接使用银行账户作为证券保证金账户,通过券商的交易系统进行证券买卖及清算的一项业务。"银证通"产品具有以下特点。

(1) 在"银证通"业务中,投资者的交易结算资金存放在银行,由银行实行实名制管理,证券交易通过券商的卫星系统报送到上海证券交易所(简称上交所)深交所。

(2) 在"银证通"业务中,银行、券商两者互相监督,各司其职,更好地维护投资者利益。由于投资者买卖股票的钱直接在银行存折上存放,投资者可以很方便地在晚间、节假日存钱、取钱或办理相关业务。

(3) "银证通"业务可以合理利用银行和券商双方的服务平台,发挥各自的优势,服务投资者。

(4) 通过"银证通"交易,客户不必亲往证券公司,只需拨打电话或证券营业部交易电话,也可以登录双方网站完成证券交易。另外,客户的活期储蓄账户既可用于证券交易的资金精算,也可用于正常的提取现金、转账等个人金融业务,从而实现"一户多用"。

知识链接

浦东发展银行银证通业务

"银证通"是浦东发展银行(以下简称浦发银行)上海地区总部与相关证券公司联合开发的利用银行账户直接代替证券保证金账户,直接利用银行账户资金进行证券买卖,完成资金增减的业务产品。"银证通"的特点是用银行的账户直接代替证券保证金账户,既方便了买卖证券,又保证了账户资金的自由使用。

(1) 合作券商:东方证券股份有限公司、光大证券股份有限公司。

(2) 新投资者开通:客户需凭本人有效身份证件、持本人名下的东方卡和证券交易的股东账户到浦发银行办理书面申请。上交所当场办理指定交易。

(3) 老投资者开通:客户可先到原证券营业部撤销指定交易或转托管(浦发银行"银证通"席位号如下,东方:深市A股——311100;光大:深市A股——261800;深市B股——055400),后到浦发银行办理"银证通"开户。

(4) 服务功能。

① 以东方卡为载体,在方便地进行证券买卖的同时,享受东方卡存取款的便捷和多种理财功能。

② 支持两端发起交易,指既可以从银行方(如电话银行、网上银行)也可以从证券方(如券商的电话委托、网上委托)双边发起委托,为完成交易增加了渠道。

③ 异地委托方便可靠。无论在哪里都无须拨打开户地的长途,只要拨打浦发银行95528的电话,即可进行"银证通"委托。

④ 短信服务为客户及时送信息,客户新股中签可收到恭喜信息和需要准备资金(配售)的提示,若有分红派息,也会在第一时间告知。

(5) 委托交易方式如下。

电话银行交易：浦发银行——95528 或 53584538；东方证券——962506；光大证券——10108998 或 95118998。

(6) 网上交易：浦发银行——http：//www.spdb.com.cn；东方证券——http：//www.dfzq.com.cn；光大证券——http：//www.ebscn.com。

(7) 特别提示：

① 当账户为挂失等状态时，不能买入股票，只能卖出股票；

② 交易时间为证券交易日 9：30～15：00。

(8) 办理地点：浦发银行上海地区所有网点。

3.1.6 手机委托

手机委托系统是基于移动通信网的数据传输功能来实现用手机进行股票信息查询和交易的新一代无线股票投资应用系统，让一个普通手机成为综合性的股票处理终端。手机委托与传统交易方式相比，有以下明显优势。虽然电话委托和网上交易也能使投资者足不出户就完成交易，但这两种终端的固定性决定了不能随时随地进行交易。手机委托不同，只要手机 GSM 或 CDMA 网络覆盖的范围内(可以收到信号)就能够查看行情，做交易。线路资源相对丰富，比较电话委托的"堵单"和网上交易的"线路连接不上"，手机委托在下单速度和线路通畅的可靠性上更胜一筹。

阅读材料

手机证券委托交易风险揭示书

中信证券股份有限公司提醒投资者仔细阅读以下内容，以便正确全面地了解手机证券委托交易的风险。

手机证券委托交易是指投资者在手机上通过无线通信网络，如移动 GPRS(general packet radio service)网络和联通 CDMA 网络传输证券委托交易指令、查阅证券行情及信息的业务。手机证券委托交易具有网上证券委托交易、电话委托交易等其他委托方式所有的风险，此外，投资者还应充分了解和认识到其具有以下风险。

(1) 因手机证券交易是利用电信运营商的移动通信网络和互联网络传输证券交易指令，证券交易指令可能会因移动通信网络或互联网络的因素而出现中断、停顿、延迟、数据错误等情况，由此可能给投资者的交易带来一些不稳定和不确定性。

(2) 由于账号、密码被泄露或开户资料遗失未办理挂失等原因，使得投资者通过手机上网进行证券委托交易的身份可能会被仿冒，造成证券被盗卖或盗买而引致损失。凡通过密码验证所进行的一切委托、查询行为，本公司均视为投资者本人的行为。

(3) 手机发布的证券交易行情信息由于传输速度的原因可能滞后，与实际情况有一定的时间误差，可能会对投资者的投资行为造成一定的影响。

(4) 在手机委托交易过程中,因投资者个人原因造成的错误或无效操作造成损失。

(5) 如果开户资料发生变动,但未及时办理变更登记而无法进行交易所造成损失。

(6) 由于相关政策变化,手机证券委托交易规则、委托软件和委托办法发生变化导致的风险。

(7) 手机证券业务需投资者通过手机终端进行相应的操作,因此,投资者发送的委托指令可能受手机终端功能及移动通信网络不畅通的影响而导致交易失败。本公司对运营商移动通信网络故障或手机终端原因造成的损失不承担责任。

因此,如果您不了解或不能承受手机证券委托交易的风险,我们建议您不要使用手机证券委托交易方式进行证券交易。如果您申请或已申请使用该项业务,我们将认为您已经完全了解并准备承受手机证券委托交易的风险,并准备承担由此带来的损失。

同时,我们郑重提醒投资者,目前只有中国移动公司的"手机证券"(旧版原名"移动证券")和中国联通公司的"掌上股市—钻石版"两种产品是经过中信证券正规渠道调试开通的,除此之外,中信证券没有和其他任何公司的任何产品进行连通,且不对其他任何产品负责。

(资料来源:http://www.cs.ecitic.com/mobile/Risk.jsp。)

3.2 网上交易分析工具

3.2.1 网上证券分析系统

伴随着互联网的发展,国内证券公司基本上都开设了自己的网站,用于宣传本公司业务,并为客户提供软件下载和咨询服务。一般证券公司的网站提供财经新闻、上市公司信息、当日交易提示、专家在线解答及本券商对证券市场走势的研究成果。此外,券商还提供了行情的实时走势及软件的免费下载服务。这样,客户既可以通过网站以 Web 方式查询行情,进行证券买卖委托,也可把免费的软件下载到本地计算机中,安装程序并通过网络查看行情及委托交易。网上证券委托系统是证券公司或一些专业网络公司专为网上交易客户提供的一套网上证券实时分析系统,其功能包括实时动态股市行情及技术分析、实时银证转账、快速委托下单。

尽管投资者在开通网上交易时都会在证券部取得一套网上证券委托系统,但也应该根据自己对网络知识的了解程度,事先对网上交易系统有所了解和选择。网上证券分析(交易)系统功能齐全、操作简单、界面友好,具体应具有以下几个特点。

(1) 集股市行情分析、银证转账与委托下单功能于一身。与传统交易分析系统一样,网上证券分析(交易)系统应该能提供股市动态行情、技术分析、各种灵活动态排名、详尽的历史数据、即时准确的资讯信息等;还应该具备提供保证金账户和股票账户管理、资金和成交流水查询、银证资金双向即时划转等功能。

(2) 能够提供更为简单方便的操作使用特性,如兼顾大多数现有投资者,采用大家非常熟悉的仿钱龙界面和热键功能,真正实现键盘、鼠标全部兼容。

（3）支持证券名称拼音简缩输入法。在多种证券选择方法（如证券代码输入、证券列表选择等）的基础上，考虑到大多数投资者更为熟悉证券简称的情况，特别支持证券名称拼音简缩输入法（投资者即使忘记了证券代码，也可以方便地指定证券名称）。如深圳A股的"深发展"，既可以输入证券代码"000001"，又可以输入证券名称汉语拼音首字符"SFZA"来指定证券。

（4）支持证券历史数据的离线访问。这种功能用于不能随时或经常上网的投资者及不需要在线访问的时候（如休息日等）来浏览大盘和证券历史数据，分析走势和查阅各种证券背景资料和资讯。

（5）能够为投资者保证所有交易信息的保密性与安全性。提供快速的证券委托、资金及证券查询、历史流水数据查询和银证转账。

（6）尽可能减少投资者的操作程序。在设计上充分考虑了系统的灵活性、扩充性、易于维护性和其他一些自动化及方便的特性（如服务器终端动态配置），尽量减低投资者的手工干预（如主站增加、选择），减少投资者升级的概率。例如，主站动态均衡调配，保证投资者能够自动连接到负载较小的主站上去；又如，主站扩容、增加服务器时，投资者不用任何操作，就能自动享受到更加快捷顺畅的服务。

3.2.2 通过Web方式查询行情并交易

目前许多券商及证券专业资讯网站采用的网上证券委托系统基本能够具备上述功能，不同的证券部提供不同的交易分析软件系统，投资者可根据自己熟悉的操作系统按实际情况作出选择。

通过Web方式查询行情并进行交易，选择这种委托方式无须另外安装任何软件，投资者在证券部办理了开通网上交易的相关手续后，通过访问证券公司的网址，在证券公司网站提供网上交易服务的地方直接下单委托即可。我国证券网站根据设立者的背景大致可以划分为两类：IT企业设立的网站（简称"非券商证券网站"）和券商设立的网站（简称"券商证券网站"）。非券商证券网站在我国起步较早。例如，和讯、证券之星这些老牌证券网站在1996年和1997年就已开通，比在海外上市的几家门户网站还要早。随后，盛润、赢时通、山虎等证券网站相继开通。随着中国证监会《网上证券委托暂行管理办法》的出台，许多券商如国通贸易集团有限公司（以下简称国通）、国泰君安证券股份有限公司（以下简称国泰君安）、国信证券、华泰证券等也纷纷建立了自己的证券网站。简单地说，完整的证券服务体系可以划分为3类：技术平台服务、经纪与客户服务、研究与信息增值服务。技术平台是指包括网站、网上交易等在内的证券基础设施服务；经纪与客户服务是在技术平台的基础上为股民提供交易、咨询、股票与资金账户管理等；研究与信息增值服务是提供分析、研究、咨询等服务。从业务范畴来看，技术平台服务属于IT业务范畴，经纪与客户服务是券商的传统业务范畴，研究与信息增值服务是证券研究咨询机构的业务范畴。例如，访问金元证券股份有限公司（以下简称金元证券）网站，只要在金元证券下属的证券营业部开户并且开通网上交易，就可以在该网站中的"网上交易"一栏登录进行网上交易。无论投资者身在世界任何地方，只要有一台与互联网相联的计算机终端，通过访问证券公司网站的网上委托系统，就可以随意进行股票的买卖委托、查询操作，同时还能够查询大盘、个股行情，获得丰富的专业财经资讯信息及专家的在线咨询等理财服务。

值得注意的是，通过浏览器委托的方式安全性较使用专业版软件委托方式差，因此，建议用户使用这种方式委托后修改密码。

客户使用 IE 浏览器进入东方财富网（www.eastmoney.com，图 3.5），单击"行情中心"，就可以获取券商以 Web 方式发布的行情。也可以利用搜索引擎按照给出的网站（表 3-1 和表 3-2）进行搜索，然后登录网站。

图 3.5　通过 Web 方式查询行情并交易

表 3-1　证券网站

证券之星	东方财富网	新浪股票	和讯股票
搜狐证券	东方财富网——股票	和讯	金融界
网易股票	中金在线——股票	腾讯股票	中国财经信息网——股票
中国证券网	中国证券网	万隆证券网	全景网——证券
《中国证券报》	《上海证券报》	《证券导报》	巨潮资讯
《证券日报》	证券时报网	《证券市场红周刊》	《证券市场周刊》
同花顺	《证券时报》	中国雅虎——证券	股票吧
凤凰网股票	神光证券网	顶尖财经网——股票	第一财经
中国金融网——证券	中国资本证券网	中国上市公司资讯网	胜龙网
股票价值评估	《信息早报》	股票网址大全	老钱庄智慧宝

表3-2 卷商证券网站

广发证券	银河证券	中信证券	国泰君安证券
招商证券	海通证券	国信证券	申银万国
光大证券	华泰证券	东兴证券	中信建投证券
首创证券	西南证券	华福证券	安信证券
信达证券	广州证券	英大证券	山西证券
中投证券	上海证券	东方证券	联合证券
国金证券	兴业证券	方正证券	国盛证券
齐鲁证券	国海证券	东吴证券	湘财证券
财通证券	东海证券	中信证券(浙江)	华西证券
东北证券	大同证券	中银国际证券	长江证券

3.2.3 通过下载软件到计算机和手机进行交易

投资者在证券部开户网上交易时，证券部给开户客户免费提供一套用于进行证券委托交易的软件，客户只要将委托系统软件安装在个人计算机中，即可接通开户的证券营业部进行网上委托交易、行情分析。这种网上交易方式将行情分析和委托交易结合为一体，即可以在接收行情、进行行情分析的同时下单委托。该系统与投资者在证券部利用计算机下单相似，操作简便。大部分证券公司均提供这样的网上委托方式。这种方式在应用中较为普遍，使用起来操作简单、界面直观，比较符合投资者传统买卖股票、分析行情的习惯，其行情分析系统功能强大，并可将数据下载到本地进行离线浏览，功能较Web方式全面，因此，下面主要介绍采用这方式进行证券投资的操作方法。

1. 电子证券交易分析软件下载

首先，登录电子证券投资系统软件服务商的公开网站。一般情况下，服务商均会把软件下载放在较为醒目的位置上，方便投资者查找，见图3.6。

单击图3.6中"东方财富通下载"，然后就会弹出如图3.7所示的软件下载页面(1)，最后选择要安装的手机平台，单击"下载"按钮就可以了。

系统会自动提示用户保存文件，单击"保存"按钮。将文件保存到本地计算机中，见图3.8。

需要注意的是，由于交易所交易方式等会在不同时期根据证券市场的发展而改进，因此券商的网上交易软件会不断地进行版本更新，一般券商会在网站中标明当前软件的版本及更新日期，用户应下载当前最新的版本。

程序下载完成时会提示"下载已完成"，见图3.9。

第3章 电子证券投资分析系统

图 3.6 东方财富通软件下载页面

图 3.7 软件下载页面(1)

图3.8 软件下载页面(2)

图3.9 软件下载完成

2. 网上交易软件的安装与使用

单击图3.9中的"运行"按钮,计算机就会自动安装电子证券交易分析系统"东方财富通",在安装过程中,按提示单击"下一步"按钮开始安装,见图3.10。

图3.10 运行安装

选择安装目录和程序文件夹,安装的默认路径为C:\eastmoney\swc7(图3.11),也可以单击"浏览"按钮(图3.11)重新选择一个安装目录。选好安装路径后,单击"下一步"按钮。

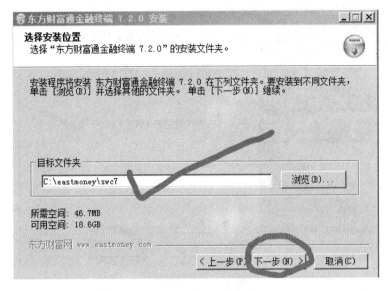

图 3.11 选择目标位置

选择好安装图标的位置,然后单击"安装"按钮(图 3.12)。

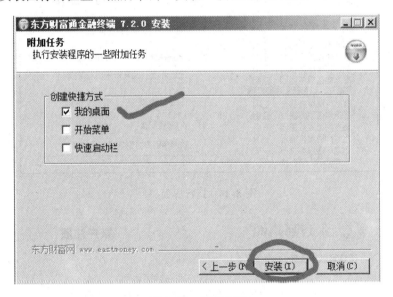

图 3.12 选择安装

最后单击"完成"按钮(图 3.13),软件就安装完成了。

安装好后就可以运行网上行情分析交易软件了,在打开软件出现登录窗口后,单击"免费开通"按钮,见图 3.14。

在账户注册页面,输入想要注册的用户名,填写密码并确认后,单击"注册"按钮即可完成操作,见图 3.15。

也可以选择直接登录软件的方式,见图 3.16。

登录后软件界面见图 3.17。

电子证券与投资分析

图 3.13 安装完成

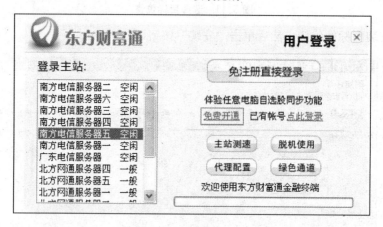

图 3.14 运行界面(1)

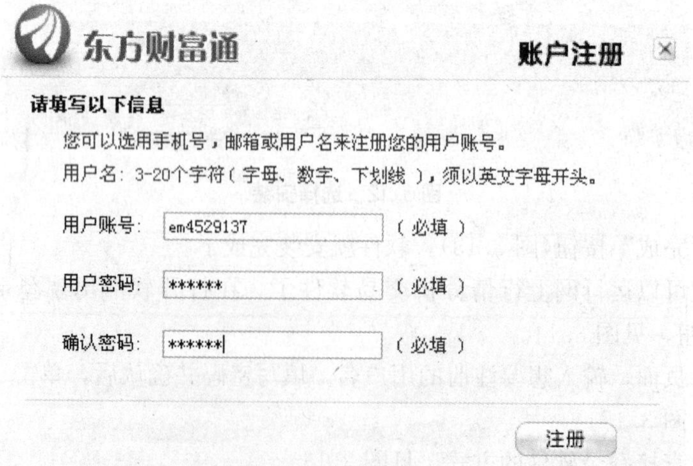

图 3.15 运行界面(2)

第3章 电子证券投资分析系统

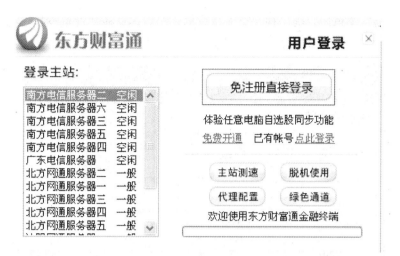

图 3.16 运行界面(3)

图 3.17 登录后软件界面

第一次使用网上交易委托的客户必须到本人开户的券商网站上下载交易软件,才能开通网上交易业务。现在有些行情交易与分析软件把它们融在一起了(如东方财富通,见图 3.18)。

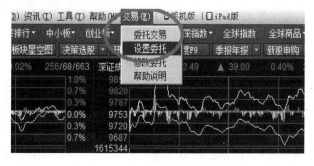

图 3.18 委托交易设置

单击"交易"菜单后，会出现一个下拉菜单，然后再选择"设置委托"选项就会弹出图 3.19"设置委托"对话框。客户选择所开户的证券公司——银河证券。

图 3.19　"设置委托"对话框

单击"下一步"按钮就会弹出如图 3.20 所示的"修改委托"对话框，再单击"确定"按钮就设置好了。这样，客户就可以在家中进行证券交易。

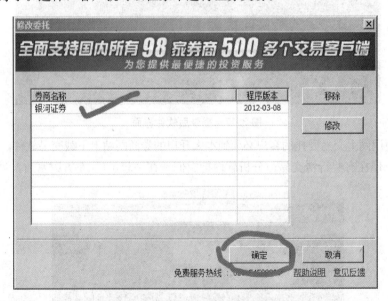

图 3.20　"修改委托"对话框

如果是手机用户或者 iPad 用户，也可下载专用版（图 3.21 和图 3.22）。
不同操作系统下载见图 3.22。

图 3.21　手机用户或者 iPad 用户按需下载

图 3.22　不同操作系统下载

3.3　电子证券投资分析软件的功能

3.3.1　趋势判断

1. 控盘生命线

财富密码独有控盘生命线功能——根据股票主力成本位置，判断股价高低、阻力压力位，提示大盘或个股的趋势信息，与波段密码结合运用，把握股票波段机会（图 3.23 和图 3.24）。

2. 黄金眼

黄金眼——对各板块的主力资金动向进行监测，掌握板块趋势，发现热门板块。实时监测所有板块资金流动状况，展示板块和个股各项排名，大局、趋势、机会一目了然，见图 3.25。

电子证券与投资分析

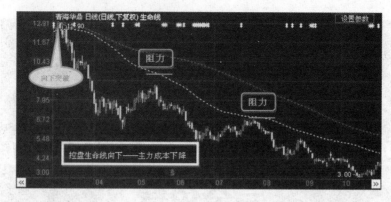

图 3.23 控盘生命线(1)

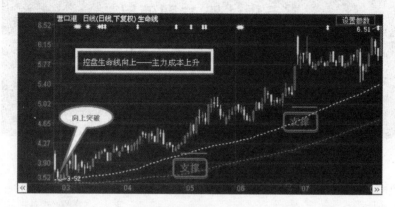

图 3.24 控盘生命线(2)

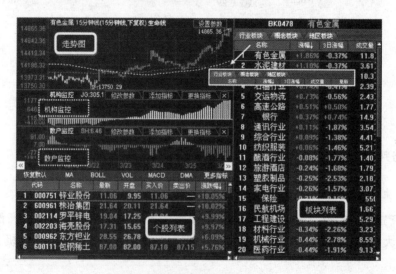

图 3.25 黄金眼

3. 大单占比

用清晰的饼图展示盘中个股大买单、中买单、小买单及大卖单、中卖单和小卖单所占的比重，投资者可一眼辨知盘中资金增持或减持变化(图 3.26)。

第3章 电子证券投资分析系统

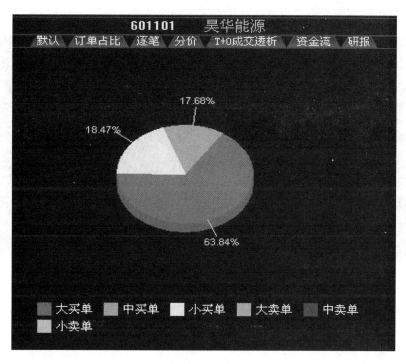

图 3.26 大单占比

4．买卖力道

实时监测多空意向对比，反映相关股票的委托买入总量、委托卖出总量及两者差值的信息，分析大盘尤为有效(图 3.27)。

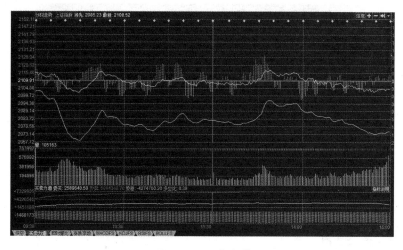

图 3.27 买卖力道

5．主力增仓

主力增仓统计——主力增仓主动统计。是否出货可以看盘面，告知你当天大单进出的情况，和对冲后是正的(买进多)还是买出多，是负的。同时可以看主力买卖和主力进出的指标，这样就可以判断主力是出货还是进仓了，如图 3.28 所示。

序	代码	名称	最新	涨幅%	今日增仓排名 增仓占比	排名↓	排名变化	涨幅%	3日增仓排名 增仓占比	排名	排名变化	涨幅%	5日增仓排名 增仓占比	排名	排名变化	涨幅%	10日增仓排名 增仓占比	排名	排名变化	涨幅%
1	BK0154	广西板块	3973.72	1.03	10.43	1	+36	1.03	2.97	5	+139	1.17	2.73	22	+45	6.81	1.30	54	+48	8.65
2	BK0420	民航机场	2206.76	1.53	9.31	2	+82	1.53	2.73	9	+24	1.41	3.55	10	+19	9.41	2.64	16	+25	10.36
3	BK0484	国际贸易	4174.11	0.90	8.44	3	+78	0.90	0.94	33	+128	0.55	1.90	39	+67	6.14	1.23	56	+5	8.33
4	BK0578	稀土永磁	762.77	2.19	8.27	4	+156	2.19	3.44	3	+22	3.89	3.94	5	+29	10.81	2.91	14	+44	12.61
5	BK0563	油价相关	4323.01	0.58	8.06	5	+15	0.58	-1.28	104	-10	0.46	3.10	16	+38	4.44	2.30	20	+22	4.74
6	BK0175	内蒙古	7039.08	2.87	7.99	6	+137	2.87	3.03	4	+39	2.93	3.16	15	+44	9.16	2.09	24	+98	11.05
7	BK0479	钢铁行业	3147.33	1.01	7.01	7	+109	1.01	2.93	7	+2	0.90	4.93	2	+6	5.90	4.01	2	+2	6.92
8	BK0523	新材料	7125.74	1.62	6.53	8	+124	1.62	2.90	8	+20	2.06	3.49	11	+29	8.29	2.24	22	+52	10.86
9	BK0174	西藏板块	4741.99	0.94	6.06	9	+158	0.94	-0.50	81	+51	0.73	1.23	68	+71	5.65	1.49	47	+41	8.62
10	BK0574	锂电池	661.20	1.56	5.64	10	+112	1.56	2.68	11	+43	2.81	2.48	29	+63	8.48	1.90	31	+69	10.86
11	BK0541	三通概念	4626.44	1.20	5.28	11	+107	1.20	0.93	34	+8	0.91	2.63	24	+12	7.57	2.26	21	-4	9.51
12	BK0519	稀缺资源	10938.08	1.11	5.20	12	+138	1.11	1.54	23	+4	1.29	3.75	7	+17	7.45	2.91	13	+7	9.95
13	BK0427	公用事业	2694.60	0.50	5.09	13	+102	0.50	0.85	35	+124	0.53	0.57	96	+61	4.51	0.34	107	+25	5.45
14	BK0456	家电行业	3761.48	0.97	4.72	14	+94	0.97	0.57	44	+91	0.70	1.21	70	+7	4.48	-0.33	140	0	4.13
15	BK0553	低碳经济	8767.79	0.88	4.64	15	+137	0.88	1.39	27	+30	1.07	2.26	33	+41	6.19	1.72	37	+50	8.01
16	BK0478	有色金属	8685.40	1.33	4.49	16	+150	1.33	0.71	40	+13	1.04	2.51	27	+52	6.55	1.81	34	+51	8.23
17	BK0628	智慧城市	1007.18	0.70	4.12	17	+69	0.70	1.89	17	+35	0.70	1.89	40	+90	0.70	1.89	32	+111	0.70
18	BK0502	整体上市	6570.74	0.76	4.03	18	0	0.76	2.33	12	+6	1.16	3.86	6	+5	5.55	3.08	10	+5	6.47
19	BK0580	LED	629.75	1.07	3.67	19	+12	1.07	1.59	22	+106	1.63	0.66	91	+32	6.55	0.80	82	+21	8.73
20	BK0165	陕西板块	3568.83	0.78	3.52	20	+131	0.78	0.61	42	+92	1.13	1.24	66	+17	6.47	0.22	115	+33	8.67
21	BK0454	塑胶制品	3616.00	1.35	3.32	21	-6	1.35	1.47	25	+10	0.96	2.03	36	+19	6.63	1.53	43	+20	9.31
22	BK0610	央视50_	819.65	-0.41	3.22	22	+11	-0.41	1.81	19	+18	-0.14	2.64	23	+2	3.36	2.45	18	+7	4.87
23	BK0171	云南板块	6520.59	0.90	3.07	23	+111	0.90	-0.57	84	+32	0.53	-0.05	125	+28	5.27	-0.84	153	+16	6.56
24	BK0525	参股银行	3528.50	0.58	2.97	24	+112	0.58	0.27	50	+39	0.43	1.26	65	+37	5.01	1.01	70	-8	6.68
25	BK0572	海峡西岸	796.88	0.46	2.83	25	+72	0.46	0.56	45	+32	0.26	1.23	67	+27	4.90	1.04	69	-26	7.29

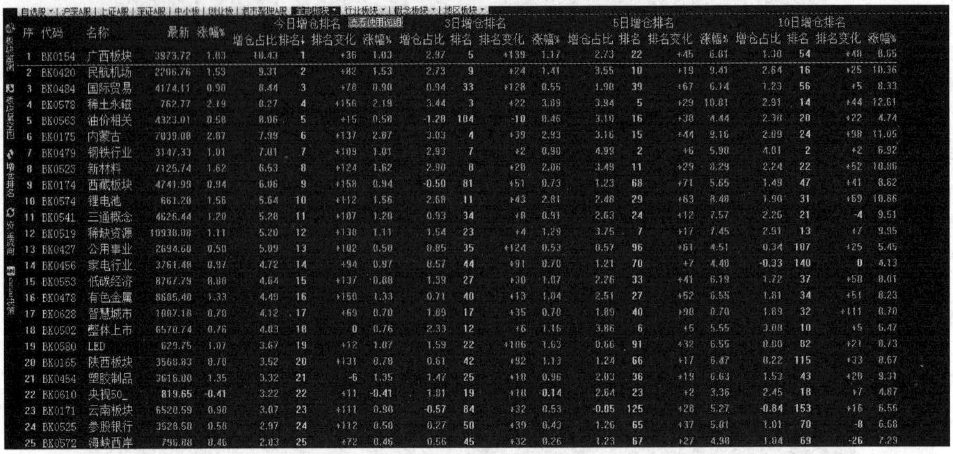

图 3.28　主力撤单

3.3.2　主力监测

1. T+0 主力监控

T+0 主力监控——实时显示个股或大盘中机构、散户资金流的进出情况，从量能的角度判断股票多空趋势。

图 3.29 和图 3.30 显示的是针对 15 分钟 K 线，实时追踪主力资金的流入流出动向。可以更好地判断股票趋势，紧跟主力动向，进行仓位控制。

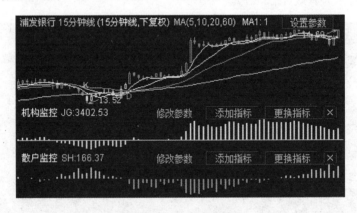

图 3.29　T+0 主力监控(1)

2. T+0 资金全景图

T+0 资金全景图——独家开发功能。对各板块和股票当天的资金进出幅度进行对比，发现热门板块个股。

该功能能够实时监测和对比各板块的资金流入流出幅度，从最热板块到最强个股，资金进出动作一览无余，见图 3.31 和图 3.32。

图 3.30 T+0 主力监控(2)

图 3.31 T+0 资金全景图(1)

序	代码	名称	最新	涨幅%	主力净流入↓	集合竞价	Level-2实时超大单统计				Level-2实时大单统计				Level-2实时中单统计				
							流入	流出	净额	净占比%	流入	流出	净额	净占比%	流入	流出	净额	净占比%	流入
1	BK0478	有色金属	8685.40	1.33	6.40亿	2288	22.44亿	-15.07亿	7.37亿	5.17	36.20亿	-37.17亿	-9652万	-0.68	45.79亿	-49.51亿	-3.72亿	-2.61	37.13亿
2	BK0473	券商信托	56453.09	2.00	2.20亿	1104	12.66亿	-9.03亿	3.62亿	4.56	24.19亿	-25.62亿	-1.43亿	-1.80	24.00亿	-25.47亿	-1.47亿	-1.85	18.02亿
3	BK0479	钢铁行业	3147.33	1.01	2.02亿	763	4.37亿	-2.94亿	1.43亿	4.96	7.44亿	-6.85亿	5893万	2.05	8.72亿	-9.75亿	-1.04亿	-3.60	7.91亿
4	BK0437	煤炭采选	6364.90	0.49	1.35亿	1111	3.99亿	-3.49亿	5032万	1.03	13.08亿	-12.23亿	8478万	1.73	17.10亿	-17.97亿	-8729万	-1.78	14.40亿
5	BK0456	家电行业	3761.48	0.97	8451万	441	1.77亿	-1.80亿	-325万	-0.18	4.68亿	-3.80亿	8776万	4.90	6.01亿	-6.66亿	-6555万	-3.66	5.30亿
6	BK0484	国际贸易	4174.11	0.90	8442万	144	1.50亿	-4614万	1.04亿	10.38	1.79亿	-1.99亿	-1935万	-1.94	3.45亿	-3.89亿	-4402万	-4.40	3.21亿
7	BK0427	公用事业	2694.60	0.50	7391万	308	8877万	-4659万	4218万	2.90	3.12亿	-2.80亿	3173万	2.18	5.58亿	-5.82亿	-2421万	-1.67	4.81亿
8	BK0420	民航机场	2206.76	1.53	6379万	61	1.22亿	-5472万	6698万	9.78	2.04亿	-2.07亿	-319万	-0.47	1.67亿	-2.22亿	-5491万	-8.02	1.91亿
9	BK0454	塑胶制品	3616.00	1.35	5692万	277	1.36亿	-9246万	4304万	2.51	3.75亿	-3.61亿	1388万	0.81	6.20亿	-6.58亿	-3869万	-2.26	5.69亿
10	BK0464	石油行业	5363.26	0.45	2790万	339	9739万	-4590万	5148万	4.20	2.42亿	-2.66亿	-2359万	-1.93	4.48亿	-4.89亿	-4124万	-3.37	4.28亿
11	BK0451	房地产	7520.69	0.52	2493万	3705	12.80亿	-10.12亿	2.68亿	2.66	25.57亿	-28.00亿	-2.43亿	-2.41	34.43亿	-35.30亿	-8664万	-0.86	26.95亿
12	BK0433	农牧饲渔	5264.50	1.40	2318万	2123	2.22亿	-1.59亿	6333万	1.45	9.25亿	-9.65亿	-4015万	-0.92	16.23亿	-16.54亿	-3090万	-0.71	15.27亿
13	BK0458	仪器仪表	2699.59	-0.01	1764万	343	4278万	-2701万	1577万	1.55	1.94亿	-1.92亿	187万	0.18	4.01亿	-4.13亿	-1166万	-1.15	3.65亿
14	BK0447	电子信息	3745.05	0.05	1616万	1469	1.92亿	-1.54亿	3819万	0.78	9.36亿	-9.58亿	-2204万	-0.45	19.06亿	-19.65亿	-5862万	-1.20	17.90亿
15	BK0482	商业百货	7284.41	0.05	1213万	504	1.10亿	-1.10亿	52万	0.02	6.39亿	-6.27亿	1162万	0.42	10.83亿	-10.91亿	-844万	-0.30	9.18亿
16	BK0480	航天航空	8295.50	0.16	975万	161	3404万	-2050万	1354万	2.04	1.71亿	-1.75亿	-379万	-0.57	2.53亿	-2.70亿	-1638万	-2.46	2.04亿
17	BK0428	电力行业	5656.74	0.41	325万	985	1.62亿	-9955万	6241万	2.53	5.02亿	-5.61亿	-5916万	-2.40	8.86亿	-9.62亿	-7629万	-3.09	8.99亿
18	BK0470	造纸印刷	2400.14	-0.20	227万	281	3801万	-3144万	657万	0.94	1.06亿	-1.10亿	-429万	-0.62	2.62亿	-2.76亿	-1357万	-1.94	2.02亿
19	BK0471	化纤行业	3031.34	-0.30	179万	144	737万	-690万	47万	0.10	6394万	-6262万	132万	0.28	1.77亿	-1.98亿	-2080万	-4.46	2.10亿
20	BK0546	玻璃陶瓷	7988.67	0.83	123万	239	2840万	-2664万	176万	0.21	1.47亿	-1.47亿	-53万	-0.06	3.03亿	-3.14亿	-1159万	-1.38	3.56亿
21	BK0422	交运物流	2630.55	0.59	60.7万	254	5664万	-5232万	432万	0.34	2.95亿	-2.98亿	-371万	-0.29	4.55亿	-4.52亿	312万	0.25	4.41亿
22	BK0436	纺织服装	4591.39	0.22	-415万	628	1563万	-2983万	-1420万	-0.75	3.00亿	-2.90亿	1005万	0.53	7.64亿	-7.69亿	-448万	-0.24	7.78亿
23	BK0421	高速公路	2203.80	-0.18	-651万	109	602万	-113万	490万	1.90	3570万	-4711万	-1141万	-4.43	1.03亿	-1.01亿	246万	0.95	1.11亿
24	BK0481	汽车行业	6400.23	0.19	-847万	2369	2.40亿	-2.37亿	347万	0.08	9.61亿	-9.73亿	-1195万	-0.29	14.74亿	-14.83亿	-913万	-0.22	13.67亿
25	BK0457	输配电气	6498.19	0.32	-864万	2798	1.71亿	-1.34亿	3733万	1.27	5.34亿	-5.80亿	-4598万	-1.56	11.05亿	-11.35亿	-2939万	-1.00	10.83亿

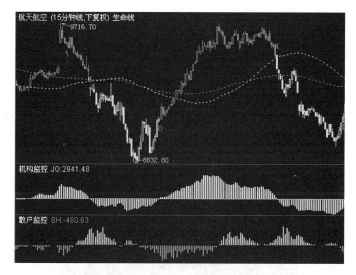

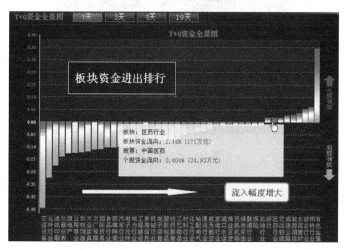

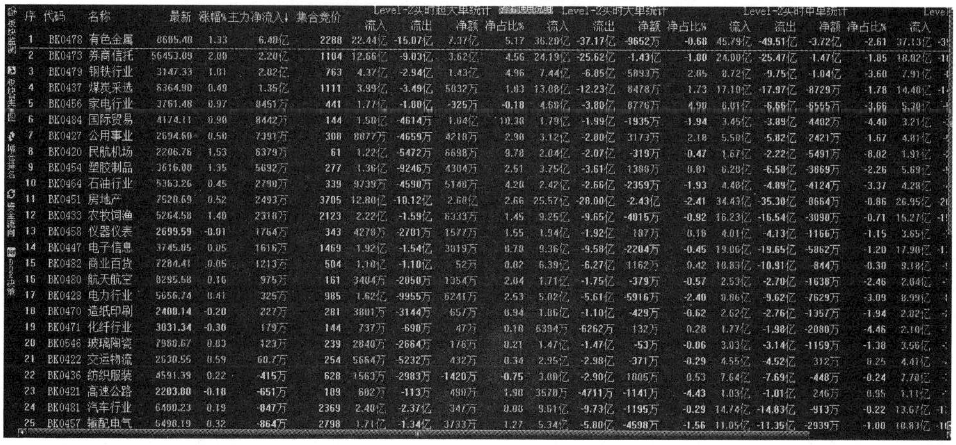

图 3.32 T+0 资金全景图(2)

3. T+0成交透析

T+0成交透析——对一段时间内的成交量按成交单大小进行分类和统计,反映股票">100万"、"50～100万"、"10～50万"及"<10万"4类成交手数区间的买卖双方实时成交单数情况,以及3天、5天和10天区间内对应的成交信息。

帮助用户了解一段时间内股票大单进出情况,及时监测股票中大资金的动作方向,判断主力多空意图(图3.33)。

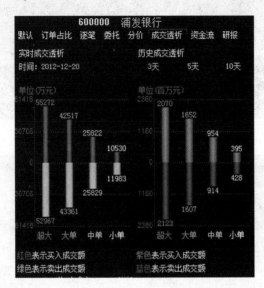

图3.33 T+0成交透析

3.3.3 智能选股

1. 选股器

选股器——提供多种条件和预设方案,自动筛选出满足要求的所有股票。

用户能够有效减少盲目搜寻,轻击鼠标即可马上获知所有股票的各种排名,使股票选择实现智能化和个性化,见图3.34。

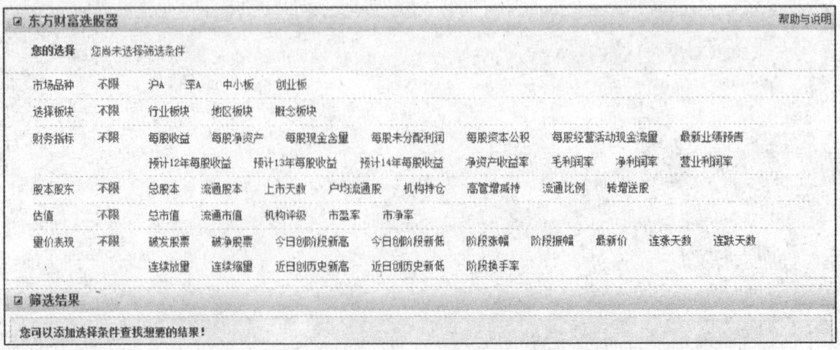

图3.34 选股器

2. 东方数据模型

东方数据模型——在金融数据终端后台数据库基础上，由计算机根据用户自定义的指标参数，通过检索、统计、运算等方式对数据进行整理、加工、集成和输出的分析工具。

机构版包括东方一号、东方二号、东方新股、主力罗盘、优股雷达 5 种模型。

高级选股——根据基本面资料进行选股的搜索引擎。

数据库包含股票各方面信息，用户可按照自己设定的条件，搜索符合需要的股票，方便快捷，节省搜寻时间，大幅提高效率，见图 3.35。

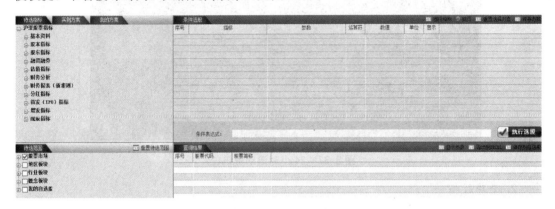

图 3.35　东方数据模型

3.3.4　全面资讯

1. 24 小时滚动资讯

依托东方财富网中国财经第一平台的优势，涵盖了全球范围内，包括股票、债券、权证、期货、黄金、基金、信贷、货币等各类全方位多角度财经资讯，以 7×24 的状态不停顿滚动更新，见图 3.36 和图 3.37。

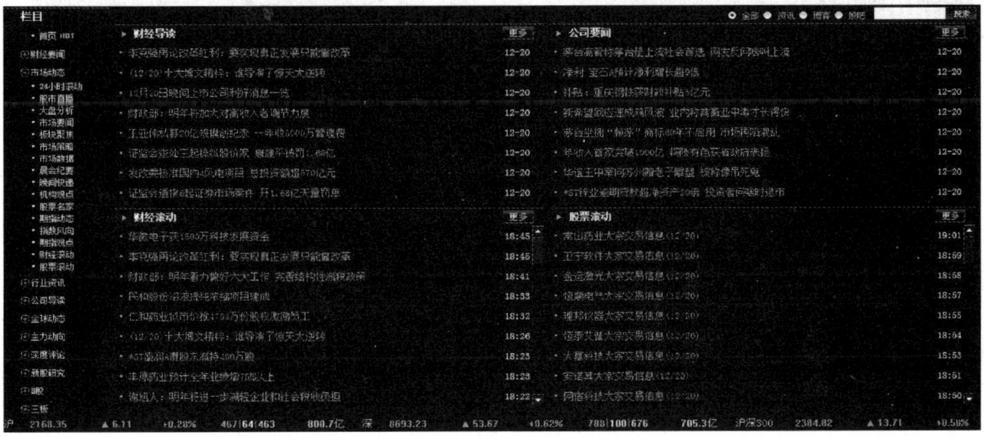

图 3.36　24 小时滚动资讯（1）

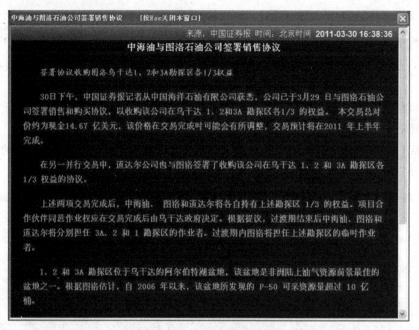

图 3.37　24 小时滚动资讯(2)

2. 全球股指

直播全球各大证券市场指数行情，使用户及时掌握全球市场信息，动态反映 A 股影响，见图 3.38～图 3.40。

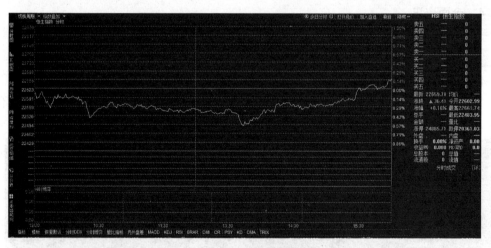

图 3.38　香港恒生指数

3. 港股

直接观看所有港股(图 3.41)，即时港股行情对比 A 股，把握联动。

4. 宏观经济数据

速查国家公布的各类宏观经济指标，把握宏观影响，见图 3.42。

第3章 电子证券投资分析系统

序	代码	名称	最新	涨幅%	涨跌	总手	现手	买入价	卖出价	涨速	换手%	金额	市盈率	所属行业	最高	最低	开盘	昨收	振幅	量比
1	DJIA	道琼工业	13252.00	-0.74	-99.00	0	0	—	—	0.00	0.00	—	—	—	13357.70	13251.70	13351.00	13351.08	0.79	—
2	NDX	纳斯达克	3044.36	-0.33	-10.17	0	0	—	—	0.00	0.00	—	—	—	3061.82	3044.36	3058.90	3054.53	0.57	—
3	SP5I	标普500	1435.81	-0.76	-10.98	0	0	—	—	0.00	0.00	—	—	—	1447.75	1435.61	1446.79	1446.79	0.83	—
4	TSX	加拿大	12403.60	0.56	69.30	0	0	—	—	0.00	0.00	—	—	—	12414.10	12334.30	12334.30	12334.30	0.65	—
5	BVSP	巴西BVSP	60998.30	0.89	537.60	0	0	—	—	0.00	0.00	—	—	—	61212.00	60395.60	60460.70	60460.70	1.35	—
6	HSI	恒生指数	22659.78	0.16	36.41	0	0	—	—	0.00	0.00	—	—	—	22661.74	22483.95	22602.99	22623.37	0.79	—
7	HSCEI	国企指数	11352.45	-0.32	-35.95	0	0	—	—	0.00	0.00	—	—	—	11388.40	11232.60	11388.40	11388.40	1.37	—
8	HSAHP	AH股溢价	97.79	0.68	0.66	0	0	—	—	0.00	0.00	—	—	—	98.42	96.97	97.25	97.13	1.70	—
9	TWII	台湾加权	7595.50	-1.07	-82.00	0	0	—	—	0.00	0.00	—	—	—	7646.10	7574.60	7646.10	7677.50	0.93	—
10	N225	日经指数	10039.33	-1.19	-121.07	0	0	—	—	0.00	0.00	—	—	—	10147.68	10028.65	10093.11	10160.40	1.17	—
11	NHI	南韩综合	1995.50	0.32	6.41	0	0	—	—	0.00	0.00	—	—	—	2005.00	1991.81	2002.11	1993.05	0.72	—
12	STI	海峡指数	3172.35	0.44	13.78	0	0	—	—	0.00	0.00	—	—	—	3174.85	3153.72	3154.25	3158.57	0.67	—
13	YNI	印尼综合	4254.82	-0.49	-21.04	0	0	—	—	0.00	0.00	—	—	—	4267.55	4222.13	4267.55	4275.86	1.06	—
14	MGI	马来西亚	1670.60	0.30	4.96	0	0	—	—	0.00	0.00	—	—	—	1670.60	1661.21	1665.64	1665.64	0.56	—
15	AUSI	澳洲综合	4634.10	0.35	16.32	0	0	—	—	0.00	0.00	—	—	—	4643.50	4610.80	4618.80	4617.78	0.72	—
16	FCHI	法国CAC	3664.47	0.00	-0.12	0	0	—	—	0.00	0.00	—	—	—	3665.96	3652.08	3664.29	3664.59	0.38	—
17	FTSE	英国富时	5865.90	0.07	4.30	0	0	—	—	0.00	0.00	—	—	—	5869.80	5854.10	5861.60	5861.60	0.26	—
18	GDAXI	德国DAX	7664.53	-0.05	-3.97	0	0	—	—	0.00	0.00	—	—	—	7667.56	7635.39	7642.73	7668.50	0.42	—
19	AEX	荷兰AEX	346.07	0.21	0.72	0	0	—	—	0.00	0.00	—	—	—	346.21	344.21	344.48	345.14	0.61	—
20	SSMI	瑞士SSMI	6919.91	-0.30	-26.16	0	0	—	—	0.00	0.00	—	—	—	6928.99	6909.82	6921.99	6946.07	0.28	—
21	BELI	比利时	2503.95	0.13	3.29	0	0	—	—	0.00	0.00	—	—	—	2504.69	2492.60	2497.64	2500.66	0.48	—
22	UDI	美元指数	79.21	-0.21	-0.17	0	0	79.20	79.22	0.00	0.00	—	—	—	79.42	79.20	79.38	79.38	0.28	—

图 3.39 全球指数

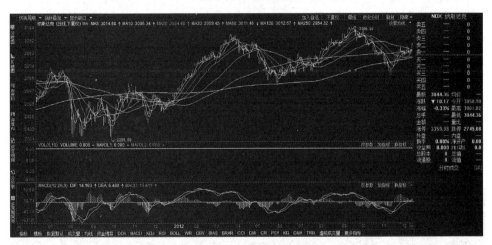

图 3.40 纳斯达克指数

序	代码	名称	○	最新	涨幅%	涨跌	总手	昨收	开盘	最高	最低
1	00001	长江实业		127.500	4.08	5.000	1036	122.500	124.600	127.600	124.600
2	00002	中电控股		62.950	0.88	0.550	340	62.400	62.400	63.300	0.410
3	00003	香港中华		18.840	1.73	0.320	823	18.520	18.660	18.840	18.660
4	00004	九龙仓		53.450	2.59	1.350	778	52.100	52.500	53.950	52.500
5	00005	汇丰控股		81.900	0.49	0.400	3188	81.500	81.400	82.450	81.400
6	00006	香港电灯		52.150	1.36	0.700	408	51.450	51.500	52.150	51.500
7	00007	高信集团		0.560	-1.75	-0.010	92	0.570	0.570	0.570	0.540
8	00008	电讯盈科		3.250	-1.22	-0.040	2879	3.290	3.320	3.320	3.220
9	00009	中国东方		0.440	-2.22	-0.010	2357	0.450	0.450	0.450	-0.430
10	00010	恒隆集团		47.900	0.84	0.400	80	47.500	47.500	48.650	47.500
11	00011	恒生银行		126.000	0.64	0.800	171	125.200	125.300	126.000	125.300
12	00012	恒基地产		52.900	2.22	1.150	516	51.750	52.000	52.900	52.000
13	00013	和记黄埔		93.500	5.29	4.700	4150	88.800	91.200	93.500	91.200
14	00014	希慎兴业		31.900	1.43	0.450	136	31.450	31.550	32.050	31.550
15	00015	盈信控股		0.970	1.04	0.010	132	0.960	0.960	0.990	0.960
16	00016	新鸿基地		122.600	1.57	1.900	546	120.700	121.700	123.600	121.700
17	00017	新世界发		13.840	1.02	0.140	718	13.700	13.720	13.900	13.720
18	00018	东方报业		1.040	0.00	0.000	51	1.040	1.040	1.050	1.040
19	00019	太古股份		113.600	2.16	2.400	234	111.200	112.800	113.600	112.800
20	00020	会德丰		29.650	2.95	0.850	95	28.800	29.000	29.900	29.000

图 3.41 港股

月份	全国				城市				农村			
	当月	同比增长	环比增长	累计	当月	同比增长	环比增长	累计	当月	同比增长	环比增长	累计
2012年06月份	102.2	2.2%	-0.6%	103.3	102.2	2.2%	-0.6%	103.3	102.0	2.0%	-0.5%	103.3
2012年05月份	103.0	3.0%	-0.3%	103.5	103.0	3.0%	-0.3%	103.5	102.9	2.9%	-0.3%	103.5
2012年04月份	103.4	3.4%	-0.1%	103.7	103.4	3.4%	0.0%	103.7	103.3	3.3%	-0.2%	103.7
2012年03月份	103.6	3.6%	0.2%	103.8	103.6	3.6%	0.2%	103.8	103.6	3.6%	0.1%	103.8
2012年02月份	103.2	3.2%	-0.1%	103.9	103.2	3.2%	-0.1%	103.8	103.2	3.2%	-0.1%	103.9
2012年01月份	104.5	4.5%	1.5%	104.5	104.5	4.5%	1.5%	104.5	104.6	4.6%	1.5%	104.8
2011年12月份	104.1	4.1%	0.3%	105.4	104.1	4.1%	0.3%	105.3	104.1	4.1%	0.3%	105.8

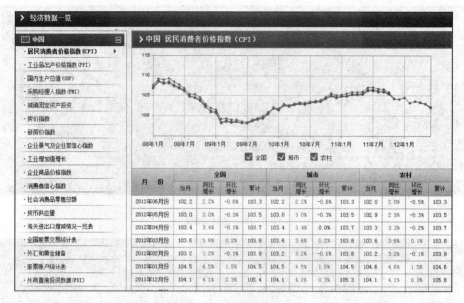

图 3.42　宏观经济数据

5. 股吧

嵌入中国人气最旺的股票主题社区，方便在线看帖交流，随时把握市场言论信息，见图 3.43。

点击	回复	标题	作者	最后更新	发表日
3101	3	[置顶]鑫龙电器龙虎榜数据一览(7/31)	公司新闻	07-31 17:35	07-31
2616	91	既然没有卖我	58.16.30.*	07-31 23:45	06-26
74	0	昨天强势洗盘，今天涨停！	221.213.82.*	07-31 23:19	07-31
547	3	小弟一事求大家帮忙	120.128.6.*	07-31 23:09	07-31
3495	20	锌溴电池问世，相当于蒸汽机革命，半月内股价20元以上，拭目以待！	112.247.108.*	07-31 23:08	07-31
447	2	今天上午8.92元强势插入，明天高开5个点走人。。。。。。	222.185.119.*	07-31 23:03	07-31

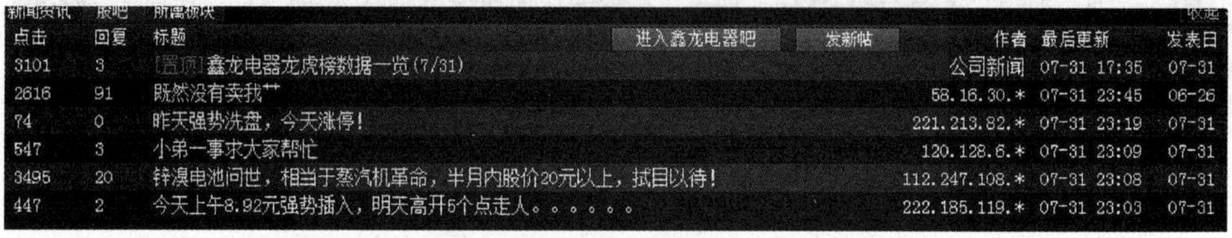

图 3.43　股吧

3.3.5　高速行情

1. 买十卖十

财富密码提供了更大的展示空间，用户可以看到买卖十档委托行情(图 3.44)，从买一到买十的委托买入，以及从卖一到卖十的委托卖出。

2. 委托明细

财富密码提供买一和卖一价位的委托明细列表，可以汇总买一和卖一位置最多 50 笔的委托明细(图 3.45)，真实反映交易详细过程。

3. 短线涨跌

财富密码提供最近 5 分钟内个股涨跌幅度排行榜，帮助用户随时查获拉升、跳水股(图 3.46)。

600000 浦发银行

默认 订单占比 逐笔 委托 分价 成交透析 资金流 研报

卖十	9.15	14513	14:59:57	9.06	11
卖九	9.14	2775	14:59:57	9.06	4
卖八	9.13	1900	14:59:57	9.06	10
卖七	9.12	5369	14:59:57	9.06	61
卖六	9.11	1932	14:59:57	9.06	30
卖五	9.10	10067	14:59:57	9.06	10
卖四	9.09	6835	14:59:57	9.06	10
卖三	9.08	6278	14:59:57	9.06	20
卖二	9.07	7468	14:59:57	9.06	80
卖一	9.06	2061	14:59:57	9.06	10
买一	9.05	105	14:59:57	9.06	10
买二	9.04	813	14:59:57	9.06	20
买三	9.03	1634	14:59:57	9.06	30
买四	9.02	1343	14:59:57	9.06	3
买五	9.01	1891	14:59:57	9.06	20
买六	9.00	5979	14:59:57	9.06	300
买七	8.99	329	14:59:57	9.06	110
买八	8.98	957	14:59:58	9.06	6
买九	8.97	238	14:59:59	9.05↓	62
买十	8.96	672			

图 3.44 十档委托行情

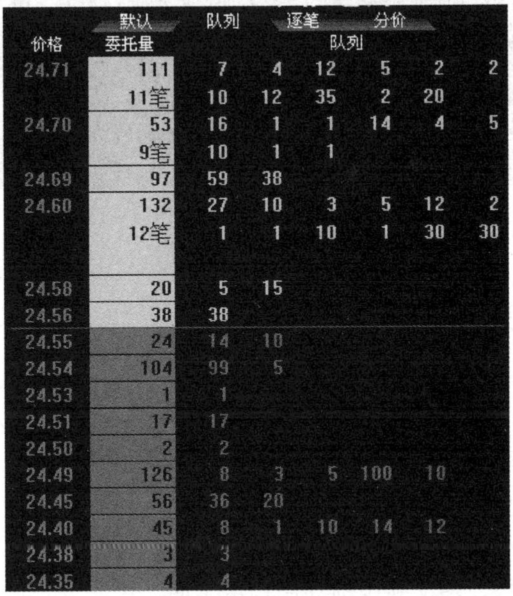

默认 队列 逐笔 分价

价格	委托量	队列					
24.71	111	7	4	12	5	2	2
	11笔	10	12	35	2	20	
24.70	53	16	1	1	14	4	5
	9笔	10	1	1			
24.69	97	59	38				
24.60	132	27	10	3	5	12	2
	12笔	1	1	10	1	30	30
24.58	20	5	15				
24.56	38	38					
24.55	24	14	10				
24.54	104	99	5				
24.53	1	1					
24.51	17	17					
24.50	2	2					
24.49	126	8	3	5	100	10	
24.45	56	36	20				
24.40	45	8	1	10	14	12	
24.38	3	3					
24.35	4	4					

图 3.45 委托明细

新闻资讯 贡献点数 股吧 盘口异动 短线涨跌 收起

沪A五分钟涨幅			沪A五分钟跌幅			深A五分钟涨幅			深A五分钟跌幅		
龙元建设	5.75	4.55%	湘邮科技	6.55	-1.21%	正虹科技	4.53	10.22%	立讯精密	28.20	-2.42%
佳都新太	8.07	3.33%	XD怡球资	13.72	-1.15%	江淮动力	4.98	6.18%	华东医药	31.26	-2.10%
N和邦	16.42	2.37%	洛阳玻璃	5.05	-0.98%	超日太阳	5.05	5.43%	龙源技术	24.12	-1.55%
民丰特纸	5.71	2.33%	宝胜股份	7.18	-0.97%	鑫茂科技	4.02	4.42%	数字政通	21.71	-1.32%
健康元	4.29	2.14%	永鼎股份	5.31	-0.93%	大港股份	5.89	4.25%	华神集团	7.81	-1.14%
ST力阳	9.08	1.91%	洪都航空	11.03	-0.90%	宝鼎重工	9.49	3.38%	德豪润达	5.56	-1.07%

图 3.46 短线涨跌

4. 贡献点数

财富密码提供个股、板块对大盘指数的影响点数排名，汇总股票和板块对指数影响力排名，帮助用户及时了解大盘涨跌原因(图 3.47)。

新闻资讯 贡献点数 股吧 盘口异动 短线涨跌 收起

个股贡献指数点数				板块贡献指数点数			
股票名称	最高贡献点数	股票名称	最低贡献点数	板块名称	最高贡献点数	板块名称	最低贡献点数
工商银行	+1.68	中国石化	-0.51	A+H股	+7.66	西部开发	-2.43
中国人寿	+1.23	贵州茅台	-0.41	指数权重	+7.04	稀缺资源	-1.73
建设银行	+1.20	包钢稀土	-0.41	银行	+6.92	社保重仓	-1.56
农业银行	+1.17	中国水电	-0.40	北京板块	+6.22	新材料	-1.55
中国平安	+0.60	广汇能源	-0.29	上证50C	+5.72	预亏预减	-1.48

2103.63 ▼6.28 -0.30% 215|46|730 434.7亿 深 9059.22 ▼11.84 -0.13% 282|64|1199

图 3.47 贡献点数

5. 盘口异动

将各种买/卖单按照数量的多少进行划分，而且随着行情的波动实时更新。投资者很容易就可能发现哪只股票有大单在进出(图 3.48)。

新闻资讯 贡献点数 股吧 盘口异动 短线涨跌 收起

时间	股票名称	即时状态	时间	股票名称	即时状态	时间	股票名称	即时状态
14:58:33	黄山B股	火箭发射	14:58:59	ST博元	卖出撤单	14:59:23	王府井	快速反弹
14:58:35	民生银行	买入撤单	14:59:01	金证股份	快速反弹	14:59:25	健康元	快速反弹
14:58:35	*ST南纺	卖出撤单	14:59:07	永生投资	买入撤单	14:59:29	六国化工	封跌停板
14:58:40	弘业股份	大笔买入	14:59:07	弘业股份	大笔买入	14:59:37	浙江东日	大笔卖出
14:58:46	弘业股份	大笔买入	14:59:07	ST博元	卖出撤单	14:59:47	江山股份	买入撤单
14:58:53	金发科技	买单分单	14:59:14	N和邦	大笔买入	14:59:49	江山股份	买入撤单
14:58:53	龙元建设	快速反弹	14:59:23	金山开发	买入撤单	14:59:57	龙元建设	快速反弹

图 3.48 盘口异动

3.3.6 深度 F9 剖析基本资料

1. 深度 F9

深度 F9——以报表方式统一展示个股的投资评级、盈利趋势、利润趋势、行业排名等个股深度信息。

提供机构评级、盈利预测、重要财务指标的趋势、股东人数、行业排名等在 F10 的基础上进行深度加工的数据，图文并茂地让用户更全面、更深入、更直观地了解所关注的个股，见图 3.49～图 3.52。

2. 研报中心和盈利预测

研报(研究报告的简称)中心和盈利预测——汇集所有研究机构最新的调研成果、详细观点和评级预测，为用户投资提供有益参考，提前潜伏绩优股，见图 3.53 和图 3.54)。

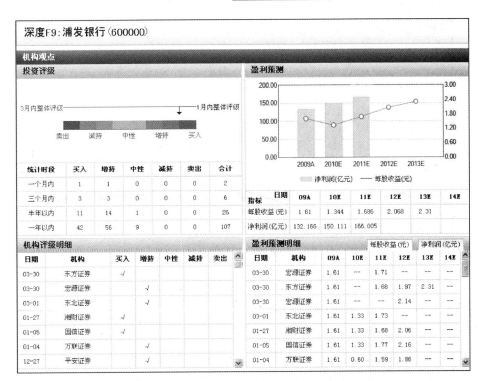

图 3.49　深度 F9(1)

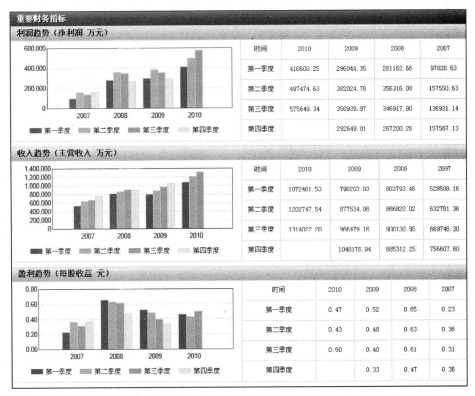

图 3.50　深度 F9(2)

重要指标

指标	日期 2010-09-30	2010-06-30	2010-03-31	2009-12-31	2009-09-30	2009-06-30
合并每股收益(元)	1.2930	0.7910	0.4650	1.6210	1.2970	0.8550
每股净资产(元)	7.1090	6.6110	8.16	7.6960	8.1950	5.91
每股公积金(元)	2.1303	2.1338	2.7710	2.7540	2.7549	1.3265
每股未分配利润(元)	1.9894	1.4879	2.4147	1.9497	1.7680	1.5289
每股现金流(元)	-1.7580	-2.4230	-8.43	11.7190	5.14	0.85
总股本(万股)	1147905.9332	1147905.9332	883004.5640	883004.5640	883004.5640	792588.6506
摊薄净资产收益率(%)	18.1830	11.97	5.69	19.45	15.82	14.48
销售毛利率(%)	53.4190	51.3620	50.0960	46.65	51.5730	53.7940
资产负债率(%)	95.8590	95.73	95.8460	95.8040	95.8980	97.1070

股东股本

股本结构

股本结构	单位：万股	占比
流通A股	1147905.9332	80%
限售股份合计	286976.4833	20%

股东人数明细

时间	股东人数	较上期增长	人均持股数	较上期增加
2010-09-30	479021	6.37%	23963.58	-5.99%
2010-06-30	450341	4.57%	25489.71	24.32%
2010-03-31	430667	-9.74%	20503.19	10.79%
2009-12-31	477125	11.04%	18506.78	-9.94%
2009-09-30	429704	71.50%	20549.14	-35.04%
2009-06-30	250550	23.93%	31833.95	12.97%
2009-03-31	202171	-11.37%	28002.77	12.83%

图 3.51 深度 F9(3)

十大流通股东 (2010年09月30日)

序号	股东名称	持股数	持股比例	股本性质
1	上海国际集团有限公司	2428856859	21.16%	流通A股
2	上海国际信托有限公司	750710611	6.54%	流通A股
3	CITIBANK OVERSEAS INVESTMENT CORPORATION	389357082	3.39%	流通A股
4	上海国鑫投资发展有限公司	290078461	2.53%	流通A股
5	兴亚集团控股有限公司	161818187	1.41%	流通A股
6	海通证券股份有限公司	156133465	1.36%	流通A股
7	百联集团有限公司	146218090	1.27%	流通A股
8	雅戈尔集团股份有限公司	137836045	1.2%	流通A股
9	中国平安人寿保险股份有限公司-传统-普通保险产品	133918022	1.17%	流通A股
10	中国烟草总公司江苏省公司(江苏省烟草公司)	123754159	1.08%	流通A股

十大股东 (2010年10月14日)

序号	股东名称	持股数	持股比例	增减情况	股本性质
1	中国移动通信集团广东有限公司	2869764833	20.00%	20.00%	流通受限股份
2	上海国际集团有限公司	2428856859	16.93%	16.93%	流通A股
3	上海国际信托有限公司	750710611	5.23%	5.23%	流通A股
4	CITIBANK OVERSEAS INVESTMENT CORPORATION	389357082	2.71%	2.71%	流通A股
5	上海国鑫投资发展有限公司	290078461	2.02%	2.02%	流通A股
6	兴亚集团控股有限公司	159845162	1.11%	1.11%	流通A股
7	海通证券股份有限公司	156133465	1.09%	1.09%	流通A股
8	百联集团有限公司	146218090	1.02%	1.02%	流通A股
9	雅戈尔集团股份有限公司	137836045	0.96%	0.96%	流通A股
10	中国平安人寿保险股份有限公司-传统-普通保险产品	133918022	0.93%	0.93%	流通A股

图 3.52 深度 F9(4)

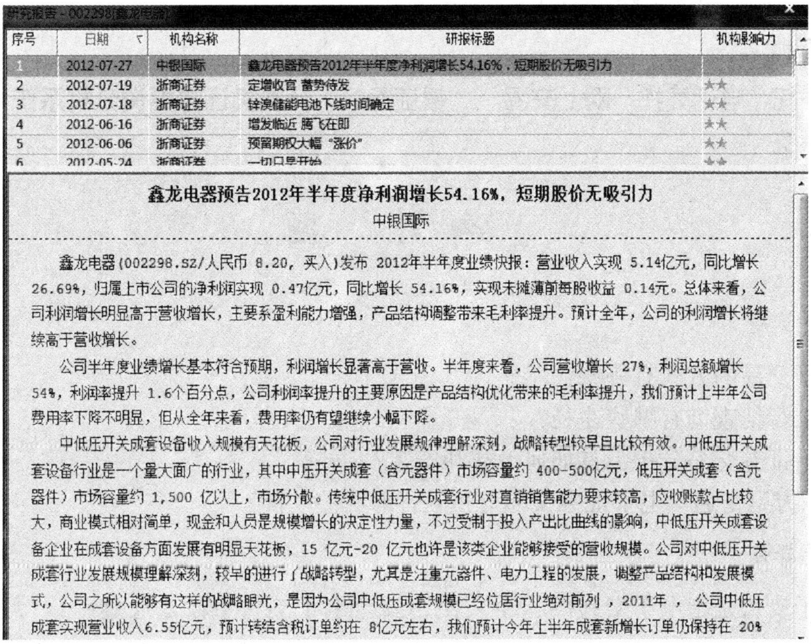

研究报告 - 002298(鑫龙电器)

序号	日期	机构名称	研报标题	机构影响力
1	2012-07-27	中银国际	鑫龙电器预告2012年半年度净利润增长54.16%，短期股价无吸引力	
2	2012-07-19	浙商证券	定增收官 蓄势待发	★★
3	2012-07-18	浙商证券	锌溴储能电池下线时间确定	★★
4	2012-06-16	浙商证券	增发临近 腾飞在即	★★
5	2012-06-06	浙商证券	预留期权大幅“涨价”	★★
6	2012-05-24	浙商证券	一切只是开始	★★

鑫龙电器预告2012年半年度净利润增长54.16%，短期股价无吸引力

中银国际

鑫龙电器(002298.SZ/人民币 8.20, 买入)发布 2012年半年度业绩快报：营业收入实现 5.14亿元，同比增长 26.69%，归属上市公司的净利润实现 0.47亿元，同比增长 54.16%，实现未摊薄前每股收益 0.14元。总体来看，公司利润增长明显高于营收增长，主要系盈利能力增强，产品结构调整带来毛利率提升。预计全年，公司的利润增长将继续高于营收增长。

公司半年度业绩增长基本符合预期，利润增长显著高于营收。半年度来看，公司营收增长 27%，利润总额增长 54%，利润率提升 1.6个百分点，公司利润率提升的主要原因是产品结构优化带来的毛利率提升，我们预计上半年公司费用率下降不明显，但从全年来看，费用率仍有望继续小幅下降。

中低压开关成套设备收入规模有天花板，公司对行业发展规律理解深刻，战略转型较早且比较有效。中低压开关成套设备行业是一个量大面广的行业，其中中压开关成套（含元器件）市场容量约 400-500亿元，低压开关成套（含元器件）市场容量约 1,500 亿以上，市场分散。传统中低压开关成套行业对直销销售能力要求较高，应收账款占比较大，商业模式相对简单，现金和人员是规模增长的决定性力量，不过受制于投入产出比曲线的影响，中低压开关成套设备企业在成套设备方面发展有明显天花板，15 亿元-20 亿元也许是该类企业能够接受的营收规模。公司对中低压开关成套行业发展规模理解深刻，较早的进行了战略转型，尤其是注重元器件、电力工程的发展，调整产品结构和发展模式，公司之所以能够有这样的战略眼光，是因为公司中低压成套规模已经位居行业绝对前列 ，2011年 ， 公司中低压成套实现营业收入6.55亿元，预计转结含税订单约在 8亿元左右，我们预计今年上半年成套新增长订单仍保持在 20%

图 3.53 研报中心

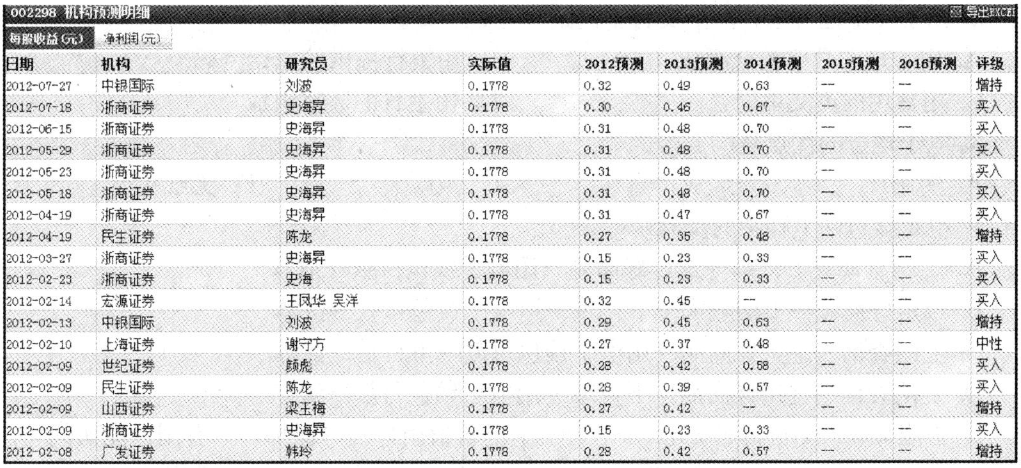

002298 机构预测明细　　导出EXCEL

每股收益(元)　净利润(元)

日期	机构	研究员	实际值	2012预测	2013预测	2014预测	2015预测	2016预测	评级
2012-07-27	中银国际	刘波	0.1778	0.32	0.49	0.63	--	--	增持
2012-07-18	浙商证券	史海昇	0.1778	0.30	0.46	0.67	--	--	买入
2012-06-15	浙商证券	史海昇	0.1778	0.31	0.48	0.70	--	--	买入
2012-05-29	浙商证券	史海昇	0.1778	0.31	0.48	0.70	--	--	买入
2012-05-23	浙商证券	史海昇	0.1778	0.31	0.48	0.70	--	--	买入
2012-05-18	浙商证券	史海昇	0.1778	0.31	0.48	0.70	--	--	买入
2012-04-19	浙商证券	史海昇	0.1778	0.31	0.47	0.67	--	--	买入
2012-04-19	民生证券	陈龙	0.1778	0.27	0.35	0.48	--	--	增持
2012-03-27	浙商证券	史海昇	0.1778	0.15	0.23	0.33	--	--	买入
2012-02-23	浙商证券	史海	0.1778	0.15	0.23	0.33	--	--	买入
2012-02-14	宏源证券	王凤华 吴洋	0.1778	0.32	0.45	--	--	--	买入
2012-02-13	中银国际	刘波	0.1778	0.29	0.45	0.63	--	--	增持
2012-02-10	上海证券	谢守方	0.1778	0.27	0.37	0.48	--	--	中性
2012-02-09	世纪证券	颜彪	0.1778	0.28	0.42	0.58	--	--	买入
2012-02-09	民生证券	陈龙	0.1778	0.28	0.39	0.57	--	--	买入
2012-02-09	山西证券	梁玉梅	0.1778	0.27	0.42	--	--	--	增持
2012-02-09	浙商证券	史海昇	0.1778	0.15	0.23	0.33	--	--	买入
2012-02-08	广发证券	韩玲	0.1778	0.28	0.42	0.57	--	--	增持

图 3.54 盈利预测

本章小结

电子交易的方式包括现场委托、电话委托、网上委托(电子证券网上交易)、远程可视委托和“银证通”交易。而网上委托和移动商务委托是电子证券交易的主要形式。

从实践的角度出发，本章介绍了网上交易分析工具的安装与使用，一是可以通过 Web 方式查询行情并交易；二是可以通过下载软件到计算机和手机进行交易。同时介绍了电子证券交易分析软件的功能。

基本概念

自助委托　电话委托　网上交易　"银证通"　计算机证券投资分析系统　手机证券投资分析系统

习　题

一、简答题

1. 电子交易的方式有哪些?
2. 网上行情查询有哪些途径?
3. 电子证券交易分析工具如何下载和安装?
4. "东方财富通"电子证券交易分析软件有哪些功能?

二、选择题

1. 电子支付是指电子交易的当事人使用安全电子支付手段,通过(　　)进行的货币支付或资金流转。
   A. 中介银行　　　B. 开户银行　　　C. 发卡银行　　　D. 网络
2. 出于安全性考虑,网上支付密码最好是(　　)。
   A. 用字母和数字混合组成　　　B. 用银行提供的原始密码
   C. 用常用的英文单词　　　　　D. 用生日的数字组成
3. 电子现金的优点是(　　)。
   A. 实用　　　B. 成本高　　　C. 风险大　　　D. 无纸化
4. 电子钱包网上购物的步骤是(　　)。
   A. 上网查询→下订单→选定好商品→用电子钱包付款→清算
   B. 选定好商品→上网查询→下订单→用电子钱包付款→清算
   C. 上网查询→选定好商品→用电子钱包付款→下订单→清算
   D. 上网查询→选定好商品→下订单→用电子钱包付款→清算
5. 智能卡(integrated circuit card,IC)上的价值由(　　)保护,只有用户能访问它。
   A. 个人密码　　　B. 数字信封　　　C. 数据摘要　　　D. 数字签名
6. 电子支票在使用过程中,需通过(　　)来鉴定支票的真伪。
   A. 密押　　　B. 验证中心　　　C. 银行　　　D. 商家
7. 与传统的支付手段相比,目前国内网上支付的显著特点是(　　)。
   A. 对设备要求更高　B. 更加安全　　C. 覆盖范围更广　　D. 为更多商家所接受
8. 一般网上银行不提供的服务是(　　)。
   A. 为在线交易双方发放电子证书　　B. 为在线交易的买卖双方办理交割手续
   C. 办理同行转账业务　　　　　　　D. 提供即时金融信息服务
9. 在电子商务中,电子钱包是指一种(　　)。
   A. 电子货币　　　　　　　　　　　B. 所有电子货币的总称

C. 电子支付工具   D. 用于保存现金的电子装置
10. 在电子商务中,所有的买方和卖方都在虚拟市场上运作,其信用依靠(   )。
    A. 现货付款   B. 密码的辨认或认证机构的认证
    C. 双方订立书面合同   D. 双方的互相信任
11. 用(   )表示电子合同生效。
    A. 银行确认   B. 数字证书   C. 数字签名   D. 厂商确认
12. 在信用卡交易中,(   )担保向收受信用卡的商家付款。
    A. 持卡人的开户银行   B. 持卡人的担保人
    C. 发卡机构   D. 持卡人
13. 网上银行的基本特点包括(   )。
    A. 风险最低   B. 经营成本低廉
    C. 服务方便、快捷、高效、可靠 D. 全面实现无纸化交易
14. 不是网上银行的具体服务项目的业务有(   )。
    A. 基本储蓄账户和信用卡服务 B. 基本支票业务和利息支票账户
    C. 信用证业务和信用卡服务   D. 货币市场业务和存单业务
15. 属于传统支付方式的有(   )。
    A. 电子支票   B. 智能卡   C. 票据   D. 信用卡
16. 在SET交易过程中,采用双重签名技术对客户的(   )分别进行电子签名。
    A. 订单信息   B. 支付信息   C. 售后服务信息 D. 询价信息
17. 支付网关的功能有(   )。
    A. 交易信息跟踪 B. 信息保密   C. 退货冲账   D. 信息查询
18. 电子支付的特点包括(   )。
    A. 电子支付使用的是最先进的通信手段(如互联网、外联网),对软、硬件设施的要求很高
    B. 电子支付是采用先进的技术通过数字流转来完成信息传输的,其各种支付方式都是采用数字化的方式进行款项支付的
    C. 电子支付具有方便、快捷、高效、经济的优势
    D. 电子支付的工作环境是基于一个封闭的系统平台即互联网之中

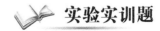

实验实训题

实验:证券模拟交易

1. 实验目的及要求

要求学生了解模拟证券投资的条件设备,包括硬件和软件要求,掌握证券分析系统、模拟证券交易系统的下载、安装与使用等的方法。了解什么是Level-2数据。

2. 实验内容

(1) 软件的下载、安装与使用方法。

(2) 开立证券模拟交易账户。

(3) 委托设置。

(4) 委托买卖。

(5) 账户查询。

(6) 进行证券模拟交易。

3. 问题讨论

(1) 同花顺、大智慧和益盟操盘手电子证券软件优劣功能的比较。

(2) 什么是 Level-2 操作软件?

注意网上委托客户资金的安全

刘某接到一个电话,对方自称是广州某投资有限公司,询问刘某的炒股情况,刘某说自己不会炒股,对方便劝刘某把钱交给该公司代为操作,保证每月利润在50%以上,获利后三七分成,不获利不收钱。刘某有点心动,于是拿出5 000元汇到指定账户。没过几天,刘某就收到该公司传真过来的对账单,说刘某的5 000元已经赚了2 000元,并称如果刘某汇的钱多一些的话,赚的利润会更高。欣喜之下,刘某又汇了3万元。没过几天,刘某又收到一份对账单,显示刘某账上已有6万元。该机构定期给刘某传真对账单,获利最高的时候,刘某账上股票市值已有20万元。刘某心想股市有风险,已经赚够了,不如兑现,于是要求该机构将股票卖出后将现金退回给他。但该机构每次都以各种理由推脱,后来干脆不接刘某的电话。最后刘某只得到监管部门投诉,才知这家机构根本不具备证券经营相关资质,其提供给刘某的对账单也是伪造的,其行为已构成诈骗。

剖析:非法证券投资咨询公司或个人以全权委托、利润分成等诱骗客户上当受骗。投资者接受证券理财服务应选择取得中国证监会颁发证券经营许可证的合法机构进行,不要盲目轻信所谓的"专业公司",加强自我保护和防范意识,关键要克服贪婪,自觉抵制不当利益的诱惑。

(资料来源: http://wenku.baidu.com/view/7ba83fdfa58da0116c174989.html.)

第4章

行情分析方法与操作

教学目标

通过本章的学习,了解股票、债券、基金名称和代码。能够熟练进入交易软件,修改密码,熟悉功能区的使用,熟悉买卖盘,进行委托下单。掌握大盘分析、股价走势、分类报价和软件个股分析的基本操作方法。了解分类指数的意义。

教学要求

知识要点	能力要求	相关知识
证券品种及交易代码	了解证券品种及代码	股票代码、基金代码、债券代码、股指期货代码
大盘分析和股价指数	掌握大盘分析方法 掌握分类指数的意义	分时图,股价指数、分类指数、板块指数、中小板指数、创业板指数、沪深300指数
分类报价	掌握分类报价的方法	开盘价、收盘价、最高价、最低价、成交价、成交量、成交金额、涨跌幅
个股操作分析	掌握软件的个股分析方法	成交、均价、开盘、收盘、总手、集合竞价、连续竞价、时间优先、价格优先、量比、委比、外盘、内盘、委买手数、委卖手数、成交笔数、全部成交、部分成交、不成交

导入案例

"2193" 再度兵临城下

今天大盘走得看着还有点让人舒心，当然，虽说还是没能站上2193，但是，正如刚才我在《盘后随笔》中所言，大盘能这样一步一个脚印地往上走，对于后市而言，还是相对比较有利的，至少在空方反扑的时候，多方有更充分的"资源"储备，对于投资者的信心重筑，也起到相对积极的作用。

具体就明天的行情而言，我们姑且可以把大盘的防御重心适当上移，2172虽说仍然要继续坚守，但是，在其上的2178一线，应该在明天可以充当今天"2172"的角色，也就是说，明天大盘在2178附近会有一些比较顽强的抵抗，就如今天的2172一样，即使打漏了，大盘应该也有收复的能力。

从理论上说，明天大盘在零轴上方活动的时间应该会比较长，当然，我并不认为明天一定能拿下2193一线，但是，多方至少应该会比今天对2193一线更有信心一些。当然，若能站上最好，这样，至少在技术层面上说，大盘又将回到之前我们强调过的那个熟悉的轨道之间运行，对于我们对后市的分析判断，势必将提供一个相对有价值的参照信息。

但是，我们最后还是要强调一点，2193一线，即使最终拿下，也并非意味着大盘将进入快速反弹通道，只能说，2193是反弹的必经之路，但并不是筑底工作竣工的信号，在大盘真正企稳之前，我们还是要继续等待，不可操之过急。

具体周五走势见图4.1。

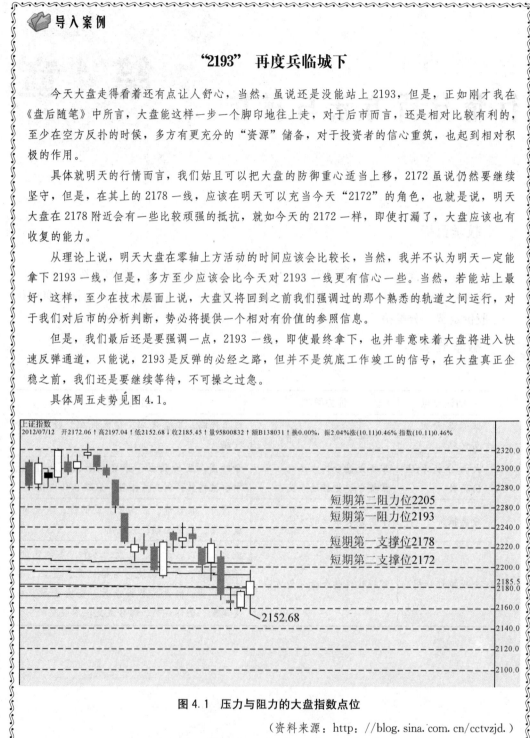

图4.1 压力与阻力的大盘指数点位

（资料来源：http://blog.sina.com.cn/cctvzjd.）

上面的案例导出了本章要讨论的内容——行情分析方法与操作。本章主要从5个维度进行阐述,第一个维度是证券品种及交易代码;第二个维度是大盘分析;第三个维度是股价指数及走势分析;第四个维度是证券行情分类报价;第五个维度是个股分析。

4.1 证券品种及交易代码

目前在我国上交所和深交所挂牌交易的证券品种,主要包括普通股股票(A 股和 B 股),基金(封闭式基金),债券(国债、企业债券、金融债券、可转换公司债券及债券回购等),以及其他交易品种。

4.1.1 股票及其代码

1. A 股股票代码

A 股股票即人民币普通股,是由我国境内的公司发行,供境内机构、组织或个人(不含港、澳、台投资者)以人民币认购和交易的普通股股票。A 股市场于 1990 年成立。

在上交所上市交易的 A 股股票交易代码由"600×××"、"601×××"和"603×××"3 个区段的 6 位数组成。代码区间为 60000×—6001××—6002××—6003××—6004××—6005××—6006××—6007××—6008××—6009××、601000~601999 和 603000~603366。截至 2012 年 7 月 15 日,上交所挂牌的部分 A 股股票代码对照表见表 4-1。

表 4-1 上交所挂牌的部分 A 股股票代码对照表

代 码	名 称	代 码	名 称	代 码	名 称	代 码	名 称
600000	浦发银行	600012	皖通高速	601965	中国汽研	601919	中国远洋
600001	邯郸钢铁	600015	华夏银行	601988	中国银行	601928	凤凰传媒
600002	齐鲁石化	600016	民生银行	601989	中国重工	601929	吉视传媒
600003	东北高速	600018	上港集箱	601991	大唐发电	601933	永辉超市
600004	白云机场	600019	宝钢股份	601992	金隅股份	601939	建设银行
600005	武钢股份	600020	中原高速	601996	丰林集团	601958	金钼股份
600006	东风汽车	600021	上海电力	601998	中信银行	603077	和邦股份
600007	中国国贸	600022	济南钢铁	601999	出版传媒	603123	翠微股份
600008	首创股份	600026	中海发展	603000	人民网	603128	华贸物流
600009	上海机场	600027	华电国际	603001	奥康国际	603333	明星电缆
600010	钢联股份	600028	中国石化	603002	宏昌电子	603366	日出东方

在深交所上市交易的 A 股股票,其交易代码由"00××××"6 位数组成。其中"00"表示 A 股证券,第 3~第 6 位为顺序编码区,取值范围为 0001~9999。

2004年深交所推出中小企业板，其代码为002×××。其中，"2"表示中小企业板块，后3位数表示上市顺序。2009年10月23日深交所推出创业板，其代码为300×××。其中，"300"表示创业板代码，后3位数表示上市顺序。截至2012年7月15日，深交所部分A股股票证券代码对照表见表4-2。

表4-2 深交所部分A股股票证券代码对照表

代码	名称	代码	名称	代码	名称
000004	北大高科	002001	新和成	300001	特锐德
000005	ST星源	002002	ST金材	300002	神州泰岳
000006	深振业A	002003	伟星股份	300003	乐普医疗
000007	深达声A	002686	华东重机	300335	迪森股份
000008	宝利来	002687	亿利达	300336	新文化

2. B股股票代码

B股股票即人民币特种股票，是以人民币标明流通面值，以外币认购和交易的特种股票。

B股公司的注册地和上市地都在境内（深交所和上交所），只不过投资者在境外或在中国香港、澳门及中国台湾。2001年我国开放境内个人居民可以投资B股。

在上交所挂牌交易的B股股票交易以美元为计价单位，而在深交所挂牌交易的B股股票交易以港币为计价单位。

在上交所挂牌的B股股票代码由"900×××"6位数组成，其中"900"代表在上交所上市交易的B股股票，具体代码区间为9009××，见表4-3。

表4-3 上交所部分B股股票证券代码对照表

代码	名称	代码	名称
900908	氯碱B股	900909	轮胎B股
900910	海立B股	900911	金桥B股
900912	外高B股	900913	ST联华B股
900914	锦投B股	900915	永久B股
900916	凤凰B股	900917	海欣B股
900918	耀皮B股	900919	大江B股

在深交所挂牌交易的B股股票代码由"20××××"6位数组成。其中"20"表示B股股票，第3～第6位为顺序编号区，取值范围为0001～9999。目前具体代码区间为20000×～2009××，见表4-4。

表4-4 深交所部分B股股票证券代码对照表

代码	名称	代码	名称
200028	一致B	200029	深深房B
200030	*ST盛润B	200037	深南电B
200039	中集B	200041	深本实B
200045	深纺织B	200053	深基地B
200054	建摩B	200055	方大B
200056	深国商	200057	*ST大洋B
200058	深赛格B	200152	山航B

4.1.2 基金及其代码

投资基金就是汇集众多分散投资者的资金，委托投资专家（如基金管理人），由投资管理专家按其投资策略，进行统一投资管理，为众多投资者谋利的一种证券投资工具。证券投资基金集合大众资金，共同分享投资利润，分担风险，是一种利益共享、风险共担的集合投资方式。证券投资基金按照发行规模是否固定可划分为封闭式基金和开放式基金。

封闭式基金是指设立基金时，规定基金的封闭期限及发行规模，在封闭期内投资者不能向基金经理公司赎回现金，但是可以在证券市场上以竞价方式进行转让。开放式基金是指在基金设立时，不确定基金规模，投资者可以随时按基金资产净值购买基金受益单位，也可随时按基金资产净值向基金经理公司赎回基金单位。因此，进入证券交易所进行交易的基金一般属于封闭式基金。

(1) 在上交所挂牌交易的证券投资基金代码由"500×××"6位数组成。具体基金代码区间为50000×～5000××，见表4-5。

表4-5 上交所部分基金证券代码对照表

代码	名称	代码	名称
500006	基金裕阳	500007	基金景阳
500008	基金兴华	500009	基金安顺
500010	基金金元	500011	基金金鑫
500013	基金安瑞	500015	基金汉兴
500016	基金裕元	500017	基金景业
500018	基金兴和	500019	基金普润

(2) 在深交所挂牌交易的证券投资基金代码由"18××××"6位数组成。其中"18"表示证券投资基金，第3～第6位为顺序编码区，取值范围为0001～9999。目前具体代码区间为1846××～1847××，见表4-6。

表4-6 深交所挂牌交易的证券投资基金代码对照表

代码	名称	代码	名称
184691	基金景宏	184692	基金裕隆
184693	基金普丰	184695	基金景博
184696	基金裕华	184698	基金天元
184699	基金同盛	184700	基金鸿飞
184701	基金景福	184702	基金同智
184706	基金天华	184708	基金兴科
184711	基金普华	184712	基金科汇

4.1.3 债券及其代码

1. 国债及其代码

国债是中央政府为筹集财政资金而发行的一种政府债券,是中央政府向投资者出具的、承诺在一定时期支付利息和到期偿还本金的债权债务凭证。

上交所国债现券的证券代码由"01××××"组成,中间两位数字为该国债的发行年份,后两位数字为其顺序编号。2000年以前上交所国债现券代码由"00××××"组成,见表4-7。

表4-7 上交所挂牌交易的国债现券代码对照表

代码	名称	代码	名称
010112	21国债(12)	010301	03国债(1)
010115	21国债(15)	010303	03国债(3)
010203	02国债(3)	010307	03国债(7)
010210	02国债(10)	010308	03国债(8)
010213	02国债(13)	010311	03国债(11)
010214	02国债(14)	010403	04国债(3)
010215	02国债(15)	010404	04国债(4)

深交所国债现券的证券代码由"10××××"组成,中间两位数字为该期国债的发行年份,后两位数字为顺序编号。2001年15期以前国债代码为"1019+年号(1位数)+当年国债发行上市期数(1位数)",见表4-8。

表4-8 深交所挂牌交易的国债现券代码对照表

代码	名称	代码	名称
101904	国债904	101995	国债995
101905	国债905	101998	国债998

续表

代 码	名 称	代 码	名 称
101912	国债 912	101903	国债 903
101917	国债 917	100404	国债 0404
101966	国债 966	100411	国债 0411
101973	国债 973	100503	国债 0503

2. 企业债券、金融债券及其代码

企业债券是企业依照法定程序发行，并约定在一定期限内还本付息的有价证券。金融债券是由银行和非银行金融机构依照法定程序发行，并约定在一定期限内还本付息的有价证券。

在上交所挂牌交易的企业债券代码是由"12××××"组成的6位数，中间两位数字为该债券的上市年份，最后两位数字为该债券的上市顺序编号，见表4-9。

表4-9 上交所挂牌交易的企业债券代码对照表

代 码	名 称	代 码	名 称
120001	99宝钢债	120202	02中移(5)
120101	01中移动	120203	02中移(15)
120102	01三峡债	120204	02苏交通
120201	02三峡债	120205	02渝城投

在上交所挂牌交易的金融债券代码是由"11××××"组成的6位数，后4位数字的设定同企业债券代码。

在深交所挂牌交易的企业债券代码是由"11××××"组成的6位数。其中"11"表示债券，第3～第6位为顺序编码区，取值范围为0001～9999，见表4-10。

表4-10 深交所挂牌交易的企业债券代码对照表

代 码	名 称	代 码	名 称
111015	01三峡10	111019	02广核债
111016	01广核债	111020	03华能1
111017	02电网3	111021	03华能2
111018	02电网15	111022	04首旅债

3. 可转换公司债券及其代码

可转换公司债券（简称可转换债券）是指发行人依照法定程序发行，在一定期限内依据约定的条件可以转换为股份的公司债券。我国目前挂牌交易的可转换公司债券均是由上市公司发行的可转换债券。

在上交所挂牌交易的可转换债券代码是由"100×××"组成的6位数或以"110"为开头的6位数。具体代码区间为10000×～100×××；11000×～110×××。后面的3位数一般为该可转换债券发行公司的A股股票代码号，见表4-11。

表4-11 上交所挂牌交易的可转换债券代码对照表

代　码	名　　称	代　码	名　　称
100001	南化转债	100096	云化转债
100009	虹桥转债	100117	西钢转债
100016	民生转债	100177	雅戈转债
100087	水运转债	100196	复星转债

4. 债券回购品种及其代码

债券回购交易是指买卖双方在成交的同时就约定于未来某一时间以某一价格再进行反向交易的行为。目前债券回购券种包括国库券和一部分企业债券。

深交所、上交所的回购业务，最初仅限于国债品种。为了促进交易所债券市场的发展，完善债券市场机制，为投资者营造更好的市场环境，两个交易所分别于2002年年底和2003年年初推出了企业债券回购品种。能够参与上交所企业债券回购交易的企业债券范围包括发行规模面值在5亿元人民币以上（含5亿元），期限在3年以上（含3年）的在交易所挂牌的企业债券。

在上交所挂牌的国债回购一共有1天、2天、3天、7天、14天、28天、91天、182天8个国债回购品种，证券代码为以"201"开头的6位数组成。

在上交所挂牌的企业债券回购包括1天、2天、3天、7天、14天、28天、63天、91天、182天、273天10个回购品种。由代码为"13××××"的6位数组成。其中"13"表示国债回购，第3～第6位为顺序编码区，取值范围为0001～9999。目前代码区间为13180×～1318××。见表4-12。

表4-12 上交所挂牌交易的企业债券回购品种代码对照表

代　码	名　　称	代　码	名　　称
131800	R-003	131801	R-007
131802	R-014	131803	R-028
131804	R-063	131805	R-091
131806	R-182	131807	R-273
131809	R-004	131810	R-001
131811	R-002		

在深交所挂牌的企业债券回购一共包括1天、2天、3天、7天4个回购品种。代码为"13××××"，其含义与国债回购代码相同。目前具体代码为131900、131901、131910、131911，见表4-13。

表 4-13 深交所挂牌交易的企业债券回购品种代码对照表

代　码	名　称	代　码	名　称
131901	RC-007	131910	RC-001
131900	RC-003	131911	RC-002

4.1.4 其他交易品种

1. 上市型开放式证券投资基金

上市型开放式证券投资基金的英文名称为 Listed Open-end Fund，简称 LOF，即指在交易所上市交易的开放式证券投资基金。同时拥有证券交易所场内集中交易和场外认购、申购、赎回两种交易方式。中国证监会批准深交所推出上市型开放式基金。

LOF 的特点是投资者既可以通过基金管理人或委托的销售机构以基金净值进行基金的申购、赎回，也可以通过交易所市场以交易系统撮合成交价进行基金的买入、卖出。

深交所推出的首只 LOF 为南方基金管理公司管理的南方积极配置证券投资基金。

2. 交易型开放式指数基金

交易型开放式指数基金的英文名称为 Exchange Traded Fund，简称 ETF，又称交易所交易基金。ETF 是一种跟踪"标的指数"变化，且在证券交易所上市交易的基金。投资人可以如买卖股票那么简单地去买卖跟踪"标的指数"的 ETF，并使其可以获得与该指数基本相同的报酬率。

ETF 通常以基金管理、基金资产为一揽子股票组合，组合中的股票种类与一个特定指数（如上证 50 指数）包含的成分股票相同，股票数量比例与该指数的成分股构成比例一致。例如，上证 50 指数包含中国联通、浦发银行等 50 只股票，上证 50 指数 ETF 的投资组合也应该包含中国联通、浦发银行等 50 只股票，且投资比例同指数样本中各只股票的权重对应一致。换句话说，指数不变，ETF 的股票组合不变；指数调整，ETF 投资组合也要相应调整，见表 4-14。

表 4-14 上交所和深交所上市交易的 ETF 基金和 LOF 基金代码对照表

代　码	名　称	代　码	名　称
SH510010	治理 ETF	SZ159901	深 100ETF
SH510020	超大 ETF	SZ159902	中小板
SH510030	价值 ETF	SZ159903	深成 ETF
SH510050	50ETF	SZ159905	深红利
SH510060	央企 ETF	SZ159906	深成长

续表

代码	名称	代码	名称
SH510070	民企ETF	SZ159907	中小300
SH510090	责任ETF	SZ159908	深F200
SH510110	周期ETF	SZ159909	深TMT
SH510120	非周ETF	SZ159910	深F120
SH510130	中盘ETF	SZ159911	民营ETF
SH510150	消费ETF	SZ159912	深300ETF
SH510160	小康ETF	SZ159913	深价值
SH510170	商品ETF	SZ159915	创业板
SH510180	180ETF	SZ159916	深F60
SH510190	龙头ETF	SZ159917	中小成长
SH510210	综指ETF	SZ159918	中创400
SH510220	中小ETF	SZ159919	300ETF

3. 股指期货名称及其代码

中国证监会有关部门负责人2010年2月20日宣布，中国证监会已正式批复中国金融期货交易所沪深300股指期货合约和业务规则，至此股指期货市场的主要制度已全部发布。2010年2月22日9时起，正式接受投资者开户申请。公布沪深300股指期货合约自2010年4月16日起正式上市交易。品种及代码见表4-15。

表4-15 股指期货名称及其代码

代码	名称	代码	名称
IF1207	沪深1207	IF1304	沪深1304
IF1208	沪深1208	IF1305	沪深1305
IF1209	沪深1209	IF1306	沪深1306
IF1210	沪深1210	IF8888	期指指数
IF1211	沪深1211	IFLX0	当月连续
IF1212	沪深1212	IFLX1	下月连续
IF1301	沪深1301	IFLX2	下季连续
IF1302	沪深1302	IFLX3	隔季连续
IF1303	沪深1303		

4.2 大盘分析

4.2.1 行情分析系统的主要功能

进入网上行情分析系统后,即可看到用于投资分析的各级菜单及界面。网上行情分析系统的主要功能与目前在证券商客户室使用的投资分析软件基本相同,包括大盘分析、报价分析及个股分析等众多功能,同时也可通过技术分析参数的设置针对沪深各指数的走势及个股的走势进行技术分析。以"东方财富通"为例,大盘主界面见图4.2。

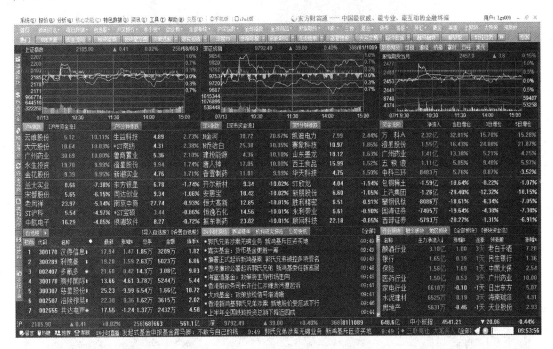

图4.2 "东方财富通"大盘主界面

4.2.2 指数及大盘指数

大盘指数由反映股市价格变动和走势的各种指数所组成。各种指数可分为反映整个市场走势的综合性指数和反映某一行业或某一类股票价格走势的分类指数。从图4.3可以看出,可供进行大盘分析的指数包括综合性的上证50指数、上证180指数、上证指数、深证100指数、深证综指指数;分类性的上证A股指数、上证B股指数、深证A股指数、深证B股指数等。股价指数的计算方法,有算术平均法和加权平均法两种。我国现在各种指数的计算都是采用加权平均法。

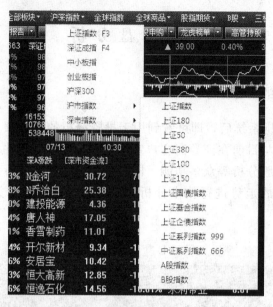

图 4.3 大盘指数

4.2.3 分时走势图

分时走势图(即时走势图)是把股票市场的交易信息实时地用曲线在坐标图上加以显示的技术图形。坐标的横轴是开市的时间,纵轴的上半部分是股价或指数,下半部分显示的是成交量。分时走势图是股市现场交易的即时资料。分时走势图分为指数分时走势图(见图4.4)和个股分时走势图两种(见图4.5)。

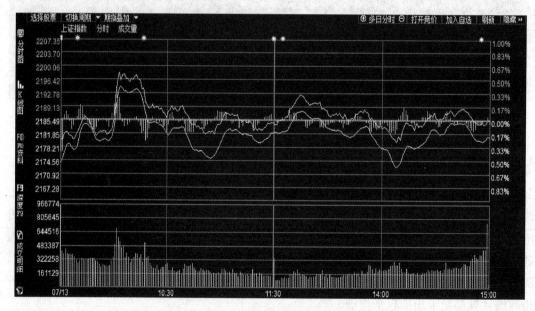

图 4.4 指数分时走势图

第4章 行情分析方法与操作

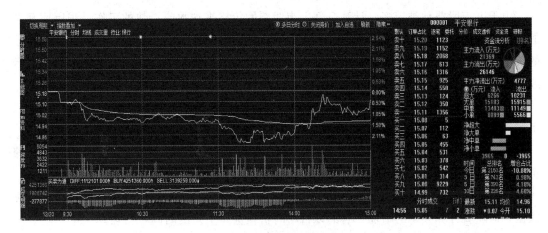

图 4.5 个股分时走势图

4.3 股价指数及走势分析

股价指数是运用统计学中的指数方法编制而成的，反映股市总体价格或某类股价变动和走势的指标。根据股价指数反映的价格走势所涵盖的范围，可以将股价指数划分为反映整个市场走势的综合性指数和反映某一行业或某一类股票价格走势的分类指数。

4.3.1 股价指数

1. 股价指数的定义

股价指数即股票价格指数，是由证券交易所或金融服务机构编制的表明股票行市变动的一种供参考的指示数字。由于股票价格起伏无常，投资者必然面临市场价格风险。对于具体某一种股票的价格变化，投资者容易了解，而对于多种股票的价格变化，要逐一了解，既不容易，也十分麻烦。为了适应这种情况和需要，一些金融服务机构就利用自己的业务知识和熟悉市场的优势，编制出股票价格指数，公开发布，作为市场价格变动的指标。投资者据此就可以检验自己投资的效果，并用以预测股票市场的动向。同时，新闻界、公司老板乃至政界领导人等也以此为参考指标，来观察、预测社会政治、经济发展形势。

这种股价指数，也就是表明股票行市变动情况的价格平均数。编制股价指数，通常以某年某月为基础，以这个基期的股票价格作为100，用以后各时期的股票价格和基期价格比较，计算出升降的百分比，就是该时期的股价指数。投资者根据指数的升降，可以判断出股票价格的变动趋势。并且为了能实时地向投资者反映股市的动向，所有的股市几乎都是在股价变化的同时即时公布股票价格指数。

计算股价指数要考虑3个因素：一是抽样，即在众多股票中抽取少数具有代表性的成分股；二是加权，按单价或总值加权平均，或不加权平均；三是计算程序，计算算术平均数、几何平均数，或兼顾价格与总值。

由于上市股票种类繁多，计算全部上市股票的价格平均数或指数的工作是艰巨而复杂的，因此人们常常从上市股票中选择若干种富有代表性的样本股票，并计算这些样本股票的价格平均数或指数，用以表示整个市场的股票价格总趋势及涨跌幅度。计算股价平均数或指数时经常考虑以下4点。

（1）样本股票必须具有典型性、普通性，为此，选择样本时应综合考虑其行业分布、市场影响力、股票等级、适当数量等因素。

（2）计算方法应具有高度的适应性，能对不断变化的股市行情作出相应的调整或修正，使股价指数或平均数有较好的敏感性。

（3）要有科学的计算依据和手段。计算依据的口径必须统一，一般均以收盘价为计算依据，但随着计算频率的增加，有的以每小时价格甚至更短的时间价格计算。

（4）基期应有较好的均衡性和代表性。

2. 股价指数的计算方法

计算股价指数时，往往把股价指数和股价平均数分开计算。按定义，股价指数即股价平均数。但从两者对股市的实际作用而言，股价平均数是反映多种股票价格变动的一般水平，通常以算术平均数表示。人们通过对不同的时期股价平均数的比较，可以认识多种股票价格变动的水平。而股价指数是反映不同时期的股价变动情况的相对指标，也就是将第一时期的股价平均数作为另一时期股价平均数的基准的百分数。通过股价指数，人们可以了解计算期的股价比基期的股价上升或下降的百分比。由于股价指数是一个相对指标，因此就一个较长的时期来说，股价指数比股价平均数能更为精确地衡量股价的变动。

3. 深沪股市指数的种类

按照编制股价指数时纳入指数计算范围的股票样本数量，可以将股价指数划分为全部上市股价指数（即综合指数）和成分股指数。

综合指数是指将指数所反映出的价格走势涉及的全部股票都纳入指数计算范围。例如，深交所发布的深证综合指数，就是把全部上市股票的价格变化都纳入计算范围。深交所行业分类指数中的农林牧渔指数、采掘业指数、制造业指数、信息技术指数等则分别把全部的所属行业类上市股票纳入各自的指数计算范围。

成分股指数是指从指数所涵盖的全部股票中选取一部分较有代表性的股票作为指数样本，称为指数的成分股，计算时只把所选取的成分股纳入指数计算范围。例如，深交所成分股指数，就是从深交所全部上市的股票中选取40种，计算得出的一个综合性成分股指数。通过这个指数，可以近似地反映出全部上市股票的价格走势。

4.3.2 上证50指数走势

上证50指数是根据科学客观的方法，挑选上海证券市场规模大、流动性好的最具代表性的50只股票组成样本股，以便综合反映上海证券市场最具市场影响力的一批龙头企业的整体状况。上证 50 指数自 2004 年 1 月 2 日起正式发布。其目标是建立一个成交活跃、规模较大、主要作为衍生金融工具基础的投资指数。上证 50 指数采用派氏加权方法，按照样本股的调整股本数为权数进行加权计算。其计算公式为

$$报告期指数 = \frac{报告期成分股的调整市值}{基期} \times 1\,000$$

其中

$$报告期成分股的调整市值 = \sum (市价 \times 调整股数)$$

上证 50 指数依据样本稳定性和动态跟踪相结合的原则，每半年调整一次成分股，调整时间与上证 180 指数一致。特殊情况时也可能对样本进行临时调整。每次调整的比例一般情况不超过 10%。样本调整设置缓冲区，排名在 40 名之前的新样本优先进入，排名在 60 名之前的老样本优先保留。2012 年 7 月 13 日发布的上证 50 指数部分样本见表 4-16。

表 4-16 上证 50 指数部分样本

兖州煤业(600188)	广汇能源(600256)	阳泉煤业(600348)
江西铜业(600362)	中金黄金(600489)	贵州茅台(600519)
山东黄金(600547)	海螺水泥(600585)	海通证券(600837)
伊利股份(600887)	长江电力(600900)	大秦铁路(601006)
中国神华(601088)	海南橡胶(601118)	兴业银行(601166)
北京银行(601169)	农业银行(601288)	中国北车(601299)
中国平安(601318)	交通银行(601328)	工商银行(601398)
中国铝业(601600)	中国太保(601601)	中国人寿(601628)
中国建筑(601668)	中国水电(601669)	潞安环能(601699)
中国南车(601766)	光大银行(601818)	中国石油(601857)
中煤能源(601898)	紫金矿业(601899)	方正证券(601901)
金钼股份(601958)	中国重工(601989)	

(资料来源：http://www.sse.com.cn/sseportal/index/cn/i000016/const_list.shtml.)

4.3.3 上证 180 指数走势

上证 180 指数是上证指数系列之一，是在所有已上市 A 股股票中抽取最具有市场代表性的 180 种作为样本股编制发布的股份指数。上证 180 指数以 2002 年 6 月 28 日上证 30 指数的收盘点数为基点，从 2002 年 7 月 1 日起正式发布。上证 180 指数的样本股根据市场情况，由专家委员会按照样本稳定与动态跟踪相结合的原则适时调整。

上证 180 指数的编制方案是由国际著名指数公司的专家、著名指数产品投资专家及国

内专家学者组成的专家委员会审核论证后确定的。与上证 30 指数相比，上证 180 指数在扩大样本股范围和规模的同时，将指数加权方式由原来的流通股加权调整为国际通用的自由流通量加权方式，更加客观地综合反映了上市公司的经济规模和流通规模，降低了国有股等非流通股上市对指数的影响。

上证 180 指数采用派氏加权综合价格指数公式计算，以样本股的调整股本数为权数。其计算公式为

$$报告期指数 = \frac{报告期成分股的调整市值}{基日成分股的调整市值} \times 10\,000$$

其中

$$报告期成分股的调整市值 = \sum（市价 \times 调整股本数）$$

基日成分股的调整市值亦称为除数，调整股本数采用分级靠档的方法对成分股股本进行调整。

上证 180 指数依据样本稳定性和动态跟踪相结合的原则，每半年调整一次成分股，每次调整比例一般不超过 10%。特殊情况时也可能对样本进行临时调整，2012 年 7 月 13 日发布的上证 180 指数部分成分股见表 4-17。

表 4-17　上证 180 指数部分成分股

中国人寿(601628)	长城汽车(601633)	平煤股份(601666)
中国建筑(601668)	中国水电(601669)	华泰证券(601688)
潞安环能(601699)	郑煤机(601717)	中国南车(601766)
光大证券(601788)	中海油服(601808)	光大银行(601818)
中国石油(601857)	中煤能源(601898)	紫金矿业(601899)
方正证券(601901)	中国远洋(601919)	凤凰传媒(601928)
建设银行(601939)	金钼股份(601958)	中国银行(601988)
中国重工(601989)	金隅股份(601992)	中信银行(601998)

(资料来源：http://www.sse.com.cn/sseportal/index/cn/i000010/const_list.shtml.)

4.3.4　上证指数走势

上证指数的全称为"上海证券交易所综合股价指数"，是国内外普遍采用的反映上海股市总体走势的统计指标。该指数以 1990 年 12 月 19 日为基日，以该日所有股票的市价总值为基期，基期指数定为 100 点。1991 年 7 月 15 日起正式发布。综合指数是以全部股票报告期的股本数作为权数加权计算的。其计算公式为

$$报告期指数 = \frac{报告期全部股票的总市值}{基期全部股票的总市值} \times 基期指数$$

当指数股名单发生变化、指数股的股本结构发生变化或指数股的总市值出现非交易因素的变动时，采用"除数修正法"修正总市值，以保证指数的连续性。修正公式为

$$\frac{修正前采样股的市价总值}{原除数} = \frac{修正后采样股的市价总值}{修正后的除数}$$

4.3.5 深证 100 指数

深证 100 指数成分股由在深交所上市的 100 只 A 股组成,其指数的编制借鉴了国际惯例,吸取了深证成分指数的编制经验。成分股选取主要考察 A 股上市公司流通市值和成交金额份额两项指标。深证 100 指数以 2002 年 12 月 31 日为基日,基日指数定为 1 000 点,从 2003 年第一个交易日开始编制和发布。其部分成分股样本见表 4-18(2012-07-13)。根据市场动态跟踪和成分股稳定性的原则,深证 100 指数将每半年调整一次成分股。

表 4-18 深证 100 指数部分成分股样本

证券代码	证券简称	总股本	流通股本	行 业
002142	宁波银行	2 883 820 529	2 483 494 911	I01 银行业
002146	荣盛发展	1 871 799 700	1 627 306 000	J01 房地产开发与经营业
002155	辰州矿业	766 360 000	766 173 040	B07 有色金属矿采选业
002202	金风科技	2 194 541 200	2 114 132 358	C76 电器机械及器材制造业
002233	塔牌集团	894 655 969	453 655 969	C61 非金属矿物制品业
002241	歌尔声学	848 016 733	549 938 225	C51 电子元器件制造业
002269	美邦服饰	1 005 000 000	1 005 000 000	H11 零售业
002292	奥飞动漫	409 600 000	102 400 000	C37 文教体育用品制造业
002304	洋河股份	1 080 000 000	488 759 291	C05 饮料制造业
002500	山西证券	2 399 800 000	1 457 937 751	I21 证券、期货业

(资料来源:http://www.szse.cn/main/marketdate/hqcx/zsybg/)

4.3.6 沪深 300 指数

沪深 300 指数是从上海和深圳证券市场中选取 300 只 A 股作为样本编制而成的成分股指数。沪深 300 指数样本覆盖了沪深市场 6 成左右的市值,具有良好的市场代表性。沪深 300 指数是沪深证券交易所第一次联合发布的反映 A 股市场整体走势的指数。它的推出,丰富了市场现有的指数体系,增加了一项用于观察市场走势的指标,有利于投资者全面把握市场运行状况,也进一步为指数投资产品的创新和发展提供了基础条件,目前我国股指期货就是以它为标的物的。

沪深 300 指数成分股原则上每半年调整一次,一般为 1 月初和 7 月初实施调整,调整方案提前两周公布。每次调整的比例不超过 10%。样本调整设置缓冲区,排名在 240 名内的新样本优先进入,排名在 360 名之前的老样本优先保留。最近一次财务报告亏损的股票原则上不进入新选样本,除非该股票影响指数的代表性。2012 年 7 月 2 日发布的沪深 300 指数部分成分股见表 4-19。

表 4-19 沪深 300 指数部分成分股

代　码	名　　称	交易所
601918	国投新集	Shanghai
601919	中国远洋	Shanghai
601928	凤凰传媒	Shanghai
601933	永辉超市	Shanghai
601939	建设银行	Shanghai
601958	金钼股份	Shanghai
601988	中国银行	Shanghai
601989	中国重工	Shanghai
601991	大唐发电	Shanghai
601992	金隅股份	Shanghai
601998	中信银行	Shanghai

(资料来源:http://www.csindex.com.cn/sseportal/ps/zhs/hgjt/csi/00030cons.xls.)

4.3.7 深证综合指数走势

深证综合指数是深圳证券交易所从 1991 年 4 月 3 日开始编制并公开发表的一种股价指数,该指数规定 1991 年 4 月 3 日为基期,基期指数为 100 点。综合指数以所有在深交所上市的股票为计算范围,以发行量为权数的加权综合股价指数,其基本计算公式为

$$即日综合指数 = \frac{即日指数股总市值}{基日指数股总市值} \times 基日指数$$

每当发行新股上市时,从第二天纳入成分股计算,这时上式中的分母按下式调整。

新股票上市后,

基日成分股总市值 = 原来的基日成分股总市值 + 新股发行数量
　　　　　　　　×上市第一天收盘价

从 2007 年 11 月 19 日起,变更为从上市第 11 个交易日起纳入指数计算。这时上式中的分母按下式调整。

新股上市后,

基日指数总市值 = 原来的基日指数股总市值 + 新股发行数量
　　　　　　　　×上市第 10 个交易日收盘价

4.3.8 深证成指走势

深交所成分股价指数,简称深证成指,是深交所的主要股指。它是按一定标准选出40家有代表性的上市公司作为成分股,用成分股的可流通数作为权数,采用综合法进行编制而成的股价指标。从1995年5月1日起开始计算,基数为1 000点。

深证成指的基本公式为

$$股价指数 = \frac{现时成分股总市值}{基期成分股总市值 \times 1\ 000}$$

计算方法是从深交所挂牌上市的所有股票中抽取具有市场代表性的40家上市公司的股票为样本,以流通股本为权数,以加权平均法计算,以1994年7月20日为基日,基日指数定为1 000点。

根据调整成分股的基本原则,参照国际惯例,深交所制定了科学的标准和分步骤选取成分股样本的方法,即先根据初选标准从所有上市公司中确定入围公司,再从入围公司中确定入选的成分股样本。

1. 确定入围公司

确定入围公司的标准包括上市时间、市场规模和流动性3个方面的要求。

(1) 有一定的上市交易日期,一般应当在3个月以上。

(2) 有一定的上市规模。将上市公司的流通市值占市场比重(3个月平均数)按照从大到小的顺序排列并累加,入围公司居于90%之列。

(3) 有一定的市场流动性。将上市公司的成交金额占市场比重(3个月平均数)按照从大到小的顺序排列并累加,入围公司居于90%之列。

2. 确定成分股样本

根据以上标准确定入围公司后,再结合以下各项因素确定入选的成分股样本。

(1) 公司的流通市值及成交额。

(2) 公司的行业代表性及其成长性。

(3) 公司的财务状况和经营业绩(考查过去3年)。

(4) 公司两年内的规范运作情况。

对以上各项因素赋了科学的权重,进行量化,就选择出了各行业的成分股样本。

4.3.9 中小板指数走势

深交所于2005年12月1日正式推出中小板指数,中小板指数是以在中小企业板上市的全部正常交易的股票为计算范围,以最新自由流通股为权数计算的加权综合指数。

1. 样本选取

(1) 在深交所中小企业板上市交易的A股。

(2) 有一定上市交易日期(一般为6个月,流通市值排名在样本数10%范围内的不受此限制)。

(3) 非 ST、*ST 股票。
(4) 公司最近一年无重大违规、财务报告无重大问题。
(5) 公司最近一年经营无异常、无重大亏损。
(6) 考查期内股价无异常波动。

2. 成分股选样方法

中小板 100 指数的初始成分股由前 100 只上市股票构成。此后需要对入围的股票进行排序选出成分股。

中小板 100 指数选样指标为一段时期(一般为前 6 个月)平均流通市值的比重和平均成交金额的比重。

选样时先计算入围个股平均流通市值占市场比重和平均成交金额占市场比重，再将上述指标按 2∶1 的权重加权平均，计算结果从高到低排序，在参考公司治理结构、经营状况、发展潜力、行业代表性等因素后，按照缓冲区技术选取中小板 100 指数成分股。

3. 定期调整方法

中小板 100 指数实施定期调整，时间定于每年 1 月、7 月的一个交易日进行实施，通常在前一年的 12 月和当年的 6 月的第二个完整交易周的第一个交易日公布调整方案。

成分股样本定期调整方法是先对入围股票按选样方法中的加权比值进行综合排名，再按以下原则选股。

(1) 排名在样本数 70% 范围之内的非原成分股按顺序入选。
(2) 排名在样本数 130% 范围之内的原成分股按顺序优先保留。
(3) 每次样本股调整数量不超过样本总数的 10%。

4. 中小企业板指数编制

中小企业板指数采用派氏加权法编制，图 4.6 是中小板指数走势图。

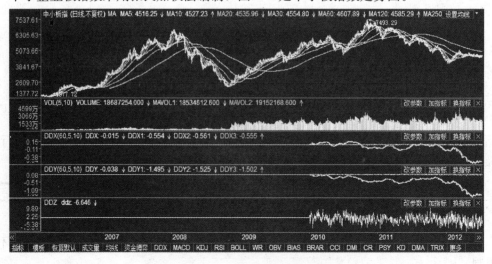

图 4.6 中小板指数走势图

4.3.10 创业板指数走势

为了更全面地反映创业板市场情况,向投资者提供更多的可交易的指数产品和金融衍生工具的标的物,推进指数基金产品及丰富证券市场产品品种,深交所于 2010 年 6 月 1 日起正式编制和发布创业板指数。

创业板指数的编制参照深证成指和深证 100 指数的编制方法和国际惯例(包括全收益指数和纯价格指数)。至此,创业板指数、深证成指、中小板指数共同构成反映深交所上市股票运行情况的核心指数。

创业板指数基日为 2010 年 5 月 31 日,基点为 1 000 点。

1. 样本股选取范围

(1) 在深交所创业板上市交易的 A 股。

(2) 有一定上市交易日期(一般为 3 个月,流通市值排名在样本数 10%范围内的不受此限制)。

(3) 公司最近一年无重大违规、财务报告无重大问题。

(4) 公司最近一年经营无异常、无重大亏损。

(5) 考察期内股价无异常波动。

2. 选取方法

创业板指数从创业板股票中选取 100 只组成样本股,以反映创业板市场层次的运行情况;初始成分股为发布日已纳入深证综合指数计算的全部创业板股票;在创业板指数样本未满 100 只前,新上市创业板股票,在其上市后第 11 个交易日纳入指数计算;当创业板指数样本数量满 100 只后,样本数量锁定不再增加,以后需要对入围的股票进行排序选出成分股;创业板指数选样指标为一段时期(一般为 6 个月)平均流通市值的比重和平均成交金额的比重。选样时先计算入围个股平均流通市值占创业板市场比重和平均成交金额占创业板市场比重,再将上述指标按 2∶1 的权重加权平均,计算结果从高到低排序,在参考公司治理结构、经营状况等因素后,按照缓冲区技术选取创业板指数成分股。

3. 调整规则

创业板指数在样本满 100 只后实施季度定期调整,实施时间定于每年 1 月、4 月、7 月、10 月的第一个交易日,通常在实施日前一月的第二个完整交易周的第一个交易日公布调整方案。成分股样本定期调整方法是先对入围股票按选样方法中的加权比值进行综合排名,再按下列原则选股。

(1) 排名在样本数 70%范围之内的非原成分股按顺序入选。

(2) 排名在样本数 130%范围之内的原成分股按顺序优先保留。

(3) 每次样本股调整数量不超过样本总数的 10%。

创业板指数的计算方法为加权平均计算法，以起始日为基准点，按照创业板所有股票的流通市值，逐个计算当天的股价，再加权平均，与开板之日的"基准点"进行比较。创业板指数采用派氏加权法编制。创业板指数走势图见图4.7。

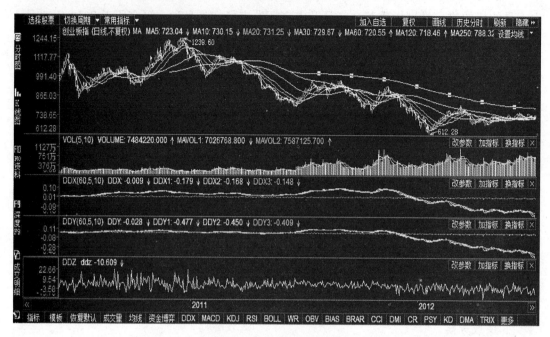

图4.7　创业板指数走势图

4.4　证券行情分类报价

4.4.1　报价内容

报价分析是行情提示的一种常用方式，它包括以下内容。

(1) 证券(股票)代码。证券(股票)代码是证券(股票)交易中用来代表上市交易证券(股票)名称的数码。

(2) 证券(股票)简称。证券(股票)简称是在证券市场中用来代表证券(股票)的简明称号，一般由3个或4个中文字组成。

(3) 价位。价位指买卖价格的升降单位，价位的高低随股票的每股市价的不同而异。

(4) 开盘。开盘即开盘价，每个交易日开市后，每只证券的第一笔成交价为该证券的开盘价。

(5) 收盘。收盘通常指某种证券在证券交易所每个交易日里的最后一笔买卖成交价格。当日无成交的，以前一交易日的收盘作为该交易日的收盘。

(6) 最高价。最高价指某种证券在每个交易日从开市到收市的交易过程中所产生的最高价格。如果当日该种证券成交价格没有发生变化,最高价就是即时价;若当日该种证券停牌,则最高价就是前收市价。如果证券市场实施了涨停板制度或涨幅限制制度,则最高价不得超过前市收盘价×(1+最大允许涨幅比率)。

(7) 最低价。最低价指某种证券在每个交易日从开市到收市的交易过程中所产生的最低价格。如果当日该种证券成交价格没有变化,最低价就是即时价;若当日该种证券停牌,则最低价就是前收市价。如果证券市场实施了跌停板制度或跌幅限制制度,则最低价不得超过前市收盘价×(1+最大允许跌幅比率)。

(8) 成交价。成交价是指某种证券在即时交易过程中所产生的价格。由于成交价是不停变动的,因此形成了证券行市。

(9) 成交量。成交量指股票成交的数量,单位为股或手。其中总手为到目前为止此股票成交的总数量,现手为刚刚成交的那一笔股票的数量。

(10) 成交金额。成交金额指已成交证券(股票)的价值,用货币表示成交量,单位为元或万元。

(11) 涨跌。涨跌是指当日股票最新价与前一日收盘价格(或前一日收盘指数)相比的百分比幅度,正值为涨,负值为跌,否则为持平。目前,我国证券市场实行涨、跌停板制度,其中涨停板是指股价在一天中相对前一日收盘价的最大涨幅,不能超过此限。我国现规定涨停升幅(ST 类股票除外)为 10%,跌停降幅(ST 类股票除外)为 10%。

(12) 幅度。幅度是股票最新价相对前一交易日收盘价的升降幅度。

(13) 委买手数。委买手数是指买一、买二、买三、买四、买五等所有委托买入手数相加的总和。

(14) 委卖手数。委卖手数是指卖一、卖二、卖三、卖四、卖五等所有委托卖出手数相加的总和。

(15) 成交笔数。成交笔数分析是依据成交次数、笔数的多少,了解人气的聚集与虚散,进而研判股价因人气的强、弱势变化所产生的可能走势。

4.4.2 证券交易和分析软件操作及应用说明

1. 键盘按键及特定意义

为了便于页面的切换,操作"东方财富通"时可以通过特定的按键方式迅速、快捷地进行各种切换。计算机键盘按键所代表的特定意义见表 4-20。

表 4-20 "东方财富通"软件键盘按键及特定意义

按 键	特定意义	按 键	特定意义
Insert	将当前个股加入自选股	Pause 或 Alt+Z 或 Alt+X	快速隐藏键
Del	删除自选股中的个股	← 与 →	移动十字光标

续表

按　键	特定意义	按　键	特定意义
↑与↓	查看多日分时	068	自选股8
Tab	打开/隐藏报价信息	069	自选股9
Ctrl+Q	标记股票	07或F7	高级选股
ZCPM	增仓排名	08或F8	K线图下切换分析周期
ZJLX	资金流向	09或F9	个股深度资料
YBZX	研报中心	10或F10	个股基本资料
YLYC	盈利预测	F11	刷新行情数据
CWSJ	财务数据	12或F12	委托下单
XGQ	选股器	1	上证A股行情
SDF9	深度F9	2	上证B股行情
Ctrl+←	向左快速平移一段K线	3	深证A股行情
Ctrl+→	向右快速平移一段K线	4	深证B股行情
Home	光标移至当前屏第一根K线	5	上证债券行情
End	光标移至当前屏最后一根K线	6	深证债券行情
01或F1	个股成交明细	7	上证基金行情
02或F2	个股当日分价	8	深证基金行情
03或F3	上证指数走势	9	中小板块行情
04或F4	深证成指走势	30	全部板块列表
05或F5	切换K线图和分时图	301	行业板块列表
06或F6	自选股	302	概念板块列表
061	自选股1	303	地区板块列表
062	自选股2	60	沪深两市涨幅排行
063	自选股3	61	上证A股涨幅排行
064	自选股4	62	上证B股涨幅排行
065	自选股5	63	深证A股涨幅排行
066	自选股6	64	深证B股涨幅排行
067	自选股7	65	上证债券涨幅排行

续表

按 键	特定意义	按 键	特定意义
66	深证债券涨幅排行	87	上证基金综合排行
67	上证基金涨幅排行	88	深证基金综合排行
68	深证基金涨幅排行	89	中小板块综合排行
69	中小板块涨幅排行	92	5 分钟 K 线图
80	沪深两市综合排行	93	15 分钟 K 线图
81	上证 A 股综合排行	94	30 分钟 K 线图
82	上证 B 股综合排行	95	60 分钟 K 线图
83	深证 A 股综合排行	96	日 K 线图
84	深证 B 股综合排行	97	周 K 线图
85	上证债券综合排行	99	年 K 线图
86	深证债券综合排行	98	月 K 线图

2. 操作技巧

除了快捷的使用以外，用户还可以在图 4.8 的界面上，用单击鼠标的办法获得需要得到的画面。例如，当用户用鼠标单击软件上面的分析下拉菜单，就可以打开所需要的分析界面。

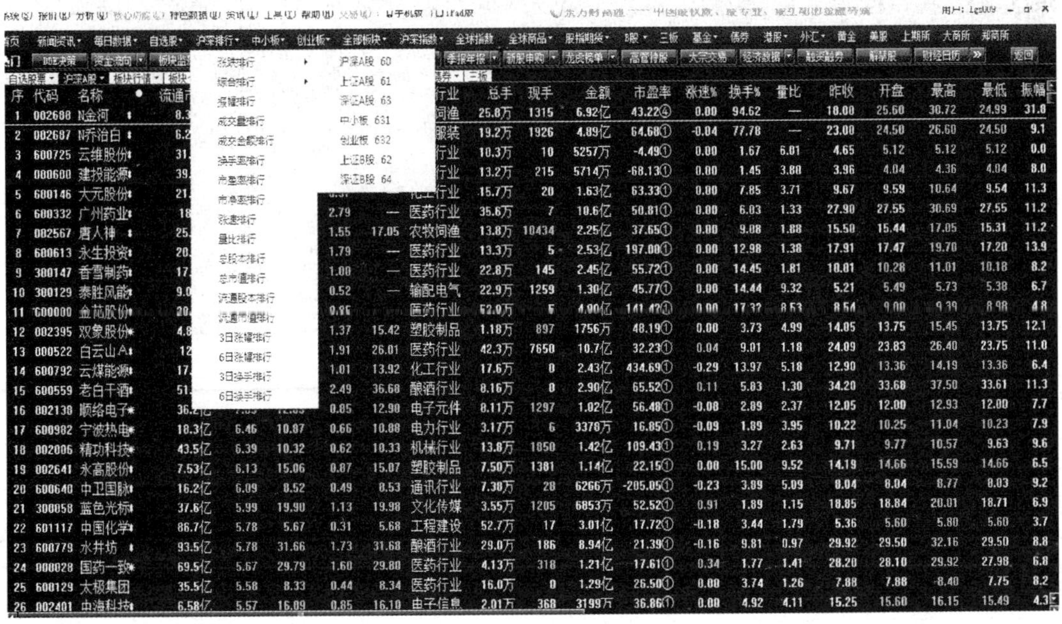

图 4.8　软件分析界面

此外，用户也可以根据个人的需要，进行自定义设置，同时还可以对显示的字体进行修改。

通过移动鼠标可以查看个股的财务数据，如总股本、流通盘等，在报价排名中双击任何一只股票，就可以进入该股票的个股走势图。

自选股显示的是用户自己设定的股票的情况。关于自选股的设定，参见设置系统参数中的自选股设置。

4.4.3 分类报价及页签

1. 分类报价

分类报价即按不同类别分别显示上证 A 股、上证 B 股、深证 A 股、深证 B 股、上证债券、深证债券、中小盘股、创业板和开放式基金的报价的情况。图 4.9 显示的黄色圆圈标注的页签，只要单击这些页签，就会很容易了解每种投资品的报价。

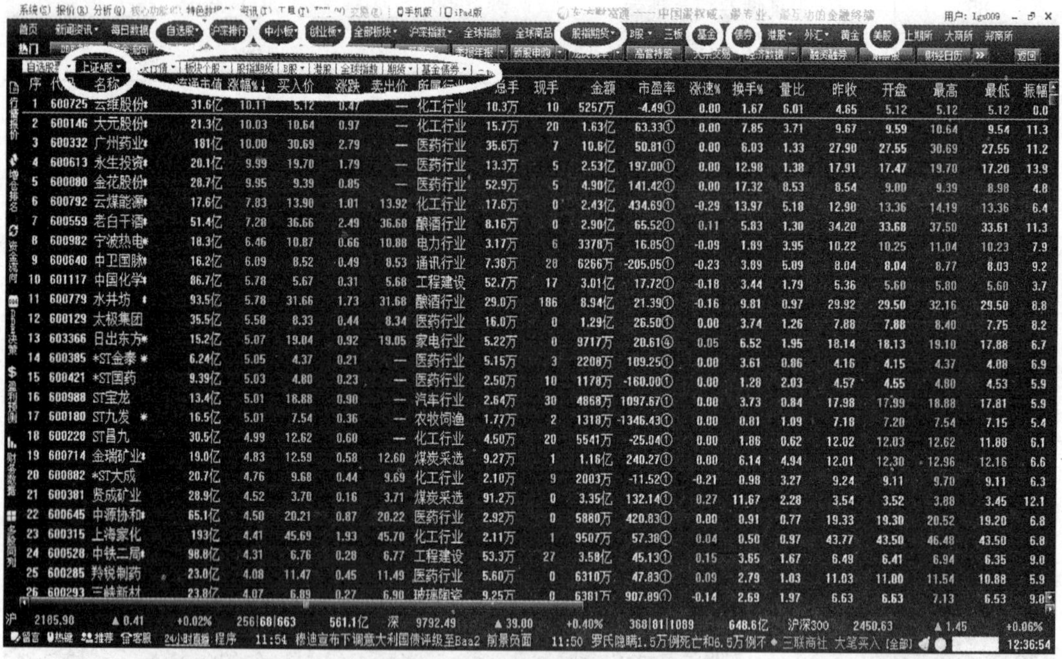

图 4.9 投资品报价的获取

2. 页签

为了最大程度地使用户在使用产品时得到方便，报价分析中加入了页签。页签是以各种不同的分类标准而列出的多个模块，包括传统、其他、行业、地域、上证指数、深证指数、三板、自选、设置等模块，见图 4.10。

第4章 行情分析方法与操作

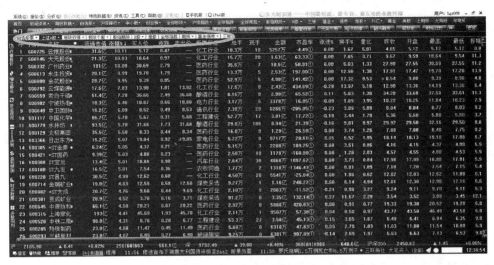

图 4.10 页签的使用

4.5 个 股 分 析

4.5.1 个股分析的基本操作

（1）在图 4.11 的右下方搜索框中输入股票代码、股票名称的拼音简称或股票中文名称，按 Enter 键，就可以打开股票的"分时走势图"。

图 4.11 "分时走势图"的打开方式

（2）单击菜单栏中的"分析"选项，就可以选择客户需要分析的个股行情。

（3）以"科力远(600478)"为例，其个股走势图所包含的信息见图 4.12。

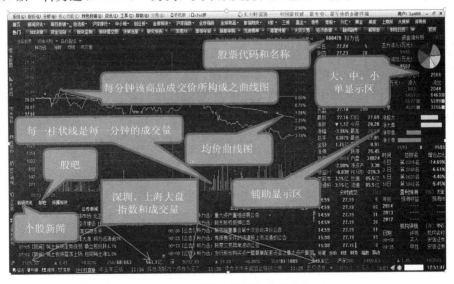

图 4.12 个股走势图包含的信息

4.5.2 分时走势图的盘面说明

1. 辅助显示区

图 4.12 的右侧为辅助显示区。在这个区域上方,显示商品名称及代码;区域下方以红色、绿色、白色 3 种颜色来分别显示该商品在不同价格下的分时成交情况,红色代表以买者价格成交,用红色向上箭头显示;绿色代表以卖者价格成交,用绿色向下箭头显示;白色代表是以买卖者共同认可的价格成交。

2. 委比

委比是用以衡量一段时间内买卖盘相对强度的指标。其计算公式为

$$委比 = \frac{委买手数 - 委卖手数}{委买手数 + 委卖手数} \times 100\%$$

式中,委买手数——现在所有个股委托买入下三档的总数量;

委卖手数——现在所有个股委托卖出上三档的总数量。

委比值变化范围为 +100%～-100%。当委比值为正值并且委比数大时,说明市场买盘强劲;当委比值为负值并且负值大时,说明市场抛盘较强。委比从 -100%～+100%,说明是买盘逐渐增强,卖盘逐渐减弱的一个过程。相反,委比从 +100%～-100%,说明是卖盘逐渐增强的一个过程。

3. 成交价与成交量

在成交价与成交量的分析中,以下概念是进行分析的基本要素。

(1) 成交。成交是指当前的成交价格。

(2) 均价。均价是指从开始到当前全部交易的平均成交价。

(3) 涨跌。涨跌为当前价减去昨收盘。如果大于 0,以红色表示;小于 0,则以绿色表示。

(4) 幅度。幅度为"当前价-昨日收盘"/昨日收盘价。

(5) 开盘。开盘是当天的开盘价,一般通过集合竞价产生。

(6) 总手。总手是从开市到当前的总成交量,以"手"为单位,一手等于 100 股。

(7) 量比。量比是衡量相对成交量的指标。它是开市后每分钟的平均成交量与过去 5 个交易日每分钟平均成交量之比。其计算公式为

$$量比 = \frac{每分钟平均成交量(即时成交总手数)}{过去 5 个交易日每分钟平均成交量 \times 当日累计开市时间/\min}$$

当量比大于 1 时,说明当日每分钟的平均成交量大于过去 5 日的平均数值,交易比过去 5 日火暴;当量比小于 1 时,说明现在的成交量低于过去 5 日的平均水平。

4. 外盘与内盘

委托以卖方成交的纳入外盘,委托以买方成交的纳入内盘。外盘和内盘相加为成交量。

分析时,由于卖方成交的委托纳入外盘,如外盘很大,就意味着多数卖出价位都有人

来接，显示买势强劲；而以买方成交的委托纳入内盘，如内盘过大，则意味着大多数的买入价都有人愿卖，显示卖方力量较大。如内盘和外盘大体相近，则买卖力量相当。

例如，A股行情揭示见表4-21。

表4-21 A股行情

委买价/元	委托数量/手	委卖价/元	委托数量/手
25.0	727	25.17	562

由于买入委托价和卖出委托价此时无法撮合成交，A股此刻在等待成交，买与卖处于僵持状态。这时，如果场内买盘较积极，突然报出一个买入价25.17元的单子，则股票会在25.17元的价位成交，这笔成交被划入"外盘"。或者，这时如果场内抛盘较重，股价下跌至25.10元突然报出一个卖出价25.07元的单子，则股票会在25.07元的价位成交，这笔以买成交的单子被划入"内盘"。

5. 键盘按键及特定意义

为了便于页面的切换，操作时可以通过特定的按键方式，迅速、快捷地进行各种切换。键盘按键的意义见表4-20。

4.5.3 个股分析的多种功能及其使用

1. 实时资讯

行情分析软件为投资人提供了实时资讯功能，利用鼠标单击菜单栏"新闻资讯"选项将会出现一个下拉菜单，单击此下拉菜单中的任一选项，将会有相应的最新资讯信息弹出，见图4.13和图4.14。在弹出的资讯栏中，除了有相关的消息外还有消息出现的时间，实时资讯涵盖了全球范围内，包括股票、债券、权证、期货、黄金、基金、信贷、货币等各类全方位、多角度的财经资讯，并且以24小时的状态不停顿滚动更新。

图4.13 实时资讯的使用(1)

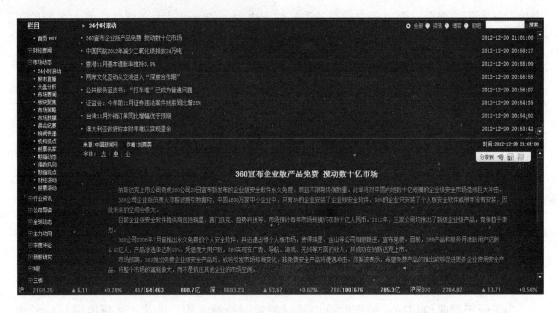

图 4.14 实时资讯的使用(2)

2. 基本资料

用户按 F10 键后,程序将切换至图 4.15 的页面。用户可以通过单击页面上方的各个按钮来得到相应的资料。

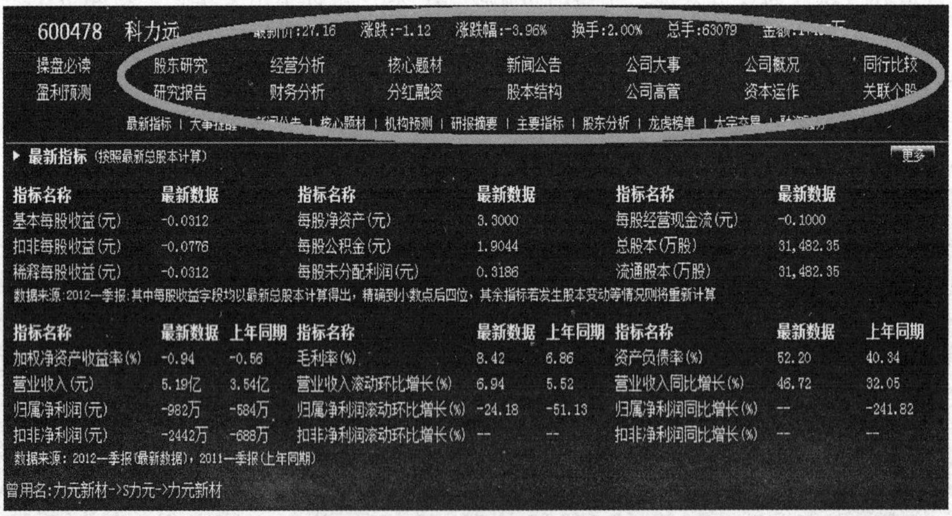

图 4.15 按 F10 键后的页面

3. 叠加指数

当用户打开个股分时走势图后,为方便用户进行对比分析,单击右键后就可以叠加进来的上证指数,见图 4.16 和图 4.17。

第4章 行情分析方法与操作

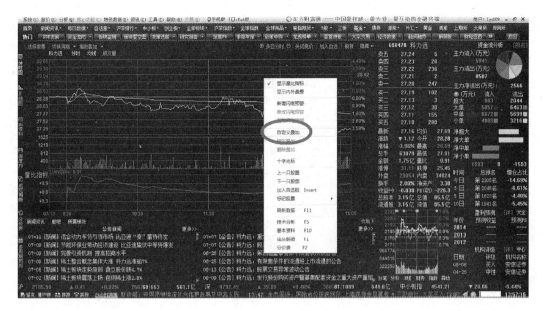

图 4.16 叠加指数（1）

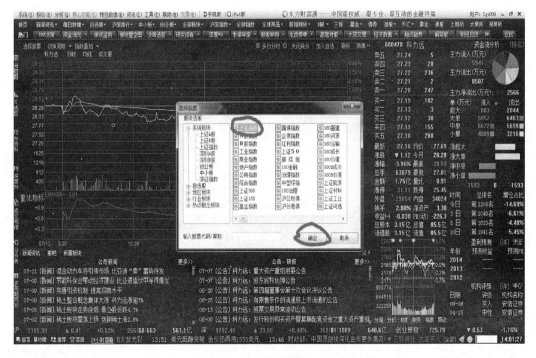

图 4.17 叠加指数（2）

4. 多股同列

多股同列是指同时显示若干只股票的查询方式。用户可以根据自己的需要，按照传统的排序方式，或自定义股票多股同时显示。还可以将关注的股票设定为自选股，然后采用多股同列的方式，同时比较这几只股票的走势，见图 4.18。

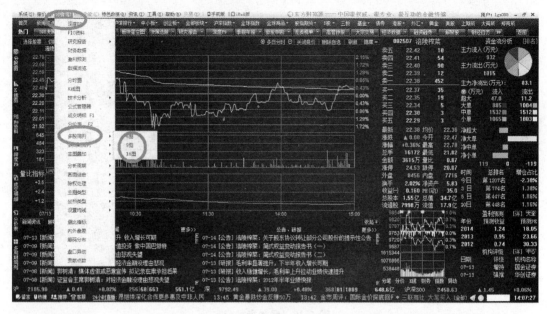

图 4.18 多股同列操作

5. 综合排名

综合排名所提供的信息包括当日的涨幅、跌幅、震幅，最近 5 分钟的涨幅、跌幅，当日量比，当日委比的前 6 名和后 6 名，当日总金额的排名情况。综合排名的操作见图 4.19。

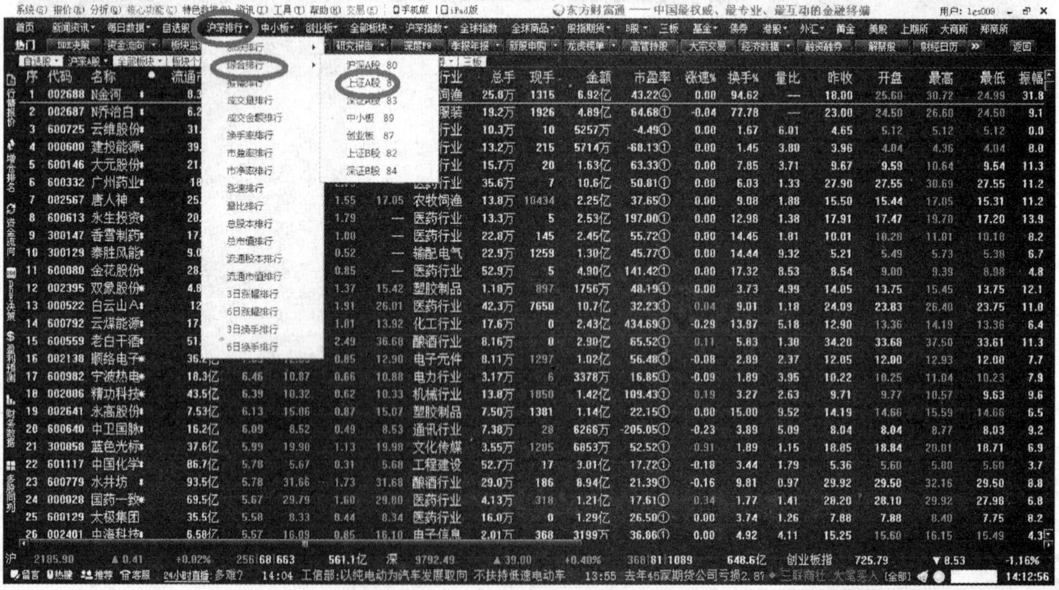

图 4.19 综合排名的操作

4.5.4 辅助显示区的功能运用

辅助显示区是用于显示一些辅助信息的小模块，用户可以根据自己的需要来选择处于辅助显示区的页签，从而得到相应的分笔成交明细、成交价格和该成交价格下的成交手数、该股票的当日走势（主要在K线图中使用）、当日指数走势等。使用时用户只需单击辅助显示区的各个页签即可得到对应的数据，见图4.20。

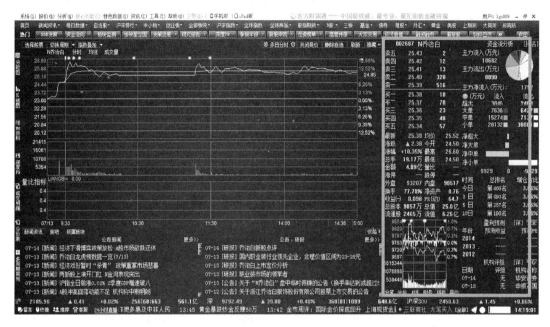

图4.20　辅助显示区

本 章 小 结

本章介绍了电子证券交易品种及其代码，还介绍了可供进行大盘分析的指数。股价指数的计算方法有算术平均法和加权平均法两种。我国现在各种指数的计算都是采用加权平均法。

证券行情分类报价内容：证券（股票）代码、证券（股票）简称、价位、开盘、收盘、最高价、最低价、成交价、成交量、成交金额、涨跌、幅度、委买手数、委卖手数和成交笔数。

介绍了分时走势图的盘面说明及个股分析的基本操作、委比、内盘和外盘等。

 基本概念

股票代码　基金代码　债券代码　股指期货代码　分时图　股价指数　分类指数
板块指数　中小板指数　创业板指数　沪深300指数　开盘价　收盘价　最高价　最低价

成交价　成交量　成交金额　涨跌幅　成交　均价　开盘　收盘　总手　集合竞价　连续竞价　时间优先　价格优先　量比　委比　外盘　内盘　委买手数　委卖手数　成交笔数　全部成交　部分成交　不成交

习　题

一、简答题

1. 上交所的股票(A 股和 B 股)、债券、基金的代码是怎样区分的？
2. 深交所的股票(A 股和 B 股)、债券、基金的代码是怎样区分的？
3. 什么是股价指数？指数的计算方法有哪些？
4. 上交所和深交所可供进行大盘分析的指数包括哪些？
5. 什么是上证 180 指数？什么是深证 100 指数？
6. 证券行情分类报价的内容有哪些？
7. 什么是委比？什么是内盘、外盘？

二、选择题

1. (　　)就是最新的价格。
   A. 现价　　　　B. 开盘价　　　　C. 最高价　　　　D. 最低价
2. 今天的收盘价格低于前一交易日的收盘价，就说明今天的股票价格(　　)。
   A. 下跌　　　　B. 上涨　　　　C. 调整　　　　D. 反弹
3. 今天的收盘价格高于前一交易日的收盘价，就说明今天的股票价格(　　)。
   A. 上涨　　　　B. 下跌　　　　C. 反弹　　　　D. 调整
4. 在收市的时候谈论涨跌，那往往指的是连续两个交易日(　　)的比较。
   A. 收盘价　　　　B. 开盘价　　　　C. 最高价　　　　D. 最低价
5. (　　)是主动买入股票的成交量，单位是手。
   A. 外盘　　　　B. 内盘　　　　C. 买盘　　　　D. 卖盘
6. 股票代码是(　　)位数。
   A. 4　　　　B. 5　　　　C. 6　　　　D. 7
7. 即时分析和技术分析之间的切换键是(　　)。
   A. F4　　　　B. F5　　　　C. F6　　　　D. F8
8. (　　)是用以衡量一段时间内买卖盘相对强度的指标。
   A. 委卖手数　　　　B. 委买手数　　　　C. 委差　　　　D. 委比
9. 分时走势中的白色曲线表示(　　)。
   A. 股票分时成交价格　　　　　　B. 股票当日的平均价格
   C. 股票前 5 日的平均价格　　　　D. 股票前 10 日的平均价格

10. 基本分析的激活键是（　　）。
A. F4　　　　B. F5　　　　C. F6　　　　D. F10

11. 在K线的不同周期之间进行切换应该按（　　）键。
A. F4　　　　B. F5　　　　C. F4　　　　D. F8

12. 委买手数是指现在所有个股委托买入下（　　）之手的相加之和。
A. 四档　　　B. 三档　　　C. 五档　　　D. 十档

13. 委比值的变化范围为（　　）。
A. －100%～＋100%　　　　　B. －150%～＋150%
C. －200%～＋200%　　　　　D. －500%～＋500%

14. 上市公司目前股价为20元，每股收益为0.25元，则静态市盈率为（　　）。
A. 100　　　B. 50　　　C. 80　　　D. 40

15. 分时走势图中，代表主动性买单的字母是（　　）。
A. S　　　　B. B　　　　C. A　　　　D. H

16. 指数分时图中，白色曲线和黄色曲线的主要区别在于（　　）。
A. 发行数量的权数　B. 成交量　　C. 流通股　　D. 总股本

三、判断题

1. 调入板块和指标也可用输入拼音缩写的方法，如想查看家电板块，可直接输入"JD"。（　　）

2. 调取股票的快捷键为Ctrl＋A。（　　）

3. 换手率也称周转率，是指在一定时间内市场中股票转手买卖的频率，是反映股票流通性的指标之一，换手率越高，流通性越差。（　　）

4. 动态市盈率一般比静态市盈率小很多，代表了一个公司业绩增长或发展的动态变化。（　　）

5. 量比是一个衡量相对成交量的指标，它是开市后每分钟的平均成交量与过去10个交易日每分钟平均成交量之比。（　　）

6. 内盘主动买入股票的成交量，单位是手。（　　）

7. 股票分时走势图中的黄色柱表示股票每分钟的成交量，单位为手。（　　）

8. 在指数分时走势图中，当大盘指数上涨时，白线在黄线之上，表示盘手小的股票涨幅较大；反之，说明盘手小的股票涨幅落后大盘股。（　　）

9. 多空条分两部分：向右是涨的股票比例（为红色，如果为深红，表示涨停部分），向左是跌的股票比例（为绿色，如果为深绿，表示跌停部分）。（　　）

10. 指数分时走势图中的红柱增长，表示买盘大于卖盘，指数将逐渐上涨；红柱缩短，表示卖盘大于买盘，指数将逐渐下跌。（　　）

11. 量比的数值越大，表明股票当日流入的资金越少，市场活跃度越低；反之，说明资金的流入越多，市场活跃度越高。（　　）

12. 市盈率是投资者衡量股票投资价值或者比较不同公司（尤其是同一行业不同公司）股票时所参考的主要指标之一。（　　）

13. 分时走势图是把股票市场的交易信息实时地用曲线在坐标图上加以显示的技术图形。坐标的横轴是股价指数，纵轴的上半部分是开市的时间，下半部分是成交量。（　　）

14. 涨跌是今日盘中或开盘价格与上一交易日开盘价格的差异。（　　）

15. 当委比值为＋100％时，它表示只有买盘而没有卖盘，说明市场的买盘非常有力。（　　）

16. 短线投资者一般使用日以下周期的 K 线组合，而长线投资者一般组合使用日以上周期的 K 线组合。（　　）

17. 当盘中出现重要市场评论、公告信息及预测、买卖参考等内容时，都会在相应的分时走势图或分析图上出现地雷标志。（　　）

18. 投资者在交易完成后，可以将软件最小化，或退出系统。（　　）

19. 股本是表示该股的总股本；流通表示该股的流通股本，流通股本就是可以买卖的股票数量。（　　）

四、分析题

1. 选择上证综合指数最新的走势进行简单分析，写出 800 字的报告。
2. 选择深圳 ETF100 作为分析对象，解析 ETF 基金的含义。
3. 选择一只股票的走势作为分析对象，解析盘面语言，写出报告。

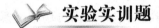

实验实训题

实训：模拟证券交易

1. 实训目的

通过模拟的交易环境加强学生对证券名称和代码的熟悉，训练学生的实际动手能力，为学生走向社会提供一个理论结合实际的实验环境。

2. 实训要点

（1）全面了解证券交易系统软件的功能模块。
（2）学习如何熟练使用证券交易系统软件。
（3）了解证券交易系统软件每一个菜单和页签的作用。
（4）通过证券交易系统软件阅读与自己投资相关的信息。
（5）了解全球证券市场的指数变化。

3. 实训内容

（1）登录模拟证券交易系统，熟悉并会使用该系统。

(2) 分时、盘口分析与委托交易。

(3) 利用模拟证券交易系统提供的信息进行上市公司业绩状况、行业地位、竞争实力、财务状况等基本面分析。

(4) 通过证券分析软件上有关上市公司行情的分析，熟悉产业的发展状况与发展前景对该产业上市公司股票价格的影响。

(5) 通过软件的盘面观察，了解多头、空头、利多、利空、长空、长多、分时图、股价指数、分类指数、板块指数、中小板指数、创业板指数、沪深300指数、开盘价、收盘价、最高价、最低价、成交价、成交量、成交金额、涨跌幅、成交、均价、开盘、收盘、总手、集合竞价、连续竞价、时间优先、价格优先、量比、委比、外盘、内盘、委买手数、委卖手数、成交笔数、全部成交、部分成交、不成交、佣金、印花税、过户费等股市用语。

4. 考核方式

撰写实训报告。

沪深300指数走势分析

沪深300指数周一受到宏观经济数据影响，早盘一度低开，但低开后震荡走高，个股和板块反弹异常活跃，验证了我们对短线市场的判断，"做多区间：3 098～3 077"。沪深300指数真实的走势是开盘在3 098，相当长的时间里在3 098～3 086点附近低位徘徊，为做多单的投资者提供了机会。

当前大盘处于年线附近，上下都有机会，也都有理由，选择往上冲高不意外，再度回落往下寻底也很正常，但都缺乏充分的理由，市场暂且处于一个平衡市道中，但近期必定会打破这种平衡。就股指而言，沪深300指数短期在3 100附近有消化获利盘的必要，在此处已震荡调整多日，这里一方面是政策面变化带来的影响；另一方面就是沪深300指数自身的运行规律所在。

近期市场一直在围绕着CPI(consumer price index，居民消费价格指数)这个话题展开讨论。尽管CPI再创新高，但近期国际市场上大宗商品价格的回落，对缓解输入型通货膨胀也有一定积极的作用。所以，综合来看，虽然目前CPI达到新高，但是市场普遍的预期及管理层的预期，都认为CPI很可能在7月见顶，并且出现拐点。而下半年CPI将开始逐步回落，最终全年CPI涨幅在4.8左右。短期央行(中国人民银行)再度加息的可能性已经很小，所以从消息面来讲，此次CPI的出台也有一定靴子落地的效应。

接下来沪深300指数多空双方争夺的焦点是3 091点，投资者应注意今明两天的盘面变化，中长期来看大盘依然延续上行趋势，但短期内上攻无量，就将进入相对调整期，在此间震荡在所难免，我们给出的操作建议依然是日内波段操作，不恋战，收盘前净仓位为零，以免明天走势的不确定性会带来损失，特此提醒。一定要关注在交易时间内4个小时里的及时提醒，对用户的操作建议会有指导性的帮助。

做多区间：3 098～3 081；多单平仓区间：3 132～3 153；做空区间：3 153～3 174；仓位从来不超过三成；亏损状态永远不加仓；严格止损，股指期货在操作区间外有10个点的亏损就随即止损；在操作区间外谨慎开仓（在交易的前半段第一时间出现机会应考虑参与，在交易后半段时间操作要慎重）。

（资料来源：http：//bbs.jrj.com.cn/msg.73683100.html.）

第 5 章 电子证券投资的基本分析

教学目标

通过本章的学习，了解电子证券投资的宏观经济分析，掌握电子证券投资的行业分析、公司分析及证券投资基本分析的主要内容，了解影响证券投资的宏观因素、行业因素与公司因素，学会运用基本分析方法。

教学要求

知识要点	能力要求	相关知识
宏观经济分析	宏观分析的主要内容，宏观经济变动对证券投资的影响	经济增长率、财政收支、国际收支、总量分析法、结构分析法
行业分析	行业分析的基本内容，即行业生命周期和行业的市场结构对证券投资的影响	行业生命周期分析：初创阶段、成长阶段、成熟阶段、衰退阶段；影响行业兴衰的重要因素：技术进步、政府干预、社会习惯的改变；行业的市场结构分析：完全竞争、垄断竞争、寡头垄断、完全垄断
公司分析	证券投资公司分析的主要内容	资产负债表、损益表或利润及利润分配表、现金流量表、偿债能力分析、资本结构分析、经营效率分析、盈利能力分析、投资收益分析、投资项目分析、资产重组、关联交易

> **导入案例**
>
> ## 环保上市公司中的新星
>
> 龙净环保：总股本1.67亿股，流通股6 500万股，2000年每股收益0.117元，主营环境污染防治设备、高压硅整流设备、低压配套设备、水利水电、电站用高低压控制设备等。
>
> 该公司是我国环境保护产业的重点骨干企业，是国内大气污染控制设备产品的主要研发、生产基地之一，是目前全国唯一实现机电一体化的电除尘设备制造商、服务商，是科技部认定的国家火炬计划重点高新技术企业和国家环保总局认定的科技先导型企业，获得国家环保总局颁发的环境保护设施运营资质证书，综合实力位居全国行业前三强。2000年，该公司实现经济效益稳步增长，全年完成电除尘器本体生产27 000吨、高压硅整流设备487套、IPC(inter-process communication)系统智能控制设备23套，实现主营业务利润4 373.5万元，比1999年增长31.1%，净利润1 958.2万元，比1999年增长44.48%。公司计划用募股资金扩充现有电除尘器的生产能力，以提高规模经济效益，进一步巩固和提高现有产品电除尘器及其电控设备的市场占有率，加强与国内重点高校、科研院所的合作，充分利用人才技术密集的优势，挖掘产品联合开发潜力，加大与国内外先进环保大企业合作，紧跟国际环保产业发展新动向，引进和消化吸收国际先进技术，使公司的产品保持国际先进水平。其中，引进和消化国外先进的脱硫技术，并实现关键设备国产化，以占领国内脱硫市场的制高点。同时，公司完善内部创新机制，加大科研投入，广泛吸纳科技人才，提高创新能力，不断开发高科技、高附加值、适合市场需求的环保产品，充分利用公司的环保设施，适时开发污水处理和固体废弃物处理设备的研制、生产和经营。
>
> （资料来源：http://finance.sina.com.cn/s/69212.html.）

上面的案例导出了本章要讨论的内容——电子证券投资的基本分析。本章主要从3个维度进行阐述，第一个维度是证券投资的宏观经济分析；第二个维度是证券投资的行业分析；第三个维度是证券投资的公司分析。

5.1 证券投资的宏观经济分析

5.1.1 宏观经济分析的意义与方法

1. 宏观经济分析的意义

在证券投资领域，宏观经济分析非常重要。因为宏观经济的发展变化，决定了证券市场的总体变动趋势，只有把握经济发展的大方向，尤其是货币政策和财政政策的变化及其对证券市场的影响力度与方向，才能抓住证券投资的市场时机，做出正确的长期决策。

另外，证券市场的投资价值反映了整个国民经济增长的质量与速度。整个经济中，企业的投资价值必须在宏观经济的总体中综合反映出来，所以，分析宏观经济是判断整个证券市场是否具有投资价值的关键。

2. 宏观经济分析的方法

宏观经济分析的方法主要有两种：一种为总量分析法；另一种为结构分析法。

1) 总量分析法

总量是反映整个社会经济活动状态的经济变量，它可以是个量的总和或平均量、比例量。例如，国民收入、总消费是个量的总和，价格水平是各种商品与劳务的平均水平并以某时期为基期计算的百分比。总量分析法是指对宏观经济运行总量指标的影响因素及其变动规律进行分析，如国民生产总值(gross national product，GNP)、消费额、银行贷款总额及物价水平的变动规律等，以说明整个经济的状态和全貌。

总量分析主要是一种动态分析，但也可以是静态分析。因为总量分析包括考察同一时期内总的指标的相互关系，如投资额、消费额和国内生产总值(gross domestic product，GDP)的关系等(表5-1)。

表 5-1 我国 GDP 总量数据

季 度	GDP 绝对值 /亿元	GDP 同比增长/%	第一产业 绝对值/亿元	第一产业 同比增长/%	第二产业 绝对值/亿元	第二产业 同比增长/%	第三产业 绝对值/亿元	第三产业 同比增长/%
2012 年第 1~3 季度	353 480	7.70	33 088	4.20	165 429	8.10	154 963	7.90
2012 年第 1~2 季度	227 098	7.80	17 471	4.30	110 950	8.30	98 677	7.70
2012 年第 1 季度	107 995	8.10	6 922	3.80	51 451	9.10	49 622	7.50
2011 年第 1~4 季度	471 564	9.20	47 712	4.50	220 592	10.60	203 260	8.90
2011 年第 1~3 季度	320 692	9.40	30 340	3.80	154 795	10.80	135 557	9.00
2011 年第 1~2 季度	204 459	9.60	15 700	3.20	102 178	11.00	86 581	9.20
2011 年第 1 季度	96 311	9.70	5 980	3.50	46 788	11.10	43 543	9.10
2010 年第 1~4 季度	401 512.8	10.40	40 533.6	4.30	187 383.2	12.30	173 596	9.80
2010 年第 1~3 季度	272 626.7	10.70	25 623.1	4.00	129 947.2	12.60	117 056.4	9.70
2010 年第 1~2 季度	174 878.8	11.20	13 379.1	3.60	86 261	13.30	75 238.8	9.90
2010 年第 1 季度	82 613.4	12.10	5 143.6	3.80	39 436.1	14.50%	38 033.6	10.50

(资料来源：根据国家统计局数据整理 http://www.stats.gov.cn/tjgb/)

2) 结构分析法

结构分析法是指对经济系统中各组成部分及其对比关系变动规律的分析。例如，GNP 中个量的总和或平均量、比例量。国民收入、总消费是个量的总和，价格水平是各种商品与劳务的平均水平并以某时期为基期计算的百分比。总量分析法是对宏观经济运行总量指标的影响因素及其变动规律进行分析，如对 GNP、消费额、银行贷款总额及物价水平的变动规律进行分析等，以说明整个经济的状态和全貌。

总量分析和结构分析是相互联系的。总量分析侧重于对总量指标速度的考察，它侧重于分析经济运行的动态过程；结构分析则侧重于对一定时期经济整体中各组成部分相互关系的研究，它侧重于分析经济现象的相对静止状态。总量分析最为重要，但它需要结构分析来深化和补充，而结构分析要服从于总量分析的目标。为使经济正常运行，需要对经济运行进行全面把握,将总量分析方法和结构分析方法结合起来使用。

读者登录中国经济改革研究基金会国民经济研究所网站(www.neri.org.cn)可查我国宏观经济分析月度报告,登录中国经济信息网(www.cei.gov.cn)可查我国宏观经济分析报告。通过阅读报告进行结构分析,见图5.1和图5.2、表5-2。

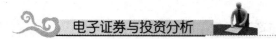

图5.1 中国经济改革研究基金国民经济研究所

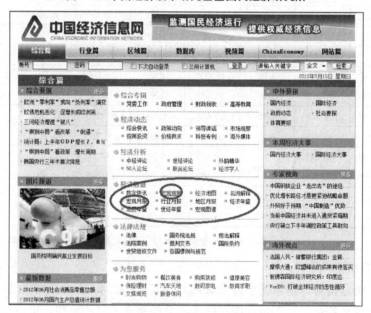

图5.2 中国经济信息网

表5-2 2011年年末人口数及其构成

指 标	年末数/万人	比 重
全国总人口	134 735	100.0%
其中:城镇	69 079	51.3%
乡村	65 656	48.7%
其中:男性	69 068	51.3%

续表

指 标	年末数/万人	比 重
女性	65 667	48.7%
其中：0～14 岁	22 164	16.5%
15～59 岁	94 072	69.8%
60 岁及以上	18 499	13.7%
其中：65 岁及以上	12 288	9.1%

（资料来源：http：//www.stats.gov.cn/tjgb/ndtigb/qgndtjgb/t20120222_402786440.htm.）

5.1.2 宏观经济分析的主要内容

1. 宏观经济运行分析

1）宏观经济运行对证券市场的影响

宏观经济因素是影响证券市场长期走势的唯一因素，一些非经济因素虽然可以暂时改变证券市场的中期和短期走势，但改变不了其长期走势。宏观经济运行通常通过以下途径对证券市场产生影响。

（1）公司经营效益。宏观经济环境是影响公司生存、发展的基础。公司的经营效益会随着宏观经济运行周期、市场环境、宏观经济政策等因素变动。当公司的经营随着宏观经济的趋好而改善、盈利水平提高，其股价自然上涨；当政府采取紧缩银根等宏观调控政策时，公司的投资和经营将受到影响，盈利下降，其股价理应下跌。

（2）居民收入水平。居民收入水平的变化，直接影响证券市场的需求，进而影响证券价格的变化。例如，居民收入水平提高，不仅促进消费，改善企业经营环境，而且还会增加证券市场的需求，促进证券价格上涨。居民收入来源结构见图5.3。

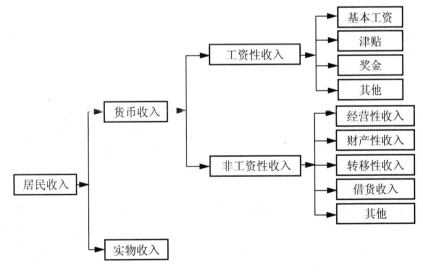

图5.3 居民收入来源结构

（3）投资者对股价的预期。投资者对股价的预期，是宏观经济影响证券市场走势的重要途径。当宏观经济趋好时，投资者预期公司效益和自身的收入水平会上升，投资的信心增加，证券市场自然人气旺盛，从而推动证券价格上扬。

知识链接

群体思维

作为群居性的生物，我们不可避免地会受到他人的影响。我们不仅愿意接受朝夕相处的人的意见（适应态度），而且对于自己难以理解的事物，愿意使用他人的行为作为信息来源（社会比较）。在精神高度紧张或情况非常复杂的时候，如面对股市大跌时，群体思维便会出现。此时，单个投资者的信心与心理会受到其他人的影响。

（1）从众心理。服从多数是现代社会生活及经济生活的一项准则，在证券市场上，绝大部分股民都认为多数的决定是合理的，于是就在自己毫不了解市场行情及股票情况的状况下，盲目依从他人跟风操作和追涨杀跌，这就是股市中的从众心理。

（2）博傻心理。在股市上有一种流行的说法，就是股票交易是傻子与傻子竞技，不怕自己稀里糊涂以高价买进或低价卖出，只要有人比自己更傻，愿意以更高价买走或更低价抛售，自己就能有所盈利，这种心理就是博傻心理。

（3）偏好心理。偏好心理是指股民在投资的股票种类上，总是倾向于某一类或某几种股票，特别是倾向于自己喜欢或经常做的股票。

（4）资金成本。当宏观经济政策发生变化，如利率、消费信贷政策、利息税等政策发生变化时，居民、单位的资金持有成本将随之变化，促使资金流向改变，影响证券市场的需求，从而影响证券市场价格的变化。

知识链接

资本成本

资金成本包括资金筹集费用和资金占用费用两部分。资金筹集费用指资金筹集过程中支付的各种费用，如发行股票、债券支付的印刷费、律师费、公证费、担保费及广告宣传费。需要注意的是，企业发行股票和债券时，支付给发行公司的手续费不作为企业筹集费用。因为此手续费并未通过企业会计账务处理，企业是按发行价格和除发行手续费后的净额入账的。资金占用费是指占用他人资金应支付的费用，或者说是资金所有者凭借其对资金所有权向资金使用者索取的报酬，如股东的股息、红利、债券及银行借款支付的利息。

（资料来源：http：//baike.baidu.com/view/113105.htm.）

2）宏观经济变动与证券市场波动的关系

（1）经济增长。一个国家或地区的社会经济是否能持续稳定地保持一定发展速度，是影响证券市场股票价格能否稳定上升的重要因素。分析一国的经济增长主要看 GNP、国民收入及 GDP 的增长情况，这些指标都是反映经济增长的综合性指标。当 GNP、国民收入等指标保证在一定的发展速度时，经济运行态势良好，此时，企业的经营状况一般也较好，证券市场上的股票价格将上升；反之，股票价格会下降。因此，预计未来 GNP、国民收入是否增长，增幅为多少，已成为影响股票市场价格总水平长期发展趋势的重要指标。

第5章 电子证券投资的基本分析

 知识链接

经济增长的核算

经济增长的核算通常依靠 GDP、GNP 等统计数据。基本方法一般以本年度的 GDP 总量对比往年的 GDP 总量，而得出经济增长的百分比。设 ΔY_t 为本年度经济总量的增量，Y_{t-1} 为上年所实现的经济总量，则经济增长率 G 就可以用下面公式来表示

$$G=\Delta Y_t/Y_{t-1}$$

由于 GDP 中包含了产品或服务的价格因素，所以在计算 GDP 时，就可以分为，用现价计算的 GDP 和用不变价格计算的 GDP。用现价计算的 GDP，可以反映一个国家或地区的经济发展规模，用不变价格计算的 GDP 可以用来计算经济增长的速度。

（资料来源：http://baike.baidu.com/view/73375.htm.）

（2）经济周期变动。通常经济周期变动与股价变动的关系一般是复苏阶段——股价回升；高涨阶段——股价上涨，危机上涨；危机阶段——股价下跌；萧条阶段——股价低迷。值得重视的是，股票价格的变动通常比实际经济的繁荣或衰退领先一步，即在经济高潮后股价已率先下跌，在经济尚未全面复苏之际，股价已先行上涨。国外学者认为股价变动一般要比经济景气循环早 4~6 个月。故此，股票价格水平已成为经济周期变动的灵敏信号或称先导性指标。

不同行业受经济周期的影响程度是不一样的，对具体某种股票的行情分析，应深入细致地探究该周期的起因、政府控制经济周期采取的政策措施，并结合行业特征及上市公司的公司分析综合地进行。

 知识链接

经济周期的定义

在现代经济学中，经济周期的定义通常有两个方面：一是从逻辑和理论分析的角度，把经济周期定义为经济运行偏离均衡状态的反复出现；二是从统计分析的角度，把商业周期定义为积累性扩张和收缩的反复出现，把经济周期定义为经济变量对经济增长一般趋势或长期趋势的偏离。

（资料来源：http://zhidao.baidu.com/question/133827867.html.）

（3）通货变动。所谓通货，指一国的法定货币。在没有价格管制，价格基本由市场调节的情况下，通货变动与物价总水平是同义语。我国 CPI 的变动见表 5-3。

表 5-3 我国居民消费价格指数（CPI）的变动

月 份	全 国		城 市		农 村	
	当月	同比增长	当月	同比增长	当月	同比增长
2012 年 11 月	102.0	2.00	102.7	0.10	102.1	2.10
2012 年 10 月	101.7	1.70	102.7	−0.10	101.8	1.80
2012 年 09 月	101.9	1.90	102.8	0.30	102.0	2.00

续表

月　份	全　国		城　市		农　村	
	当月	同比增长	当月	同比增长	当月	同比增长
2012年08月	102.0	2.00	102.9	0.60	102.1	2.10
2012年07月	101.8	1.80	103.1	0.10	101.9	1.90
2012年06月	102.2	2.20	102.2	2.20	102	2.00
2012年05月	103.0	3.00	103	3.00	102.9	2.90
2012年04月	103.4	3.40	103.4	3.40%	103.3	3.30
2012年03月	103.6	3.60	103.6	3.60	103.6	3.60
2012年02月	103.2	3.20	103.2	3.20	103.2	3.20
2012年01月	104.5	4.50	104.5	4.50	104.6	4.60
2011年12月	104.1	4.10	104.1	4.10	104.1	4.10
2011年11月	104.2	4.20	104.2	4.20	104.3	4.30
2011年10月	105.5	5.50	105.4	5.40	105.9	5.90
2011年09月	106.1	6.10	105.9	5.90	106.6	6.60
2011年08月	106.2	6.20	105.9	5.90	106.7	6.70
2011年07月	106.5	6.50	106.2	6.20	107.1	7.10
2011年06月	106.4	6.40	106.2	6.20	107	7.00
2011年05月	105.5	5.50	105.3	5.30	106	6.00
2011年04月	105.3	5.30	105.2	5.20	105.8	5.80
2011年03月	105.4	5.40	105.2	5.20	105.9	5.90
2011年02月	104.9	4.90	104.8	4.80	105.5	5.50
2011年01月	104.9	4.90	104.8	4.80	105.2	5.20

(数据来源：国家统计局网站 http：//www.stats.gov.cn/tjgb.)

2. 宏观经济政策分析

货币政策与财政政策是国家干预和调节经济的最重要的宏观经济政策手段。宏观经济政策实施会对证券市场的运行产生重大的影响。

1) 货币政策的含义、工具及货币政策运用的分类

货币政策是指政府或中央银行为影响经济活动所采取的措施，尤指控制货币供给以及调控利率的各项措施。用以达到特定或维持政策目标——如抑制通胀、实现完全就业或经济增长。直接地或间接地通过公开市场操作和设置银行最低准备金(最低储备金)。

货币政策工具，是指中央银行为实现货币政策目标所采用的政策手段。货币政策工具可分为一般性政策工具和选择性政策工具两类。

一般性政策工具主要有法定存款准备金率、再贴现政策、公开市场业务 3 种(表 5-4～表 5-7)。

表 5-4 2010—2012 年我国存款准备金率历次调整一览

数据上调时间	大型金融机构			中小金融机构		
	调整前/%	调整后/%	调整幅度/%	调整前/%	调整后/%	调整幅度/%
2012年5月18日	20.50	20.00	−0.50	17.00	16.50	−0.50
2012年2月24日	21.00	20.50	−0.50	17.50	17.00	−0.50
2011年12月5日	21.50	21.00	−0.50	18.00	17.50	−0.50
2011年6月20日	21.00	21.50	0.50	17.50	18.00	0.50
2011年5月18日	20.50	21.00	0.50	17.00	17.50	0.50
2011年4月21日	20.00	20.50	0.50	16.50	17.00	0.50
2011年3月25日	19.50	20.00	0.50	16.00	16.50	0.50
2011年2月24日	19.00	19.50	0.50	15.50	16.00	0.50
2011年1月20日	18.50	19.00	0.50	15.00	15.50	0.50
2010年12月20日	18.00	18.50	0.50	14.50	15.00	0.50
2010年11月29日	17.50	18.00	0.50	14.00	14.50	0.50
2010年11月16日	17.00	17.50	0.50	13.50	14.00	0.50
2010年5月10日	16.50	17.00	0.50	13.50	13.50	0.00
2010年2月25日	16.00	16.50	0.50	13.50	13.50	0.00
2010年1月18日	15.50	16.00	0.50	13.50	13.50	0.00

(数据来源:http://data.eastmoney.com/cjsj/ckzbj.html.)

表 5-5 2002—2012 年我国利率历次调整一览

数据上调时间	存款基准利率			贷款基准利率		
	调整前/%	调整后/%	调整幅度/%	调整前/%	调整后/%	调整幅度/%
2012年7月6日	3.25	3.00	−0.25	6.31	6.00	−0.31
2012年6月8日	3.50	3.25	−0.25	6.56	6.31	−0.25
2011年7月7日	3.25	3.50	0.25	6.31	6.56	0.25
2011年4月6日	3.00	3.25	0.25	6.06	6.31	0.25
2011年2月9日	2.75	3.00	0.25	5.81	6.06	0.25
2010年12月26日	2.50	2.75	0.25	5.56	5.81	0.25
2010年10月20日	2.25	2.50	0.25	5.31	5.56	0.25
2008年12月23日	2.52	2.25	−0.27	5.58	5.31	−0.27
2008年11月27日	3.60	2.52	−1.08	6.66	5.58	−1.08
2008年10月30日	3.87	3.60	−0.27	6.93	6.66	−0.27
2008年10月9日	4.14	3.87	−0.27	7.20	6.93	−0.27
2008年9月16日	4.14	4.14	0.00	7.47	7.20	−0.27

续表

数据上调时间	存款基准利率			贷款基准利率		
	调整前/%	调整后/%	调整幅度/%	调整前/%	调整后/%	调整幅度/%
2007年12月21日	3.87	4.14	0.27	7.29	7.47	0.18
2007年9月15日	3.60	3.87	0.27	7.02	7.29	0.27
2007年8月22日	3.33	3.60	0.27	6.84	7.02	0.18
2007年7月21日	3.06	3.33	0.27	6.57	6.84	0.27
2007年5月19日	2.79	3.06	0.27	6.39	6.57	0.18
2007年3月18日	2.52	2.79	0.27	6.12	6.39	0.27
2006年8月19日	2.25	2.52	0.27	5.85	6.12	0.27
2006年4月28日	2.25	2.25	0.00	5.58	5.85	0.27
2004年10月29日	1.98	2.25	0.27	5.31	5.58	0.27
2002年2月21日	2.25	1.98	−0.27	5.85	5.31	−0.54

（数据来源：http://finance.sina.com.cn/china/20120705/192612489712.shtml.）

表5-6 2011—2012年我国货币供应量

月份	货币和准货币(M_2)		货币(M_1)		流通中现金(M_0)	
	数量/亿元	环比增长/%	数量/亿元	环比增长/%	数量/亿元	环比增长/%
2012年6月	925 000	2.78	287 500	3.19	49 300	0.61
2012年5月	900 000	1.17	278 600	1.31	49 000	−2.39
2012年4月	889 600	−0.67	275 000	−1.08	50 200	1.21
2012年3月	895 600	3.28	278 000	2.84	49 600	−3.59
2012年2月	867 177.63	1.32	270 312.89	0.11	51 449.06	−13.99
2012年1月	855 898.89	0.51	270 010.4	−6.84	59 820.72	17.88
2011年12月	851 590.9	3.16	289 847.7	3.00	50 748.46	7.25
2011年11月	825 493.94	1.06	281 416.37	1.76	47 317.26	1.58
2011年10月	816 829.25	3.74	276 552.67	3.50	46 579.39	−1.20
2011年9月	787 406.2	0.84	267 193.16	−2.27	47 145.29	2.99
2011年8月	780 852.3	1.03	273 393.77	1.05	45 775.29	1.31
2011年7月	772 923.65	−1.01	270 545.65	−1.50	45 183.1	1.59
2011年6月	780 820.85	2.28	274 662.57	2.00	44 477.8	−0.28
2011年5月	763 409.22	0.80	269 289.63	0.95	44 602.83	−1.95
2011年4月	757 384.56	−0.10	266 766.91	0.19	45 489.03	1.44
2011年3月	758 130.88	2.99	266 255.48	2.72	44 845.22	−5.13
2011年2月	736 130.86	0.31	259 200.5	−0.98	47 270.24	−18.59
2011年1月	733 884.83	1.11	261 765.01	−1.82	58 063.94	30.11

（数据来源：http://www.stats.gov.cn/tjgb/.）

表 5-7 2000—2011 年我国历年财政收入一览

统计年度	指标值/亿元	涨跌额/万元	涨跌幅/%
2011	10 3740.00	20 639.00	24.80
2010	83 080.00	14 562.00	21.30
2009	68 518.30	7 187.95	11.72
2008	61 330.35	10 008.57	19.50
2007	51 321.78	12 561.58	32.41
2006	38 760.20	7 110.91	22.47
2005	31 649.29	5 252.82	19.90
2004	26 396.47	4 681.22	21.56
2003	21 715.25	2 811.61	14.87
2002	18 903.64	2 517.60	15.36
2001	16 386.04	2 990.81	22.33
2000	13 395.23	1 951.15	17.05

（数据来源：http://www.360doc.com/content/1210306109/1835276_192131184.shtml.）

2）货币政策对证券市场的影响

央行的货币政策对证券市场的影响，主要表现在以下 4 个方面。

(1) 利率变动对证券市场的影响。

(2) 公开市场业务对证券市场的影响。

(3) 货币供应量的变动对证券市场的影响。

(4) 选择性质货币政策工具对证券市场的影响。

3）财政政策的含义、分类及工具

财政政策是指政府为了达到一定的经济目标，采取调整财政收支的一系列政策和措施的总称。财政政策可分为扩张性财政政策和紧缩性财政政策两类。紧缩性财政政策将使过热的经济受到控制，证券市场也将走弱；而扩张性财政政策能够刺激经济发展，证券市场将走强。

财政政策的工具，也称政策手段，主要包括国家预算、税收、国债、财政补贴、财政管理体制、转移支付制度等。这些手段可以单独使用，也可以配合协调使用。

4）财政政策对证券市场的影响

扩张性财政政策和紧缩性财政政策对证券市场的影响正好相反。下面以扩张性财政政策为例，分析财政政策对证券市场的影响。

实施扩张性财政政策，其主要手段有降低税率，减少税收，扩大减免税范围，扩大财政支出，加大财政赤字，增加财政补贴，减少国债发行等。

5.1.3 证券投资的市场分析

虽然从长期来看，股票的价格由其内在价值决定，但就中短期的价格分析而言，股价是由供求关系决定的。这里我们从市场的角度出发，从证券市场的供求两个方面，对股价的变动规律进行分析，为中短期投资决策提供理论依据。

1. 证券市场供给的决定因素与变动特点

以股票市场为例，股票市场供给的主体是上市公司，上市公司的数量和质量构成了股票市场的供给方，其决定因素主要有以下3点。

1) 宏观经济环境

如果宏观经济环境运行良好，投资扩张的企业必然增多，融资必然增加，将有更多的企业申请公开发行股票，上市公司数量也随之增加，上市流通股票的数量、股票市场的供给也会相应增加。反之，股票市场的供给会相应减少。

2) 制度因素

影响股票市场供给的制度因素主要有发行上市制度、市场设立制度和股权流通制度3个方面。从发行上市制度来看，随着股票发行制度走向市场化，上市公司的质量将逐步提高，则有利于股票市场的供给；从市场设立制度来看，新增市场（如增设创业板市场）会增加整个市场股票的供给；从股权流通制度来看，国家股和法人股的流通将大大增加股票市场的供给，从而影响股票市场的供求关系。

3) 上市公司质量

上市公司的质量会直接或间接影响股票市场的供给。质量高的上市公司，易于为股票市场所接受，因而有利于股票供给的增加；质量低的上市公司，其股票很难被市场接受，对股票的供给增加不利。上市公司的质量和业绩情况也影响到公司本身的筹资功能和筹资规模，从而影响股票的供给。因此，上市公司质量与经营效益状况是影响股票市场供给的最直接、最根本的因素。

总的来看，我国的股票市场规模还小，企业上市筹资的需求仍然很大，股票市场的供给增加将是必然趋势。

2. 证券市场需求的决定因素与变动特点

以股票市场为例，股票市场需求即股票市场资金量的供给，是指能够进入股票市场购买股票的资金总量，它主要受以下因素的影响。

1) 宏观经济环境

如果宏观经济运行良好，投资者对上市公司业绩的预期会得到改善，就会吸引资金进一步进入股票市场，从而增加资金的供给量；反之，股票市场的资金供给量会减少。

2) 政策因素

影响股票市场需求的政策因素，主要包括市场准入制度、利率变动状况、证券公司增资扩股政策及资本市场的开放程度等。

就市场准入制度而言，如果市场准入制度放宽，市场上的投资主体会增多，股票市的资金供给量就会增加；反之，市场需求量就会减少。从利率的角度看，提高利率会抑制投资者投资股票市场的意愿，减少投资者进入股票市场的资金量；而降低利率，则会增加投资者进入股票市场的资金量。证券公司的增资扩股，能使得证券公司的资金实力增加，有助于增加股票市场中资金的供应量。另外，我国将逐步开放资本市场，允许设立中外合资的证券公司和基金管理公司。还将借鉴国际经验积极研究引进合格的外国机构投资者的证券，允许外资逐步进入中国资本市场，这些政策措施将逐步增加股票市场的资金供应量。

3）居民金融资产结构的调整

居民的金融资产主要由股票、债券及银行存款等构成。我国居民以前的金融资产以银行储蓄为主。随着城乡居民生活水平的不断提高、金融投资意识的加强，股票等金融资产占个人金融资产的比例会不断提高，这将会大量增加股票市场的资金供给量。

4）机构投资者的培育和壮大

从广义的角度来看，一切参与证券市场投资的法人机构都可以称作机构投资者，它既包括共同基金、养老基金，也包括参与证券投资的保险公司，还包括一些专门的投资公司。与个人投资者相比，机构投资者具有资金与人才实力雄厚、投资理念成熟、抗风险能力强等特征，是成熟股票市场的主要参与者，具有举足轻重的作用。随着证券市场的发展，机构投资者的队伍和力量将不断得到发展和壮大，这将带来一大批新的机构投资资金加盟证券市场，市场总的资金供给量将会随之不断增加。

5.2 证券投资的行业分析

所谓行业，一般是指按生产同类产品或具有相同工艺过程或提供同类劳动服务划分的经济活动类别，如饮食行业、服装行业、机械行业等。

行业经济是宏观经济的构成部分，宏观经济活动是行业经济活动的总和。宏观经济分析主要分析社会经济的总体状况，但没有对总体经济的各组成部分进行具体分析。宏观经济的发展水平和增长速度反映了各组成部分的平均水平和速度，但各个组成部分的发展却有很大的差别，并非都和总体水平相一致。在任何情况下，总是有些行业的增长与宏观经济的增长同步，有些行业的增长高于或是低于宏观经济的增长。

从证券投资分析的角度看，宏观经济分析虽然能把握好证券市场的发展大势，但没有为投资者指出投资的具体领域和具体对象。要对具体投资领域和对象加以选择，还需要进行行业分析和公司分析。不同的行业会为公司投资价值的增长提供不同的空间，因此，行业是直接决定公司投资价值的重要因素之一。

行业研究是对上市公司进行分析的前提，也是连接宏观经济分析和上市公司分析的桥梁，是基本分析的重要环节。行业有自己特定的生命周期，处在生命周期不同发展阶段的行业，其投资价值也不一样，而在国民经济中具有不同地位的行业，其投资价值也不一样。行业分析的重要任务之一就是挖掘最具投资潜力的行业，进而在此基础上选出最具投资价值的上市公司。

知识链接

《国民经济行业分类》国家标准于1984年首次发布，分别于1994年和2002年进行修订，2011年第三次修订。该标准(GB/T 4754—2011)由国家统计局起草，国家质量监督检验检疫总局、国家标准化管理委员会批准发布，并将于2011年11月1日实施。此次修订除参照2008年联合国新修订的《国际标准行业分类》修订四版(简称ISIC4)外，主要依据我国近年来经济发展状况和趋势，对门类、大类、中类、小类作了调整和修改。

(资料来源：http://www.stats.gov.cn/tjbz/index.htm.)

5.2.1 行业的一般特征分析

1. 行业的市场结构分析

行业的市场结构是指行业内的企业竞争或垄断的程度。根据该行业中企业数量的多少、进入的限制程度和产品的差别，行业可分为完全竞争、不完全竞争或垄断竞争、寡头垄断和完全垄断4种市场结构。

读者可以登录中国行业季度报告库网站(report.cei.gov.cn/index/index/index.asp)查各行业季度分析报告，进行行业的市场结构分析(图5.4)。

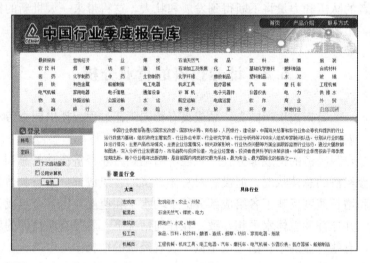

图5.4 中国行业季度报告库

1) 完全竞争

完全竞争型市场结构是指许多企业生产同质产品的市场情形。其特点如下：生产者众多，各种生产资料可以自由流动；产品不论是有形或无形的，都是同质的、无差别的；没有一个企业能够影响产品的价格；企业永远是价格的接受者而不是价格的制定者；企业的盈利基本上由市场对产品的需求来决定；生产者和消费者对市场情况非常了解，并可自由进入或退出市场。

从上述特点可以看出，完全竞争是一个理论性上的假设，其根本特征在于企业的产品无差异,所有的企业都无法控制产品的市场价格。在现实经济中,完全竞争的市场类型是少见的,初级产品的市场类型较接近于完全竞争。

2) 不完全竞争

不完全竞争型市场结构是指既具有竞争因素,又存在一定垄断成分的市场结构。其特点如下:生产者众多,各种生产资料可以流动;市场上的产品同类但不同质,即产品之间存在差异;生产者对产品的市场价格有一定的控制能力。

可以看出,竞争行业中有大量企业,但没有一个企业能有效影响其他企业的行为。在国民经济各行业中,制成品的市场类型一般都属于不完全竞争。

3) 寡头垄断

寡头垄断型市场结构是指只有少量的生产者在某种产品的生产中占据很大市场份额的情形。

在寡头垄断市场中,每个生产者的产量都非常大,他们对市场的价格和交易都有一定的垄断能力。同时,每个生产者的价格政策和经营方式的变化都会对其他生产者产生重要影响。一般来说,资本密集型、技术密集型产品,如钢铁、汽车等市场多属这种类型。生产这些产品所需的投资都非常巨大,且技术复杂,所以,新企业很难进入这个市场。

4) 完全垄断

完全垄断型市场结构是指独家企业生产某种特质产品的情形。特质产品是指那些没有或缺少相近替代品的产品。完全垄断可分为政府完全垄断(如国营铁路等)和私人完全垄断(如根据政府授予的特许专营)两种类型。

完全垄断型市场结构的特点为,垄断者能够根据市场的供需情况制定理想的价格和产量,在高价少销和低价多销之间进行选择,以获取最大的利润;垄断者在制定产品的价格与生产数量方面的自由性要受到反垄断法和政府管制的约束。

在现实经济中,公用事业(如发电厂、燃气公司、自来水公司和邮电通信等)和某些资本、技术高度密集型或稀有金属矿藏的开采等行业属于这种完全垄断的市场类型。

2. 经济周期与行业分析

在国民经济中,不同的行业具有不同的发展态势。有的与经济周期同步,有的则与经济周期无关。分析经济周期与行业的关系,可以为我们选择正确的行业投资提供依据。根据行业与经济周期的关系,行业可以分为以下几类。

1) 增长型行业

增长型行业的运动状态与经济活动总水平的周期及其震幅无关。该行业收入增长的速率相对于经济周期的变动来说并未出现同步影响,因为它们主要依靠技术的进步、新产品的推出及更优质的服务使其经常呈现出增长的态势。

 知识链接

近现代以来的主导产业

19世纪初,铁路成为主导产业,铁路里程由1839年的3 000英里(1英里=1.609 344千米),快速猛增至1900年的20万英里，年均增长率远远高于GDP的增速，并拉动了钢铁、煤炭、蒸汽机车等产业的发展。

20世纪初，汽车产业、房地产等成为主导产业，美国也被称为"车轮上的国家"。

20世纪末21世纪初，电子消费品行业发展最迅速，应用最广泛，成为近代科学技术发展的一个重要标志。消费类电子产品是指用于个人和家庭与广播、电视有关的音频和视频产品，主要包括电视机、影碟机（VCD、SVCD、DVD）、录像机、摄像机、收音机、收录机、组合音响、电唱机、激光唱机（CD）等。而在一些发达国家，则把电话、个人计算机、家庭办公设备、家用电子保健设备、汽车电子产品等也归在消费类电子产品中。随着技术的发展和新产品、新应用的出现，数码相机、手机等产品也在成为新兴的消费类电子产品。

2）周期型行业

周期型行业的运动状态与经济周期密切相关。当经济处于上升时期，此行业会随其扩张；当经济衰退时，这类行业也会相应衰落。

汽车、钢铁、房地产、有色金属、石油化工、电力、煤炭、机械、造船、水泥、原料药产业等是典型的周期型行业。

3）防守型行业

防守型行业运动状态的存在是因为其产业的产品需求相对稳定，并不受经济周期的影响。有时候，当经济衰退时，该类行业还可能有实际增长。例如，医药、食品、公用事业即是典型的防守型行业。这些行业多是居民生活必需消费的商品或服务，不会因为整体经济和收入的冷暖而显著减少或增加，因此这类行业通常波动平缓，被视为安全或保守的投资领域，特别是在经济周期走软时，是理想的避风港。

3. 行业生命周期分析

同任何事物的发展过程一样，行业的发展也经历一个从成长到衰退的演变过程。这个过程称为行业的生命周期。行业的生命周期可分为幼稚期、成长期、成熟期和衰退期4个阶段。

（1）幼稚期。在幼稚期，产品的研究、开发费用较高，市场狭小，销售收入较低，亏损的情况较为普遍，企业经营面临很大的风险。到后期，随着行业生产技术的提高、生产成本的降低和市场需求的扩大，新行业便逐步走向成长期。

识别行业生命周期所处阶段的主要指标有市场增长率、需求增长率、产品品种、竞争者数量、进入壁垒及退出壁垒、技术变革、用户购买行为等。

（2）成长期。在这一时期，产品市场需求开始上升，新行业也随之繁荣起来。同时，由于市场前景看好，投资于新行业的厂商大量增加，产品也逐步从单一、低质、高价向多样、优质和低价方向发展，因而新行业出现了生产厂商和产品互相竞争的局面。在这一时期，同行业内的企业竞争十分激烈，那些财力与技术较弱，经营不善的企业往往被淘汰或被兼并。尽管这一时期企业的利润增长很快，但所面临的竞争风险也非常大，破产率与被兼并率相当高。到后期，由于行业中厂商与产品竞争优胜劣汰的结果，市场上厂商的数量在大幅度下降后便开始稳定下来，整个行业开始进入成熟期。

（3）成熟期。在这一时期，在竞争中生存下来的少数大厂商垄断了整个行业的市场，每个厂商都占有一定比例的市场份额,行业的增长速度保持在一个适度的水平。厂商与产品之间的竞争手段逐渐从价格手段转向各种非价格手段,如提高质量,改善性能和加强售后维修服务等。行业的利润由于一定程度的垄断达到了很高的水平,而风险相对较低。在成熟期的后期,整个行业的增长可能停止,产出下降,甚至可能会完全停止,致使行业的发展很难较好地保持与GNP同步增长,这时行业开始步入衰退期。

知识链接

行业生命周期的运用局限

行业生命周期在运用上有一定的局限性,因为生命周期曲线是一条经过抽象化了的典型曲线,各行业按照实际销售量绘制出来的曲线远不是这样光滑规则,因此,有时要确定行业发展处于哪一阶段是困难的,识别不当,容易导致战略上的失误。而影响销售量变化的因素很多,关系复杂,整个经济中的周期性变化与某个行业的演变也不易区分开来。再者,有些行业的演变是由集中到分散,有的行业由分散到集中,无法用一个战略模式与之对应。因此,应将行业生命周期分析法与其他方法结合起来使用,才不至于陷入分析的片面性。

(资料来源:http://baike.baidu.com/view/1442699.htm.)

(4) 衰退期。在这一时期,由于新产品和大量替代品的出现,原行业的市场需求开始减少,产品的销售量也开始下降,某些厂商开始向其他更有利可图的行业转移资金。因而原行业的利润率停滞甚至不断下降。当正常利润无法维持或现有投资折旧完毕后,整个行业便逐渐解体。

具体包括以下4种类型的衰退。

(1) 资源型衰退,即由于生产所依赖的资源的枯竭所导致的衰退。
(2) 效率型衰退,即由于效率低下的比较劣势而引起的行业衰退。
(3) 收入低弹性衰退,即因需求-收入弹性较低而衰退的行业。
(4) 聚集过度性衰退,即因经济过度聚集的弊端所引起的行业衰退。

5.2.2 影响行业兴衰的主要因素

影响行业兴衰的因素主要有技术进步、政府政策、行业的组织创新及社会习惯的改变等多种因素。

1. 技术进步

技术进步对行业的影响是巨大的。例如,电灯的出现极大地削减了对煤气灯的需求,蒸汽动力行业则被电力行业逐渐取代。为了获得高额利润,每个行业都会追求技术进步,但新技术在不断地推出新行业的同时,也在不断地淘汰旧行业。因此,行业技术发展的状况和趋势,对于行业的兴衰至关重要。

2. 政府政策

政府的政策和管理措施可以影响行业的发展进程及行业的经营范围、增长速度,推迟行业进入衰退期。例如,政府可通过补贴、优惠税等措施来促进行业的发展,也可以对某些行业实施限制性规定,加重该行业的负担,限制该行业的发展。

3. 行业的组织创新

行业的组织创新(包括持续的技术创新和服务创新)是推动行业形成和产业升级的重要力量。如果某个行业内的企业安于现状,没有创新意识,必将降低产业平均利润,最终使产业日渐衰落。如果产业组织创新活跃,新技术和新产品不断涌现,则该产业能够获得超额利润,产业的增长潜力就很大。

4. 社会习惯的改变

随着人们生活水平和受教育水平的提高,消费心理、消费习惯会逐渐改变,从而引起对某些商品的需求变化并进一步影响行业的兴衰。例如,在基本温饱解决之后,人们更注意生活的质量,不受污染的天然食品和纺织品备受人们青睐;对健康投资从注重保健品转向健身器材;快节奏的现代生活使人们更偏好便捷的交通和通信工具等。所有这些社会观念、社会习惯、社会形势的变化对企业的经营活动、生产成本和利润收益等方面都会产生一定的影响,足以使一些不适应社会需要的行业衰退而又激发新兴行业的发展。

 知识链接

消费心理

消费心理指消费者进行消费活动时所表现出的心理特征与心理活动的过程。大致有 4 种消费心理,分别是从众、求异、攀比、求实。消费者的心理特征包括消费者兴趣、消费习惯、价值观、性格、气质等方面。

(资料来源:http://baike.baidu.com/view/442106.htm。)

5.2.3 行业投资的选择

1. 选择目标

一般来说,在投资决策过程中,投资者应选择增长型的行业和在行业生命周期中处于成长期和稳定期的行业,所以要仔细研究投资行业的生命周期及其行业特征。

增长型行业的特点是增长速度快于整个国民经济的增长率,投资者可享受快速增长带来的较高股价和股息。投资者也不应排斥增长速度与国民经济同步的行业,这些行业一般发展比较稳定,投资回报虽不及增长型行业,但投资风险相应也小。

对处于生命周期不同阶段的行业,投资者应选择处于成长期和稳定期的行业。这些行业有较大的发展潜力,盈利逐年增加,股息红利相应提高,有望得到丰厚而稳定的收益。投资者一般应避免幼稚期的行业,因这些行业的发展前景尚难预料,投资风险较大,同样,也不应选择处于衰退期的行业。

2. 选择方法

这里的选择方法,指投资者选择增长型行业的方法。通常有两种方法,一种是行业增长比较分析法,即将行业的增长情况与国民经济的增长进行比较,从中发现增长速度快于国民经济的行业。另一种是行业增长预测分析法,即利用行业历年的销售额、盈利额等历史资料分析过去的增长情况,并预测行业的未来发展趋势。

1) 行业增长比较分析

这种方法的具体做法是取得某行业历年的销售额或营业收入的可靠数据并计算出年变动率,与 GNP 增长率、GDP 增长率进行比较。通过比较分析,基本上可以发现和判断增长型行业。

如果该行业的年增长率,在大多数年份中都高于 GNP、GDP 的年增长率,则说明这一行业是增长型行业;如果行业年增长率与 GNP、GDP 的年增长率持平甚至相对较低,则说明这一行业与国民经济增长保持同步或是增长过缓。另外,计算各观察年份该行业销售额在 GNP 中所占比重,如果这一比重逐年上升,说明该行业增长比国民经济平均水平快;反之,则较慢。例如,在表 5-8 中,利用上述方法,可判断该行业属于增长型行业,因为行业的增长速度快于 GNP 的增长速度,且行业销售额占 GNP 百分比每年都在增加。

表 5-8 某行业销售额与 GNP 比较

年 次	某行业		GNP		某行业销售额占 GNP 比率/%
	销售额/亿元	年增长率/%	金额/亿元	年增长率/%	
1	81.2		1 050		7.73
2	87.8	8.13	1 120	6.67	7.84
3	96.4	8.56	1 200	7.14	8.03
4	105.0	8.92	1 290	7.50	8.14
5	114.8	9.33	1 390	7.75	8.26
6	126.5	10.19	1 500	7.91	8.43
7	141.2	10.40	1 620	8.00	8.72
8	158.0	11.90	1 760	8.64	8.98

2) 行业增长预测分析法

对行业未来发展趋势的预测有多种方法,常用的有以下两种,一是将行业历年销售额与 GNP 标在坐标图上,用最小二乘法找出两者的关系曲线,这一关系曲线即为行业增长的趋势线。根据 GNP 的计划指标或预计值可以预测行业的未来销售额。二是利用行业历年的增长率资料计算出历史的平均增长率和标准差,以此预计未来增长率。使用这一方法需要有行业 10 年或 10 年以上的历史数据,其结果才较有可靠性。若是与居民基本生活资料相关的行业,也可利用历史资料计算人均消费量及人均消费增长率,再利用人口增长预测资料预计行业的未来增长。

综上所述,通过行业增长比较分析和预测分析,可以筛选出处于成长期或成熟期、竞争实力雄厚、有较大发展潜力的行业。此外，分析者还应该考虑其他，如消费者的偏好和收入分配的变化、某产品或许有外围竞争者的介入等因素。只有系统地评估这些因素，才能对一个行业作出正确的分析，从而最后作出明智的行业投资决策建议。

5.3 公司分析

5.3.1 公司基本分析

1. 公司发展前景分析

公司的股票价格会因公司发展前景的变化而波动。公司具有良好的发展前景，投资者就会看好公司的未来发展趋势，便会买进并持有这家公司的股票，该公司股票价格便会看涨；反之，投资者就会对公司的未来发展前景担忧，便会出售这家公司的股票，该公司股票价格便会看跌。公司发展前景的好坏可以从以下几个方面进行分析。

1) 公司经营战略分析

经营战略是企业面对激烈的变化与严峻挑战的环境，为求得长期生存和不断发展而进行的总体性谋划。它是企业战略思想的集中体现，是企业经营范围的科学规定，同时又是制订规划（计划）的基础。对公司经营战略的评价可以通过考察公司是否有明确统一的经营战略，公司高级管理层是否稳定，公司的投资项目、财力资源、人力资源等是否适应公司经营战略的要求及公司在所处行业中的竞争地位、公司产品所处的生命周期等方面进行。

知识链接

对公司经营战略的评价比较困难，难以标准化。一般可以从以下几个方面进行。

(1) 通过公开传媒资料、调查走访等途径了解公司的经营战略，特别是注意公司是否有明确、统一的经营战略。

(2) 考查和评估公司高级管理层的稳定性及其对公司经营战略的可能影响。

(3) 公司的投资项目、财力资源、研究创新、人力资源等是否适应公司经营战略的要求。

(4) 在公司所处行业市场结构分析的基础上，进一步分析公司的竞争地位，是行业领先者、挑战者，还是追随者，公司与之相对应的经营战略是否适当。

(5) 结合公司产品所处的生命周期，分析和评估公司的产品策略是专业化还是多元化。

(6) 分析和评估公司的竞争战略是成本领先、别具一格，还是集中一点。

（资料来源：http://stock.hexun.com/2012-04-13/140363435.html.）

2) 公司募集资金的投向分析

公司通过发行股票、公司债券或向银行贷款所募集的资金，主要用于项目投资。公司的投资项目是否具有良好的发展前途，是否具有较高的盈利能力，是判断一家上市公司是否具有良好发展前景的关键。投资者应多关注上市公司项目投资的计划及进展情况。如果上市公司具有良好的投资项目，并且投资进展顺利，则上市公司的投资项目便会成为公司利润的新增长点。公司的未来利润不断增长，公司便具有了良好的成长性。

第5章 电子证券投资的基本分析

 知识链接

创业板最新上市的苏大维格(300331)募投项目

募投项目1：微纳结构光学产品技术改造项目。为了扩大先进微纳光学技术的产业化应用规模，提高公司的市场占有率，同时为了进入并扩大新型显示与照明应用领域奠定坚实的基础，公司拟使用募集资金15 792.7万元用于本项目的建设，本项目主要是在现有设备基础上进行改造升级，建设更为先进的生产线，为将来产品升级提供生产条件。建设的内容具体包括，厂房及配套设施建筑面积22 363.6平方米；购置生产设备61台(套)。本项目建设期2年，预计项目达产后年产微纳结构光学产品9 100万平方米，含膜类产品6 700万平方米(其中2 400万平方米供自用)，纸类产品2 400万平方米。可实现年销售收入22 227.00万元，利润总额4 819.40万元，年税后净利润4 096.50万元。

募投项目2：研发中心扩建技术改造项目。为了研发出性能更优越、出产率更高的关键技术和设备，带动国内微纳光学制造领域新技术、新产品的研发，提升产业化竞争能力，提高国内微纳光学制造技术在国际上的影响力，公司拟使用募集资金3 380.1万元用于本项目的建设，本项目拟建设一座4 203.20平方米的研发楼，在现有基础上新增4个实验室，研发、实验测试设备进一步更新升级，计划新购置进口及国产设备26台(套)，研发团队将从现有的37人增加到100人。本项目建设期1.5年，研发中心扩建技术改造后，研究方向主要是涉及平板显示关键光学膜器件、LED的光子晶体刻蚀、太阳能电池聚光薄膜、微透镜阵列制造与应用、激光高分辨率图形直写光刻系统等，预计每年研发成果数量可增加10%～20%。

问题：你如何评价这两个募投项目？

(资料来源：http://basic.10jqka.com.cn/new/300331/)

3) 公司产品的更新换代分析

随着商品经济的不断发展，市场对公司生产的商品提出了更高的要求，要求产品不仅质量要好，而且款式要新。因此，公司必须加强科技投入，加大新产品的开发力度，才能根据市场的不同需求开发出适应市场需要的新产品，才能在市场上占有领先和主导地位。这类公司便会有良好的发展前景。

 知识链接

诺基亚的衰退

诺基亚，这个在2008年，全球市场占有率高达40%的手机霸主，竟在4年之间，市值暴跌87%，被中国台湾宏达国际电子股份有限公司(High Technology Computer Corporation, HTC)超越，一个有146年历史的领导企业在4年时间就濒临崩坏。

"诺基亚是被两家中国台湾的公司打下来的，一家是联发科技股份有限公司(以下简称联发科)，另一家是HTC"，据台湾大学副校长汤明哲观察。

当年智能手机只有1 000万台的规模，开发成本又高，诺基亚根本不看在眼里，HTC却将它变成翻身的机会。同样是手机代工起家，其他人极力扩产，冲高营收，HTC反而刻意安排客户的组成和比例，没有一家客户大到能影响HTC的决策，HTC因此成功转型。

时间回到2006年，当时手机代工才是台湾手机产业的主流，富士康科技集团(以下简称富士康)则是争取代工商机最积极的公司，全世界前五大厂，其中4家把产品交给富士康代工，为了拿下龙头诺基亚的订单，富士康就花下至少10亿美元在北京的诺基亚园区旁盖工厂。高峰时，诺基亚占富士康的营收超过50%以上。

没想到联发科从旁杀出，2006 年，联发科手机芯片销售超过 1 亿颗，山寨大军的影响力开始发威。"诺基亚在印度，市场占有率最高到 70%，现在是接近 30%，"一位手机业者观察，诺基亚在新兴市场市场占有率下滑的原因，"有一大部分是联发科贡献的"，大陆品牌 G5，是诺基亚在印度的一大劲敌，用的就是联发科的芯片。

现在看来，联发科走出一条路，也算是诺基亚自己"促成"的。2002 年，联发科工程师捧着刚做出来的芯片，一心想打进诺基亚等手机品牌大厂。为了拿到诺基亚市场，联发科工程师一手拿着诺基亚手机，一手拿着装有联发科芯片的手机坐在磁浮列车上测试，就为证明联发科不输诺基亚，结果，诺基亚仍然只采用德州仪器的手机芯片，联发科不得不发展山寨模式。

诺基亚的没落，不只是手机产业的竞争浮沉，更深的意义是，当典范转移加速来到，过去的成功思维，需要常常重新检讨，不只企业，甚至个人也是如此。未来比的是"谁能用想象力，重新制定游戏规则"。这是一场更难的战争。

（资料来源：http://wenku.baidu.com/view/0fd6207f1711cc7931b716c3.html.）

2. 公司竞争能力分析

公司竞争能力的强弱，是引起公司股票价格涨跌的重要因素之一。对公司竞争能力的分析，可从以下几个方面进行。

1) 公司竞争地位分析

在一个行业中，上市公司在行业中的地位，将决定该公司的竞争能力的强弱。如果某公司为该行业的领头羊，其产品在市场上占主导地位，则该公司的竞争能力就较强；反之，企业的竞争能力就较弱。对于竞争能力较强的企业，其股票价格相对稳定或稳步上扬。

2) 公司产品的市场占有率分析

分析公司的产品市场占有率，在衡量公司竞争力方面占有重要地位。如果企业产品在市场上供不应求，产品的市场占有率就高，公司股价亦会不断上涨；如果公司产品销不出去，产品积压，将会使公司股价下降。对公司产品的市场占有率的分析通常从产品销售市场的地域分布和公司产品在同类产品市场上的占有率两个方面进行考察。如果公司产品销售市场是全国型的或是世界范围型的，则公司的竞争能力就强；如果销售市场是地区型的，其竞争能力一般较弱。如果公司的产品销售量占该类产品整个市场销售总量的比例高，表示公司的经营能力和竞争力强。

3) 公司产品的竞争能力分析

产品的竞争能力分析主要包括成本优势分析、技术优势分析和质量优势分析 3 个方面。

成本优势是指公司的产品依靠低成本获得高于同行业其他企业的盈利能力。在很多行业中，成本优势是决定竞争优势的关键因素。企业一般通过规模经济、专有技术、优惠的原材料和低廉的劳动力实现成本优势。企业取得了成本优势，便可在竞争中处于有利地位，提高其竞争能力。

技术优势是指企业拥有的比同行业其他竞争对手更强的技术实力及其研究与开发新产品的能力。这种能力主要体现在生产的技术水平和产品的技术含量上。具有技术优势的上市公司往往具有更大的发展潜力。

质量优势是指公司的产品以高于其他公司同类产品的质量赢得市场,从而取得竞争优势。只有不断提高公司产品的质量,才能提升公司产品竞争力。具有产品质量优势的上市公司往往在该行业占据领先地位。

 阅读材料

产品占据市场的准备条件

竞争能力分析是产品占据市场的准备条件之一。对于产品竞争能力的分析,分为以下几个方面:第一,成本优势分析;第二,技术优势分析;第三,产品的质量优势分析。成本优势分析是指通过分析公司的产品依靠低成本获得高于同行其他企业的盈利能力。成本优势往往是关键因素。通过竞争能力分析,企业如果取得了成本优势,在激烈的竞争中便处于优势地位,亏本的风险会相应减少;同时,低成本的优势,也使其他想利用价格竞争的企业有所顾忌,取得竞争的先机。

竞争能力分析同样也会对企业的技术优势进行详细的分析。技术优势分析是指分析企业是否拥有比同行其他企业更强的技术实力及其产品开发能力。这种能力主要体现在技术水平和产品的技术含量上。在激烈的市场竞争中,谁先通过竞争能力分析抢占了技术优势的制高点,谁就具有必胜的把握。实施创新人才战略,是竞争制胜的根本。同样,竞争能力分析也会对企业的质量优势进行必要的分析。质量优势分析是指分析公司的产品质量是否具有竞争力,是否能够更多地赢得市场,从而取得竞争优势。在实际的交易中,虽然有很多因素会影响消费者的购买决定,但是产品的质量始终是影响消费者的一个重要因素和参照。

竞争能力分析同样也针对产品的竞争能力问题进行分析。分析公司的产品市场占有率,衡量产品竞争力问题,通常从两个方面进行。第一,产品销售市场的地域分布。销售市场地域的范围和分布情况能大致地显示一个公司的实力。第二,产品在市场上的占有率。市场占有率越高,表示公司的经营能力越强。竞争能力分析认为,公司的市场占有率是决定利润的重要因素。

竞争能力分析同样认为,企业实施品牌战略尤其重要。企业的品牌是一个企业能力的表现,是产品质量、性能的可靠程度的体现。品牌已经成为企业竞争力的一个重要因素。竞争能力分析认为,以品牌为武器,不断攻占市场,从而实现发展目标,才是企业取得竞争成功的最佳选择。很多成功企业都有自己的专属品牌和名牌战略。竞争能力分析还认为,品牌战略不仅能提升企业产品的竞争力,而且能够利用品牌进行收购兼并,达到扩大企业规模的目的。

(资料来源:http://www.imosi.com/zhinan/content1214.html.)

3. 公司经营管理能力分析

上市公司的经营管理水平的好坏,同样会引起股价的波动。经营管理好的上市公司,投资者普遍较看好,投资时有一种安全感,因而这种公司股票受到投资者的青睐和追捧。反之,投资者则认为投资时风险较大,这种公司股票价格将下跌。公司经营管理能力的分析一般包括公司管理人员、业务人员的素质和能力分析,公司管理风格及经营理念分析等几个方面。

1) 公司管理人员的素质和能力分析

在现代企业里,管理人员不仅担负着对企业生产经营活动进行计划、组织、指挥、控制等管理职能，而且从不同角度和方面负责或参与对各类非管理人员的选择、使用与培训工作。因此，管理人员的素质是决定企业能否取得成功的一个重要因素。管理人员的素质是指从事企业管理工作的人员应当具备的基本品质、素养和能力。一般而言，企业的管理人员应该具备的素质有，从事管理工作的愿望、较强的专业技术能力、良好的道德品质修养、较强的人际关系协调能力及综合分析能力和决策能力等。

2) 公司业务人员素质和能力分析

公司业务人员的素质也会对公司的发展起重要的作用。一般而言，公司业务人员应该具有的素质包括熟悉自己从事的业务，必要的专业技术能力，对企业的忠诚度，对本职工作的责任感，具有团队合作精神等。

3) 公司管理风格及经营理念分析

管理风格是企业在管理过程中所一贯坚持的原则、目标及方式等方面的总称。经营理念是企业发展一贯坚持的一种核心思想，是公司员工坚守的基本信条，也是企业制定战略目标及实施战术的前提条件和基本依据。经营理念往往是管理风格形成的前提。

一般而言，公司的管理风格和经营理念有稳健型和创新型两种。稳健型公司的特点是在管理风格和经营理念上以稳健原则为核心，一般不会轻易改变业已形成的管理和经营模式。奉行稳健型原则的公司，发展一般较为平稳，大起大落的情况较少。创新型公司的特点是管理风格和经营理念上以创新为核心，公司在经营活动中的开拓能力较强。创新型企业依靠自己的开拓创造，有可能在行业中率先崛起，获得超常规的发展；但创新并不意味着企业的发展一定能够获得成功，有时实行的一些冒进式的发展战略也有可能迅速导致企业的失败。

分析公司的管理风格可以跳过现有的财务指标来预测公司是否具有可持续发展的能力，而分析公司的经营理念则可据以判断公司管理层制定何种公司发展战略。

5.3.2 公司财务分析

1. 公司主要的财务报表

股份公司一旦成为上市公司，就必须遵守财务公开的原则，即定期公开自己的财务状况，提供有关的财务资料，便于投资者查询。上市公司公布的财务资料中，主要包括资产负债表、损益表和现金流量表3种报表。读者打开分析软件，选择一个投资品种，再按F10键就可以进行个股的财务分析，见图5.5。

1) 资产负债表

资产负债表是反映公司在一个特定时点(往往是年末或季末)财务状况的静态报表。资产负债表反映的是公司资产、负债(包括股东权益)之间的平衡关系。

资产负债表由资产和权益两部分组成。资产表示公司所拥有或掌握的，以及其他公司所欠的各种资源或财产；权益包括负债和股东权益两项。负债表示公司应支付的所有债务；股东权益表示公司的净值。资产、负债和股东权益之间的关系可用公式表示：资产＝负债＋股东权益。

第5章 电子证券投资的基本分析

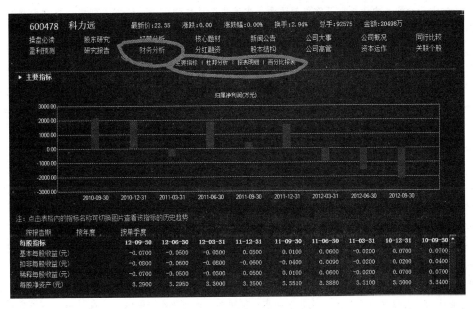

图 5.5 个股的财务分析

2）损益表（利润表）

损益表是一定时期内（通常是 1 年或 1 季）经营成果的反映，是关于收益和损耗情况的财务报表。损益表反映公司在一定时期的业务经营状况，揭示了公司获取利润能力的大小、潜力及经营趋势。

损益表主要列示收入和与收入相配的成本和费用，反映公司经营取得的利润。根据收入和费用在表中的不同排序，可将损益表分成两种格式：单步式和多步式。

单步式损益表是将本期的所有收益加在一起，然后将所有费用加在一起，两者相减，通过一次计算得出本期盈亏，具有简单、易于理解的优点。多步式损益表将利润及净利润与形成这些利润所产生的费用配比排列，具有层次分明的优点，有利于进行成本分析，从而在实际中得到广泛采用。

知识链接

如何分析利润表

利润表可以告诉报表使用者企业在一定时间内产生了多少营业收入，为实现这些营业收入，投入了多少成本和费用，以及最终赚了多少钱，即利润情况。利润表是企业年度或季度及月份财务报告最先看到的内容，里面包含的信息，如营业收入、成本费用、利润等是报表使用者最为关注的企业基本面数据。

营业收入或称销售收入，是利润表中最容易理解的部分，它反映了企业在报告期内销售所有产品或服务所产生的收入。在大多数情况下，只有企业营业收入持续增长，才是提升企业利润的最根本办法。所以，那些在营业收入上徘徊不前的企业，即使通过其他什么办法让利润保持增长，都不是正常现象。营业收入的增长才是体现企业主体市场，一个企业的毛利润额（不含三项费用及资产减值损失和投资收益等）一般要占营业利润二倍以上（最低要求是毛利率要大于销售收入费用率），利润率低的行业和产品倍数还要更高。

我们对于营业收入的认识，不能仅局限于表中这几个孤立的数字，还需要到财务报表附注中了解营业收入的构成，因为企业同时经营着满足不同市场需求的若干种产品和服务，了解哪些产品和服务对营业收入的贡献更大、哪些领域存在增长潜力，可以了解企业未来的表现，并且清楚哪些相关的市场和行业资讯要密切关注。一般情况下企业会有长短期投资产生的投资收益，可能还有如政府补贴、资产重组收益等构成的营业外收入等。有时候，这些非营业收入会成为公司利润的重要构成。但要判断它们是可持续的，还是一次性的（即非经常损益），如果是后者，由此带来的业绩增长就很有可能只是表面繁荣，是难以持续的，业绩大涨之后就很有可能是业绩大跌。

公司为产生营业收入需要有各种投入，在账面上主要体现为两个部分，一是营业成本，二是所谓的三项费用，即营业费用、管理费用和财务费用。营业成本是公司为产生营业收入需要直接支出的成本和费用，其中主要包括原材料成本和固定资产折旧费用、燃料动力费用和人工费用等。其中、费用部分一般变动不大，投资者更多需要关注原材料成本的变化。如钢铁公司因铁矿石价格上涨就会推升营业成本，降低公司盈利，所以需要了解公司的产品和用哪些原材料，以及原材料价格的变动情况。三项费用主要反映公司运营费用，如营销广告费用、办公费用、职工薪酬、研发费用、利息费用等。三项费用是衡量公司内部管理层运营效率高低需要重点研究的领域。

表上体现的利润，分别是营业利润、利润总额和净利润。营业收入减去营业成本，又称毛利润。毛利润/营业收入，其结果是毛利率。毛利率越高，说明企业扩大再生产的能力越强；而一个微薄的毛利率则会限制企业收入和业绩扩张的能力，并且增大业绩波动的风险。营业利润是营业收入减去营业成本和三项费用及资产减值损失和考虑投资收益后得来，营业利润率（营业利润÷营业收入）是反映企业盈利能力的关键指标。企业不仅要尽可能压低营业成本，还需要在提高管理效率、做好效能监察、控制经营风险、减少资产损失、降低三项费用上挖潜增效，如此营业利润率才能表现得优秀，企业最终的业绩才能得以最大化。利润总额则是营业利润加上营业外收支后的企业税前利润，将其减去所得税后就得到净利润。到了这一步，已是利润的最终体现，但由于掺杂了非营业收入带来的利润，持续性和可比性可能会降低，一份"干净"的净利润成绩单最好全部是由营业业务产生的利润所构成。

目前对利润表的分析主要是分析利润总额的构成及其变动情况，如销售价格、单位成本、销售数量及品种、期间费用等因素与历史同期、同行业企业和本年预算对比的量本利分析，通过分析找出本企业存在的差距和问题并制定相应的改进意见和措施。这种延续多年的利润分析方法有助于了解企业的经营成果并仍将是今后利润表分析的主要内容。

但由于现行的利润表中的利润概念是在权责发生制会计核算下的利润即账面利润，没有反映货币的时间价值和经营风险价值，因而不能真实反映和促进企业提高经济效益，不能反映为出资人创造的经济增加值（EVA）。这种建立在权责发生制基础上的利润分析存在两个问题：一是忽视了利润实现的风险程度。因为营业利润能否真正实现要视赊销净额即应收账款的收回情况而定。利润的实现因应收账款的收回是否确定、是否及时等情况存在不确定性，而坏账准备的提取又难以准确、全面反映出企业利润实现的风险程度。利润表中的利润额含有因信用风险和会计上的权责发生制而形成的无效增加值，即因坏账等而不能给企业实际带来经济利益净流入的增加部分。二是利润计算的过程忽视了无息应收账款占用资金的成本。据某企业统计（年销售额 200 亿元）年无息应收账款的利息额高达近 2 亿元，是该企业利润的 15%。企业由于采用赊销方式销售商品或提供劳务，尽管可以增加销售量、减少存货，但同时又会因形成应收账款而增加经营风险。我们目前对应收账款的管理没有考虑其机会成本而仅从应收账款周转率和周转次数的角度去分析。实际上，应收账款越多，收款期越长，对应收账款进行管理而耗费的管理成本就越高、因某些原因无法收回而给企业带来的坏帐损失以及应收账款占用资金的应计利息就越大，给企业带来的潜在利益损失也越大。仍以某企业为例，2003—2006 年已核销和提取的坏账准备高达 10 亿元，是同期利润的 27%。

应收账款在流动资产中有举足轻重的地位,及时回收应收账款不仅增强了企业的短期偿债能力和运营能力,也反映出企业在管理应收账款方面的效率和效益。企业财务人员可通过分析应收账款当年应收未收金额占应收账款总额的比例,来分析企业利润风险是加大还是降低。据此分析结果,企业即可调整其信用政策及应收账款催收措施,降低企业利润实现的风险。利润风险分析弥补了利润表中利润概念在衡量企业效益方面的缺陷,从而能真实地反映企业"经营成果"及其实现的可能性。

传统的利润分析更多地是关注企业最终的财务结果——净资产收益率或每股收益,但却忽略了:实际的净资产收益率或税后利润能否超过或补偿出资人投资的机会成本?没有充分利用时间价值去测算基于资金成本下的真实收益即 EVA。忽视权益资本的成本使企业的账面成本脱离其社会真实成本,利润表中的盈亏也就没有多少经济价值了——实质上虚增了利润。如果一个企业忽视权益资本成本,会导致经理层对资本的使用没有任何约束,造成投资膨胀和社会资源的浪费,最终造成与提高资本收益背道而驰的两个负面影响;其一,诱导企业用扩张"无偿资本"的方法去追求利润的增加,要求出资人不断追加投入,即"圈钱买利润";其二,资本很可能被扭曲的利润信号误导而被配置到小于机会收益的低效企业或项目,造成资本的非优化配置,从而造成资源配置的效益浪费。

用经济增加值去反映企业的经营绩效是目前一些企业普遍采用的一个新的衡量和考核利润的标准。经济增加值就是在考虑了资本投资风险的基础上,企业创造了高于资本机会成本的经济效益。只有考虑了权益资本成本的经营业绩指标才能反映企业的真实盈利能力。那些盈利少于权益机会成本的出资人的财富实际上是在减少,而只有企业的收益超过权益资本的成本,才能说明经营者为企业增加了价值,为出资人创造了财富。如果企业的收益低于权益资本的成本,则说明企业实质上发生亏损。

通过将现行的利润表中的利润无效增加值部分剔除出去,以真实反映企业财富的增加,避免高估利润。而且根据利润分析的结果对企业经营业绩进行评价和考核时,由此反映的信息在企业之间更具可比性,也更能反映企业资本经营效益变化的真实情况。

3) 现金流量表

现金流量表反映了资产负债表上现金项目从期初到期末的具体变化过程。现金流量表编制的目的,是为会计报表使用者提供公司一定会计期间内现金和现金等价物流入和流出的信息,以便于报表使用者了解和评价公司获取现金和现金等价物的能力,并据以预测公司未来的现金流量。

2. 财务报表分析的目的、功能与方法

1) 财务报表分析的目的与功能

财务报表分析的目的是为有关各方提供可以用来做出决策的信息。使用财务报表的主体一般有公司的经营管理人员、公司的投资者和公司的债权人 3 类。公司的经营管理人员通过分析财务报表判断公司的现状、可能存在的问题,以便进一步改善经营管理公司的现有投资者及潜在投资者,通过对财务报表所传递的信息进行分析、加工,得出反映公司发展趋势、竞争能力等方面的信息,计算投资者收益率,评价风险,比较本公司和其他公司的风险和收益,决定自己的投资策略。公司的债权人通过密切观察公司有关财务状况,分析财务报表,得出对公司短期偿债能力和长期偿债能力的判断,以决定是否需要追加抵押和担保,是否提前收回债权等。

财务报表分析的主要功能:第一,通过分析资产负债表,了解公司的财务状况,对公司的偿债能力、资本结构是否合理、流动资金是否充足等作出判断;第二,通过分析损益表，了解公司的盈利状况、盈利能力、经营效率，对公司在行业中的竞争地位、持续发展能力作出判断；第三，通过分析现金流量表，判断公司的支付能力和偿债能力，以及公司对外部资金的需求情况，了解公司当前的财务状况，并据此预测企业未来的发展前景。

2) 财务报表分析的方法

财务报表分析的方法主要有单个年度的财务比率分析、不同时期的比较分析及与同行业其他公司之间的比较分析3种。

(1) 单个年度的财务比率分析是指对本公司一个财务年度内的财务报表各项目之间进行比较，计算比率，判断年度内偿债能力、资本结构、经营效率、盈利能力等。

(2) 公司不同时期的财务报表比较分析，可以对公司持续经营能力、财务状况变动趋势、盈利能力作出分析，从一个较长的时期来动态地分析公司状况。

(3) 与同行业其他公司进行比较分析，可以了解公司各种指标在群体中的位置，以判断公司各类指标的优劣。使用本方法时，常选用行业平均水平或行业标准水平，通过比较得出公司在行业中的地位，认识优势与不足，正确确定公司的价值。

3. 财务比率分析

财务比率分析法是在同一张财务报表的不同项目之间、不同类别之间，或在两张不同资产负债表、损益表的有关项目之间，用比率来反映它们的相互关系，从中发现企业经营中存在的问题并据以评价企业财务状况的方法。此外，通过各财务指标与公司过去的最好水平、公司今年的计划预测水平、同行业的先进水平或平均水平等标准的比较，可以找出经营管理中的问题，有利于找出差距，提高企业的经营管理水平。

比率分析涉及企业管理的各个方面，比率指标也特别多，大致可分为以下6大类：偿债能力分析、资本结构分析、经营效率分析、盈利能力分析、投资收益分析和财务结构分析。

5.3.3 其他重要因素分析

1. 投资项目分析

公司股价的高低取决于企业的报酬率和风险，而投资项目是决定企业的报酬率和风险的重要因素。因此，投资项目分析对于判断公司的发展前景和投资价值是至关重要的。对于公司的投资项目，一般可以从以下几个方面入手。

(1) 分析投资项目与公司目前产品的关联度。可以分析公司的经营战略是进一步扩大生产规模，降低成本，还是进行技术创新，提高产品竞争力；是延长产品线，向上游延伸，还是进行产业转移，逐步从现有的处于衰退的产业中退出，进入新行业。

(2) 如果投资项目是新产品，须进一步分析该产品的市场前景，并从其技术含量、进入壁垒等方面分析投资项目的市场竞争优势。

(3) 分析投资项目的建设期和回收期的现金流，特别是投资项目的后续资金的来源问题、对公司财务状况的影响、公司进一步筹资的能力。

(4) 对投资项目的收益和风险进行定性和定量分析。定性分析主要是市场分析，定量分析可以用风险调整贴现法和肯定当量法对投资收益指标进行调整。

第5章　电子证券投资的基本分析

投资项目评价分析方法

投资项目评价分析的方法，可被分为贴现的分析评价方法和非贴现的分析评价方法两种。下面介绍贴现的分析评价方法。

贴现的分析评价方法，是指考虑货币时间价值的分析评价方法，也被称为贴现现金流量分析技术。

1. 净现值法

净现值法使用净现值作为评价方案优劣的指标。所谓净现值，是指特定方案未来现金流入的现值与未来现金流出的现值之间的差额。按照这种方法，所有未来现金流入和流出都要按预定贴现率折算为它们的现值，然后再计算它们的差额。如净现值为正数，即贴现后现金流入大于贴现后现金流出，该投资项目的报酬率大于预定的贴现率。如净现值为零，即贴现后现金流入等于贴现后现金流出，该投资项目的报酬率相当于预定的贴现率。如净现值为负数，即贴现后现金流入小于贴现后现金流出，该投资项目的报酬率小于预定的贴现率。

净现值法具有广泛的适用性，在理论上也比其他方法更完善。净现值法应用的主要问题是如何确定贴现率，一种办法是根据资金成本来确定，另一种办法是根据企业要求的最低资金利润率来确定。前一种办法，由于计算资金成本比较困难，故限制了其应用范围；后一种办法根据资金的机会成本，即一般情况下可以获得的报酬来确定，比较容易解决，因此通常使用的是后一种方法。

2. 内含报酬率法

内含报酬率法是根据方案本身内含报酬率来评价方案优劣的一种方法。所谓内含报酬率，是指能够使未来现金流入量现值等于未来现金流出量现值的贴现率，或者说是使投资方案净现值为零的贴现率。

净现值法和现值指数法虽然考虑了时间价值，可以说明投资方案高于或低于某一特定的投资报酬率，但没有揭示方案本身可以达到的具体的报酬率是多少。内含报酬率是根据方案的现金流量计算的，是方案本身的投资报酬率。

内含报酬率的计算，通常需要"逐步测试法"。首先估计一个贴现率，用它来计算方案的净现值。如果净现值为正数，说明方案本身的报酬率超过估计的贴现率，应提高贴现率后进一步测试；如果净现值为负数，说明方案本身的报酬率低于估计的贴现率，应降低贴现率后进一步测试。经过多次测试，寻找出使净现值接近于零的贴现率，即为方案本身的内含报酬率。

内含报酬率在评价方案时要注意到，比率高的方案绝对数不一定大，反之也一样。这种不同和利润率与利润额不同是类似的。

（资料来源：http：//www.chinaacc.com/new/635_652_201104/011e30674159.shtml.）

2. 资产重组

资本市场上的资产重组包含了既不相同又互相关联的三大类行为：公司扩张，公司调整和公司所有权、控制权转移。理论上讲，资产重组可以促进资源的优化配置，有利于产业结构的调整，有利于公司综合素质的提高，可以增强公司的市场竞争力，使企业实现低成本扩张，从而使一批上市公司由小变大、由弱变强，业绩提高。但从我国已发生的上市公司资产重组的实际效应来看，许多上市公司进行资产重组后，其经营和业绩并未得到显著的改善。究其原因，最关键的是重组后的整合不成功。

因此,证券投资分析师在分析资产重组对公司业绩及经营的影响时,应该区分资产重组的不同类型,鉴别报表性资产重组和实质性资产重组,并密切关注重组后企业的整合情况。

3. 关联交易

所谓关联交易,是指公司与其关联方之间发生的交换资产、提供商品或劳务的交易行为。按交易的性质,可分为经营活动中的关联交易和资产重组中的关联交易。从理论上说,关联交易属于中性交易,它既不属于单纯的市场行为,也不属于内幕交易的范畴,其主要作用是降低企业的交易成本、促进生产经营渠道的畅通、提供扩张所需的优质资产、有利于实现利润的最大化等。但在实际操作过程中,关联交易有它的非经济特性,与市场竞争、公开竞价的方式不同,其价格可由关联双方协商决定,特别是在我国评估和审计等中介机构尚不健全的情况下,关联交易就容易成为企业调节利润、避税和为一些部门及个人牟利的途径,往往使中小投资者利益受损。

在分析经营活动中的关联交易对上市公司经营和业绩的影响时,应特别关注交易价格的公平性、关联交易利润占公司利润的比重及关联交易的披露是否规范等事项;在分析资产重组中的关联交易对上市公司经营和业绩的影响时,须结合重组目的、重组所处的阶段、重组方的实力、重组后的整合进行具体分析。

4. 会计和税收政策的变化

会计政策是指企业在会计核算时所遵循的具体原则及企业所采纳的具体会计处理方法。企业的会计政策发生变更,将影响公司年末的资产负债表和损益表的编制。如果采用追溯调整法进行会计处理,则会计政策的变更将影响公司年初及以前年度的利润、净资产、未分配利润等数据。例如,新会计制度要求会计报告主体对短期投资按成本与市价孰低法提取投资跌价准备,在市价低于成本时对长期投资提取减值准备,对存货成本与市价孰低法确认可变现净值来提取存货跌价准备,这对那些存货量大、存货周转不灵的上市公司影响较大。又如,按照新会计制度,上市公司应对应收账款用未来法进行确认,扩大了应收账款确认的基础,再加上对应收账款采用账龄法提取坏账准备,这无疑抵减了部分利润。

本 章 小 结

证券投资的基本分析包括证券投资的宏观经济分析、证券投资的行业分析和公司分析。在证券投资领域,宏观经济分析非常重要。因为宏观经济的发展变化决定了证券市场的总体变动趋势。只有把握经济发展的大方向,尤其是货币政策和财政政策因素的变化及其对证券市场的影响力度与方向,才能抓住证券投资的市场时机,做出正确的长期决策。宏观经济分析的主要方法有两种:一种为总量分析法;另一种为结构分析法。

行业研究是对上市公司进行分析的前提,也是连接宏观经济分析和上市公司分析的桥梁,是基本分析的重要环节。行业有自己特定的生命周期,处在生命周期不同发展阶段的行业,其投资价值也不一样,而在国民经济中具有不同地位的行业,其投资价值也不一样。行业分析的重要任务之一就是挖掘最具投资潜力的行业,进而在此基础上选出最具投资价值的上市公司。

公司分析就是对上市公司的基本面的分析。公司的股票价格会因公司发展前景的变化而波动。公司具有良好的发展前景,投资者就会看好公司的未来发展趋势,便会买进并持有这家公司的股票,该公司股票价格便会看涨;反之,投资者就会对公司的未来发展前景担忧,便会出售这家公司的股票,该公司股票价格便会看跌。

基本概念

经济增长率 失业率 通货膨胀 利率 汇率 财政收支 国际收支 总量分析法 结构分析法 行业生命周期分析 技术进步 政府干预 社会习惯 完全竞争 垄断竞争 寡头垄断 完全垄断 资产负债表 损益表 现金流量表 偿债能力分析 资本结构分析 经营效率分析 盈利能力分析 投资收益分析 投资项目分析 资产重组 关联交易

习 题

一、简答题

1. 什么是宏观经济分析?宏观经济分析的主要方法有哪些?
2. 宏观经济分析的主要内容有哪些?
3. 证券市场需求的决定因素与变动特点是什么?
4. 为什么说宏观经济因素是影响证券市场价格变动最重要的因素?
5. 财政政策的变动对证券市场价格有何影响?
6. 货币政策的变动对证券市场价格有何影响?
7. 汇率政策的变动对证券市场价格有何影响?
8. 什么是证券投资的行业分析?
9. 行业生命周期分析是什么?影响行业兴衰的主要因素有哪些?
10. 行业生命周期各阶段的特征主要有哪些?
11. 为什么产业的证券市场表现与其业绩水平并不一一对应?
12. 证券投资的产业投资需遵循哪些原则?
13. 公司发展前景的好坏可以从几个方面进行分析?
14. 公司财务分析的内容有哪些?如何对一个企业进行偿债能力分析?
15. 简述现金流量表的优点。
16. 简述影响会计数据质量的主要因素。
17. 简述净资产收益率的分解过程。
18. 简述现金流量表分析的要点。
19. 上市公司如何通过关联方交易来操纵利润?

二、选择题

1. 高通货膨胀下的 GDP 增长必将导致证券价格的（　　）。
   A. 上涨　　　　B. 剧烈波动　　　　C. 下跌　　　　D. 不确定

2. 宏观经济分析的意义不包括（　　）。
   A. 把握证券市场的总体变动趋势
   B. 判断整个证券市场的投资价值
   C. 掌握宏观经济政策对证券市场的影响力度与方向
   D. 个别证券的价值与走势

3. 关于经济周期变动与股价波动的关系，以下表述错误的是（　　）。
   A. 经济总是处在周期性运动中，股价伴随经济相应的波动，但股价的波动超前于经济运动，股价波动不是永恒的
   B. 景气来临之时一马当先上涨的股票往往在衰退之时首当其冲下跌
   C. 能源、设备类股票在上涨初期将有优异表现，但其抗跌能力差
   D. 公用事业、消费弹性较小的日常消费部门的股票则在下跌末期发挥较强的抗跌能力

4. 实施积极财政政策对证券市场的影响不包括（　　）。
   A. 减少税收、降低税率，扩大减免税范围，促进股票价格上涨，债券价格也将上涨
   B. 扩大财政支出，加大财政赤字，证券市场趋于活跃，价格自然上扬
   C. 减少国债发行(或回购部分短期国债)，缩小财政赤字规模，推动证券价格上扬
   D. 增加财政补贴，使整个证券价格的总体水平趋于上涨

5. 实施积极财政政策对证券市场的影响包括（　　）。
   A. 减少税收、降低税率，扩大减免税范围，促进股票价格上涨，债券价格也将上涨
   B. 扩大财政支出，加大财政赤字，证券市场趋于活跃，价格自然上扬
   C. 减少国债发行(或回购部分短期国债)，推动证券价格上扬
   D. 增加财政补贴，使整个证券价格的总体水平趋于上涨

6. 货币政策对证券市场的影响是（　　）。
   A. 利率下降时，股票价格就上升；而利率上升时，股票价格就下降
   B. 中央银行大量购进有价证券推动股票价格上涨；反之，股票价格将下跌
   C. 中央银行提高法定存款准备金率，证券行情趋于下跌
   D. 中央银行货币政策通过贷款计划实行总量控制的前提下，对不同行业和区域采取区别对待

7. 行业的生命周期分为（　　）。
   A. 幼稚期　　　　B. 成长期　　　　C. 成熟期　　　　D. 衰退期

8. 影响行业兴衰的主要因素有（　　）。
   A. 社会进步　　　　B. 技术进步　　　　C. 政府政策　　　　D. 产业组织创新

9. 上市公司必须遵循财务公开的原则，定期公开自己的财务报表，它包括（　　）。
   A. 资产负债表　　　B. 损益表　　　C. 财务状况变动表　　D. 现金流量表

10. 对一个公司的分析应该要包括（　　）。
A. 该公司竞争地位的分析　　　　B. 该公司盈利能力的分析
C. 该公司经营能力的分析　　　　D. 该公司管理能力的分析
E. 该公司融资能力的分析

三、判断题

1. GDP 即国民生产总值，是指一定时期内在一国国内新创造的产品和劳务的价值总额。（　　）
2. 宏观经济因素对证券市场价格的影响是根本性的，也是全局性和长期性的。（　　）
3. 一国证券市场总是与该国的 GDP 呈正相关的变化。（　　）
4. 一般而言，利率与股票价格成反相关变化。（　　）
5. 严重的通货膨胀能使股票和债券的价格同时下跌。（　　）
6. 股价的波动超前于经济运动，股价波动是永恒的。（　　）
7. 紧缩性财政政策将使得过热的经济受到控制，证券市场也将走弱，扩张性财政政策刺激经济发展，证券市场将走强。（　　）
8. 汇率上升时，本币表示的进口商品价格提高，进而带动国内物价水平上涨，引起通货膨胀。为维持汇率稳定，政府可能动用外汇储备，抛售外汇，从而将减少本币的供应量，使得证券市场的价格下跌，反面效应可能是证券价格回升。（　　）
9. 行业分析的主要内容是对不同的行业进行横向比较，为最终确定投资对象提供准确的行业背景。（　　）
10. 行业分析的重要任务之一是挖掘最具投资潜力的行业和上市公司。（　　）
11. 所谓市场结构就是指市场中不同行业的上市公司的组成情况。（　　）
12. 在不同的国家，同一行业可能处于生命周期的不同阶段。（　　）
13. 耐用品制造业及其他需求的收入弹性较低的行业，属于典型的周期性行业。（　　）
14. 不同的行业会为公司投资价值的增长提供不同的空间，行业是直接决定公司投资价值的重要因素之一。行业有自己特定的生命周期，处于生命周期不同发展阶段的行业，其投资价值也不一样。（　　）
15. 增长型行业的运动状态与经济活动总水平的周期及其震幅无关。这些行业收入增长的速率相对于经济周期的变动来说，并未出现同步影响。（　　）
16. 周期行业的运动状态直接与经济周期相关。当经济处于上升时期，这些行业会紧随其扩张；当经济衰退时，这些行业也相应衰落。（　　）
17. 防守型行业不受经济处于衰退阶段的影响。对其投资便属于收入投资，而非资本利得投资。有时候，当经济衰退时，防守型行业或许会有实际增长。（　　）
18. 处于行业成长期，是低风险、高收益的时期，这一阶段有时候被称为投资机会时期。在成长期，虽然行业仍在增长，但这时的增长具有可测性，由于受不确定因素的影响较少，行业的波动也较小。（　　）
19. 投资者获得上市公司财务信息的主要渠道是阅读上市公司公布的财务报告。（　　）

20. 从公司的股东角度来看，资产负债率越大越好。（ ）
21. 对固定资产投资的分析应该注意固定资产的投资总规模，规模越大越好。（ ）
22. 当会计制度发生变更，或企业根据实际情况认为需要变更会计政策时，企业可以变更会计政策。（ ）
23. 每股收益越高则市盈率越低，投资风险越小，反之亦反。（ ）
24. 资产负债比率是资产总额除以负债总额的百分比。（ ）
25. 反映公司在某一特定时点财务状况的报表是损益表。（ ）
26. 一般而言，应收账款周转率越高，平均收账期越短，说明应收账款的回收越快。（ ）
27. 公司的资产中，存货的数量越大，该公司的速动比率会越小。（ ）
28. 现金流量表中的投资活动现金流量指的是短期投资、长期投资所产生的现金流量。（ ）

实验实训题

实验一：我国上市公司行业分析实验

1. 实验目的

（1）通过证券分析软件上有关上市公司行情的分析熟悉产业的发展状况与发展前景对该产业上市公司股票价格的影响。
（2）发现并统计近几年在证券市场表现优异的我国上市公司的行业特征。
（3）熟悉不同产业的上市公司证券市场表现与其经营业绩水平的关系。
（4）了解我国证券市场上上市公司的主要行业分类方法与行业分类指数。

2. 实验内容

（1）找出我国证券市场属于周期性产业、新兴产业、成长性产业、技术密集型产业中表现优异的上市公司和表现一般的上市公司各一个，比较其差异并分析其原因。
（2）分别找出我国证券市场上10个行政垄断和自然垄断的上市公司，观察其市场表现，分析其发展潜力。
（3）比较马应龙（600993）与津膜科技（300334）两公司的异同点，并分析行业背景对上市公司发展的影响。
（4）通过行业分类指数，找出近两年在我国证券市场上表现优异的行业，并分析其行业发展的政策和宏观经济因素。
（5）观察我国百货类上市公司的市场表现，分析其未来的行业发展潜力。

实验二：证券投资宏观经济分析

1. 实验目的及要求

要求学生了解宏观经济与股票价格之间的关系，掌握宏观经济分析所使用的指标、方法，通过宏观经济形势与宏观经济政策分析来指导证券投资活动。

2. 实验内容

（1）宏观经济与股票价格之间关系分析，通过宏观经济运行与上证指数的历史变动来说明。

（2）宏观经济形势分析，包括经济增长率、经济周期、通货膨胀等问题分析。

（3）宏观经济政策分析，包括货币政策、财政政策等问题的分析。

3. 问题讨论

（1）股价与宏观经济运行吻合与背离问题。

（2）宏观经济政策影响股价的原理、传导机制问题。

实验三：证券投资行业分析

1. 实验目的及要求

要求学生了解行业分类的标准与方法，通过案例分析使学生具备行业分析的能力，具备寻找潜力板块、成长行业的能力，明确投资的方向。

2. 实验内容

（1）上交所行业分类指引及行业分类。

（2）股票市场行业分析的特点和重点。

（3）行业分析、区域分析、板块分析。

（4）题材分析。

（5）板块联动分析。

3. 问题讨论

（1）股票投资中行业分析的着重点问题。

（2）市场热点转换与板块轮动问题。

实训：上市公司分析评价案例实训

1. 实训目的

通过本实训的学习，学生应可以根据本实训提供的分析案例样本，设计自己的投资计划，并通过模拟交易实训实施自己的投资计划。

2. 实训要点

（1）能源行业分析报告案例。

（2）能源行业市场表现分析报告案例。

（3）个股财务分析报告案例。

（4）个股市场表现分析报告案例。

3. 实训内容

1) 能源行业分析报告

(1) 总体评述。

(2) 行业规模分析。

(3) 行业盈利能力分析。

(4) 行业成长能力分析。

(5) 行业经营效率分析。

(6) 行业获取现金能力分析。

(7) 行业风险分析。

2) 能源行业股票市场表现分析报告

(1) 行业股票基本情况。

(2) 总体评述。

(3) 行业偏离程度分析。

(4) 行业股票活跃程度分析。

(5) 行业股票安全性分析。

(6) 行业股票流动性分析。

(7) 行业股票筹码分析。

(8) 行业股票成本盈亏分析。

80/20原则：关键的少数制约着次要的多数

管理人员是少数，但却是关键的；员工是多数，但从管理角度上说，却是从属地位。也就是说，关键的少数制约着次要的多数。因此，在海尔集团（以下简称海尔），每当发现问题，管理者都要承担80%的责任。

1995年7月的一天，原洗衣机有限总公司公布了一则处理决定，某质检员由于责任心不强，造成洗衣机选择开关差错和漏检，被罚款50元。这位员工作为基层的普通员工承担了她所应该承担的工作责任，但是，从这位员工身上所反映出的质保体系上存在问题——如何防止漏检的不合格品流入市场，这一责任也应该像处理这位员工这样落到实处，找到责任人。这位员工问题的背后，实际还存在着更大的隐患，毕竟当时的洗衣机有限总公司的产品开箱合格率和社会返修与第一名牌的要求还有很大的差距，这一切绝不是这位员工一个人造成的，体系上的漏洞使这位员工的"偶然行为"变成了"必然"。既然如此，掌握全局的干部更应该承担责任，先检查系统保障的问题，才能使错误越来越少。

根据80/20原则，这位员工的上级——原洗衣机有限总公司分管质量的负责人也自罚300元并作出了书面检查。

总结：问题解决3步法。

紧急措施：将出现的问题临时紧急处理，避免事态扩大或恶化。紧急措施必须果断有效。

过渡措施：在对问题产生的原因充分了解的前提下，采取措施尽可能挽回造成的损失，并保证同类问题不再发生。

根治措施：针对问题的根源拿出具体可操作的措施，能够从体系上使问题得以根治，消除本管理工作中发生问题的外部环境。

（资料来源：http：//www.hbgywh.cn/hbgy/Article/HTML/20100319155127.html.）

第 6 章 技术分析方法与应用

教学目标

本章阐述了证券投资技术分析的基本理论与基本方法,通过本章的学习,学生需要掌握证券投资技术分析的基本概念与基本理论,技术分析和基本面分析的区别,移动成本分析的方法,技术指标的计算与运用,并能运用所学的知识较正确地判断股价运动趋势。

教学要求

知识要点	能力要求	相关知识
技术分析的基本问题	掌握证券投资技术分析的基本概念与基本理论,技术分析和基本面分析的区别	技术分析的假设条件、技术分析的三大要素、技术分析的理论基础、技术分析的方法:图示分析法、趋势分析法、结构分析法、指标分析法、市场特征分析法、波浪理论分析法等
移动成本分析	掌握移动成本分析的方法	单峰密集、多峰密集、成本发散
技术指标及其运用	较熟练地掌握技术指标的计算与运用,并能运用所学的知识较正确地判断股价运动趋势	MACD、KDJ、BOLL、CCI、KD、MTM、DDX

第6章 技术分析方法与应用

> **导入案例**
>
> ## 技术派，可行吗？
>
> 不迷信权威，不迷信报表，周濛投资的逻辑基础是技术。2万元入市，近期他每月的稳定收益率达到20%以上。每个月炒股的收入就已经足够他在北京生活下去。
>
> 周濛最提心吊胆的时候，是在2008年年底到2009年年初。当时指数在1 820~1 900点横盘阶段，周濛的2万多元资金都被套在股市中，手里只有1 000元的现金。而此前，他每月收益率都至少有10%。
>
> 他从2007年开始炒股，2万元是他进入股市的基数。2008年年底，尽管大盘从6 124点跌到了1 664点，他的投资之路并没有经历太多的挫折。
>
> 周濛相信高手一定在民间，所以他并不太相信专家的言论。"看到这些预测点位、推荐选股思路的言论，一定要试图推翻它。即使暂时不能推翻，你也要想着哪一天一定要推翻。"这是周濛来到北京之后认识的一位券商分析师给他的一个启示，也是他现在看各种股评言论、研究报告的一个重要方法，"千万不要迷信权威"。
>
> "另外一个不要迷信的还有公司的财务报表"，大学主修会计的他表示，正因如此，他知道财务报表中有太多可以人为操作的东西，如应收账款、坏账处理等，你可以合法地让报表更好看——这对投资者不是个好消息。所以，他看基本面信息，只看一个公司的行业地位，以及上下游行业的发展状况，"我认为这些比财务数字要客观、真实"。
>
> 周濛曾在金融机构工作，后来他离职了，他每个月炒股的收入就已经足够他在北京生活下去。近期他每月的稳定收益率达到20%以上。
>
> 他喜欢格雷厄姆的《证券分析》，这也是他进入股市的入门书籍。"虽然那时候没怎么看懂。"但是从这本书开始，他找到了自己的兴趣所在。
>
> 周濛已经有了自己清晰的职业规划。他现在一边上金融在职研究生，一边准备考注册金融分析师（chartered financial analyst，CFA）。他希望在金融行业做出一番事业。
>
> （资料来源：http://money.hexun.com/2012-05-17/141504056.html.）

上面的案例导出了本章要讨论的内容——技术分析方法与应用。本章主要从3个维度进行阐述：第一个维度是证券投资技术分析的基本问题；第二个维度是移动成本分析；第三个维度是技术指标法及其应用。

6.1 技术分析的基本问题

6.1.1 技术分析的含义

技术分析是以证券市场的历史轨迹为基础，运用图表、形态、指标等手段，通过对证券市场行为的分析，作出对证券价格发展趋势的预测估计。由于技术分析运用了广泛的数据资料，并采用了各种不同的数据处理方法，因此受到了投资者的重视和青睐。技术分析法不但应用于证券市场，还广泛应用于外汇市场、期货市场和其他金融市场。

6.1.2 技术分析的假设条件

作为一种投资分析工具，技术分析是以一定的假设条件为前提的。

1. 市场行为涵盖一切信息

这一假设条件是与有效市场假设一致的。技术分析认为，如果证券市场是有效的，那么，影响证券价格的所有因素都会立即反映在市场行为中，并在证券价格上得以体现。作为技术分析的应用者，不必关心是什么因素影响证券价格，只需要从市场的量价变化中知道这些因素对市场的影响效果。这一假设有一定的合理性，因为任何因素对证券市场的影响都必然体现在证券价格的变动上，所以这一假设是技术分析的基础。

2. 证券价格沿趋势移动

这一假设认为证券价格的变动是有规律的，即保持原来运动方向的惯性，而证券价格的运动方向是由供求关系决定的。技术分析法认为证券价格反映了一定时期内供求关系的变化。供求关系一旦确定，证券价格的变化趋势就会一直持续下去，只要供求关系不发生根本改变，证券价格的走势就不会发生反转。这一假设也有一定的合理性，因为供求关系决定价格在市场经济中是普遍存在的。这一假设是技术分析最根本、最核心的条件，揭示这些规律并对证券投资活动进行指导的技术分析法才有存在的价值。

3. 历史会重复

这一假设建立在投资者的心理分析基础上，即当市场出现与过去相同或相似的情况时，投资者会根据过去的成功经验和失败教训来做出目前的投资选择，市场行为和证券价格走势会重演历史。因此，技术分析法认为，根据历史资料概括出来的规律已经包含了未来证券市场的一切变动趋势，所以可以根据历史预测未来。这一假设也有一定的合理性，因为投资者的心理因素影响着投资行为，进而影响证券价格。

技术分析的 3 个假设有合理的一面，也有不尽合理的一面。例如，第一个假设存在的前提条件是证券市场是有效的市场，然而众多实证分析指出，即使发达的美国证券市场也仅是弱式有效市场，信息的损失是必然的，因此市场行为涵盖一切信息只是理想状态。又如，一切基本因素的确通过供求关系影响证券价格和成交量，但证券价格最终要受到它的内在价值的影响。再如，历史也确实有相似之处，但绝不是简单的重复，差异总是存在的。因此，技术分析法由于说服力不够强、逻辑关系不够充分，引起了不同的看法与争论。

6.1.3 技术分析的三大要素

技术分析的三大要素是证券价格、成交量和价格变动的时间跨度。技术分析可简单地归结为价、量、时间三者关系的分析。在技术分析中，价量关系是基本要素，收盘价和收盘指数是最重要的价格和指数，成交量则是确定价格走势的重要保证。某一时点上的价和量是买卖双方市场行为形成的结果，是双方力量暂时的平衡点。一般来说，买卖双方对价格的认同程度越大，成交量越小；反之，成交量越大。双方的认同程度反映在价量关系上就形成价升量增、价跌量缩的规律性变化。根据这一规律，当价格上升而成交量不能随之放大时，表明价格的上升得不到买方的认同，价格上升缺乏动力；当价格下跌而成交量不能随之放大时，表明价格的下降得不到卖方的认同，价格将止跌回稳。时间既可消耗能量，又可积蓄能量，随着时间的推移，双方的力量将发生变化，证券价格的运动趋势也会改变。价格、成交量、时间是技术分析的三维变量，缺一不可。一切技术分析方法都是以价、量、时间为研究对象，通过分析三者之间关系的变化研究证券市场的运动规律。

 知识链接

技术分析的第四大要素——空

空也就是指价格可能上涨或下跌的空间。

(1) 分析股价的上涨或下跌空间首先要参考历史最高价和历史最低价，并以黄金分割理论相互印证。

(2) 当个股价格创出历史新高或新低时，需要对该股进行重新认识。

(3) 个股短期涨跌空间可以参考该股近期形态，并以形态理论为依据进行分析。一般来说重要高点和低点会构成阻力和支撑。

(4) 成交量的堆积位置也对股价影响很大，要特别关注成交量突增的位置及其对股价的推动方向及推动速度。

(5) 移动平均线系统对于股价有吸引、支撑和阻力作用，吸引作用在股价距离均线系统越远时发生越有效，而支撑、阻力作用则在股价调整幅度越大时越有效。这也是判断股价涨跌空间的一个重要工具。

(资料来源：http://baike.baidu.com/view/1687564.htm.)

6.1.4 技术分析的理论基础

技术分析的基本原理是根据美国人查尔斯·道创立的道氏理论。道氏理论将证券市场上的价格波动概括为3种情况。

长期趋势，又称基本趋势、主要趋势，通常指连续1年或1年以上的股价变化趋势，它包括上升趋势和下降趋势两种。长期趋势大约持续1~4年，股价总升(降)幅度超过20%；其中上升股市称为牛市(多头市场)，下降股市称为熊市(空头市场)。

中期趋势，又称次级趋势，通常发生在主要趋势中，且运动方向与主要趋势相反，对主要趋势产生牵制作用。例如，在长期上升趋势中出现的回落现象或在长期下降趋势中出现的回升现象。中期趋势是长期牛市或长期熊市的正常整理形态，其对长期趋势的修正一般为基本趋势涨跌幅的1/3~2/3。通常一个长期趋势中总会出现两三次中期趋势。

短期趋势，又称日常波动，是指几天甚至几个小时之内的价格波动趋势。一般3个或3个以上的短期趋势可组成一个中期趋势。道氏理论认为短期趋势受偶然因素尤其是人为操纵因素的影响较大，它与反映客观经济态势的中长期趋势有本质不同，既不重要，又难以利用，可以不予理睬。

在以上3种趋势中，最重要的是长期趋势，它决定了证券价格的变化方向。道氏理论认为长期趋势和中期趋势是可以预测的，而短期趋势难以预测。道氏理论判断长期趋势和中期趋势运动的方法是通过两种证券价格平均数的变动来互证，即两种证券平均价格曲线朝同一方向运动，则一种平均数被另一种平均数证明，否则，则不能互证，亦即不能预测证券价格的长期和中期变化趋势。

在道氏理论的基础上，技术分析从证券市场入手，以证券价格的动态和规律性为主要研究对象，结合对证券交易数量和投资者心理等市场因素的分析，以选择最佳的投资机会与投资方式。技术分析的理论基础表现在以下几个方面。

1. 证券价格由供求关系决定

证券价格波动的实质在于证券市场中买卖双方力量的对比，若买方力量大，则证券价格上升；反之则下跌。而买卖双方力量对比的强弱归根结底在于证券的供求状况。若供不应求，价格必然上升；若供过于求，价格必然下跌。

市场供求关系决定了证券价格的波动方向，从而也就决定了证券价格的变化趋势。因此，市场供求关系发生变化，证券价格必然会相应发生变化。长期的、大量的统计数据显示：两者之间有着密切的相关关系，这样就使对证券价格发展趋势的预测成为可能；又由于投资者普遍受追求利润动机的支配，在证券市场中很容易形成某种相对固定的投资模式，从而使证券价格的趋势变化更趋明显。

2. 证券的供给与需求受多种合理与非合理因素所决定

证券的供给与需求受多种因素的影响，其中有合理因素的影响，也有非合理因素的影响。所谓合理因素是指影响证券市场的客观因素，如政治、经济等宏观因素，企业效益、行业竞争等微观因素。所谓非合理因素是指影响证券市场的非客观因素，如证券发行数量、发行时间，有关证券市场的政策，不规范的内幕交易，造市行为等。这些性质不同的因素对证券的供需关系带来了不同程度的影响，从而也引起证券价格不同程度的起伏波动。

3. 市场行为能反映一切信息

不论是合理因素还是不合理因素，最终总会造成证券市场供求关系的变化，从而影响到证券价格。从技术分析的角度来看，证券价格波动本身已反映了一切信息，只要研究这些市场行为就能了解到目前的市场状况，而无须关心背后的影响因素。

4. 证券价格的变化在一段时间内会呈现趋势变动

证券价格波动从短期来看反复无常，很难掌握其变化的力度和方向；但从一段较长的时间来看，则是朝着某一个方向运动(向上、向下或横盘)，这就为技术分析提供了基本条件。

5. 证券价格随市场供求关系的变化而变化，且历史常常重演

市场供求关系决定了证券价格的波动方向，从而也就决定了证券价格的变化趋势。因此，市场供求关系发生变化，证券价格必然会相应发生变化。长期的、大量的统计数据显示：两者之间有着密切的相关关系，这样就使对证券价格发展趋势的预测成为可能；又由于投资者普遍受追求利润动机的支配，在证券市场中很容易形成某种相对固定的投资模式，从而使证券价格的趋势变化更趋明显。

6.1.5 技术分析方法的分类

技术分析方法种类繁多，形式多样，概括起来主要有以下 6 种类型：图示分析法、趋势分析法、结构分析法、指标分析法、市场特征分析法和波浪理论分析法。

1. 图示分析法

图示分析法的基本依据是，证券价格的波动会及时告诉投资者有关市场的一切信息。图示分析法就是按一定的图形将股价的变化描述出来，以此预测股价未来变化趋势的一种方法。常见的图示分析法有点线图、K线图和OX图等。

2. 趋势分析法

证券价格波动的趋势一旦形成，一般要持续一段时间。趋势分析法就是按一定原则和方法，根据证券价格的历史数据寻找其变化规律，以此选择买卖时机的方法。趋势分析法的任务在于确认证券价格趋势的形成及对趋势末期的识别，以求在趋势上升时买入，在趋势下跌时卖出。常见的趋势分析法有切线法，它是指根据股价变化所绘制的图表，画出一些直线，然后根据这些直线的情况推测股票价格的未来趋势。这些直线称为切线，切线主要是对股价起支撑和压力的作用。

3. 结构分析法

结构分析是通过对证券价格过去行为的分析，来识别证券市场上重复出现的价格运动形式的方法。价格轨迹的形态是市场行为的重要部分，是证券市场对各种信息感受后的具体体现。因此，用价格图的轨迹或形态来推测股票价格的将来是有道理的。从价格轨迹的形态中，我们可以推测证券价格处于怎样的大环境中，以此对以后的投资给予一定的指导。常见的形态有M头、W底、头肩顶、头肩底等十几种。

4. 指标分析法

指标分析法是通过建立一个数学模型，给出数学上的计算分式，得到一个体现证券市场某方面内在本质的数据，以此数据指导投资决策的方法。此数据称为指标值，指标的具体数值和相互关系，直接反映的内容大多是无法从行情报表中直接看到的。目前证券市场上的这种技术指标数不胜数，常见的有相对强弱指标、随机指标、平滑异同移动平均线等。

5. 市场特征分析法

价格分析法是市场发展趋势分析的一种方法。除此之外，还应对许多其他的市场因素（或市场特征）进行考察，才能更有效地预测市场的变化趋势。市场特征分析方法主要有成交量分析、市场容量分析、低价与高价证券分析等。

6. 波浪理论分析法

波浪理论是由美国人拉尔夫·纳尔逊·艾略特发明的。艾略特把股价的上升与下降和不同时期的持续上涨、下跌看成是波浪的上下起伏。波浪的起伏遵循自然界的规律，股价的运动也就遵循波浪起伏的规律。简单地说，股价的运动符合上升5浪、直跌3浪，数清了各个浪就能准确地预见到跌势已近尾声，牛市即将来临；或者牛市已是强弩之末，熊市即将来到。波浪理论与其他技术分析方法的最大区别是能提前很长时间预计到行情的底与顶，而其他分析方法往往要等到新的趋势已经形成之后才能看到。但是波浪理论又是公认的最难掌握的技术方法。

上述技术分析方法从不同方面理解和考虑证券市场，有的有坚实的理论基础，有的则没有很明确的理论基础，但它们都有一个共同的特点，即经过了证券市场的实践考验。

波浪理论的提出

波浪理论的创始人——艾略特提出社会、人类的行为在某种意义上呈可认知的形态（patterns）。利用道琼斯工业平均指数（Dow Jones Industrial Average，DJIA）作为研究工具，他发现不断变化的股价结构性形态反映了自然和谐之美。根据这一发现，他提出了一套相关的市场分析理论，提炼出市场的13种形态或者叫做波（waves），在市场上这些形态重复出现，但是出现的时间间隔及幅度大小并不一定具有再现性。尔后他又发现了这些呈结构性形态的图形可以连接起来形成同样形态的更大的图形。这样他就提出了一系列权威性的演绎法则用来解释市场的行为，并特别强调波动原理的预测价值，这就是久负盛名的艾略特波段理论，又称波浪理论。

（资料来源：http://wenku.baidu.com/view/9f7775f690f76c661371aa2.html.）

6.1.6 应用技术分析方法的注意问题

技术分析方法作为一种证券投资分析技术，在应用时应注意以下问题。

1. 技术分析与基本分析相结合

从理论上看，技术分析法和基本分配法分析股价趋势的基点是不同的。基本分析的基点是事先分析，即在基本因素变动对证券市场发生影响之前，投资者已经在分析判断市场的可能走势，从而做出"顺势而为"的买卖决策。但是基本分析法很大程度上依赖于经验判断，其对证券市场的影响力难以数量化、程式化，受投资者主观能力的制约较大。技术分析法的基点是事后分析，以历史预知未来，用数据、图形、统计方法来说明问题，不依赖于人的主观判断，一切都依赖于已有资料来得出客观结论。但未来不会简单重复过去，所以仅依靠过去和现在的数据预测未来并不可靠。近年来，西方许多文献指出，技术分析赖以成立的前提条件是错误的，对证券市场进行技术分析不妥当。因此，为了提高技术分析的可靠性，投资者应将技术分析法与基本分析法结合起来进行分析，才能既保留技术分析的优点，又考虑基本因素的影响，以提高预测的准确程度。

2. 多种技术分析方法相结合

技术分析方法多种多样，五花八门，但每一种方法都有其独特的优势和功能，也有不足和缺陷。没有任何一种方法能概括股价走势的全貌。如果投资者仅凭技术分析中的某一种方法从事证券买卖，必将遭受重大损失。只有将多种技术分析方法结合运用，相互补充、相互印证，才能减少出错的机会，提高决策的准确性。

3. 理论与实践相结合

各种技术分析方法都是前人或他人在一定的特殊条件和特定环境下得到的。随着环境的变化，他人的成功方法自己在使用时却有可能失败。因此，在使用技术分析方法时，要注意掌握各种分析方法的精髓，并根据实际情况作适当的调整。同时也只有将各种方法应用于实际，并经过实践检验后成功的方法才是好的方法。

6.1.7 技术分析基本操作

以"东方财富通"为例,在计算机上进行技术分析,首先要单击主菜单的"分析"选项;其次在出现的下拉菜单中单击"技术分析"选项;最后再选择自己需要分析的指标即可,见图 6.1 和图 6.2。

以上操作可以通过不同的技术指标分别对股票的日 K 线、周 K 线、月 K 线及分时走势等进行分析。

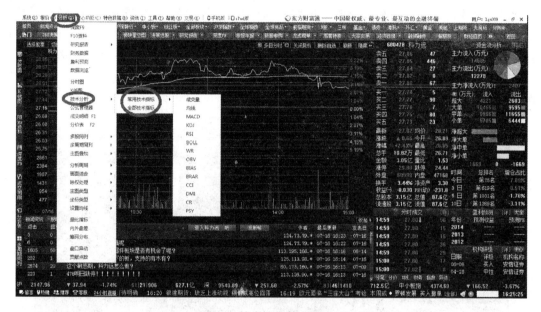

图 6.1 技术分析基本操作(1)

图 6.2 技术分析基本操作(2)

6.2 移动成本分析

6.2.1 移动成本分布状态分析

股票的流通盘是固定的,无论流通筹码在股票中怎样分布,其累计量必然等于流通盘。股票的持仓成本就是流通盘在不同的价位有多少股票数量。对股票进行持仓成本分析能帮助广大股民有效地判断股票的行情性质和行情趋势,判断成交密集的筹码分布和变化,识别庄家建仓和派发的全过程,有效地判断行情发展中重要的支撑位和阻力位。采用移动成本分布状态分析,股民可以非常容易地了解到不同时期的持仓成本分布状况。

图 6.3 中,在 K 线图右侧叠加了一层明亮不同的云,这是"移动成本分布云",它是在移动成本分布基础上的改进创新。

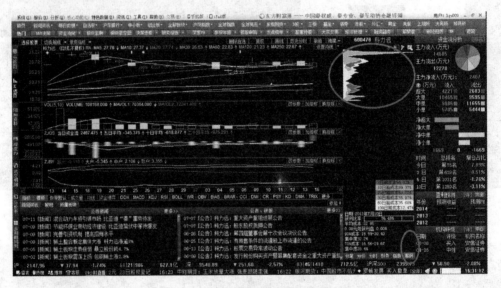

图 6.3　移动成本分布状态分析

移动成本分布云的画法,就是基准日开始往前推算每天的成交量在该天的最高价和最低价之间平均分布叠加,一直叠加到计算天数内的成交量等于成本(即流通量),这样形成的图形就是流通盘在各个价位的分布,这样我们不但可以判断各个时期的成本分布情况,而且从各个时期云的大小可以判断各个时期的换手率大小,云越长表示近期换手率越高。移动成本分布云用于根据成本在各个价位的分布变化情况判断庄家行为和行情变化,在实战中具有很高的实用价值,移动成本分布的一个显著特点就是象形性和直观性。它通过横向柱状线与股价 K 线的叠加形象直观地标明各价位的成本分布量。在日 K 线图上,随着光标的移动,系统在 K 线图的右侧显示若干根水平柱状线。线条的高度表示股价,长度代表持仓成本数量在该价位的比例。也正是由于其象形性,使得移动成本分布在测定股票的持仓成本分布时会显示不同的形态特征,这些形态特征正是股票成本结构的直观反映。不同的形态具有不同的形成机理和不同的实战含义。

> **知识链接**
>
> **移动成本分布的特征**
>
> 移动成本分布指标通过对股票成交换手的动态分析和研究，透视出股票成本转换的全过程，并形象地标明股票不同时间段、不同价位持仓筹码的分布量和变化情况。确切地说，它不能称之为指标，因为它没有指标那种确切性，没有指标的交叉、背离及数值信号，但它却能以其独特的方式向人们展示股票的成本分布事实，然而这种事实的展示无疑对庄家构成了威胁，却能使投资者有效地研判股票的成本结构，并以此指导自己的实战操作。
>
> 移动成本分布的移动特性在于可以选择任意交易日作为测试成本分布的基准点，形象直观地透视出相对于这个测试基准点股票的筹码分布状况；此外，通过不断移动改变测试基准点，动态地透视出各价位持仓量的增减变化，从而全面地透视成本转换的全过程。
>
> 移动成本分布的独特之处在于强大的透视性，它可以形象而直观地显示股票的成本结构，并将每一个阶段的持仓成本分布变化毫无保留地展示在我们的面前。
>
> （资料来源：http: //wenku.baidu.com/view/2bbf2946bcf84b9d528ea7aad.html.）

6.2.2 单峰密集

单峰密集是移动成本分布所形成的一个独立的密集峰形，它表明该股票的流通筹码在某一特定的价格区域充分集中。单峰密集对于行情的研判有 3 个方面的实战意义。

（1）当庄家为买方，股民为卖方时，所形成的单峰密集就意味着上攻行情的爆发。

（2）当庄家为卖方，股民为买方时，所形成的单峰密集就意味着下跌行情的开始。

（3）当庄家和股民混合买卖时，这种单峰密集将持续到趋势明朗。

正确地研判单峰密集的性质是判明行情性质的关键所在，有正确的研判才会有正确的操作决策。

根据股价所在的相对位置，单峰密集可分为低位单峰密集和高位单峰密集。见图 6.4 和图 6.5。

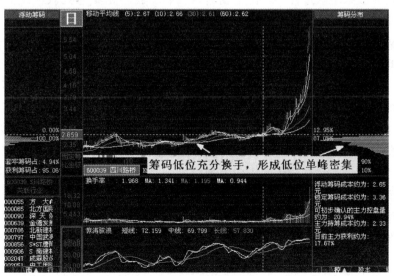

图 6.4 低位单峰密集

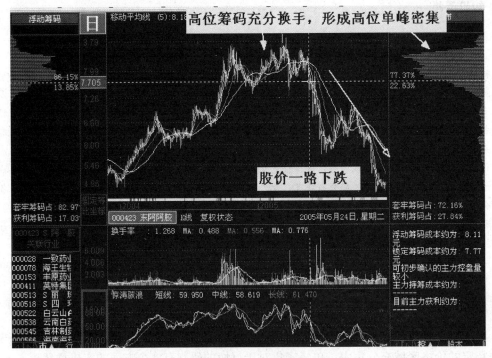

图 6.5　高位单峰密集

6.2.3　多峰密集

股票筹码分布在两个或两个以上价位区域，分别形成了两个或两个以上密集峰形。上方的密集峰称为上密集峰，下方的密集峰称为下密集峰，中间的密集峰称为中密集峰。根据上下峰形成的时间次序不同，可分为下跌多峰和上涨多峰。

下跌多峰是股票下跌过程中，由上密集峰下行，在下密集峰处获得支撑形成下密集峰，而上密集峰仍然存在。

当股价处于下跌双峰状态时，一般不会立即发动上攻行情。因为如果股价迅速突破上峰，展开上攻行情，就会使市场获利分布不均匀，下峰获利较高，如果市场追涨意愿不高，庄家就会面临下峰的获利抛压和上峰的解套抛售双重压力，给庄家的拉升带来困难。必须指出，峰谷仅对下跌双峰具有意义，只有下跌双峰才会在峰谷外形成二峰谷一的单峰密集。上涨多峰是股票上涨过程中，由下密集峰上行，在上密集峰处横盘震荡整理形成一个以上的密集峰。对上涨双峰的行情研判主要观察上下峰的变化对比。在上涨双峰中，下峰的意义非常的重大，它充分表明了庄家现阶段仓底筹码的存有量。如果上峰小于下峰，行情将继续看涨；反之，随着上峰的增大，下峰迅速减小，是下峰筹码被移至上峰的表现，此时庄家出货的可能性增大。

下跌多峰密集通常最下方的峰为吸筹峰，也称支撑峰；相对于吸筹峰，每一个上峰都是阻力峰。筹码通常经震荡整理在最下峰外形成峰密集。上方的每一个峰将被逐渐消耗，下跌多峰中的上峰通常是庄家派发区域，其峰密集是庄家派发的结果，上峰筹码主要是套牢盘。上涨多峰通常出现在坐庄周期跨度较大的股票中，该类股在长期上涨过程中进行间息整理，形成多峰状态。它表明庄家仍没有完成持仓筹码的派发，见图6.6和图6.7。

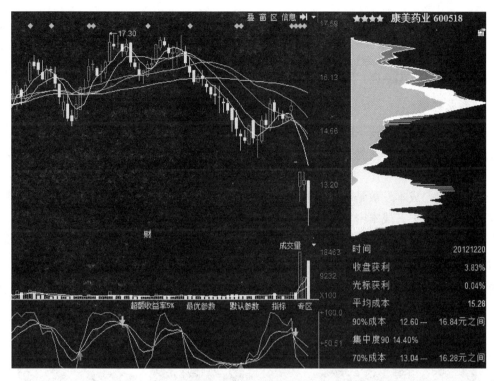

图6.6 下跌多峰

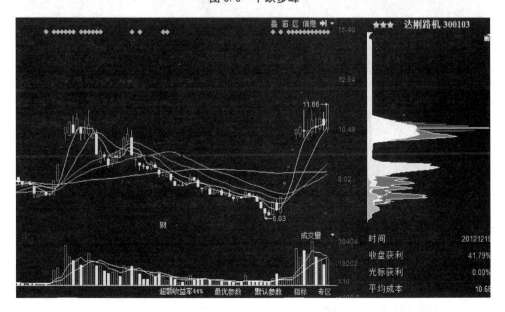

图6.7 上涨多峰

6.2.4 成本发散

1. 形态特征

成本分布呈现不均匀松散的分布状态。

2. 形态种类

根据趋势的方向不同，可分为向上发散和向下发散。

3. 形成机理

在一轮行情的拉升或下跌过程中，由于股价的波动速度较快，使得持仓筹码在每一个价位迅速分布。对于单交易日而言，其筹码换手量增大，但整个价格波动区域呈现出筹码分散的状态。

必须指出，成本发散是一个过渡状态，当新的峰密集形成后，成本发散将随着峰密集程度的增大而消失。成本密集是下一阶段行情的孕育过程，是行情的展开过程。成本分布的密集和发散将投资行为鲜明地分为两个阶段，成本密集是决策阶段，成本分布发散是决策的实施阶段。一旦成本密集，就意味着发生了大规模的成交换手。这种大规模的成交换手意味着行情的性质将发生改变，见图6.8。

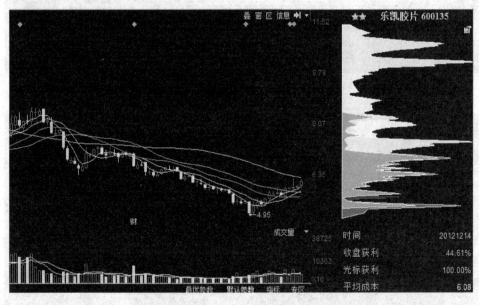

图6.8 成本发散

6.3 技术指标及其应用

6.3.1 技术指标法的含义与本质

所谓技术指标法，就是应用一定的数学公式，对原始数据进行处理，将处理结果绘成图表，进而从定量的角度对股市进行预测的方法。这里的原始数据指开盘价、最高价、最低价、收盘价、成交量和成交金额。

技术指标法的本质是通过数学公式产生技术指标。这个指标反映了股市的某一方面深层次的内涵，这些内涵仅仅通过原始数据是很难看出的。技术指标是一种定量分析方法，它克服了定性分析方法的不足，极大提高了具体操作时的精确度。例如，股价不断下跌时，总是要反弹的。那么跌到什么程度才可以买进呢？

仅凭定性方面的知识是不能回答这个问题的，乖离率等技术指标在很大程度上能够帮助解决这一问题。尽管不是百分之百准确，但至少能在数量方面提供参考。

6.3.2 技术指标法与其他技术分析方法的关系

其他技术分析方法都有一个共同的特点就是只重视价格，不重视成交量。如果单纯从技术的角度看，没有成交量的信息，同样可以进行行情的分析与预测。然而没有成交量的分析，无疑是丢掉了很重要的一类信息，分析结果的可信度将会降低。

技术指标由于种类繁多，因而考虑的方面就很多，人们能够想到的，几乎都能在技术指标中得到体现，这一点是别的技术分析方法无法比拟的。

在进行技术指标的分析与判断时，也经常用到其他技术分析方法的基本结论。例如，在使用相对强弱（relative strength index，RSI）等指标时，我们经常要用到形态学中的头肩形、颈线和双重顶之类的结果及切线理论中支撑线和压力线的分析手法。由此可见，全面学习技术分析的各种方法是很重要的。

6.3.3 技术指标的应用法则与注意问题

1. 技术指标分析的应用法则

技术指标分析法的应用主要应遵循以下法则。
（1）指标的背离是指指标的走向与股价的走向不一致。
（2）指标的交叉是指指标中的两条线发生了相交现象，常说的金叉与死叉就属于这种情况。
（3）指标的徘徊是指指标处于进退两可的状态，没有对未来方向的明确判断。
（4）指标的高位和低位是指指标进入超买区和超卖区。
（5）指标的转折是指指标的图形发生了调头，这种调头有时是一个趋势的结束和另一个趋势的开始。
（6）指标的盲点是指指标无能为力的时候。

2. 应用技术指标的注意问题

1) 任何技术指标都有自己的适用范围和应用条件

任何技术指标都有自己的适用范围和应用条件，得出的结论也都有成立的前提和可能发生的意外。因此，不考虑这些结论成立的条件，盲目绝对地相信技术指标是要出错误的;从另外一个角度考虑,也不能认为技术指标有可能出错误而完全否定技术指标的作用。

每种指标都有自己的盲点,也就是指标失效的时候。在实际应用中应不断总结,并找出盲点所在,这对技术指标应用时减少错误的发生是很有益处的。当一个技术指标失效时,应考虑其他技术指标。

2) 在实际应用时,应结合多种技术指标进行分析

应用一种指标容易出现错误,但当使用多个具有互补性的指标时,可以极大地提高预测的精度。因此,实际应用时,常常以四五个互补性的指标为主,辅以其他的技术指标,用以提高预测的精度,提高决策水平。

6.3.4 常用技术指标

1. MACD 指标

MACD(moving average convergence divergence)指标是根据移动平均线较易掌握趋势变动的方向的优点所发展出来的,它是利用两条不同速度(短期的移动平均线变动的速率快,长期的移动平均线变动的速度较慢)的指数平滑移动平均线来计算两者之间的离差状况(difference,DIF)又名离差值,作为研判行情的基础,然后再求取其 DIF 的 9 日平滑移动平均线,即 MACD 线。MACD 实际就是运用快速与慢速移动平均线聚合与分离的征兆,来研判买出与卖进的时机和信号,见图 6.9。

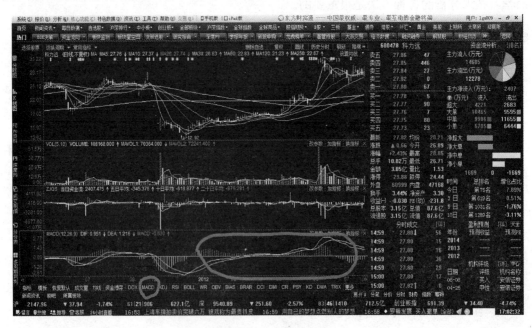

图 6.9 MACD 指标

1) 计算方法

MACD 在应用上,是以 12 日为快速移动平均线(12 日 EMA),而以 26 日为慢速移动

平均线(26 日 EMA)，首先计算出这两条移动平均线数值，再计算出两者数值间的离差值。

(1) 计算移动平均值(exponential moving average，EMA)。

快速平滑移动平均线的计算公式为

$$今日\text{EMA}(12)=\frac{2}{13}\times 今日收盘价+\frac{11}{13}\times 昨日\text{EMA}(12)$$

慢速平滑移动平均线的计算公式为

$$今日\text{EMA}(26)=\frac{2}{27}\times 今日收盘价+\frac{25}{27}\times 昨日\text{EMA}(26)$$

(2) 计算离差值(DIF)。

$$\text{DIF}=\text{EMA}(12)-\text{EMA}(26)$$

(3) 计算 DIF 的 9 日 EMA(即 MACD 值)，为了不与指标原名相混淆，此值又名 DEM。

将 DIF 与 MACD 值分别绘出线条然后依"交错分析法"分析，当 DIF 线向上突破 MACD 平滑线即为涨势确认点，也就是买入信号；反之，当 DIF 线向下跌破 MACD 平滑线时，即为跌势确认点，也就是卖出信号。

2) 应用法则

MACD 在买卖交易的判断上，有以下几个信号功能。

(1) 当 DIF 和 MACD 在 0 以上，属多头市场，DIF 向上突破 MACD 是买入信号；若 DIF 向下突破 MACD 只能认为回档，进行获利了结。

(2) 当 DIF 和 MACD 在 0 以下，属空头市场。此时，若 DIF 向下突破 MACD，是卖出信号；若 DIF 向上突破 MACD，只能认为反弹，可暂时补空。

(3) 当 DIF 跌破 0 轴线时，此为卖出信号，即 12 日 EMA 与 26 日 EMA 发生死亡交叉的信号。当 DIF 上穿 0 轴线时，为买入信号，即 12 日 EMA 与 26 日 EMA 发生黄金交叉的信号。

(4) "背离信号"的判断。当股价走势出现 2 个或 3 个近期低点时，而 DIF(MACD) 并不配合出现新低点，可买入；当股价走势出现 2 个或 3 个近期高点时，而 DIF(MACD) 并不配合出现新高点，可卖出。

2. KDJ 指标

KDJ 全名为随机指标(stochastics)，由乔治·莱恩所创，他的综合动量观念、强弱指标及移动平均线的优点，早年应用在期货投资方面，功能颇为显著，目前为股市中最常用的指标之一。KDJ 指标示意图见图 6.10。

1) 计算方法

在产生 KD 以前，先产生了一个未成熟随机值 RSV(row stochastic value)，计算公式为

$$\text{RSV}(n)=\frac{C_n-L_n}{H_n-L_n}\times 100$$

式中：C_n——第 n 日的收盘价；

H_n——最近 n 日内的最高价；

L_n——最近 n 日内的最低价；

K 值——RSV 的 3 日平滑移动平均；

D 值——K 值的 3 日平滑移动平均。即

$$今日 K 值 = 今日 RSV \times \frac{1}{3} + 昨日 K 值 \times \frac{2}{3}$$

$$今日 D 值 = 今日 K 值 \times \frac{1}{3} + 昨日 D 值 \times \frac{2}{3}$$

式中：初始的 K 值、D 值，可以用当日的 RSV 值或以 50 代替。根据计算公式可知，K 指标为快指标，D 指标为慢指标。

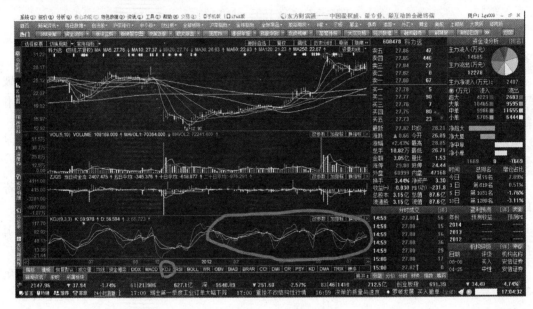

图 6.10　KDJ 指标

J 指标为一个附带指标，其计算公式为

$$J = D + 2(D - K)$$

可见 J 值是 D 值加上一个修正值。其实质是反映 D 值和 D 值与 K 值的差值。

2）应用法则

（1）超买超卖区域的判断。%K 值在 80 以上，%D 值在 70 以上为超买的一般标准。%K 值在 20 以下，%D 值在 30 以下，为超卖的一般标准。

（2）背驰判断。当股价走势一峰比一峰高时，随机指数的曲线一峰比一峰低，或股价走势一底比一底低时，随机指数曲线一底比一底高，这种现象被称为背驰。随机指数与股价走势产生背驰时，一般为转势的信号，表明中期或短期走势已到顶或见底，此时应选择正确的买卖时机。

（3）%K 线与%D 线交叉突破判断。当%K 值大于%D 值时，表明当前是一种向上涨升的趋势，因此%K 线从下向上突破%D 线时，是买进的信号；反之，当%D 值大于%K 值，表明当前的趋势向下跌落，因而%K 线从上向下跌破%D 线时，是卖出讯号。

(4) %K线与%D线的交叉突破，在80以上或20以下较为准确。KD线与强弱指数的不同之处是，它不仅能够反映市场的超买或超卖程度，还有通过交叉突破发出买卖讯号的功能。但是，当这种交叉突破在50左右发生，走势又陷入盘局时，买卖讯号应视为无效。

(5) %K线形状判断。当%K线倾斜度趋于平缓时，是短期转势的警告讯号，这种情况在大型热门股及指数中准确度较高，而在冷门股或小型股中准确度较低。

3) 注意事项

(1) 随机指数的一种较短期、敏感的指标。

(2) 随机指数的典型背驰准确性颇高，看典型背驰区注意D线，而K线的作用只是发出买卖信号。

(3) 在使用中，常有J线的指标，3K－2D＝J，其目的是求出K值与D值的最大乖离程度，以领先KD值找出底部和头部。%J大于100时为超买，小于10时为超卖。

4) 常用参数

KDJ的常用参数是9天。

3. 布林指标

布林指标是一个路径型指标，由上限和下限两条线，构成一个带状的路径。股价超越上限时，代表超买；股价超越下限时，代表超卖。布林指标的超买超卖作用，只能运用在横向整理的行情中。布林指标示意图见图6.11。

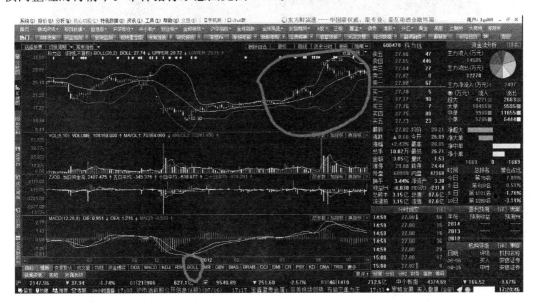

图6.11 布林指标

布林指标包括以下应用法则。

(1) 布林线利用波带可以显示其安全的高低价位。

(2) 当易变性变小，而波带变窄时，激烈的价格波动有可能随即产生。

(3) 高低点穿越波带边线时，立刻又回到波带内，会有回档产生。

(4) 波带开始移动后，以此方式进入另一个波带，这对于找出目标值相当有帮助。

4. CCI 指标

CCI 指标即顺势指标(commodity channel index)，专门测量股价是否已超出常态分布范围。属于超买超卖类指标中较特殊的一种，波动于正无限大和负无限小之间。但是，又不需要以 0 为中轴线，这一点与波动于正无限大和负无限小的指标不同。然而每一种的超买超卖指标都有"天线"和"地线"。除了以 50 为中轴的指标，天线和地线分别为 80 和 20 以外，其他超买超卖指标的天线和地线位置，都必须视不同的市场、不同的个股特性而有所不同。只有 CCI 指标的天线和地线分别为＋100 和－100。CCI 指标示意图见图 6.12。

图 6.12　CCI 指标

CCI 指标包括以下应用法则。

(1) CCI 与股价产生背离现象时，是一项明显的警告信号。

(2) CCI 正常波动范围在±100 之间，＋100 以上为超买信号，－100 为超卖信号。

(3) CCI 主要是测量脱离价格正常范围的变异性。

5. 慢速 KD

慢速 KD(SKD，SLOWKD)是随机指标的一种，只是 KD 指标属于较快的随机波动，SKD 线则是属于较慢的随机波动。依股市经验，SKD 较适合用于作短线，由于它不易出现抖动的杂讯，买卖点较 KD 明确，SKD 线的 K 值在低档出现，与指数背离时，应用买点，尤其在 K 值第二次超过 D 值时更是如此。慢速 KD 见图 6.13。

6. MTM 指标

MTM 指标(momentom index，动量指标)是一种专门研究股价波动的技术分析指标，它以分析股价波动的速度为目的，研究股价在波动过程中各种加速、减速、惯性作用及股价由静到动或由动转静的现象。

MTM 指标的理论基础是价格和供需量的关系。股价的涨幅随着时间变化必须日渐缩小，变化的速度力量慢慢减缓，行情则可反转；反之，下跌亦然。MTM 指标就是通过计算股价波动的速度，得出股价进入强势的高峰和转入弱势的低谷等不同信号，由此成为投资者较喜爱的一种市场分析工具。股价在波动中的动量变化可通过每日的动量点连成曲线即动量线反映出来。在动量指数图中,水平线代表时间,垂直线代表动量范围。动量以 0 为中心线,即静速地带,中心线上部是股价下跌地带,动量线根据股价波动情况围绕中心线做周期性往返运动,从而反映股价波动的速度。MTM 指标见图 6.14。

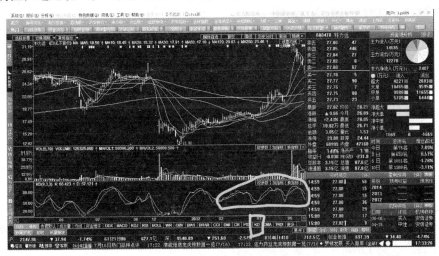

图 6.13 慢速 KD

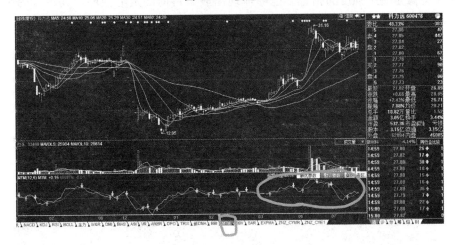

图 6.14 MTM 指标

1) 计算方法

MTM 指标的计算公式为

$$MTM = C - C_n$$

式中：C——当日收市价；

C_n——n 日前收市价；

n——设定参数,一般选设 10 日,亦可选择 6~14 日。

2) 运用法则

(1) 一般情况下,MTM 由上向下跌破中心线时,为卖出时机；相反,MTM 由下向上突破中心线时,为买进时机。

(2) 在选设 10 日移动平均线情况下,当 MTM 在中心由下向上突破中心线时,为买进时机。

(3) 股价在上涨行情中创出最高点,而 MTM 未能配合上升,出现背驰现象,意味上涨动力减弱,此时就关注行情,慎防股价反转下跌。

(4) 股价在下跌行情中走出新低点,而 MTM 未能配合下降,出现背驰,该情况意味下跌动力减弱,此时应注意逢低承接。

(5) 若股价与 MTM 在低位同步上升,显示短期将有反弹行情;若股价与 MTM 在高位同步下降,则显示短期可能出现股价回落。

3) 评价

有时只用动量来分析研究,显得过于简单,在实际中再配合一条动量值的移动平均线使用,形成快慢速移动平均线的交叉现象,用以对比,修正动量指数,效果很好。

7. DDX

DDX 表明大单动向,是根据大单买入净量占流通盘的百分比计算得到的。DDX 越大越好。直观视觉上表现为,指标内的柱形显示为红色,DDX 后面的箭头向上,这就叫 DDX 翻红;DDX 后面的箭头向下,柱形显示为绿色。它是涨跌动因指标,基于大智慧新一代的逐单分析,逐单分析是对交易委托单的分析,涨跌动因是每日卖出单数和买入单数差的累计值。它是 Level - 2 行情数据。

DDX 更像是一个强度的指标,能够体现出股票目前的走势强弱,其参考的时间价值相对较短,2~3 天内会比较有效,见图 6.15。

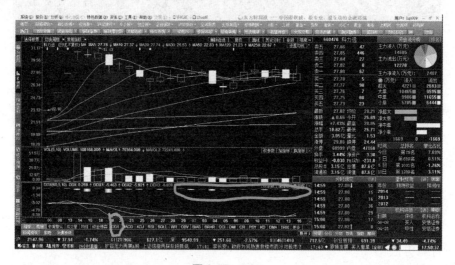

图 6.15 DDX

知识链接

DDY、DDZ、DDE 和 BBD

DDY 是指委托单的数量,它反映了交易参与者的众寡。DDY 红绿柱线是每日卖出单数和买入单数的差占持仓人数的比例(估算值),DDY1 是单数差的 60 日平滑累加值(参数 P1 可调),DDY2 是 DDY1 的 5 日和 10 日均线。用法如下。

(1) 如果当日红绿柱线为红色表示当日单数差为正,大单买入较多;反之,如果当日红绿柱线为绿色表示当日单数差为负,大单卖出较多。

(2) 3线持续向上则表示筹码在持续向少数人转移,有主力资金收集,股价有持续的上涨动力。

(3) 股价上涨而3线却向下,表明是游资短线和散户行情,一般不具备长期的上涨动力。

(4) DDY指标要在一个较长的周期内观察,如果一段时间内3线持续向上,那么每次股价回调就是买入良机。相反如果上涨时3线持续向下,那么短线超买就是减仓良机。

(5) 一般,在0轴线以上说明长期的累积值是趋向搜集,0轴线以下说明长期的累积值是派发。

(6) DDY指标具有极大的超前性,因为筹码的收集和派发都有一个过程。股价尽管还沿着原来的趋势运行,但筹码转移的方向已经逆转。

(7) 可以在动态显示牌中对DDY由大到小排序选出短线强势股。排序靠前的股票代表当日出货散户比例最大的股票,这个值一方面可以和DDX相互验证;另一方面可以发现主力悄悄建仓的股票。

DDZ是大单差分指标,红色彩带表示了大资金买入强度,色带越宽越高表示买入强度越大。当彩带突然升高放宽时往往预示短线将快速上涨。对大单质量的评价,反映大资金的实力。DDZ的作用在于衡量买卖双方大单的力度,对于大盘股和机构分歧较大的股票比较有效,当然对于多方主力占绝对优势的股票更容易排行靠前。在动态显示牌下对该指标排序可以选出短线强势股。

DDE(data depth estimate)包括DDX、DDY、DDZ 3个指标。DDE是深度数据估算,这是大智慧公司独创的、具有垄断优势的动态行情数据分析技术。它不但能实时统计交易数据,而且能够揭示交易的本质,帮助投资者迅速形成决策,把握短线机会。DDE的核心内容是估算委托单,盘中的行情数据仅仅是成交数据,老行情是分时数据,即定时的行情切片,Level-2发展到逐笔成交揭示,但这些都不是投资者真实的委托单,要揭示交易的本质,必须估算委托单,这是最重要也是最难的一步。

BBD又称为"多空趋势",也有人称之为"BBD决策"。其实质是股票市场所有个股的大单之差。也就是大买单和大卖单之差。所以它根本上就是一个"大单净差"。它反映了大资金的成交方向和力度。我们可以通过大资金是在买还是在卖来掌握未来趋势。正值表示资金在流入,而负值则表示资金在流出。BBD反映的是多空双方争战的情况,其数值表示了多空的力度。实时的BBD数据,表示了当时多空能量的大小。而BBD曲线则反映了一段时间里多空双方的情况,并可由此判断出多空双方的趋势,从而对股指的趋势有一个方向性的判断,见图6.16。

代码	股票名称	价格	涨跌幅(%)	DDX	DDX排名	DDX飘红天数 10日内(天)	DDX飘红天数 连续(天)	DDY	DDY排名	DDZ	DDZ排名
300191	潜能恒信	18.57	10.01	3.42	1	5	5	2.994	3	22.645	27
600078	澄星股份	9.94	0	1.41	2	7	6	0.531	17	18.692	42
600272	开开实业	9.15	9.98	1.364	3	5	4	1.663	4	61.976	4
600898	ST三联	6.5	-0.91	1.217	4	9	9	0.334	38	14.732	66
002633	申科股份	10.1	-3.99	0.934	5	8	5	1.118	8	8.298	147
002620	瑞和股份	19.17	0.95	0.794	6	3	1	0.359	36	6.624	186
600385	ST金泰	4.59	5.03	0.777	7	5	3	0.472	21	20.717	37
600301	GT贵航	4.01	0.50	0.608	8	3	1	0.137	111	8.208	204
300238	冠昊生物	26.08	1.09	0.602	9	1	1	0.495	20	4.64	253
300235	方直科技	9.09	-9.64	0.553	10	3	1	-0.716	2186	0.812	459
300016	北陆药业	12.43	-3.49	0.537	11	6	2	0.313	42	15.341	60
002625	龙生药业	9.32	-10.04	0.532	12	1	1	-0.255	1701	3.851	294
300086	康芝药业	12.48	-3.11	0.529	13	6	1	0.284	47	22.245	29
300300	汉鼎股份	23.65	-0.25	0.502	14	4	1	0.677	12	11.81	90
002412	汉森制药	18.28	-0.98	0.482	15	1	1	-0.033	610	2.825	327
300299	富春通信	14.09	-9.97	0.461	16	7	6	-1.163	2289	1.352	423
002656	卡奴迪路	43.89	-4.3	0.459	17	7	1	-0.049	719	4.648	252
300179	四方达	12.94	-8.55	0.435	18	6	2	0.004	327	4.844	242
002076	雪莱特	7.84	-0.63	0.427	19	6	1	0.461	23	16.241	55
600077	ST百科	5.39	-4.6	0.41	20	3	1	-0.508	2084	-1.508	604

图6.16 2012年7月16日,Level-2数据DDX排名前50

(资料来源:http://www.gupiaodadan.com/level2-home-1.)

本章小结

本章介绍了证券投资技术分析的基本问题和方法。技术分析是以证券市场的历史轨迹为基础，运用图表、形态、指标等手段，通过对证券市场行为的分析，作出对证券价格发展趋势的预测估计。作为一种投资分析工具，技术分析是以一定的假设条件为前提的：市场行为涵盖一切信息，证券价格沿趋势移动，历史会重复。技术分析的三大要素是证券价格、成交量和价格变动的时间跨度。技术分析方法种类繁多，形式多样，概括起来主要有以下6种类型：图示分析法、趋势分析法、结构分析法、指标分析法、市场特征分析法和波浪理论分析法。

股票的流通盘是固定的，无论流通等筹码在股票中怎样分布，其累计量必然等于流通盘。股票的持仓成本就是流通盘在不同的价位有多少股票数量。单峰密集是移动成本分布所形成的一个独立的密集峰形，它表明该股票的流通筹码在某一特定的价格区域充分集中。股票筹码分布在两个或两个以上价位区域，分别形成了两个或两个以上密集峰形。必须指出，成本发散是一个过渡状态，当新的峰密集形成后，成本发散将随着峰密集程度的增大而消失。成本密集是下一阶段行情的孕育过程，成本发散是行情的展开过程。

所谓技术指标法，就是应用一定的数学公式，对原始数据进行处理，将处理结果绘成图表，进而从定量的角度对股市进行预测的方法。这里的原始数据指开盘价、最高价、最低价、收盘价、成交量和成交金额。

基本概念

图示分析法　趋势分析法　结构分析法　指标分析法　市场特征分析法　波浪理论分析法　单峰密集　多峰密集　成本发散　MACD　KDJ　BOLL　CCI　KD　MTM

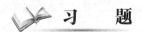

习　题

一、简答题

1. 简述技术分析的含义和技术分析的假设条件。
2. 简述技术分析的三大要素和技术分析的理论基础。
3. 技术分析方法的特点是什么？
4. 技术分析主要分为哪几类？各自有什么特点？
5. 影响价格上下波动的最根本因素是什么？
6. 根据自己的实践谈谈技术分析和基本分析应该如何结合。
7. 如何理解技术分析的三大假设？
8. 什么是技术指标？
9. 应用技术指标的法则有哪些？

10. 移动平均线的作用是什么？
11. RSI 的计算公式是什么？RSI 反映价格变动有哪方面的特征？
12. 技术指标中参数的选择是否影响技术指标的结论？
13. 什么是技术指标与价格的背离？应该如何使用？
14. RSI、KD 指标是如何计算和使用的？
15. 谈谈 BIAS 的构造原理。
16. 熟练使用 MACD、KDJ、RSI 和 BIAS 等技术指标，并理解这些技术指标的极端值的意义。

二、选择题

1. 针对证券市场本身变化规律进行分析的方法通常被称为（　　）。
   A. 技术分析　　　　　　　　B. 定量分析
   C. 基本分析　　　　　　　　D. 宏观经济分析
2. 技术分析理论认为市场过去的行为（　　）。
   A. 完全确定未来的走势　　　B. 可以作为预测未来的参考
   C. 对预测未来的走势无帮助
3. 技术分析流派对股票价格波动原因的解释是（　　）。
   A. 对价格与所反映信息内容偏离的调整
   B. 对价格与价值偏离的调整
   C. 对市场心理平衡状态偏离的调整
   D. 对市场供求均衡状态偏离的调整
4. 学术分析流派对股票价格波动原因的解释是（　　）。
   A. 对价格与所反映信息内容偏离的调整
   B. 对价格与价值偏离的调整
   C. 对市场心理平衡状态偏离的调整
   D. 对市场供求均衡状态偏离的调整
5. 基本分析流派对股票价格波动原因的解释是（　　）。
   A. 对价格与所反映信息内容偏离的调整
   B. 对价格与价值偏离的调整
   C. 对市场心理平衡状态偏离的调整
   D. 对市场供求均衡状态偏离的调整
6. 心理分析流派对股票价格波动原因的解释是（　　）。
   A. 对价格与所反映信息内容偏离的调整
   B. 对价格与价值偏离的调整
   C. 对市场心理平衡状态偏离的调整
   D. 对市场供求均衡状态偏离的调整
7. 与基本分析相比，技术分析的优点是（　　）。
   A. 能够比较全面地把握证券价格的基本走势
   B. 同市场接近，考虑问题比较直观

C. 考虑问题的范围相对较窄

D. 进行证券买卖见效慢，获得利益的周期长

8. 技术分析流派对待市场的态度是（   ）。

　A. 市场有时是对的，有时是错的　　　B. 市场永远是对的

　C. 市场永远是错的　　　　　　　　　D. 不置可否

9. 基本分析流派对待市场的态度是（   ）。

　A. 市场有时是对的，有时是错的　　　B. 市场永远是对的

　C. 市场永远是错的　　　　　　　　　D. 不置可否

10. 基本分析主要适用于（   ）。

　A. 周期相对比较长的证券价格预测、相对成熟的证券市场及预测精确度要求不高的领域

　B. 短期的行情预测

　C. 预测精确度要求高的领域

　D. 周期相对比较短的证券价格预测

11. 进行证券投资技术分析的假设中，（   ）是从人的心理因素方面考虑的。

　A. 市场行为涵盖一切信息　　　　　　B. 价格沿趋势移动

　C. 历史会重演　　　　　　　　　　　D. 投资者都是理性的

12. 技术分析适用于（   ）。

　A. 短期的行情预测　　　　　　　　　B. 周期相对比较长的证券价格预测

　C. 相对成熟的证券市场　　　　　　　D. 适用于预测精确度要求不高的领域

13. 技术分析指标MACD是由异同平均数和正负差两部分组成，其中（   ）。

　A. DEA是基础　　　　　　　　　　　B. EMA是基础

　C. DIF是基础　　　　　　　　　　　D. EMA和DEA是基础

14. 将一段时期内每日收盘价减去上一日的收盘价，得出一组正数和负数，依据这组数据可以计算的技术指标是（   ）。

　A. MA　　　B. MACD　　　C. RSI　　　D. KDJ

15. 技术指标乖离率的参数是（   ）。

　A. 天数　　　B. 收盘价　　　C. 开盘价　　　D. MA

16. MACD指标出现顶背离时应采取的策略是（   ）。

　A. 买入　　　B. 观望　　　C. 卖出　　　D. 无参考价值

三、判断题

1. MACD、BOLL和KDJ指标既可以运用到个股，又可以应用到综合指数。（   ）

2. 技术分析是以证券市场的过去轨迹为基础，预测证券价格未来变动趋势的一种分析方法。（   ）

3. 道氏理论认为股市千变万化，但却跟经济发展一样都存在着周期性的变化规律。

（   ）

4. 缺口的形成必是当日开盘价出现跳空高开继续高走或是跳空低开继续低走的结果。
( )
5. 反转不同于股价的变动,而是指对原先股价运动趋势的转折性变动。 ( )
6. 股价移动平均线可以帮助投资者把握股价的最高点和最低点。 ( )
7. 成交量是某一交易日中成交的总交易额。 ( )

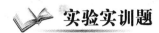 实验实训题

实训：证券投资技术分析

1. 实训目的

通过本实训掌握证券投资技术分析的方法以便做出正确而又理性的判断。要求学生有选择地掌握部分重要技术分析指标的运用方法,包含两方面的内容：一是技术指标的计算公式与设计原理；二是运用技术指标进行股票价格的预测。

2. 实训要点

(1) 技术分析的方法分类。
(2) 主要技术指标分析法。
(3) 技术分析指标的计算公式与价格预测功能。
(4) 趋向指标与反趋向指标。
(5) 量能指标。

3. 实训内容

1) 趋势分析法

(1) 道氏法即道琼斯理论认为股价变动包括长期趋势、中期趋势和短期趋势3个阶段。在长期趋势中,股价涨跌又各包含3个阶段。这一理论为其他图示分析、技术分析提供了理论基础,但它也存在一定的局限性。

(2) OBV(on balance volume)是葛兰威尔提出的以成交量变动或成交值的趋势推测股价变动的一种方法。他认为,成交量是股市的信号,股价不过是它的反映而已。他也提出了一些应用原则。

2) 指标分析法

指标分析法即参数分析,通过对影响股市行情变动的各种参数进行分析,为投资决策提供量化的参考依据。这些技术指标包括人气指标、容量比率、腾落指数、相对强弱指数、威廉指数、乖离率、趋向指数、随机指数、心理曲线、停损指标及指数平滑异同移动平均线等。

4. 问题讨论

技术指标的意义及其局限性。

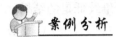

证券投资实训报告（样本）

怀着无比激动的心情，我们终于迎来了大学以来第一次的模拟实验。这次实验主要是针对我们所学的专业开展的证券投资模拟实验。这个学期我们学习了证券投资分析这门课程，接触了很多专业的股票知识，专业理论知识的充实对我们这次的模拟实验提供了很大的帮助。

一、本次实习的主要内容

为期3天的模拟实验课程，在老师的带领下，通过从理论到实践的运用，我们巩固了证券投资分析的专业知识，也学到了许多技术操作方面的知识。我们的实验一共分为9个项目：证券分析系统的基本操作与信息的获取、证券财务分析的基本方法、证券投资的宏观及行业分析方法、实验证券价格趋势线的实战应用、成交量对证券价格变动的影响、技术分析指标的使用及效果检验，以及证券投资的综合分析法中的投资证券的分析与选择、投资组合的构建、投资组合的管理与风险控制。每一项目的实施和完成，我们都要填好自己的实习日志，包括实验的目的与要求、实验的内容、实验记录和实验小结。在实习中，我们每个人都尽自己最大的努力完成当天的任务。

二、模拟分析与操作情况

2011年以来，中国的股票市场行情总体状况不是很乐观，市场上利好与利差消息不断。通过此次证券投资模拟实验，我们得以在近乎现实的环境中体会中国股市的危与机，这为我们今后真正面临证券市场交易留下了一笔宝贵的实践财富。然而在整体局面不好的情况下，也有些股票却出人意料，逆市上扬，"贵州茅台（600519）"就是一个例子。下面我就将自己本次模拟实验最为关注的"贵州茅台（600519）"进行全面的分析。

（一）宏观分析

2011年，我国通货膨胀压力严重，上半年CPI一直处于高位，同时我国GDP增速比2010年有所放缓，根据中国社会科学院蓝皮书预测，2011年中国GDP增长速度为9.6%左右，比上年回落0.7个百分点。央行实施的货币政策，缩紧银根，减少货币供应量，进入到证券市场的资金就相对减少，价格回落使人们对购买证券保值的欲望降低，从而导致证券市场价格呈现回落趋势，不断上调的利率增加了证券投资的成本，上市公司营运成本提高，业绩下降，导致了价格下降。"贵州茅台（600519）"在2011年1～4月一直在180元每股左右，5月才开始上涨，直至12月20日的股价是200.93元/股。

（二）行业分析

据相关资料显示，目前我国白酒行业有3.8万家左右，我国白酒销售收入大幅度上升，近年来我国白酒行业的利润逐步增长。白酒行业是传统行业，高端品牌的白酒除了具有优越的品质，还具有厚重的历史文化积淀，这是靠技术和资金无法实现的，同时这些位于第一集团的企业具有经多年积累的渠道、品牌生产能力、资金等全方位的优势。因此新兴品牌是很难突破这些优势的。

改革开放以来我国经济不断增长，居民可支配消费水平不断提高。追求高档品质的生活已不再是平民百姓的奢望。与以前相比，消费者更加趋向购买中高档白酒。2010—2012年或许是 2004—2006 年后白酒行业获取超额收益的又一"黄金三年"。消费升级和成本回落是 12 年食品饮料业的两条投资主线。中长期建议重点关注贵州茅台，因为它品牌力最强，渠道利润最大，未来提价空间巨大，预计 2012 年 1 月出厂价上调 200 元左右，幅度约 30%。

（三）财务分析

1. 主营收入和营业利润

2011 年前 3 季实现主营收入 1 364 207.55 万元，营业利润 928 239.34 万元，见图 6.17。

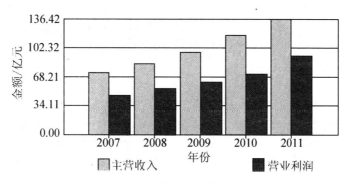

图 6.17　主营收入和营业利润

2. 净利润和每股收益

2011 年前 3 季实现净利润 656 908.46 万元，每股收益 6.33 元，见图 6.18。

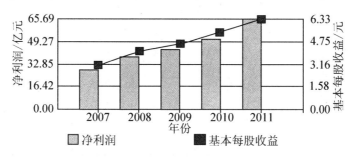

图 6.18　净利润和每股收益

3. 股东权益和未分配利润

截至 2011 年前 3 季最新股东权益 2 279 711.87 万元，未分配利润 1 817 711.97 万元，见图 6.19。

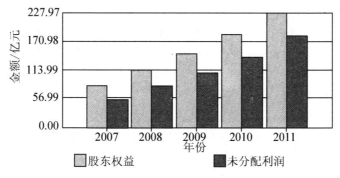

图 6.19　股东权益和未分配利润

4. 总资产和负债

截至 2011 年前 3 季最新总资产 3 289 425.83 万元，负债 981 048.81 万元，见图 6.20。

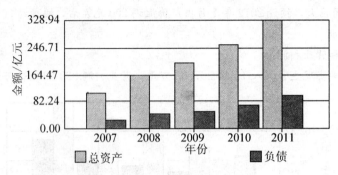

图 6.20　总资产和负债

从上面的图表中可以看出贵州茅台财务状况良好，盈利能力强，且现在该公司市盈率为 28.02，在行业内排名 20，在整个市场排名 931。从公司财务状况来看，贵州茅台具有很强的资金调配能力，各财务指标都显示出公司的财务环境可以给公司未来经营提供充足和稳健的资金支持。这有利于贵州茅台扩大战略选择的范围和战略实施的良好完成，有利于公司业务的进一步发展。

（四）技术分析

1. 价格分析

价格分析见表 6-1。

表 6-1　价格分析

项目 名称	5 日涨幅	10 日涨幅	20 日涨幅
贵州茅台	1.75%	－2.77%	0.06%
食品饮料	－5.25%	－8.57%	－12.12%

近 5 日该股的均价为 198.77 元，最高价为 201.98 元，最低价为 195.05 元，平均涨跌幅为 1.75%，平均成交量为 25 759 手；行业平均涨跌幅为－5.25%，最高涨幅为 5.78%，最低涨幅为－40.97%。

2. 指标分析

MACD 指标，见图 6.21。

在 2011 年 11 月 23 日，DIFF 和 DEA 均为正，且 DIFF 向上突破 DEA 是较强的买入信号；在 12 月 5 日 MACD 柱状线由红变绿，是卖出信号。前后对比看，MACD 指标显示出该股有较强的增长趋势。

KDJ 指标，见图 6.22。

2011 年 11 月 21 日，K 线由右向上交叉，是买入信号；12 月 5 日，K 线由右向下交叉 D，是卖出信号；12 月 16 日，K 线由右向上交叉 D，是买入信号，且从 12 月 5 日看来，KDJ 曲线表明，该股有很强的上涨态势。

综合上面的分析，我建议"贵州茅台 600519"适合中长期持有。

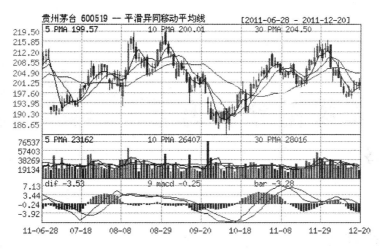

图 6.21　MACD 指标

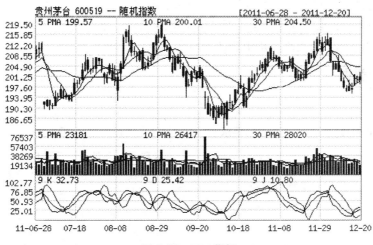

图 6.22　KDJ 指标

三、实习体会与收获

经过此次证券投资模拟实验，我对证券市场有了更进一步的认识，对证券市场是国民经济的"晴雨表"的说法有了新的见解，通过市场对信息的反应程度和反应速度，了解国家政策和财经信息对于经济运行的重要程度，并在一定程度上提升了自己对于金融行业的兴趣，为未来从事相关的工作做了一定的准备。然而，在实践的过程中暴露的问题也是很多的。例如，由于对基础知识掌握和对市场分析能力的不足，导致了对宏观经济分析和行业分析等领域涉及的知识和信息不够完整。还有对于证券投资分析的相关知识把握程度不够，尤其是技术分析中关于指标分析的环节有待提高。

总之，这次实验给我带来了很大的收获，相信会对我以后所从事的相关工作产生重大的影响。同时，暴露出的不足之处也能够让自己快速成长，在今后的学习和实践中掌握更多这方面的知识，希望能够不断努力，加倍完善自己！

（资料来源：http://wenku.baidu.com/view/38164e6daf1ffc4ffe47ac30.html.）

第 7 章 K 线图分析方法

教学目标

通过本章的学习，掌握 K 线图的基本内容，了解 K 线图的画法，掌握 K 线图主要类型，K 线分析在证券投资分析中的重要性，K 线组合分析的要素及 K 线组合的特点，以及 K 线分析中实体、影线的作用。

教学要求

知识要点	能力要求	相关知识
K 线理论	了解 K 线图的画法，掌握 K 线图主要类型	大阳线、大阴线、下影阳线、下影阴线、上影阳线、上影阴线、下十字线、倒十字线、十字星、一字形、光头阳线、光头阴线、光脚阳线、光脚阴线、光头光脚阳线、光头光脚阴线、T 字形、倒 T 字形、长下影线
K 线组合	掌握 K 线组合分析的要素及 K 线组合的特点，以及 K 线分析中实体、影线的作用	曙光初现、黄昏之星、红三兵、阳包阴、阴包阳、吊颈、倒转锤头

经典 K 线形态——搓揉线案例总结

搓揉线的基本图形特征：①多出现在上涨的势头中；②由一正一反两个 T 字组成。

搓揉线是指在中阳线前导后，出现的先上阴 T 形线加下阴 T 形线的 K 线组合为单组"搓揉线"，且会出缩量的配合。单组"搓揉线"之后，往往随之而来的是主升段的急升行情。如果是连续两组"搓揉线"，则上涨的势头会更猛，是急涨的前兆。搓揉线的技术含义：①在上涨中途出现，继续看涨；②在顶部出现，是见顶信号，见到这个信号，要卖出股票，还有一个区分的标志是，在中途出现的搓揉线以小 T 字多，同时量能缩小；③缩量上涨途中出现的搓揉线是主力在洗盘，是一次极其难得的介入机会。

主力做搓揉的目的是洗盘和变盘。

在涨势初期出现搓揉线，大多是主力用该方法清洗浮动筹码，以减轻拉升压力。当股价出现了很大的涨幅以后，主力就开始搅乱大家的视线以达到出货的目的。

图 7.1 和图 7.2 是 2009 年几个搓揉线形态的股票。

搓揉线形态出来后，建议关注一下资金进出的情况，如果有主力资金流入更能提高操盘的成功率。

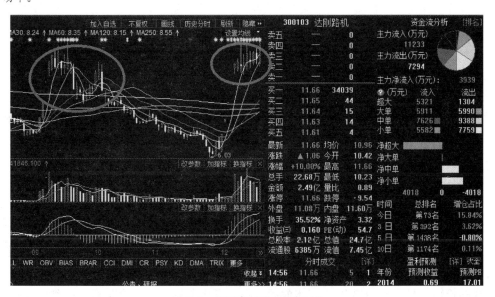

图 7.1 搓揉线形态的股票(1)

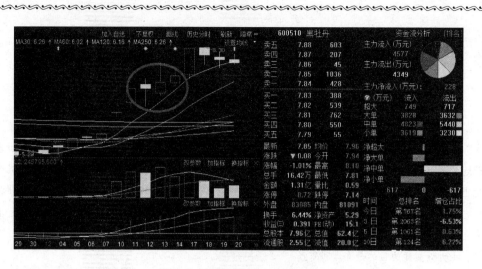

图 7.2　搓揉线形态的股票(2)

上面的案例导出了本章要讨论的内容——K 线图分析方法。本章主要从两个维度进行阐述，一个维度是 K 线图的画法及主要形状，另一个维度就是 K 线图的组合应用。

7.1　K 线图的画法及主要形状

7.1.1　K 线图的画法

K 线又称日本线，起源于日本。当时，日本没有股票市场，K 线只是用于米市交易。经过上百年的运用和发展，目前已经形成了一套完善的 K 线分析理论，在实际中得到了广泛的应用，受到了证券市场、外汇市场及期货市场等各类市场中的投资者的喜爱。

K 线是一条柱状的线条，由影线和实体组成。影线在实体上方的部分叫上影线，下方的部分叫下影线。实体分为阴线和阳线两种，又称为红线和黑线。

K 线图的绘制比较简单，它由开盘价、收盘价、最高价和最低价 4 种价格组成。开盘价与收盘价构成了 K 线的实体，而最高价与最低价则分别组成 K 线的上影线和下影线。K 线实体的长短决定于收盘价与开盘价的差额，而最高价与最低价的高低则决定了上影线和下影线的长短。最高价距离 K 线实体愈远，则上影线愈长；最低价距离实体愈远，则下影线愈长。K 线实体的阴阳要视开盘价与收盘价的关系而定。收盘价高于开盘价的 K 线称为阳线，表示市场处于涨势。

一条 K 线记录的是某一只股票一天的价格变动情况。将每天的 K 线按时间顺序排列在一起，就构成了这只股票的日 K 线图，它反映了这只股票自上市以来的每天价格变动情况。看见了日 K 线图，就会对过去和现在有一个大致的了解。除日 K 线图外，还有周 K 线图、月 K 线图和年 K 线图等几种，分别由周资料、月资料和年资料绘制而成。K 线常见的两种形状见图7.3。

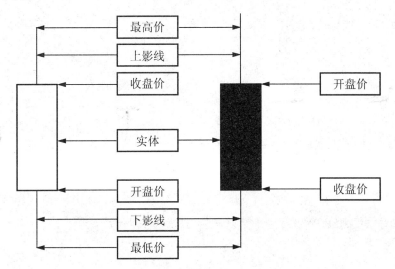

图7.3 K线常见的两种形状

7.1.2 K线图的主要形状

除图7.3的K线形状外，根据4个价格的相互关系，还会产生其他的K线图形状。概括起来有以下6种。

1. 光头阳线和光头阴线

光头阳线和光头阴线是没有上影线的K线。当收盘价或开盘价等于最高价时，就会出现这种K线图，见图7.4和图7.5。

2. 光脚阳线和光脚阴线

光脚阳线和光脚阴线是没有下影线的K线。当开盘价或收盘价等于最低价时，就会出现这种K线图，见图7.6和图7.7。

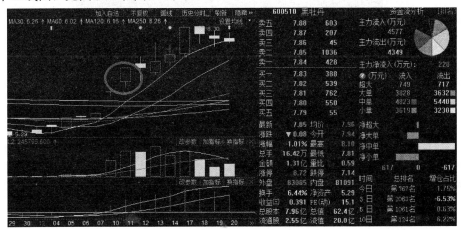

图7.4 光头阳线

图 7.5 光头阴线

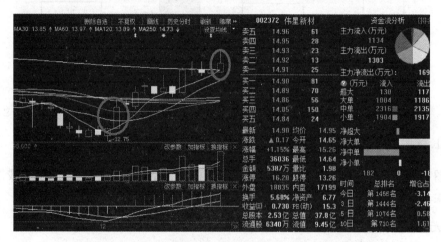

图 7.6 光脚阳线

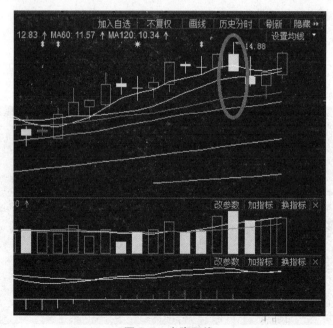

图 7.7 光脚阴线

K 线的几种其他形状见图 7.8 和图 7.9。

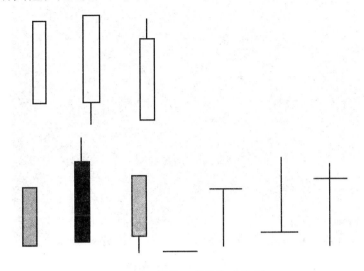

图 7.8 K 线的几种其他形状(1)

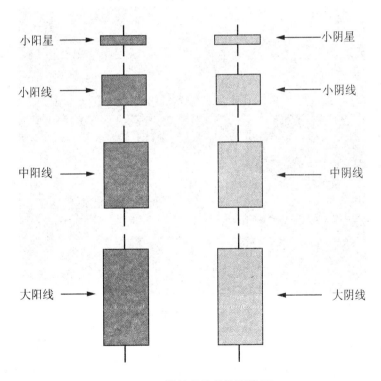

图 7.9 K 线的几种其他形状(2)

3. 光头光脚阳线和阴线

这种 K 线既没有上影线又没有下影线。当收盘价和开盘价分别与最高价和最低价中的一个相等时，就会出现这种 K 线图，见图 7.10 和图 7.11。

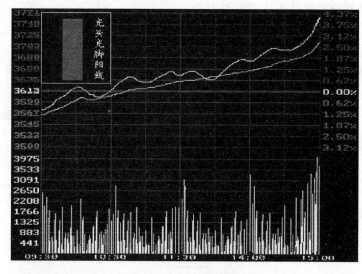

图 7.10 光头光脚阳线

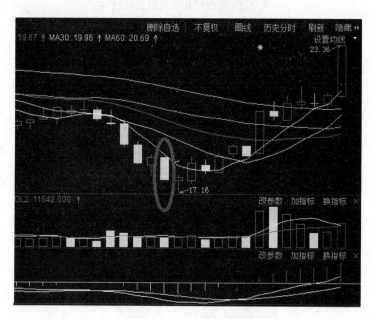

图 7.11 光头光脚阴线

4. 十字星

当收盘价和开盘价相等时，就会出现这种 K 线图。它的特点是没有实体，见图 7.12 和图 7.13。

5. T 字形和倒 T 字形

当收盘价、开盘价和最高价三价相等时，就会出现 T 字形 K 线图；当收盘价、开盘价和最低价三价相等时，就会出现倒 T 字形 K 线图。它们没有实体，也没有上影线或者下影线，见图 7.14 和图 7.15。

第7章 K线图分析方法

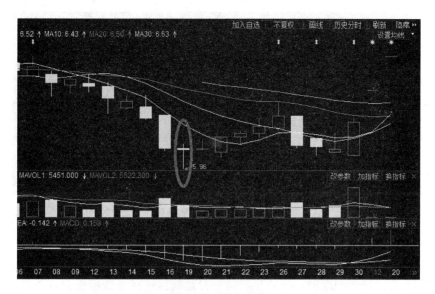

图 7.12　阴十字星

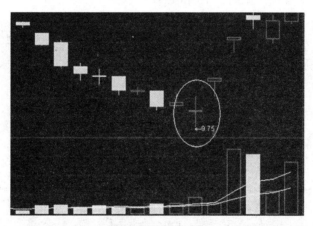

图 7.13　阳十字星

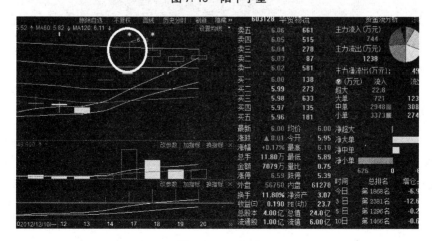

图 7.14　T字形

图 7.15 倒 T 字形

6. 一字形

当收盘价、开盘价、最高价、最低价四价相等时，就会出现这种 K 线图。这种情况不常见，在存在涨跌停板制度时，当一只股票一开盘就封死在涨跌停板上，而且一天都不打开时，就会出现这种 K 线，见图 7.16 和图 7.17。

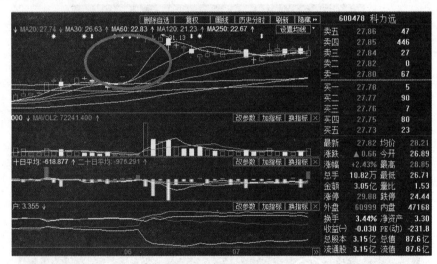

图 7.16 阳一字形

知识链接

K 线的种类及其含义

(1) 按照时间划分，K 线分为分钟 K 线、日 K 线、周 K 线、月 K 线等，分别用以分析短期趋势和中长期趋势。

(2) 按照 K 线的颜色划分，K 线分为阴线和阳线。阴线代表空方占据优势，阳线代表多方占据优势。

(3) 按照 K 线实体大小划分，K 线分为星 K 线、小 K 线、中 K 线、大 K 线。星线的波动范围在 0.5% 左右；小阴线和小阳线的波动范围一般为 0.6%～1.5%；中阴线和中阳线的波动范围一般为 1.6%～13.5%；大阴线和大阳线的波动范围在 3.6% 以上。实体大小代表优势大小。

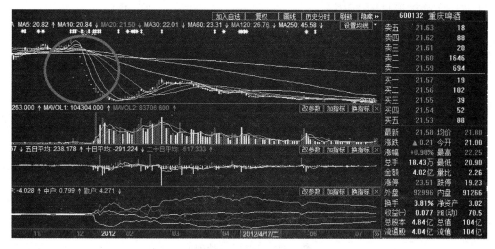

图 7.17 阴一字形

7.2 K 线图的组合应用

从 K 线图的绘制方法中可知,不同的开盘价、收盘价、最高价与最低价绘制出来的 K 线形态有着极大的差别。不同形态的 K 线图及其组合反映了不同的市场态势,熟悉这些 K 线组合对市场走势的分析至关重要。

7.2.1 单独一根 K 线图的应用

1. 光头光脚小阳线

光头光脚小阳线(图 7.18)表示价格上下波动的幅度很小,没有明显的趋势,判断买卖双方谁占优势还为时尚早。结合它之前的 K 线图,盘面走势可能有以下几种情况。

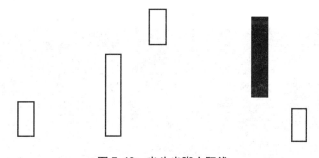

图 7.18 光头光脚小阳线

(1) 盘整时。说明多方稍占优势,大举向上突破的时机并不成熟,多方只是试探性地将价格向上缓慢推升,后果如何不好判断;空方也只是暂时受挫,并没有失败。

(2) 前一天是大涨,今天再次上涨,表明多方大量买入,市场呈现高涨的浪潮。

(3) 前一天是大跌,今天再次低开。表明多方正在顽强抵抗当前出现的空方浪潮,但是抵抗并没有取得决定性成果,多方今后还将受到来自空方力量的考验,结果如何很难预料。小阳线实战图形见图 7.19。

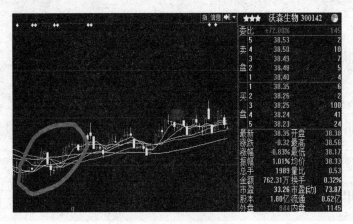

图 7.19　小阳线实战图形

2. 光头光脚小阴线

光头光脚小阴线(图 7.20)与光头光脚小阳线的含义正好相反，只要将光头光脚小阳线中所述内容多方换成空方，涨换成跌，跌换成涨，就可得到这种 K 线对市场的表现内容。同样，结合它之前的 K 线情况，也可分为 3 种含义(与光头光脚小阳线实体陈述完全相反)。小阴线实战图形见图 7.21。

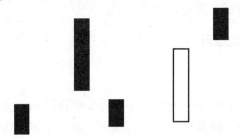

图 7.20　光头光脚小阴线

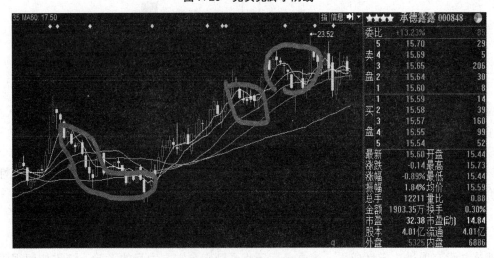

图 7.21　小阴线实战图形

3. 光头光脚大阳线

光头光脚大阳线[图7.22(a)]说明市场波动大，多空双方争斗已有了结果。长的阳线表明，多方已经取得了决定性胜利，今后一段时间多方将掌握主动权。换句话说，今后讨论的问题将是继续涨到什么地方，而不是要跌到什么地方。如果这条线出现在盘局的末端，它所包含的内容就更有说服力了。大阳线实战图形见图7.23。

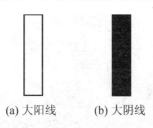

(a) 大阳线　　(b) 大阴线

图 7.22　大阳线与大阴线

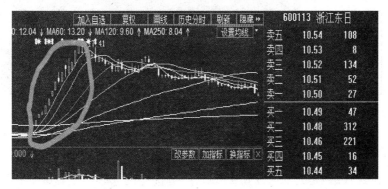

图 7.23　大阳线实战图形

4. 光头光脚大阴线实体

光头光脚大阴线实体[图7.22(b)]的含义与光头光脚大阳线实体正好相反。这时，空方已取得优势地位。大阴线实战图形见图7.24。

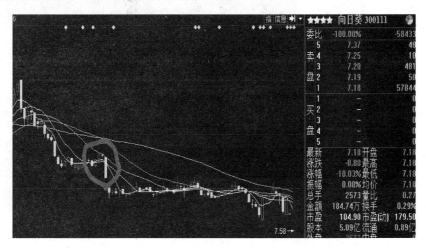

图 7.24　大阴线实战图形

5. 光脚阳线

光脚阳线(图7.25)是上升抵抗型K线。多方虽然占优势，但优势不如光头光脚大阳线中的优势大，受到了一些抵抗。多方优势的大小与上影线的长短和实体的长度有关。一般来说，上影线越长，实体越短，越不利于多方；上影线越短，实体越长，说明多方占有优势越大。光脚阳线实战图形见图7.26。

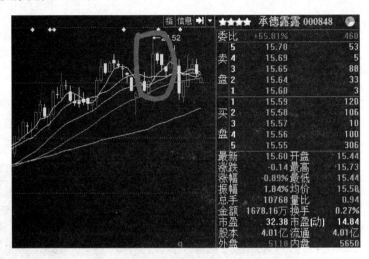

图7.25 光脚阳线　　　　图7.26 光脚阳线实战图形

6. 光脚阴线

光脚阴线(图7.27)是先涨后跌型K线。空方优势的大小与上影线的长短和实体的长度有关。一般来说，上影线越长，越有利于空方；上影线越短，越不利于空方。

光脚阴线实战图形见图7.28。

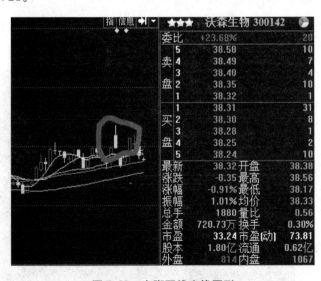

图7.27 光脚阴线　　　　图7.28 光脚阴线实战图形

7. 光头阳线

光头阳线(图 7.29)是先跌后涨型 K 线，整个形势多方占优势。多方优势的大小与下影线的长短和实体的长度有关。一般来说，下影线和实体长度越长，越有利于多方；下影线和实体长度越短，越不利于多方。光头阳线实战图形见图 7.30。

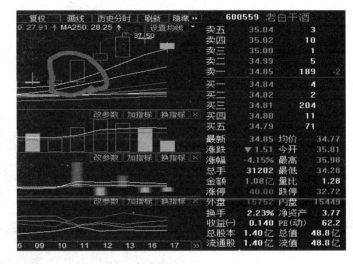

图 7.29　光头阳线　　　　图 7.30　光头阳线实战图形

8. 光头阴线

光头阴线(图 7.31)是下降抵抗型 K 线，整个形势空方占优势。但空方优势的大小与下影线的长短和实体的长度有关。一般来说，下影线越长，实体越短，越不利于空方；下影线越短，实体越长，越有利于空方。光头阴线实战图形见图 7.32。

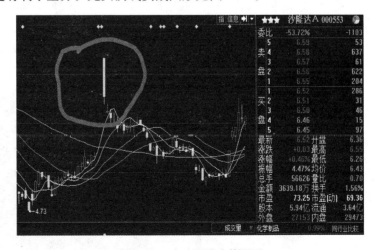

图 7.31　光头阴线　　　　图 7.32　光头阴线实战图形

9. 有上下影线的阳线

有上下影线的阳线(图 7.33)是最常见的一种 K 线。这种形状说明多空双方争斗激烈，双方都是一度占据优势，把价格抬到最高价和最低价，但是都被对方顽强地拉回，只是到了结尾时，多方才把优势勉强保住。

对多空双方优势的衡量，主要依靠上下影线和实体的长度来确定。一般来说，上影线越长，下影线越短，实体越短，越有利于空方；上影线越短，下影线越长，实体越长，越有利于多方。上影线和下影线相比的结果也影响多空双方的优势：上影线长于下影线，利于空方；反之，下影线长于上影线，利于多方。有上下影线的阳线实战图形见图 7.34。

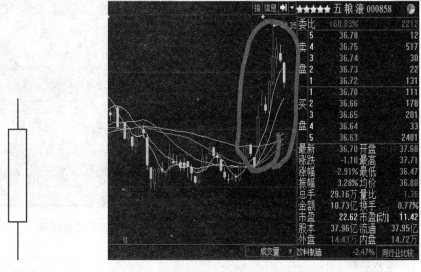

图 7.33　有上下影线的阳线　　　　图 7.34　有上下影线的阳线实战图形

10. 有上下影线的阴线

有上下影线的阴线(图 7.35)也是最常见的一种 K 线形态。其含义与有上下影线的阳线类似，只是这种局面稍稍有利于空方。多空双方优势的衡量方法与有上下影线的阳线相同，唯一不同的是，这时的实体越长，越利于空方，不利于多方。有上下影线的阴线实战图形见图 7.36。

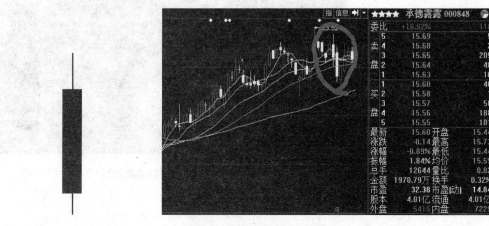

图 7.35　有上下影线的阴线　　　　图 7.36　有上下影线的阴线实战图形

11. 十字星

十字星(图 7.37)是一种表明市况较复杂的图形形态。十字星的出现表明多空双方力量暂时平衡，使市势暂时失去方向，但却是一个值得警惕、随时可能改变方向的 K 线图形。十字星分为两种，一种上下影线很长，一种上下影线较短。

上下影线很长的称为大十字星，表明多空双方争斗激烈，最后回到原处，后市往往有变化。多空双方的优势由上下影线的长度决定。

上下影线较短的称为小十字星，表明窄幅盘整，交易清淡，交易不活跃。十字星实战图形见图 7.38 和图 7.39。

图 7.37　十字星

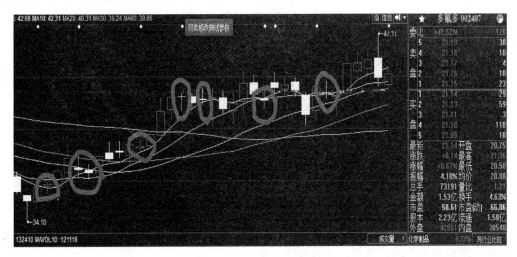

图 7.38　十字星实战图形(1)

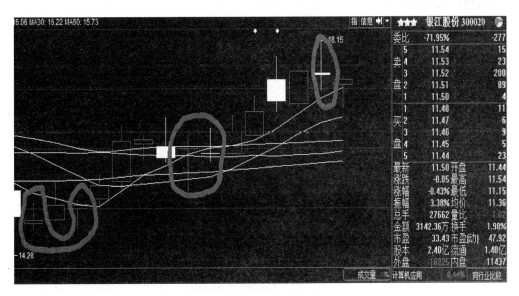

图 7.39　十字星实战图形(2)

12. T字形和倒T字形

T字形是多方占优势，下影线越长，优势越大。倒T字形是空方占优势，上影线越长，优势越大。T字形和倒T字形图形（图7.40）是十字星的"变种"，也称为射击之星等，这种变形的十字星，与标准的十字星看法基本上是一致的，都是平衡之中酝酿着变盘。

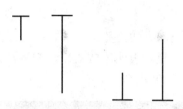

图7.40 T字形和倒T字形

总之，应用一根K线进行分析时，多空双方力量的对比取决于影线的长短与实体的大小。一般来说，指向一个方向的影线越长，越不利于股价今后朝这个方向变动。阴线实体越长，越有利于下跌；阳线实体越长，越有利于上涨。

7.2.2 两根K线图的组合应用

两根K线的组合情况非常多，要考虑两根K线的阴阳、高低、上下影线等。这里只给出几种特定的组合形态，然后举一反三，可得出其他组合的含义。

应用两根K线的组合判断行情，是以两根K线的相对位置的高低和阴阳来推测的。将前一天的K线画出（用数字将其分为5个区域，见图7.41），第二天多空双方争斗的区域越高，越有利于上涨；越低，越有利于下降。

1. 连续两阴阳线

连续两阴阳线（图7.42）是多空双方的一方已经取得决定性胜利，今后将以取胜的一方为主要运动方向。图7.42(a)是空方获胜，图7.42(b)是多方获胜。第二根K线实体越长，超出前一根K线越多，则取胜的一方优势就越大。连续两阴阳线实战图形见图7.43。

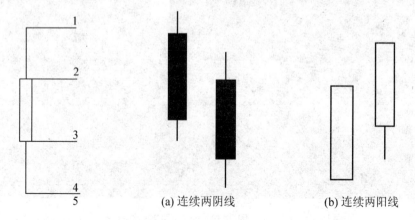

图7.41 K线区域划分　　图7.42 连续两阴线和两阳线

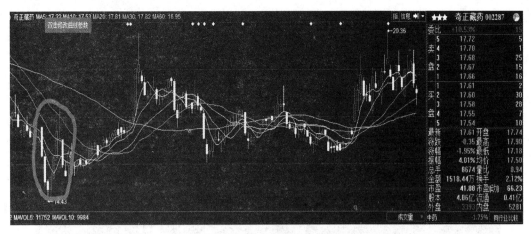

图 7.43 连续两阴阳线实战图形

2. 连续跳空阴阳线

在图 7.44 中,一根阴线之后又一根跳空阴线,表明空方全面进攻已经开始。如果出现在高价附近,则下跌将开始。如果在长期下跌的末端出现,则说明这是最后一跌,是建仓的时候了。第二根阴线的下影线越长,则多方反攻的信号越强烈。

图 7.45 正好与之相反,如果在长期上涨行情的尾端出现连续跳空阳线,则是最后一涨,第二根阳线的上影线越长,越是要下跌了。连续跳空阴阳线实战图形见图 7.46。

3. 跳空阴阳交替线

在图 7.45 中,一根阳线加上一根跳空阴线,说明空方力量正在加强。若出现在高位,说明空方有能力阻止股价继续上升。若出现在上涨途中,说明空方能力还不够,多方将进一步创新高。

图 7.44 正好与图 7.45 相反。多方在低价位取得了一定优势,改变了前一天空方优势的局面。今后的情况还要根据是在下跌行情中还是在低价位而定。跳空阴阳交替线实战图形见图 7.47。

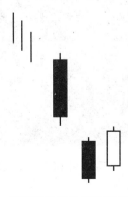

图 7.44 连续跳空阴线与跳空阴阳交替线

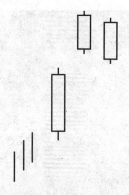

图 7.45　连续跳空阳线与跳空阴阳交替线

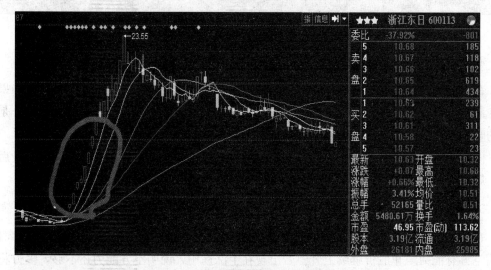

图 7.46　连续跳空阴阳线实战图形

图 7.47　跳空阴阳交替线实战图形

4. 两阳与两阴

在图 7.48(a)中连续两根阴线，第二根的收盘价不比第一根低，说明空方力量有限，多方出现暂时转机、股价回头的可能性较大。

图7.48(b)正好与图7.48(a)相反。空方出现转机，股价将向下调整。如前所述，两种情况中上下影线的长度直接反映多空双方力量的大小程度。两阳与两阴实战图形见图7.49。

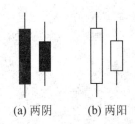

图7.48 两阴与两阳

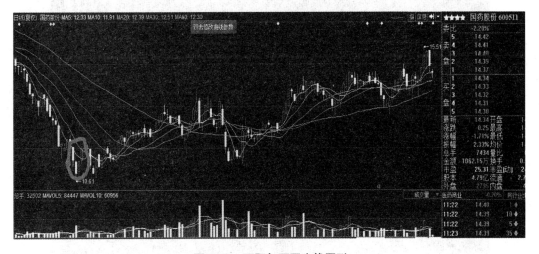

图7.49 两阳与两阴实战图形

5. 阳吃阴和阴吃阳

在图7.50(a)中，一根阴线被一根阳线吞没，说明多方已取得胜利，空方节节败退，寻找新的抵抗区域。阳线的下影线越长，多方优势越明显。图7.50(b)与之相反，是空方掌握了主动权，多方已经瓦解。阳吃阴实战图形见图7.51，阴吃阳实战图形见图7.52。

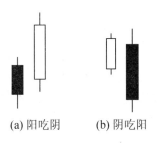

图7.50 阳吃阴和阴吃阳

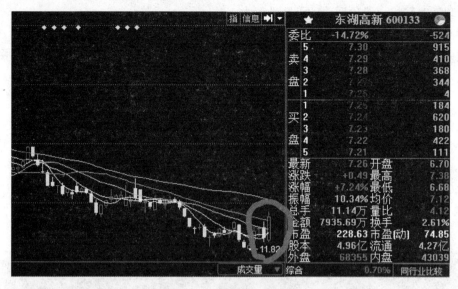

图 7.51 阳吃阴实战图形

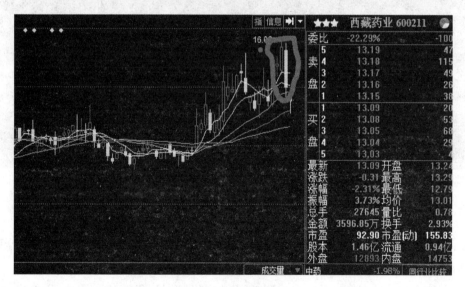

图 7.52 阴吃阳实战图形

6. 进攻失败

在图 7.53 中，(a)图为一根阴线吞没了一根阳线，空方显示了力量，但收效不大，多方将随时发动进攻。(b)图与(a)图相反，多方进攻了，但效果不大，空方还有相当实力。同样，第二根 K 线的上下影线的长度也是很重要的。

在图 7.54 中，(a)图为一根阴线后的小阳线，说明多方抵抗的力量很弱，空方将发起新一轮攻势。(b)图与(a)图相反，空方弱，多方将发起进攻，创新高。进攻失败实战图形见图 7.55 和图 7.56。

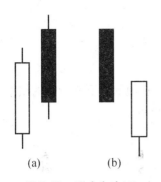 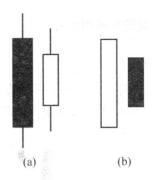

图 7.53　进攻失败(1)　　　　图 7.54　进攻失败(2)

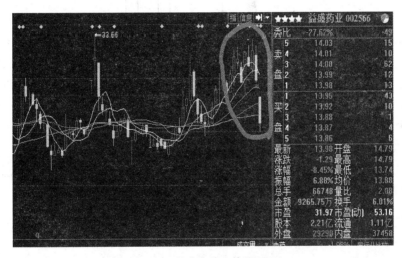

图 7.55　进攻失败实战图形(1)

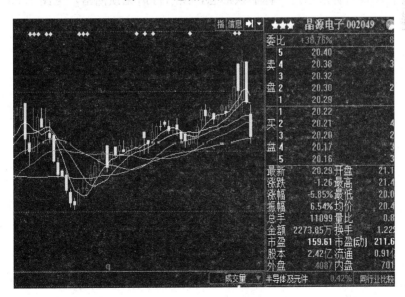

图 7.56　进攻失败实战图形(2)

7.2.3 其他重要的 K 线图组合

1. 早晨之星

早晨之星是一种下跌市势中的 K 线组合形态。它预示着下跌行情的结束，上升行情开始，见图 7.57。早晨之星 K 线组合形态具有下列要点。

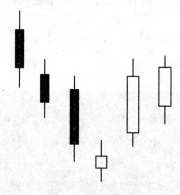

图 7.57　早晨之星

（1）在持续下跌的市势中又出现一根长阴线。

（2）第二日跳空下跌，但收市价与开市价差距不大，从而形成星的主体部分。阳线、阴线均可构成星的主体部分的小 K 线。

（3）第三日出现一根阳线，回升至第一根阴线范围之内。

2. 黄昏之星

黄昏之星 K 线组合形态是一种下跌形态，预示行情见顶回落，见图 7.58。该形态具有下列要点。

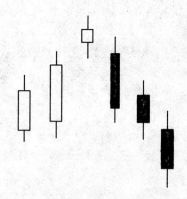

图 7.58　黄昏之星

（1）市势继续上升，并且出现一根大阳线。

（2）第二日跳空上升，但波幅明显缩小，构成星的主体。星的主体可以是小阳线或者小阴线。

（3）第三日出现阴线，下跌至第一根阳线之内。

黄昏之星表明市况由强转弱，很可能是跌势的开始，应密切加以注意。

3. 十字星的组合形态

单独的十字星表明市况复杂，大市方向不明。十字星的市场含义须视十字星所处的位置而定，当十字星处于上升市势的峰顶或下跌市势的低点时，则构成了十字星的组合形态，其可分为黄昏十字星和希望十字星。

1) 黄昏十字星

黄昏十字星(图7.59)组合形态是一种见顶回落的下跌形态，其特点如下。

(1) 在上升阳线之后，某日在高位形成十字星K线形态。

(2) 十字星出现的第二日，大市以阴线收盘，且深入前一根阳线之内。

(3) 十字星的前一日阳线或后一日阴线间形成缺口，形态更能确认。

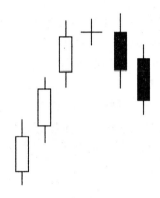

图7.59　黄昏十字星

2) 希望十字星

希望十字星(图7.60)的趋势与黄昏之星相反，属大市见底回升的形态。

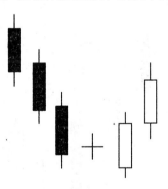

图7.60　希望十字星

4. 锤头与吊颈

锤头(图7.61)与吊颈(图7.62)如用K线表示，是完全一样的形态，即长下影阳线或长下影阴线形态。但两者所处的位置不同，锤头一般出现在下跌的市势中，是一种见底回升的图形。而吊颈则出现在上升市势中，是一种见顶回落图形。

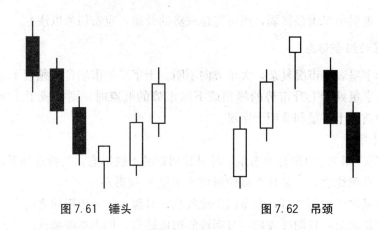

图 7.61 锤头　　　　　图 7.62 吊颈

1) 锤头

锤头出现在持续下跌的市势中，其重点为，市况持续下跌，某日出现长下影 K 线图形，构成锤头部分，其下影线所达低位一般为近期的新低点。下影线较长，至少为实体的 2 倍以上。实体部分可阴可阳，但上影线必须短小，若无上影线，则图形更正统。

2) 吊颈

吊颈出现在上升市势即将结束，其特点为，市势持续上升，某日高开后出现吊颈形态（长下影阳线或阴线），下影线较长，至少为实体部分的 2 倍以上。吊颈形态出现之后，第二日跳低开盘，两根 K 线之间留下缺口，致使上一日买入的投资者全部被套牢。

5. 倒转锤头

倒转锤头（图 7.63）是一种常见的 K 线形态，由于单独的倒转锤头其实就是长上影阳线或长上影阴线，表明上档压力沉重，因而不容易引起投资者重视。实际上，当倒转锤头出现在持续下跌的市势中，是一种较明显的见底回升形态。倒转锤头要点如下。

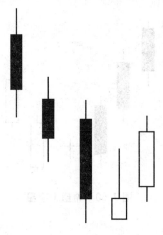

图 7.63 倒转锤头

(1) 出现在持续下跌的市势中。

(2) 实体部分较小，但上影线较长。

(3) 倒转锤头出现在下跌市势的底部，且出现的第二日以阳线收盘。

6. 曙光初现

曙光初现(图 7.64)形态的 K 线图形,一般出现在下跌市势中。如果出现在市势的底部,是一种可能见底回升的 K 线形态,即低位大阳线(图 7.65),曙光初现形态主要包括以下要点。

(1) 在下跌市势中出现一根较长的阴线。
(2) 第二日跳低开盘,但以阳线收盘。
(3) 第二日的阳线伸入到第一日阴线的 1/2 以上。
(4) 第二日的阳线愈长,表明市况转向的力度越强。

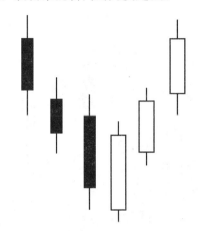

图 7.64 曙光初现

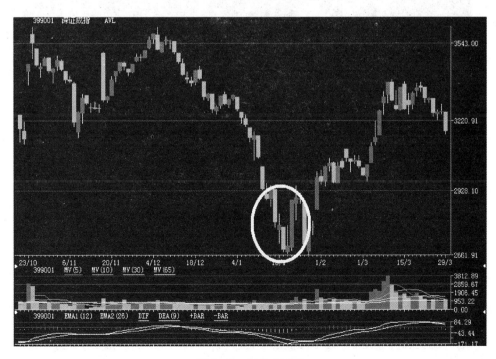

图 7.65 低位大阳线

7. 乌云盖顶

乌云盖顶(图 7.66)是一种常见的下跌形态，一般出现在上升市势中，当乌云盖顶出现在上升市势的峰顶，则见顶回落的可信度较高，即高位大阴线(图 7.67)。该形态主要包括以下要点。

(1) 市势继续上升，出现较长阳线。
(2) 第二日跳高开盘，但却收成阴线。
(3) 第二日的阴线深入前一日阳线实体的 1/2 以上。
(4) 第二日的阴线愈长，深入第一日的阳线体内愈深，则见顶回落的趋势愈明显。

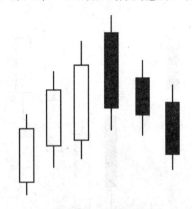

图 7.66　乌云盖顶

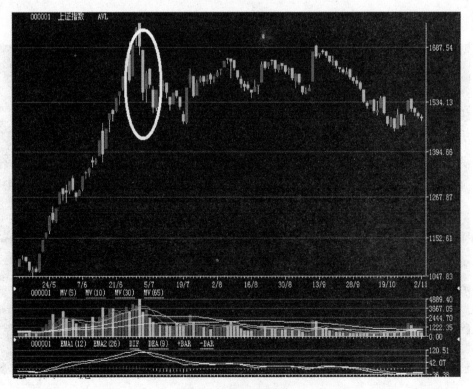

图 7.67　高位大阴线

8. 穿头破脚

穿头破脚(图7.68)是一种较强的转向形态,在升市与跌市中均可能出现,构成穿头破脚形态必须具备下述条件。

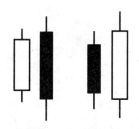

图7.68 穿头破脚

(1)出现在明显的升势或跌势当中。
(2)第二日的K线长度必须是将前一日的K线实体全部包含,构成所谓的阴包阳或阳包阴线转向形态。
(3)上升市势中的穿头破脚形态表明大市将向下转向,而下跌市势中的穿头破脚形态则是一种转跌回升的信号。

K线组合形态有着极其丰富的内容,投资者应当在进一步学习的基础上,在实践中不断探索,总结规律,才能熟能生巧,运用自如。

7.2.4 应用K线图组合的注意问题

无论是一根K线,还是两根及多根K线的组合,都是对多空双方争斗的描述,由它们的组合得到的结论都是相对的,而不是绝对的。对买卖股票的投资者来说,结论只是起一种建议的作用,也就是说,结论要涨不一定就涨,而是指今后上涨的概率较大。

在应用时,会发现运用不同种类的组合可能会得到不同的结论。有时应用一种组合得出明天会下跌的结论,但实际没有下跌,反而上涨。这时候的一个重要原则是尽量应用多根K线组合的结论,将新的K线加入重新进行判断。一般来说,多根K线组合得出的结论不太容易与事实相反,下面通过实例来说明,见图7.69~图7.72。

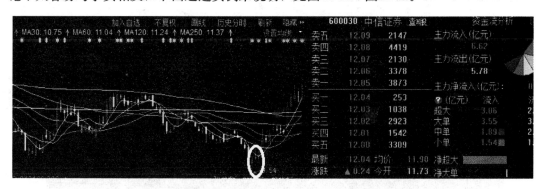

图7.69 在出现红三兵后进入调整,但最终放量突破

图 7.70　在 A 区出现大阳线后，再也没有跌破其底点

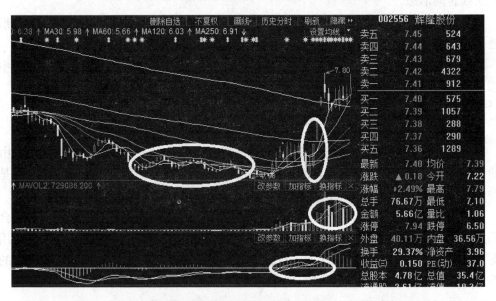

图 7.71　在 A 区阳线组合显示即将上涨后出现调整，但最终放量过顶

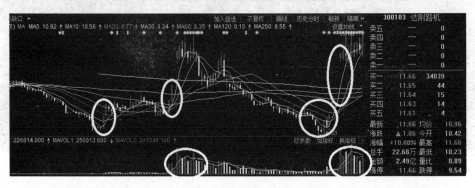

图 7.72　在 A 区阳线组合显示即将上涨后出现调整，但最终放量过顶

本章小结

K线是一条柱状的线条，由影线和实体组成。影线在实体上方的部分叫上影线，下方的部分叫下影线。实体分为阴线和阳线两种，又称为红线和黑线。K线图的绘制比较简单，它由开盘价、收盘价、最高价和最低价4种价格组成。K线实体的阴阳要视开盘价与收盘价的关系而定。收盘价高于开盘价的K线称为阳线，表示市场处于涨势。根据4个价格的相互关系，还会产生其他的K线图形状。

从K线图的绘制方法中可知，不同的开盘价、收盘价、最高价与最低价绘制出来的K线形态有着极大的差别。不同形态的K线图及其组合反映了不同的市场态势，熟悉这些K线组合对市场走势的分析至关重要。

无论是一根K线，还是两根及多根K线的组合，都是对多空双方争斗的描述，由它们的组合得到的结论都是相对的，而不是绝对的。对买卖股票的投资者来说，结论只是起一种建议的作用，也就是说，结论要涨不一定就涨，而是指今后上涨的概率较大。

基本概念

大阳线　大阴线　下影阳线　下影阴线　上影阳线　上影阴线　下十字线　倒十字线　十字星　一字形　光头阳线　光头阴线　光脚阳线　光脚阴线　光头光脚阳线　光头光脚阴线　T字形　倒T字形　长下影线、曙光初现　黄昏之星　红三兵　阳吃阴　阴吃阳　吊颈　倒转锤头

习　题

一、简答题

1. 什么叫K线？它的实体和上下影线长短说明多空双方怎样的力量对比？
2. K线有哪些形态？分别画出图形。
3. 指出3种反转的K线组合形态图形。
4. 结合实战说明K线技术分析法在投资分析中的作用。
5. K线组合的准确性与组合中所包含的K线数目是否有关？
6. 为什么K线理论的结论能够影响的时间短？

二、选择题

1. 在下列K线图中，开盘价等于最高价的有(　　)。
   A. 光头光脚的阴线　　　　　　　　B. 带有上影线的光脚阳线
   C. 十字星K线图　　　　　　　　　D. T字形K线图

2. 进行证券投资技术分析的假设中，从人的心理因素方面考虑的是（　　）。
   A. 市场行为涵盖一切信息　　　　B. 价格沿趋势移动
   C. 历史会重演　　　　　　　　　D. 投资者都是理性的
3. 射击之星，一般出现在（　　）。
   A. 顶部　　　　B. 中部　　　　C. 底部　　　　D. 任意处
4. 早晨之星通常出现在（　　）。
   A. 上升趋势中　　　　　　　　　B. 下降趋势中
   C. 横盘整理中　　　　　　　　　D. 顶部
5. 红三兵走势是（　　）。
   A. 两阴夹一阳　　B. 两阳夹一阴　　C. 三根阳线　　D. 两阳一阴
6. 光头光脚的长阳线表示当日（　　）。
   A. 空方占优　　B. 多方占优　　C. 多、空平衡　　D. 无法判断

三、判断题

1. 长红实体，上下均没有影线的长阳线，这是买方发挥最大力量的表现。（　）
2. 长黑实体，上下均没有影线的长阴线，表示卖方占绝对优势。（　）
3. 实体长于上影线的阳线，表示买方严重受挫，空方占优势。（　）
4. 实体长于上影线的阳线，表示买方虽受挫折，主力仍在当日战斗中占上风。（　）
5. 实体与上影线等长的阳线，表示买方向高价位推进，卖方压力在迅速增强中。（　）
6. 上影线长于实体的阳线，表示卖方力量受到严峻考验，买方占绝对优势。（　）
7. 上影线长于实体的阳线，表示买方力量受到严峻考验，第二日卖方已准备全力攻占买方堡垒。（　）
8. 实体长于上影线的阴线，表示买方虽然意图振作，但是受到卖方主力的压制，以当日最低价收盘，卖方实力强大。（　）
9. 实体比上影线短的阴线，表明买方在当日战斗中严重受挫，第二日将暴跌。（　）
10. 实体比上影线短的阴线，表明卖方虽从高价位将买方逐退，但是从整日作战中，卖方仅占少许优势。（　）
11. 没有上影线只有下影线的阳线是先跌后涨型K线。（　）
12. 实体长于下影线的阳线表示卖方力量大于买方。（　）
13. 实体长于下影线的阳线表示买方力量大于卖方。（　）
14. 实体比下影线短的阳线表示买方优势不大，次日如卖方全力反攻，则买方堡垒很容易被攻占。（　）
15. 实体与下影线等长的阴线，表示买方抵抗在增强，但卖方仍占优势。（　）
16. 实体小于下影线的阴线，表示买方抵抗在增强，但卖方仍占优势。（　）
17. 实体小于下影线的阴线，表示卖方把价位一路压低，在低位遇买方抵抗，卖方仅占极少的优势。（　）

18. 上影线长于下影线，但是红实体长于上下影线的阳线，表示买方虽然受挫，但是仍占优势。（　）

19. 上影线长于下影线但是红实体小于上下影线的阳线，表示买方虽然受挫，但是仍占优势。（　）

20. 下影线长于上影线但是红实体长于上下影线的阳线，表示买方虽然受挫，但是仍占据主动地位。（　）

21. 下影线长于上影线但是红实体小于上下影线的阳线，表示买方虽然受挫，但是仍占据主动地位。（　）

22. 上影线长于下影线但是实体小于上下影线的阴线，表示卖方占据绝对优势地位。（　）

23. 上下影线等长的十字星，称为转机线，常在反转点出现。（　）

24. 总之，K线的阴阳代表总体趋势，长短代表内在动力和趋势的强弱，影线代表转折信号。（　）

25. 昨日是带上下影线的阴线实体，今日开盘的战斗区域在实体部分，表示多空双方正面交锋。（　）

26. 早晨之星组合是顶部反转K线组合。（　）
27. 早晨之星组合是底部反转K线组合。（　）
28. 黄昏之星组合是顶部反转K线组合。（　）
29. 黄昏之星组合是底部反转K线组合。（　）
30. 阳线三条型的当日反转型是上升中继形态。（　）
31. 阳线三条型的当日反转型是顶部反转形态。（　）
32. 阳线三条型的甲型（3条几乎相同长度的阳线），代表着极强的上升行情。（　）
33. 阳线三条型的甲型（3条几乎相同长度的阳线），代表着极弱的上升行情。（　）
34. 并吞组合可以发生在底部区域，也可以发生在顶部区域。（　）
35. 并吞组合只可以发生在顶部区域，不可以发生在底部区域。（　）

四、分析题

若某股票3天内的股价情况见表7-1，请画出该股票价格的日K线图。

表7-1　某股票3天内的股价情况

日期　　価格	星期一	星期二	星期三
开盘价	10.35	10.20	10.50
最高价	11.45	11.00	11.40
最低价	9.45	9.50	9.95
收盘价	10.20	10.50	11.05

实验实训题

实验：K线及其应用

1. 实验目的及要求

要求学生了解K线图的基本内容，掌握K线的画法，并能够利用K线进行股票价格的分析与预测。通过该实验使学生掌握K线图的基本图形特征和K线组合形态分析，并对市场行情进行买入点和卖出点的判断。

2. 实验内容

(1) 登录证券分析系统，进入所要分析的界面，运用行情显示模块选择分析对象。
(2) K线图包含的基本内容：开盘价、收盘价、最高价、最低价。
(3) K线的上影线、下影线、实体、阴线、阳线及其市场含义。
(4) 特殊K线分析：十字星、大阳线、大阴线等。
(5) 熟悉不同的K线组合形态，找出3种反转的K线组合形态图形。
(6) 组合K线分析：K线的组合、缺口等的市场含义分析。
(7) 将练习过程、分析结果填入实验报告中。

3. 问题讨论

(1) 具体个股K线的案例讨论。
(2) 日K线与周K线的结合应用问题。

K线攻略——成交量的起伏

谈K线方面的经验，不能忽视价格与成交量的相互配合。单纯地拿一些品种来谈顶部放量、底部放量等概念没有具体的意义，因为所谓的顶与底都是走出来之后才得知的，而我们需要从一些普通的图中，认清变化的本质，以及变化之后的运行状态如何，才能把这些认知融入到具体的操作中来。

1. 成交量就是资金的力量

在证券投资中，资金决定成交量，成交量决定趋势，趋势决定涨跌，涨跌决定投资者的命运。在K线语言的解读中，开始时是不需要注重成交量的，如看K线形态，此时的成交量是没有意义的，因为它已经淹没在大形态之中，就如同诸多单日K线一样，在形态中单个K线不足以改变大形态和趋势。如果继续深入研读，想要判断大致的价格拉抬时间，此时的成交量就成为关键因素，因为它已经成为短线交易者必须注意的一个因素，是力量之源。

成交量对应的是成交金额，资金是逐利的，一个品种的涨与跌，都是资金对于价格的把握而形成的，有人鸣枪发号，有人呐喊助威，每一个过程都会有资金的身影在其中，最直观的体现就在成交量上，见图7.73。

经过很长时间的调整，已经有了结束的信号，一旦资金的推动力量释放出来，第一推动力有多大，其后市的腾飞就有多高，见图7.74。

趋势一旦明朗，价格的上涨会进一步刺激人的眼球，引来的是更多人的参与，资金的力量在这里体现出来。

在这里想起一句俗话：万事俱备，只欠东风。一个品种即使是调整得再充分，没有资金发号施令，也启动不起来，而在向前跑的过程中，没有后续的补给，也不易发展。目前市场中有很多的品种调整了有一定的时间，等待的就是东风的来临，而成交量就是体现这一特点。下一步好好观察一下已经调整很长时间的地产、银行等成交量的变化，看东风何时到来。

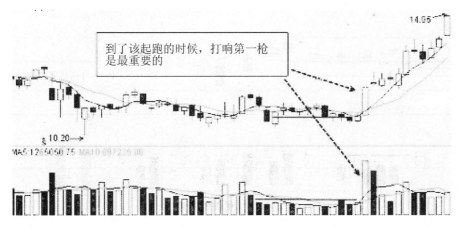

图7.73 起跑的枪声

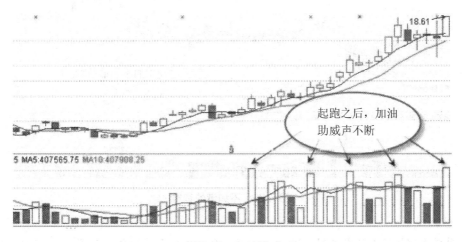

图7.74 加油助威

2. 价量关系

价格波动有着特有的节奏，成交量也会随着这个节奏在发生着变化。成交量过大的波动反向影响价格的因素只是在价格过高或过低时才会发生，当价格在一个相对稳定的位置波动时，如果没有对价格的引导意图，是不会产生成交量的。如果有向上引导，则下跌时量缩，上涨时放量，节奏与量会产生一个共振；如果有向下引导，则下跌放量，上涨缩量。引导价格向上的过程中，量不会过分放大，只是在同一个级别上缩量和放量，结合价格观察是最重要的，价格下跌时，主仓不发生变化，量是萎缩的，期间的反弹同样没有成交量，也就是说此时仍然没有对价格引导的意向。价格开始上涨，伴随有成交量的释放，价格引导行为就已经展开了，若市场不配合引发价格再次下跌，量就会再度萎缩，反复为之。因此这种放量才可以被认定为价格引导的开始。资金的意图必须是结合价格、成交量才能被分析出来。价量关系如何分析，有一定的主观意图，但必须建立在客观之上，图表的内容就是客观的，通过这些客观的图表，来感悟价量关系，见图7.75和图7.76。

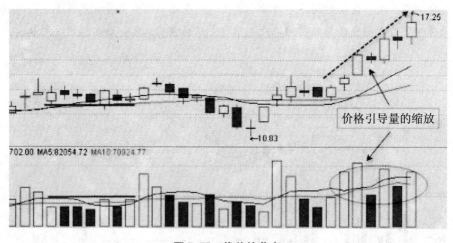

图7.75　优美的节奏

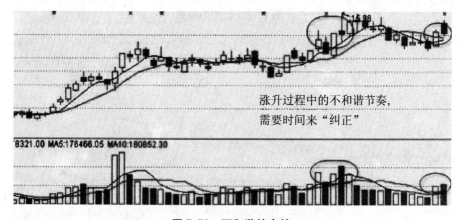

图7.76　不和谐的音符

3. 结语

目前国内市场没有做空机制，所以选的一些图都是在上升趋势中的K线图品种，这些品种的走势变化过程中，有很多的细节需要好好进行分析和把握，特别是在价量关系上的辨析，需要精益求精才行。这里并不是说不去看横向走势和下降趋势的品种，一旦在这个阶段品种的价量关系发生明显的变化，那就要好好地跟踪。

（资料来源：http://www.360doc.com/content/12/0323/08/2831026_196850605.shtml.）

第8章 趋势线分析方法

教学目标

通过本章的学习,学生需要了解趋势分析的含义和内容,掌握支撑线和压力线的含义和画法。掌握黄金分割线和百分比线的使用,理解甘氏线原理。掌握压力线、支撑线和轨道线在证券投资技术分析中的关键作用。

教学要求

知识要点	能力要求	相关知识
趋势线及其画法	了解趋势分析的含义、内容和画法	向上趋势线、向下趋势线、水平趋势线
支撑线与压力线	掌握支撑线和压力线的含义,掌握压力线、支撑线在证券投资技术分析中的关键作用	压力线、支撑线
轨道线	掌握轨道线在证券投资技术分析中的关键作用	轨道线、上升轨道线、下降轨道线、水平轨道线、上轨、下轨
黄金分割线	掌握黄金分割线和百分比线的使用,理解甘氏线原理	黄金分割线、甘氏线、百分比线

导入案例

顺势而为——趋势线选股法

趋势线是图形分析上最基本的技巧,趋势线是图形每一个波浪顶部最高点间或每一谷底最低点间的直切线。在上升趋势中,将两个低点连成一条直线就得到上升趋势线;在下降趋势中,将两个高点连成一条直线就得到下降趋势线(图 8.1 和图 8.2)。

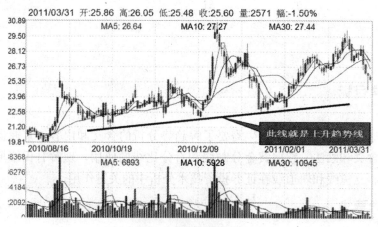

图 8.1 趋势线法(1)

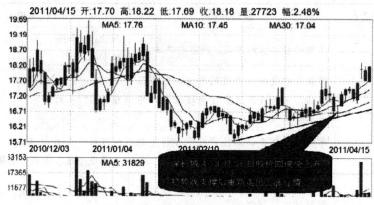

图 8.2 趋势线法(2)

技术要点如下。

(1) 选择两个低点构成的趋势线较为明显的股票。
(2) 这条趋势线的角度最好是 0°～45°。
(3) 在靠近趋势线处为最佳买点。
(4) 拉升后发现滞涨果断卖出。

上面的案例导出了本章要讨论的内容——趋势线分析方法。本章主要从 4 个维度进行阐述,第一个维度是趋势与趋势线,第二个维度是支撑线与压力线,第三个维度是趋势线与轨道线;第四个维度是黄金分割线、百分比线、甘氏线。

8.1 趋势与趋势线

8.1.1 趋势与趋势方向

1. 趋势的定义

趋势是指股票价格的波动方向，或者说是股票市场运动的方向。若确定了一段上升或下降的趋势，则股价的波动必然朝着这个方向运动。上升的行情中，虽然也时有下降，但不影响上升的大方向；同样，下降行情中也可能上升，但不断出现的新低，使下降趋势不变。

一般来说，市场变化不是直来直去地朝着一个方向，中间有曲折，从图形上看就是一条曲折蜿蜒的折线，每个折点处形成一个峰或谷。由这些峰和谷的相对高度，可以看出趋势的方向。

2. 趋势的方向

趋势的方向有3类：上升方向、下降方向、水平方向(无趋势方向)。

如果图形中每个后面的峰和谷都高于前面的峰和谷，则趋势就是上升方向，也就是底部逐步在抬高。

如果图形中每个后面的峰和谷都低于前面的峰和谷，则趋势就是下降方向，也就是顶部逐步在降低，亦即一顶比一顶低。

如果图形中每个后面的峰和谷与前面的峰和谷相比，没有明显的高低之分，这时的趋势就是水平方向。水平方向趋势是被大多数投资者忽视的一种方向。这种方向在市场中是常见的，对水平方向本身而言，也是极为重要的，因为大多数的技术分析方法，在对处于水平方向的市场进行分析时，都容易出错，因为市场处于均衡状态时，下一步朝哪个方向走是没有规律的，而预测朝哪个方向运动是极为困难的，也是不明智的。图8.3是3种趋势的最简单的表示图形。

图8.3 趋势的3种方向

趋势线的角度

角度是趋势线的最重要内涵之一，可以反映市场的主导力量。当趋势线向上时，代表多头居于主导地位，在这种情况下，应该买进，而停损点设定在趋势线的稍下方。当趋势线向下时，代表空头居于主导地位，在这种情况下，应该放空，而停损点设定在趋势线的稍上方。当趋势线水平走向时，代表多空双方势均力敌，在这种情况下，应该多做观望。

(资料来源：http://www.doc88.com/p-182436566940.html。)

8.1.2 趋势线及其画法

1. 趋势线的概念

由于证券价格变化的趋势是有方向的，因而可以用直线将这种趋势表示出来，这样的直线称为趋势线。反映价格向上波动发展的趋势线被称为上升趋势线，反映价格向下波动发展的趋势线则被称为下降趋势线。

根据道氏理论，股票价格的波动可分为基本趋势、中期趋势及短期趋势3种。因此，描述价格变动的趋势线也分为长期趋势线、中期趋势线与短期趋势线3种。

由于价格波动经常变化，可能由升转跌，也可能由跌转升，甚至在上升或下跌途中转换方向。因此，反映价格变动的趋势线不可能一成不变，而要随着价格波动的实际情况进行调整。换句话说，价格不论是上升还是下跌，在任一发展方向上的趋势线都不是只有一条，而是若干条。不同的趋势线反映了不同时期价格波动的实际走向，研究这些趋势线的变化方向和变化特征，就能把握住价格波动的方向和特征。

2. 趋势线的画法

趋势线的画法是连接一段时间内价格波动的高点或低点画出一条趋势线。即在一个上升趋势中连接价格波动的各个低点会形成一条向上的直线，称为上升趋势线。而在一个下降趋势中连接价格波动的各个高点就会形成一条向下的直线，称为下降趋势线(图8.4和图8.5)。标准的趋势线必须由两个以上的高点或低点连接而成。

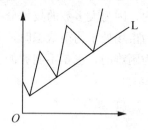 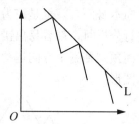

图8.4 趋势线

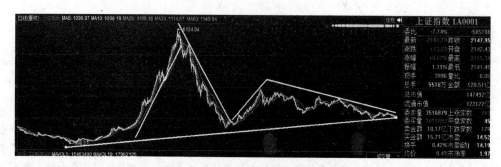

图8.5 上证指数趋势线绘制展示

第8章 趋势线分析方法

正确判断趋势线的高点或低点并不是一件十分简单的事情,它需要对过去价格波动的形态进行分析研究。根据两点决定一条直线的基本原理,画任何趋势必然选择两个有决定意义的高点或低点。一般来说,上升趋势线的两个低点,应是两个反转低点,即下跌至某一低点开始回升,再下跌没有跌破前一低点又开始上升,则这个低点就是两个反转低点。同理,决定下跌趋势线也需要两个反转高点,即上升至某一高点后开始下跌,回升未达前一高点开始回跌,则这两个高点就是反转高点。

 知识链接

趋势线的修订

有经验的技术性分析者经常在图表上画出各条不同的试验性趋势线,当证明其趋向线毫无意义时,就会将之擦掉,只保留具有分析意义的趋势线。此外,还会不断地修正原来的趋势线,如当股价跌破上升趋势线后又迅即回升到趋势线上面,分析者就应该从第一个低点和最新形成的低点重画出一条新线,又或是从第二个低点和新低点修订出更有效的趋势线。

(资料来源:http://wenku.baidu.com/view/eab38144be1e650e52ea99b3.html。)

股价遵循趋势而移动,这种趋势可能上升、下跌或向横向发展(水平移动)。它们朝某一方向移动时间可能很短,也可能很长,简单地说,可分为主要(原始)移动(短期趋势)、中级移动(中期趋势)与次级移动(长期趋势),也就是几次同方向移动的短期趋势形成中期趋势,再由几次同方向移动的中期趋势组成长期趋势,如2007年10月16日沪市的5124点。原始趋势的最高点是上升行情转为下跌行情的最高点,即再也没有出现比这更高的价位,例如2009年8月4日沪市的3 478点。

 知识链接

画趋势线的注意事项

投资者在画趋势线时应注意以下几点。

(1)趋势线根据股价波动时间的长短分为长期趋势线、中期趋势线和短期趋势线。长期趋势线应选择长期波动点作为画线依据,中期趋势线则是中期波动点的连线,而短期趋势线建议利用30分钟或60分钟K线图的波动点进行连线。

(2)画趋势线时应尽量先画出不同的试验性趋势线,待股价变动一段时间后,保留经过验证能够反映波动趋势、具有分析意义的趋势线。

(3)趋势线的修正。以上升趋势线的修正为例,当股价跌破上升趋势线后又迅速回到该趋势线上方时,应将原使用的低点之一与新低点相连接,得到修正后的新上升趋势线,能更准确地反映出股价的走势。

(4)趋势线不应过于陡峭,否则很容易被横向整理突破,失去分析意义。

在研判趋势线时,应谨防庄家利用趋势线做出的"陷阱"。一般来说,在股价没有突破趋势线以前,上升趋势线是每一次下跌的支撑,下降趋势线则是股价每一次回升的阻力。股价突破趋势线时,收盘价与趋势线有3%以上的差价,并且有成交量的配合。股价在突破趋势线时,如果出现缺口,反转走势极可能出现，并且出现反转后股价走势有一定的力度。股价突破下降趋势线的阻力而上升时，一般需要大成交量的配合，而股价向下突破上升趋势线时，成交量一般不会放大，而是在突破后几天内成交量急剧放大。图8.6为东方财富通的画线工具。

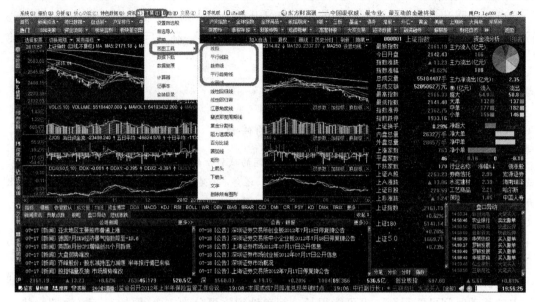

图8.6　东方财富通的画线工具

（资料来源：http://blog.eastmoney.com/scf196910186090/blog_150172554.html.）

8.2　支撑线与压力线

8.2.1　支撑线与压力线的含义与作用

1. 支撑线与压力线的含义

支撑与压力是价格沿着某个方向波动时支持或阻碍价格上升的两股动力。也是技术分析中两个重要的概念。所谓支撑，是指价格下跌至某一区域时遇到了较强的上升力量，这种较强的上升动力阻碍了价格的进一步下跌，使价格在此区域较难跌破，这是由于多方在此买入所造成的。支撑线是阻止股价下跌的一条线，这个起着阻止股价进一步下跌的价格就是支撑线所在的位置。

压力是指价格上升至某一区域时遇到的较强的向下动力的阻碍，使价格较难通过这一区域。这是由于空方在此抛售所造成的。压力线起着阻止股价上升的作用，这个起着阻止股价进一步上升的价格就是压力线所在的位置。

不同的支撑和压力区域构成了价格波动发展过程中一道道防线和关卡，价格的复杂变化形态也就是在这层层压力与支撑之下按自身的规律发展变化而来的。支撑线和压力线见图8.7。

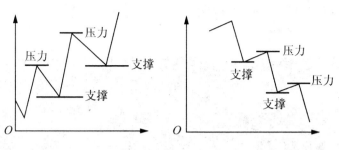

图 8.7 支撑线和压力线

抵抗线的意义

留心股价变动的投资者常会发觉股价走势到达某水准时,不再继续上升或下跌,似乎在那里具有"阻力"或"支撑",股票专业刊物也时常预测股价将涨或跌至何处,认为在某价格有一条起阻拦或支撑作用的防御线,这条防御线就是股价走势抵抗线。

抵抗线可分为上值抵抗线(阻力线)和下值抵抗线(支撑线)。所谓上值抵抗线是指股价上升到达某个水准时,预期将有大量的筹码供应或是买方减少,卖方压力增加,使股价上涨受阻;而下值抵抗线则指股价下跌到了某个水准,预期将有大量的买进或卖方减少,买进力量增强,使股价下跌暂止。

抵抗线是画线形状分析的重要方法之一,通常股价在某一范围上下波动,而且在该区域的累积成交量极大,如果冲过或跌破此区域,自然形成抵抗线区域,不过所谓成交量大小的判断没有绝对标准,需依照股市规模及某段期间内市场的"人气"而定。

2. 支撑线与压力线的作用

如前所述,支撑线和压力线会阻止或暂时阻止股价向一个方向继续运动。但不论是支撑线还是压力线都不是价格波动中不可逾越的屏障。股价为保持某一个方向的变化趋势,就必须冲破各种阻力。例如,要维持下跌行情,就必须突破支撑线的阻力和干扰,创出新的低点;要维持上升行情,就必须突破压力的阻力和干扰,创出新的高点。由此可见,支撑线与压力线迟早会有被突破的可能性,它们不足以长久阻止股价保持原来的变化方向,只不过使其停滞而已。

当然,在一定的时间和范围之内,这些支撑线或压力线的作用还是较为明显的,特别是有时它们有彻底阻止股价按原有方向变化的可能。例如,当一个趋势终结时,它就不可能创出新的低价和高价,这样支撑线与压力线就显得异常重要。这正是支撑和压力点位的魅力所在。

支撑和压力的作用在于,当价格未有效突破这些支撑和压力点位时,只能在支撑点位之上和压力点位之下波动。如果投资者在一段时间内能从价格趋势图中正确寻找出有效的支撑和压力点位,就能确立一种短期内既简单又安全的操作手法,即当价格上升至压力点位附近时卖出,而在价格下跌至支撑点位附近时买入,而不必担心是否会踏空或者套牢。不过这种操作方法的前提是已知的支撑压力点位依然有效。当旧的支撑和压力点位被突破以后，必须重新实行分析和研究，寻找出新的支撑与压力点位。图 8.8 为科力远(600478)实战支撑线与压力线作用体验。

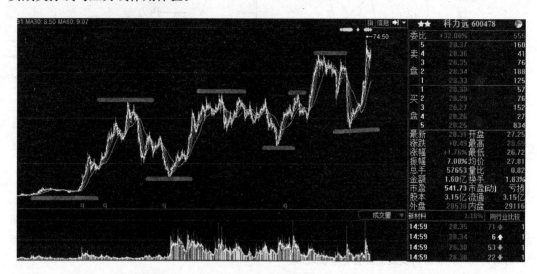

图 8.8　科力远(600478)实战支撑线与压力线作用体验

8.2.2　支撑线与压力线的相互转化

支撑线与压力线之所以能起到支撑与压力的作用，很大程度上是由于心理因素方面的原因，两者的相互转化也是从心理因素方面考虑的，这是支撑线与压力线的理论依据。

一个市场上无外乎 3 种人：多头、空头和旁观者。旁观者又可分为持股者和持币者。假如股价在一个支撑区域停留一段后开始向上移动。在此支撑区内买入股票的多头认为自己对了，并为自己没有多购买而感到后悔。在此支撑区内卖出股票的空头则认为自己再买回来。而旁观者中持股者的心情与多头相似，持币者的心情与空头相似。这 3 种人都有买入股票成为多头的愿望。

正是由于这 3 种人都决定要在下一个买入的时机买入，所以才使价格稍有回落就受到投资者的关注，他们会或早或晚买入股票。这就使价格还未回落到原来的支撑区域，上述 4 类投资者就会将股价推上去。在该价位发生的交易越多，说明越多的投资者在这个支撑区有切身利益，这个支撑区就越重要。

如果股价在一个支撑区域停留一段后开始向下移动。在此支撑区内买入股票的多头认为自己错了，而卖出股票的空头和旁观者则认为自己对了。无论空头或多头，他们都有抛出股票远离市场的愿望。一旦股价有所回升，尚未达到原来的支撑位，就会有股票抛压出来，再次将股价压低。

对于压力线的分析过程与上相同，只不过结论相反。

正如前述，无论是支撑还是压力都不是价格波动中不可逾越的屏障。股价为保持某一个方向的变化趋势，就必须冲破各种阻力。当一个支撑被突破，那么这个支撑将成为压力；同理，一个压力被突破，那么这个压力就将成为支撑。这说明支撑和压力的角度不是一成不变的。条件是它被有效的足够强大的股价变动突破。这就是支撑与压力的相互转换（图 8.9）。

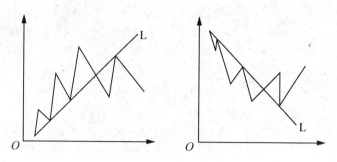

图 8.9　支撑线与压力线的相互转化

支撑与压力相互转换的重要依据是被突破。支撑或压力点位的突破向市场表明，过去由于支撑或压力点位所带来的平衡形态已经结束，市场将在更大范围内寻求新的平衡。但是，由于支撑和压力点位本身所具有的较强的支撑和压力功能，突破时往往需要一定的能量，特别是向上突破，必须要有充足的资金准备。如果突破能量不够，或突破时间不充分，则原有的支撑和压力功能在随后的行情波动中仍旧可能表现出来，使突破最终夭折。因此，正确判断支撑和压力点位的突破是真还是假，在技术分析中尤为重要。它不仅能避免投资者错误地判断行情的发展方向，也能避免由于判断失误而导致的重大损失。

真突破又称为有效突破，判断突破是否属于有效突破，可依据下述标准。

（1）突破必须是收盘价的突破。反映行情波动情况可采用多种价格表现，如开盘价、收盘价、最高价、最低价等，但在判断某一支撑或压力点位是否被突破时必须采用收盘价格。这是因为收盘价格综合反映了全天价格波动的实际，能避免当日偶然因素的影响。

（2）突破必须超过突破点位 3% 以上的幅度。由于突破点位是过去具有较强支撑或压力的点位，因此，仅达到突破点位的高度或低度是远远不够的。为保证突破的真实性，必须要有 3% 以上的幅度才算是有效突破。

（3）向上突破必须要有成交量的配合，向下突破则不必。突破是一种资金与筹码的较量，若资金大于筹码会产生向上的动力；反之，则产生向下的动力。由于证券价格的上行从来就需要成交量的支持，无量上行随时可能遭到抛压而中途夭折，因此，向上突破必须要有成交量的配合。证券价格的下行本身就是一种市场看淡行情走势的行为，无量下行并不能阻止市场向淡状态的改变，因而向下突破并不需要成交量的配合。

（4）突破点位应至少维持 3 天以上的持续时间。突破尽管是远离原有形态的一种价格急速运动，但由于突破所带来的多空双方的利益转换常常促使另一方采取强烈的反抗行动。因此，围绕突破点（价位）区域有可能出现来回争夺的现象，而连续 3 天高于或低于突破点位的价格走势，基本上判明了上述争夺的结果。以此作为有效突破的标准之一能避免投资者受"多头陷阱"或"空头陷阱"的欺骗。图 8.10 为共达电声（002655）支撑线与压力线的相互转化实战。

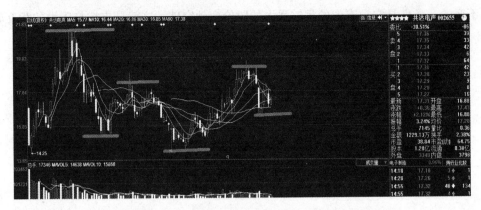

图 8.10　共达电声(002655)支撑线与压力线的相互转化实战

8.2.3　支撑线与压力线的确认与修正

1. 支撑线与压力线的确认

如前所述，每一个支撑线与压力线的确认都是靠人为进行的，主要依据是根据股价变动所画出的图表，这里有很大的人为因素。

支撑线与压力线的确认是指其重要性的确认。一个支撑线与压力线对当前时期影响的重要性的确认有3个方面的考虑：①股价在这个区域停留的时间长短；②股价在这个区域伴随的成交量的大小；③支撑或压力发生的时间距离当前这个时期的远近。一般说来，股价停留的时间越长，伴随的成交量越大；离现在越近，则这个支撑或压力区域对当前的影响就越大；反之就越小。

2. 支撑线与压力线的修正

由于股价的变动，投资者会发现原来确认的支撑与压力可能不具有真正作用，即不完全符合上面所述的3个方面。这时，就有一个对支撑线和压力线进行调整的问题，这就是支撑线与压力线的修正。

对支撑线与压力线的修正过程其实是对现有各个支撑线与压力线重要程度的确认。每个支撑与压力在人们心目中的地位是不同的。股价到了这个区域，它很可能被突破，而到了另一个区域，就可能不容易被突破，这为投资者进行买卖提供了一些依据，不至于仅凭感觉进行买卖决策。

8.3　趋势线与轨道线

8.3.1　趋势线

1. 趋势线的确认

趋势线的画法前已叙述，这里不再重复。要说明的是上升趋势线对股价起支撑作用，是支撑线的一种；而下降趋势线对股价起压力作用，是压力线的一种。

要得到一条真正起作用的趋势线，需要经过多方面的验证才能确认。首先，确实有趋势存在，也就是说，在上升趋势中，必须确认出两个依次上升的低点；在下降趋势中，必须有两个依次下降的高点。其次，趋势线最初是由两点连线而成，3点的连线将使趋势线更为有效，4点或5点的连线，代表市场的主导力量取得稳固的控制。一般来说，所画出的直线被触及的次数越多，其作为趋势线的有效性越被得到确认，用它进行预测越准确。另外，这条线延续的时间越长，越具有有效性。

2. 趋势线的作用

（1）对股价今后的变化起约束作用。使股价总保持在这条趋势线的上方（上升趋势线）或后下方（下降趋势线），即起支撑或压力作用。

（2）趋势线被突破后，股价下一步的走势将要反转方向。越重要越有效的趋势线被突破，其转势的信号越强烈。被突破的趋势线原来所起的支撑和压力作用，现在将相互交换位置，即原来是支撑线的现在将起压力作用，原来是压力线的现在将起支撑作用。

3. 趋势线的有效性

趋势线除了反映一段时间内价格波动的发展方向以外，还表现了一种支撑或压力的效能。检验趋势线的支撑或压力功能的指标是趋势线的有效性。决定趋势线有效性的因素很多，以下是其中最主要的几个因素：趋势线的斜率；时间架构的长短（时间架构愈长，趋势线愈重要和可靠）；价格触及趋势线的次数（次数愈多趋势线愈重要）；趋势线与横轴的夹角。

4. 趋势线的突破

趋势线的突破就是一种支撑线或压力线的突破，判断突破是否属于有效突破的方法与前述的支撑线或压力线突破的方法相同。当既有的趋势线被突破，显示市场主导群的力量减退。在这种情况下，必须谨慎处理交易信号——操之过急的代价往往是亏损。趋势线并不是一座玻璃屏障——被突破之后就分崩离析。它比较像是围住兽群的栅栏，在几只公牛或灰熊的冲撞下，栅栏不会倒塌。唯有收盘价穿越到趋势线的另一边，这才是有效的突破。当陡峭的上升趋势线被突破，价格经常会再出现涨势，重新测试原来的高价，并由下往上触及原先的趋势线。这是一个最近于完美的放空机会。同步地，其他技术指标如RSI和KD还有背离作为配合，下降趋势也适用类似的推论。

趋势线买卖股票的信号

趋势线买入股票的信号见图8.11。

图8.11(a)：股价原向下变动，随后则穿越下跌趋势线的上界线，表示改变下跌轨道或反转上升。

图8.11(b)：股价变动呈盘局，随后则穿越盘局的上界线。

图8.11(c)：股价随上升趋势线的上界线向上变动，其后穿越上升趋势线的上界线，轨道更向上倾斜，股价加速上涨，是大行情展开的前兆。

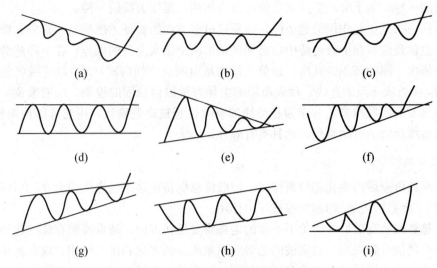

图 8.11 趋势线买入股票的信号

图 8.11(d):股价进入矩形整理,随后穿越平行轨道的上界线,是脱离盘局展开上升行情的开端。

图 8.11(e):股价变动呈对称三角形的盘局,随后向上界线突破。

图 8.11(f):股价变动进入整理,轨道之上界线呈水平移动,下界线向右上方倾斜,随后穿越轨道的上界线,是有效的突破。

图 8.11(g):股价变动走入收敛趋势形态的末端,并向轨道的上界线突破,加速上升。

图 8.11(h):在上升行情的轨道里,回档至轨道的下界线边缘,是买进抢短线的时机。

图 8.11(i):股价变动轨道呈发散趋势形态,回跌至轨道的下界线附近,可抢短线。

当然,趋势的扭转必须与成交量配合,若股价突破上限时,成交量没有适度扩大,甚至减少,此时就需另眼看待,即使上涨亦有限。

趋势线卖出股票的信号见图 8.12。

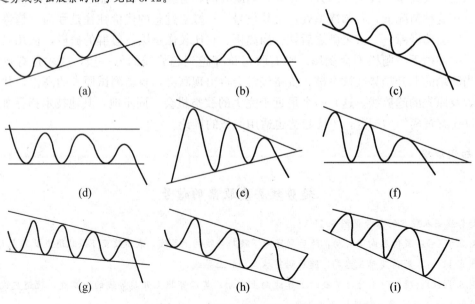

图 8.12 趋势线卖出股票的信号

图 8.12(a)：股价原向上变动，随后则跌破上升趋势线的下界线，表示改变上升轨道或反转下跌。

图 8.12(b)：股价变动呈盘局，随后则跌破盘局的下界线。

图 8.12(c)：股价随下跌趋势线的下界线向下变动，其后穿越下跌趋势线的上界线，轨道更向下变动，股价加速下跌，是暴跌行情的前兆。

图 8.12(d)：股价进入矩形整理，随后跌破平行轨道的下界线，是脱离盘局展开下跌行情的开端。

图 8.12(e)：股价变动呈对称三角形的盘局，虽是一底比一底高，其后却向下界线突破。

图 8.12(f)：股价变动进入整理，轨道的下界线呈水平移动，上界线向右下方倾斜，随后跌破轨道的下界线，是有效的突破。

图 8.12(g)：股价变动走入收敛趋势形态的末端，并向轨道的下界线突破，加速下跌。

图 8.12(h)：在下跌行情的轨道里，反弹至轨道的上界线边缘，是卖出时机。

图 8.12(i)：股价变动轨道呈发散趋势形态，反弹至轨道的上界线附近，可卖出，待下跌时补回。

(资料来源：http://blog.sina.com.cn/s/blog_5069fddeo1001vqq.html.)

8.3.2 轨道线

轨道线又称为通道线，是基于趋势线的一种方法。在得到了趋势线以后，通过第一个峰或谷可以画出这条趋势线的平行线，此条平行线就是轨道线，见图 8.13 的虚线和图 8.14、图 8.15 的实战图。

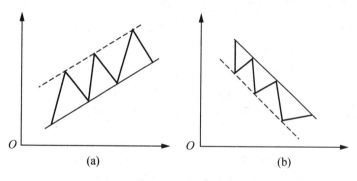

图 8.13 轨道线

图 8.14 科力远(600478)轨道线实战

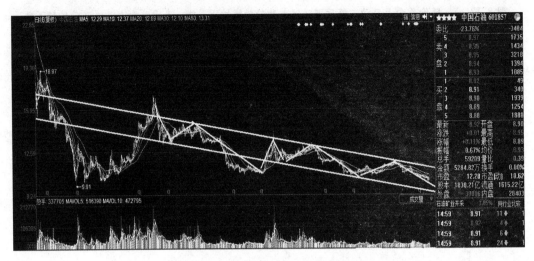

图 8.15　中国石油(601857)轨道线实战

两条平行线组成一个轨道，即常说的上升和下降轨道。轨道的作用是限制股价的变动范围，使其不能变得太离谱。一个轨道一旦得到确认，那么价格将在这个轨道中运行。

与突破趋势线不同，轨道线的突破并不是趋势反转的开始，而是趋势加速的开始，即原来趋势线的斜率将会增加，趋势线的方向将会更加陡峭，见图 8.16 和图 8.17。

轨道线也有一个被确认的问题。一般而言，轨道线被触及的次数越多，延续的时间越长，其被认可的程度和重要性越高。

轨道线的另一个作用是提出趋势转向的警报。如果在一次波动中未触及轨道线，而是离得很远就开始掉头，这往往是趋势将要改变的信号。它说明市场已经无力继续维持原有的上升或下降趋势了。

轨道线和趋势线是相互合作的一对。很显然，先有趋势线，后有轨道线。趋势线比轨道线重要。趋势线可以单独存在，而轨道线则不能单独存在。

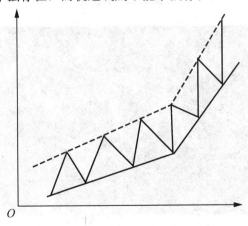

图 8.16　趋势的加速

第8章 趋势线分析方法

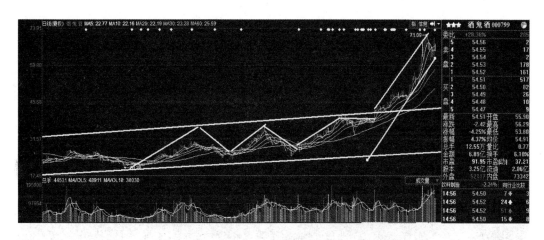

图 8.17　酒鬼酒(000799)趋势的加速实战

8.3.3　应用趋势线的注意问题

趋势线方法为投资者提供了很多价格移动可能存在的支撑线和压力线。这些支撑线和压力线有被突破和不被突破两种可能。在实际应用中会产生一些令人困惑的现象，往往要等到价格已经离开了很远的时候才能肯定突破成功和不成功。

用各种方法得到的支撑线和压力线，其价位仅仅是一些参考的价格，不能把它们看成万能的工具而完全依赖它们。证券市场中影响价格波动的因素很多，支撑线和压力线仅仅是这众多因素中的一个，同时考虑多方面的因素才能提高判断的正确率。

8.4　黄金分割线、百分比线和甘氏线

黄金分割线与百分比线是两类重要的切线，在实际中得到了广泛的应用。这两条线的共同特点是它们都是水平的直线(其他的切线大多是斜的)。它们注重于支撑线和压力线的价位，而对什么时间达到这个价位不过多关心。很显然，斜的支撑线和压力线随着时间的向后移动，支撑线和压力位也在不断变化。对水平切线而言，每个支撑位或压力位相对而言是固定的。为了弥补它们在时间上考虑的不周，在应用时，往往画多条支撑线或压力线，并通过分析，最终确定一条支撑线或压力线。这条保留下来的切线具有一般支撑线或压力线的全部特征和作用，对今后的股价预测有一定的帮助。

8.4.1　黄金分割线

黄金分割是一个古老的数学方法。对它的各种神奇作用，数学上至今还没有明确的解释，只是在实践中屡屡发挥着重要的作用。科力远(600478)黄金分割的实战见图 8.18。

黄金分割法是依据 0.618 黄金分割率原理计算得出的点位，这些点位在证券价格上升和下跌过程中表现出较强的支撑和压力效能。其计算方法是依据上升或下跌幅度的 0.618 及其黄金比率的倍率来确定支撑和压力点位。其在实际买卖股票时的操作步骤如下。

图 8.18 科力远(600478)黄金分割线的实战

(1) 记住以下若干个特殊的数字：

0.191　0.382　0.618　0.809
1.919　1.382　1.618　1.809
2　　2.382　2.618　4.236

(2) 找到一个点，以便画出黄金分割线。

这个点是上升行情的结束点，或者是下降行情的结束点。这个点一经确定，就可画出黄金分割线。

例如，在上升行情开始调头向下时，我们极为关心这次下跌将在什么位置获得支撑。假设这次上升的顶点价位为 10 元，则应用上述黄金分割的一些数据得到：

$$8.09 = 10 \times 0.809$$
$$6.18 = 10 \times 0.618$$
$$3.82 = 10 \times 0.382$$
$$1.91 = 10 \times 0.191$$

这几个价位极有可能成为支撑，其中 6.18 和 3.82 的可能性最大。

同样，在下降行情开始调头向上时，我们关心这次上涨到什么位置遇到压力。黄金分割线为此提供了一些价位，它是这次下跌的底点乘以上面的特殊数字。假设，这次下跌的谷底价位为 10 元，则

$$19.19 = 10 \times 1.919 \qquad 20 = 10 \times 2$$
$$13.82 = 10 \times 1.382 \qquad 26.18 = 10 \times 2.618$$
$$16.18 = 10 \times 1.618 \qquad 42.36 = 10 \times 4.236$$
$$18.09 = 10 \times 1.809$$

这几个价位极有可能成为压力位，其中 13.82 和 16.18 及 20 的可能性最大。

8.4.2 百分比线

百分比线考虑问题的基点是人们的心理因素和一些整数分界点。

当股价持续上涨，涨到一定价位，就会遇到阻力向下回撤，回撤的位置很重要。同黄金分割法相似，百分比法也提供了几个价位。

以这次开始上涨的最低点和开始向下回撤的最高点之间的差，分别乘以几个特别的百分数，就可得到未来支撑位可能出现的位置。

设低点是 10 元，高点是 22 元，这些百分数一共有 10 个，它们是

$$\frac{1}{8} \quad \frac{1}{4} \quad \frac{3}{8} \quad \frac{1}{2} \quad \frac{5}{8} \quad \frac{3}{4} \quad \frac{7}{8} \quad 1 \quad \frac{1}{3} \quad \frac{2}{3}$$

按上述方法，我们可得到 10 个价位，它们分别是

$$10+\frac{1}{8}\times(22-10)=11.5 \quad 10+\frac{1}{4}\times(22-10)=13$$

$$10+\frac{3}{8}\times(22-10)=14.5 \quad 10+\frac{1}{2}\times(22-10)=16$$

$$10+\frac{5}{8}\times(22-10)=17.5 \quad 10+\frac{3}{4}\times(22-10)=19$$

$$10+\frac{7}{8}\times(22-10)=20.5 \quad 10+1\times(22-10)=22$$

$$10+\frac{1}{3}\times(22-10)=11.5 \quad 10+\frac{2}{3}\times(22-10)=18$$

这里的百分比线中，以 1/2、1/3、2/3 这 3 条线最为重要。在很大程度上，回撤到 1/2、1/3、2/3 是人们的一种心理倾向。如果没有回撤到 1/3 以下，就好像没有回撤到底；如果已经回撤了 2/3，人们自然会认为已经回撤够了。1/2 是常说的二分法。图 8.19 为科力远（600478）百分比线的实战。

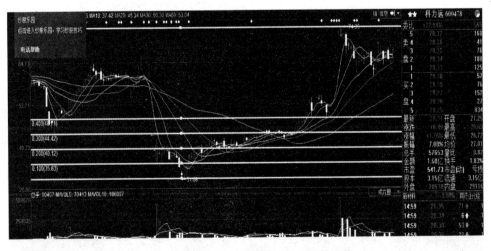

图 8.19　科力远（600478）百分比线的实战

8.4.3 甘氏线

甘氏线（gann line）是由威廉姆·D·甘创立的一种独特的技术分析方法。甘氏线是将百分比思想和几何角度思想结合起来的产物。甘氏线是在以股价为纵坐标，以时间为横坐标的平面直角坐标系中，寻找股价的明显低点或明显高点，如果是低点则向右上方画角度

线(画出的是上升甘氏线),如果是高点则向右下方画角度线(画出的是下降甘氏线)。

甘氏线图中的每条直线都有一定的角度,这些角度的得到都与百分比线中的那些数字有关。

每条直线都有支撑和压力的功能,即当价格由下而上接近一条直线时会受到压力,当价格由上而下接近一条直线时会受到支撑。

甘氏认为,在 9 条角度线中,比较重要的是 1×1 线(45°线)、1×2 线(26.25°线)和 2×1 线(63.25°线)。其中又以 45°线最重要,代表着市场的一种动态平衡态势。甘氏线的画法和实战见图 8.20~图 8.23。

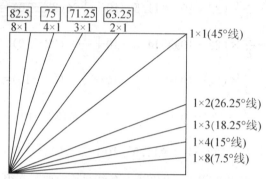

图 8.20 上升甘氏线的画法

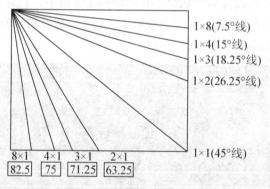

图 8.21 下降甘氏线的画法

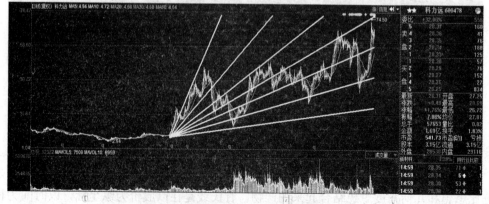

图 8.22 科力远(600478)甘氏线的实战

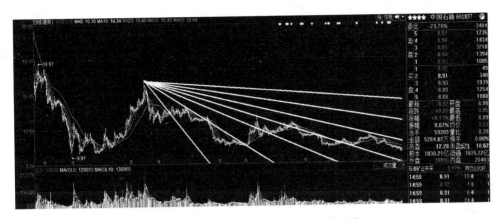

图 8.23　中国石油(601857)甘氏线的实战

8.4.4　其他常见的支撑压力点位

根据黄金分割线法和百分比法的基本思路，人们在实践中还总结了其他常见的确定支撑和压力点位的方法，它们都属于水平线类的直线，与黄金分割线法和百分比法所起的作用相同，这里分别给予介绍。

1. 历史最高点与最低点

历史最高点与最低点是价格波动中最具影响力的价位。由于历史最高点与历史最低点反映了长期价格波动趋势中的波峰和波谷，因此对投资者有着较强的心理影响力。当价格接近历史最高点时，投资者会由于对历史最高点的恐惧而纷纷抛出手中的证券；而当价格接近历史最低点时，投资者又会受过去抄底的丰厚利润的刺激加入买盘的行列。因此，历史最高点和最低点位常常表现出极强的压力和支撑效能。

2. 整数点位和心理点位

整数点位是指价格指数或价格成整数时的点位或价位。例如，深证指数 400 点、500 点，上证指数 1 500 点、1 700 点等，整数点位往往表达和体现了投资者对行情发展的判断和信心的强弱，很能影响投资者的情绪。因而整数点位有时也表现出较强的支撑或压力功能。心理点位不同于整数点位，它往往是在证券价格长期波动中由市场所公认的一定时期内的顶部或底部区域。例如，沪市的 1 500 点，曾经在 2000—2001 年较长时间内被公认为"铁底"区域，反映了投资者的心理信念，因而意义重大，其支撑和压力效能往往表现得最为强烈。

3. 成交密集区

成交密集区是指过去交易量大，交易比较活跃的价格区域。由于成交量大，交易活跃，因此在成交密集区及其附近堆积了大量的资金筹码。若价格波动在成交密集区之上，则成交密集区将成为日后价格下跌时较强的支撑区域。若价格波动在成交密集区之下，则成交密集区将成为日后价格上升时较强的压力区域。

4. 颈线

图形形态分析是技术分析中一种重要的分析方法。在图形形态分析中，颈线有着极其重要的意义。例如，头肩顶与头肩底形态、M头与W底形态中的颈线等。颈线在价格波动中具有较强的支撑或压力效能。

5. 缺口

缺口是指价格向某一方向急速运动时没有成交的一段真空区域。不同形态的缺口对价格波动表现出不同的支撑和压力效能。其中突破缺口和持续性缺口表现得较为强烈，而普通缺口和消耗性缺口则显得偏弱一些。但不论何种缺口，在分析中都应视其为一个支撑或压力点位。

本 章 小 结

趋势是指股票价格的波动方向，或者说是股票市场运动的方向。趋势的方向有3类：上升方向、下降方向、水平方向（无趋势方向）。由于证券价格变化的趋势是有方向的，因而可以用直线将这种趋势表示出来，这样的直线称为趋势线。反映价格向上波动发展的趋势线被称为上升趋势线，反映价格向下波动发展的趋势线则被称为下降趋势线。趋势线除了反映一段时间内价格波动的发展方向以外，还表现了一种支撑或压力的效能。检验趋势线的支撑或压力功能的指标是趋势线的有效性。轨道线又称为通道线，是基于趋势线的一种方法。

支撑与压力是价格沿着某个方向波动时支持或阻碍价格上升的两股动力。支撑线是阻止股价下跌的一条线，这个起着阻止股价进一步下跌的价格就是支撑线所在的位置。压力线起着阻止股价上升的作用，这个起着阻止股价进一步上升的价格就是压力线所在的位置。支撑线与压力线之所以能起支撑与压力的作用，很大程度上是由于心理因素方面的原因，两者的相互转化也是从心理因素方面考虑的，这是支撑线与压力线的理论依据。

黄金分割线与百分比线是两类重要的切线，在实际中得到了广泛的应用。这两条线的共同特点是它们都是水平的直线（其他的切线大多是斜的）。它们注重于支撑线和压力线的价位，而对什么时间达到这个价位不过多关心。

基本概念

向上趋势线　向下趋势线　水平趋势线　压力线　支撑线　轨道线　上升轨道线　下降轨道线　水平轨道线　上轨　下轨　黄金分割线　甘氏线　百分比线

习　题

一、简答题

1. 什么是支撑线与压力线？它们有什么作用？两者之间如何转化？

2. 什么是趋势线和轨道线？如何对趋势线的有效性进行检验？
3. 什么是百分比线和甘氏线？
4. 什么是黄金分割法？简述它的原理。
5. 简述轨道线、趋势线和黄金分割线的画法，并说明它们预测行情的过程。
6. 支撑线和压力线起什么作用？
7. 有人说价格下降到支撑线就可以买入了。这句话正确吗？为什么？

二、选择题

1. 在上升趋势中，将(　　)连成一条直线，就得到上升趋势线。
   A. 两个低点　　　　　　　　B. 两个高点
   C. 一个低点，一个高点
2. 在下降趋势中，将(　　)连成一条直线，就得到下降趋势线。
   A. 两个低点　　　　　　　　B. 两个高点
   C. 一个低点，一个高点
3. 趋势线被突破后，说明(　　)。
   A. 股价会上升　　　　　　　B. 股价的走势将反转
   C. 股价会下降　　　　　　　D. 股价的走势将加速
4. 轨道线被突破后，说明(　　)。
   A. 股价会上升　　　　　　　B. 股价的走势将反转
   C. 股价会下降　　　　　　　D. 股价的走势将加速
5. 以下说明正确的是(　　)。
   A. 趋势线比轨道线重要　　　B. 轨道线比趋势线重要
   C. 趋势线和轨道线一样重要　D. 趋势线和轨道线都不重要
6. 一般来说，股价在确认支撑线重要性时应考虑的因素是(　　)。
   A. 股价在这个区域停留时间的长短和股价在这个区域伴随的成交量大小
   B. 股价在这个区域伴随的成交量大小和股价在这个区域波动的幅度
   C. 支撑线位置的高低和股价在这个区域停留时间的长短
   D. 支撑线的陡峭程度和支撑线位置的高低
7. 支撑线和压力线(　　)。
   A. 可以相互转化　　　　　　B. 不能相互转化
   C. 是否可以转化不能确定　　D. 是一条抛物线
8. 与趋势线平行的切线为(　　)。
   A. 压力线　　B. 轨道线　　C. 速度线　　D. 角度线
9. 根据技术分析理论，不能独立存在的切线是(　　)。
   A. 扇形线　　B. 百分比线　　C. 通道线　　D. 速度线
10. 依据3次突破原则的方法是(　　)。
    A. 速度线　　B. 扇形线　　C. 甘氏线　　D. 百分比线

三、判断题

1. 只有在下跌行情中才有支撑线，只有在上升行情中才有压力线。　　　　(　　)

2. 股价下跌到支撑线所在的位置就一定回升。（   ）

3. 在上升趋势中，如果股价不能突破压力线，再创新高，这表明这一轮的上升趋势有可能已经结束。（   ）

4. 一条支撑线有时会变成压力线。（   ）

5. 上升趋势线是支撑线的一种，下降趋势线是压力线的一种。（   ）

6. 上升趋势线被突破后，就会变成压力线。（   ）

7. 下降趋势线被突破后，就会变成压力线。（   ）

8. 轨道线平行于趋势线。（   ）

9. 轨道的作用是限制股价的变动范围。（   ）

10. 如果股价在一次波动中未触及轨道线，而是离得很远就开始掉头，这说明趋势将要加速。（   ）

11. 切线为我们提供了很多价格移动可能存在的支撑线和压力线。但是，支撑线和压力线有被突破的可能，它们的价位只是一种参考，不能把它当作万能的工具。（   ）

12. 在上升趋势中，股价没有回调。（   ）

13. 轨道线和趋势线是相互合作的一对，先有轨道线后有趋势线。（   ）

14. 轨道线是趋势线的基础。（   ）

15. 在下跌行情中有压力线，在上升行情中有支撑线。（   ）

16. 趋势线被突破后，说明股价将反转。（   ）

17. 趋势线一经形成即为有效，无须进一步的确认。（   ）

18. 切线理论认为，价格对轨道线的突破是趋势反转的开始。（   ）

19. 黄金分割线和百分比线不但注重支撑线和压力线所在的价位，而且关心达到这个价位形成的时间和持续的时间。（   ）

实验实训题

实验：趋势分析

1. 实验目的及要求

（1）通过该实验使学生掌握趋势的3种方向和3种类型，以及支撑线、压力线、趋势线和轨道线的基本图形特征。

（2）熟悉支撑线、压力线、趋势线和轨道线的各个要素，会对支撑线、压力线、趋势线和轨道线进行走势分析。

（3）会运用支撑线、压力线、趋势线和轨道线对市场行情进行买入点和卖出点的判断。

2. 实验内容

实验内容为各种趋势线的图形特点与运用法则。

（1）趋势、趋势线、轨道线。

(2) 支撑线、压力线。

(3) 百分比线、黄金分割线。

(4) 甘氏线、扇形线、速度线。

3. 问题讨论

运用趋势分析应注意的问题有哪些？

案例分析

切 线 派

切线派是按一定方法和原则在外汇图表上画一些直线，然后根据这些直线的情况推测外汇价格的未来趋势，这些直线就是切线。切线的作用主要是起支撑和压力的作用。支撑线和压力线往后的延伸位置对价格的趋势起一定的制约作用。一般说来，外汇价格在从下向上抬升的过程中，一旦触及压力线，甚至远未触及压力线，就会调头向下；同样，外汇从上向下跌的过程中，在支撑线附近就会转头向上。另外，如果触及切线后没有转向，而是继续向上或向下，这就是突破。突破之后，这条直线仍然有实际作用，只是名称变了。原来的支撑线变成压力线，原来的压力线将变成支撑线。切线派分析股市主要是依据切线的这个特性。

切线的画法是最为重要的，画得好坏直接影响预测的结果。目前，画切线的方法有很多种，它们都是人们长期研究之后保留下来的精华。著名的有趋势线和通道线等，此外还有黄金分割线、甘氏线和角度线等。在实际应用中，人们从这些线上获益不少。切线实战图形见图8.24。

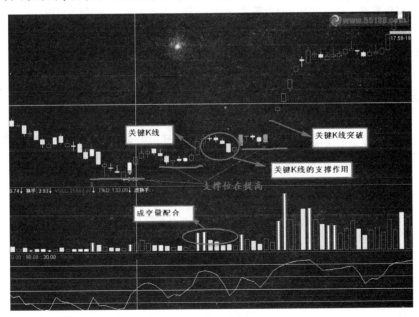

图 8.24 切线实战图形

（资料来源：http：//forex.hexun.com/2012-02-07/137831730.html.）

第 9 章 形态分析方法

教学目标

通过本章的学习,学生需要了解形态分析的含义和内容,掌握反转突破的含义和实战画法。掌握整理形态的类型和缺口理论在证券投资技术分析中的关键作用。

教学要求

知识要点	能力要求	相关知识
反转突破形态	使学生了解形态分析的含义和内容,掌握反转突破的含义和实战画法	头肩顶、头肩底、M头、W底、左肩、右肩、颈线、颈线位、多重顶、多重底、圆弧顶、圆弧底、潜伏底、V形反转、喇叭形
整理形态	掌握整理形态的类型	三角形、对称三角形、上升三角形、下降三角形、楔形、旗形、矩形
缺口理论	掌握缺口理论在证券投资技术分析中的关键作用	缺口、普通缺口、跳空缺口、突破缺口、继续缺口、持续性缺口、消耗性缺口、暂留性缺口

导入案例

技术案例分析之 "V形底"

K线形态描述：股价展开一轮下跌行情，其末期开始加速下跌，整体下跌过程中，没有像样的反弹出现，股价连续下跌创出最低点后，快速沿着下跌过程原路拉起，上涨过程与下跌过程形成一个V形，这种形态形成的底部被称之为V形底。

市场意义：V形底是主力在低点位置强力吸筹至股价趋势逆转的体现。即股价小幅下跌，主力小幅集筹，在空头气氛的打压下，股价快速下探，至主力认为合适的位置，开始大举买入，空方力量逐渐减弱，多方开始占据主动，股价也触底拉起，这时主力连续买入，股价沿原路返回，至主力吸筹完毕，股价展开一轮拉升行情。值得注意的是，能成功构筑V形底的股票，介入的主力实力都十分凶悍且建仓成本较高，所以，V形底一旦突破，其涨势十分凌厉。

东方电热(300217)前期大盘下跌表现十分抗跌，后期底部启动形态就是V形底形态，见图9.1。

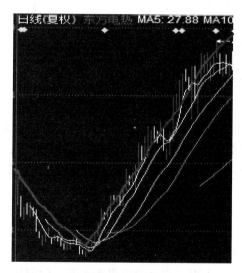

图9.1 V形底

东方电热(300217)这只股票上市初大盘弱势，股价偏高，出现下跌，从30元一路下跌至23.5元附近企稳，连续6日阳线快速脱离底部，量能放大，没有二次探底的过程，股价呈V形反转，除去上市首日的K线，股价在28.5元附近形成颈线位，28.5元－23.5元＋28.5元＝33.50元，该股理论目标价在33元附近，该股最高近45元，可见V形底这种底部形态形成后，主力资金实力强大，涨势凌厉。

K线理论告诉我们一些判断今后股价运动方向的方法，具有很好的指导意义。但是，K线理论更注重短线的炒作，它的预测效果只适应于近期。为了弥补这种不足，我们将K线组合中所包含的K线根数增加，这样，众多的K线组成了一条上下波动的曲线，这条曲线就是股价这段时间内移动的轨迹。形态分析法就是通过研究股价所走过的轨迹，分析和挖掘出曲线反映的一些多空双方力量的对比结果，以指导我们今后的行动。

趋势方向的转变并非突如其来，事实上重要的趋势转变通常都需要一个发展的过程。形态分析法通过研究股价曲线的各种形态，发现股价正在运行的方向。其方法很多是K线分析法和趋势分析法中的方法。

股价的移动主要有保持平衡的持续整理和打破平衡的突破两种过程，这里，我们把股价曲线分为两大类型，一是持续整理形态，二是反转突破形态。前者保持平衡，平衡是相对的，价格只要在一定的范围内变动，都属于平衡的范围，因此，平衡的打破与支撑线和压力线被突破一样，有个被认可的问题。本章主要介绍反转突破和整理两类常见的形态。

9.1 反转突破形态

反转突破形态描述了趋势方向的反转，是投资分析中应该重点关注的变化形态。反转变化形态主要有头肩形态，双重顶和双重底形态，圆形顶（底）和潜伏底形态，V形、喇叭形和菱形形态等多种形态。

9.1.1 头肩形态

头肩形态是一种典型的反转形态，它将带来明显的大势反转，头肩形态一般可分为头肩顶、头肩底及复合头肩形态3种类型。

1. 头肩顶形态

头肩顶形态是一个可靠的沽出时机，一般通过连续的3次起落构成该形态的3个部分，即一个头部和两个肩部（图9.2和图9.3）。一般把头两侧的低点连接而成的线称为颈线，左侧的升浪称为左肩，右侧的升浪则称为右肩。当价格穿透颈线，即表明形态已经确认，市况将反转下跌。

头肩顶形态的完成过程大体可分解为如下步骤：股价长期上升后，成交量大增，获利回吐压力亦增加，导致股价回落，成交量较大幅度下降，左肩形成；股价回升，突破左肩的顶点，成交量也可能因充分换手而创纪录，但价位过高使持股者产生恐慌心理，竞相抛售，股价回跌到前一低点水准附点，头部完成；股价再次上升，但前段的巨额成交量将不再重现，涨势亦不再凶猛，价位到达头部顶点之前即告回落，形成右肩。这一次下跌时，股价急速穿过颈线，再回升时股价也仅能达到颈线附近，然后成为下跌趋势，头肩顶形态宣告完成。

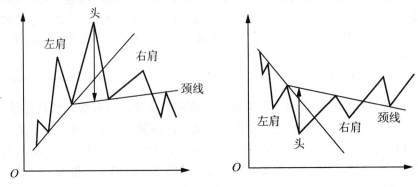

图9.2 头肩顶（底）

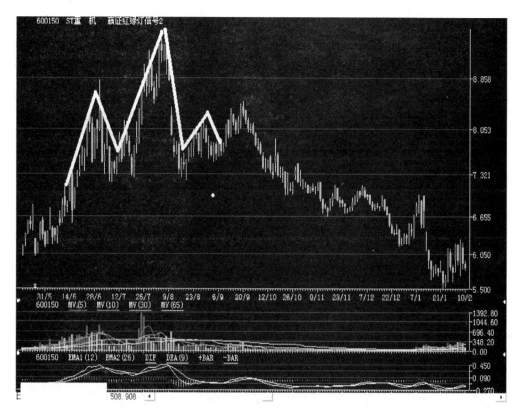

图9.3 头肩顶实战

头肩顶是一种相当重要的技术图形，从中可以观察到多空双方的激烈争夺情况。起初，多头力量不断推动股价上升，市场投资者情绪高涨，成交量增大。然后经过一次短暂回调，使另一部分投资者趁机建仓，股价继续上涨，而且创新高。但成交量已开始下降，多头信心受挫，沽盘开始增加，于是股价再次回落。然而，市场一部分后知后觉的多头信心不死，第三次推动股价上升，可是股价无力再攀高点，且成交量进一步下降，乐观情绪基本消失，其后，市场疲软无力，充分体现头肩顶的巨大杀伤力。

头肩顶形态是一个长期趋势的转向形态，一般出现在一段升势的尽头。这一形态具有如下特征：①一般来说，左肩与右肩高点大致相等，有时右肩较左肩低即颈线向下倾斜；②就成交量而言，左肩最大，头部次之，而右肩成交量最小，即梯状递减；③突破颈线不一定需要大成交量配合。

运用头肩顶形态时，必须谨慎观察，以防出现假突破影响自己的投资绩效。一般而言，要提防以下两种假头肩顶形态：①当右肩的高点比头部还要高时，不能构成头肩顶形态；②如果股价最后在颈线水平回升，而且回升的幅度高于头部，或者股价于跌破颈线后又回升到颈线上方，这可能是一个失败的头肩顶，宜进行进一步观察。

头肩顶形态还具有测算功能。当颈线被突破，反转确认以后，大势将下跌。下跌的深度至少等于形态的高度。形态的高度指从头部的最高点到颈线的垂直距离，也就是说股价最小量的跌幅等于形态的高度，不过实际跌幅通常大于该量度跌幅。

2. 头肩底形态

头肩底是头肩顶的倒转形态。是一个可靠的买进时机。这一形态的构成与头肩顶类同。由左肩、头部、右肩共同构成。一般把头部两侧的高点连接成的线也称为颈线(图9.2和图9.4)。

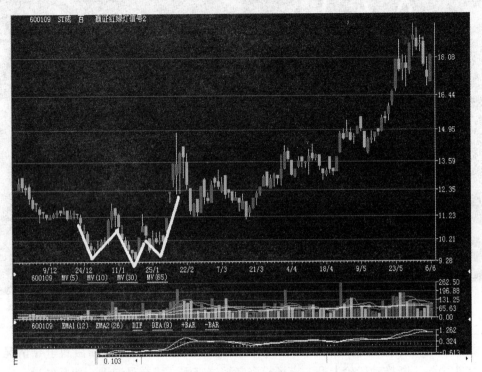

图9.4　实战中的头肩底形态

头肩底的完成包括以下过程。

(1) 左肩形成：股价经过长期下跌，成交量相对减少，接着出现一次成交量较小的次级上升。

(2) 头部形成：股价第二次下跌，低点低于左肩的最低价，而其成交量在下跌过程中没有减少，甚至增加，在低位盘旋时成交量则迅速萎缩，然后一口气回升至越过左肩低档价价位，成交量迅速增加，大于左肩形成时成交量。

(3) 右肩形成：第3次下跌，成交量很明显小于左肩和头部，当跌至头部的最低价格水准以前即反弹上升。

头肩底形态的特征：头肩底的颈线被突破时，必须有大成交量的配合，否则即可能是一次虚假的突破；在升破颈线后可能有暂时回跌，但回跌不应低于颈线，否则可能是失败的头肩底形态；头部到颈线之间的距离即是从颈线突破开始的最小量度升幅。成功的头肩底形态，升幅一般都会大于其一度的升幅。

3. 复合头肩形态

股价变化经过复杂而长期的波动所形成的形态可能不是标准的头肩形态，反而会形成所谓的复合头肩形态。这种形态与头肩形态基本相似,只是左右肩部或者头部出现多于一次。其形成过程也与头肩形态类似,分析意义也和普通的头肩形态一样,往往出现在长期趋势的底部或顶部。复合头肩形态一旦完成,即构成一个可靠的买进或沽出时机。

9.1.2 双重顶和双重底

双重顶和双重底也是一种极为重要的反转形态。它与头肩形态相比,没有肩部,只是由两个基本等高的峰或谷组成(图9.5～图9.8)。

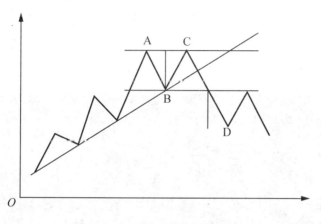

图9.5 双重顶

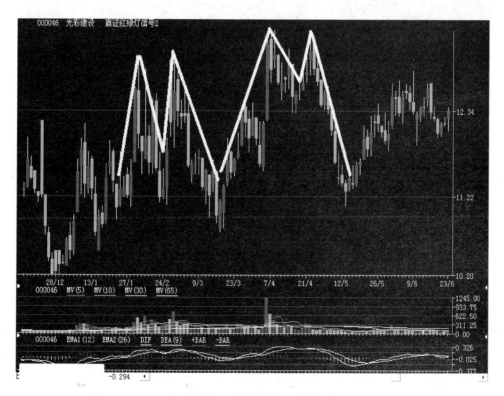

图9.6 实战中的双重顶

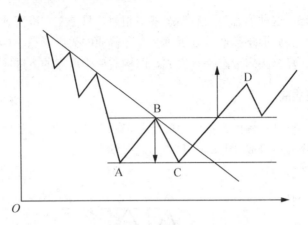

图 9.7 双重底

图 9.8 实战中的双重底

1. 双重顶

某一股票(或指数)急速上升到某一价格水平,受阻回跌,在峰顶处留下大成交量,接着成交量随股价下跌而萎缩。然后再度上升时,股价又回至前一峰顶附近,成交量再度增加,却不能达到前面的成交水准,遇到上升阻力,第二次下跌,突破颈线,转为下跌趋势。在此过程中,股价的移动轨迹就像字母 M,此即为双重顶,又称 M 头趋势。一般出现在多头市场结束时的反转形态,有时也会出现在上升趋势与下跌趋势的中段整理中。

双重顶的形成过程：股价持续上升给投资者带来了丰厚的利润，这一批获利筹码急待沽出以致上升行情转为下跌；当股价回落到某一水平，吸引了一些短线客的兴趣，获利投资者也可能低位补回，于是行情回复上升；然而，由于信心不足，股价难以再见新高，市场沽盘再度涌出，股价再次下跌；由于高点两次受阻回落，投资者信心受损，空头得势，使股价跌破颈线（即通过双峰间低点的水平线），双重顶形态即告形成。

双重顶是一个反转形态，它预示着股价的升势已经终结。双重顶形态一般具有如下特征：①双重权威性的两个高点不一定在同一水平，两者相差少于3％就不会影响形态的分析意义；②向下突破颈线时，不一定有大成交量伴随，但日后继续下跌时，成交量会扩大；③双重顶形态完成后的最小跌幅量度方法是由颈线开始，至少会下跌从双头最高点到颈线之间的差价距离。

2. 双重底

双重底是双重顶的倒转形态，其形状与双重顶类似。股票持续下跌到某一水平后，出现技术性反弹，但回升幅度不大，时间亦不长，股价再次下跌，当跌至上次低点时获支撑，于是再次回升，且成交量大于前次回升时的成交量。股价在这一过程中的运行轨迹就像字母W，此即为双重底，又称W底。

双重底的形成过程：股价持续下跌使其投资价值日益显露，市场惜售心理愈来愈浓，而另一些投资者则因价低而尝试买入，推动股价回升；然而上升到某一水平时，会令一部分信心不足的持股者产生抛售动机，股价再一次下挫；但对后市充满信心的投资者觉得他们错过了上次低点买入的良机，于是趁低吸纳筹码，股价又一次回升；由于两次探底未向下突破，激发了投资者的购买热情，供不应求的力量推动股价扬升，且突破颈线（经过上次回升高点的水平线），从而使走势得以逆转。

双重底的颈线画法、涨幅量度方法等特征与双重顶类同。所不同的是，双重底的颈线突破时，必须有大成交量的配合，否则即可能为无效突破。

3. 多重顶和多重底

多重顶（底）就是双重顶（底）的扩展形式，也是头肩顶（底）的变形。出现多重顶（底）的原因是由于没有耐心的投资者在形态没有完全确定时，便急于跟进或跳出，走势不尽如人意时又急于杀出或抢进，等到大势已定，股价正式反转上升或下跌，仍照原预期方向进行，此时投资者却犹豫不决，缺乏信心，结果使股价走势比较复杂。多重顶或多重底即是其中的一种（图9.9）。

多重顶（底）有如下特征：①多重顶（底）的顶峰与顶峰，或谷底与谷底的间隔距离和时间不必相等；②各顶点与谷底的股价不一定相同，高低差价若在3％之内即可不影响其分析意义；③多重顶在最后一个顶部时，成交量极度萎缩，即显示出下跌征兆，而多重底在最后一个底部完成两股价上升时，成交量大幅增加，即表示股价将会向上突破；④最小涨跌幅的量度方法与双重顶和双重底相同。

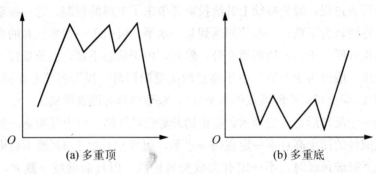

(a) 多重顶　　　　　　　　(b) 多重底

图 9.9　多重顶(底)

9.1.3　圆形顶(底)和潜伏底

股价在发生反转的运行过程中，有的是经过长期较量并与大成交量配合才能改变趋势，有的则没有如此激烈，而是经历一段潜移默化的过程后，一方力量自然地转向另一方。圆形顶(底)和潜伏底所形成的反转即是其典型的代表。

1. 圆形顶(底)

圆形形态有两类，一类为圆形顶，一类为圆形底，见图 9.10。

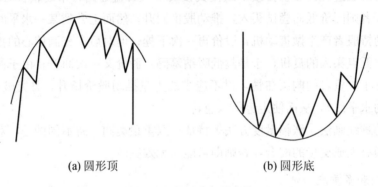

(a) 圆形顶　　　　　　　　(b) 圆形底

图 9.10　圆形顶和圆形底

圆形顶的基本形态是股价变动，呈弧形上升，然后当股价缓缓上升至相当价位时，多空双方形成拉锯战，多头由主动变被动，最后力竭，快速下跌，在图形上形成一个弧形，此即为圆形顶。

圆形顶的形成过程大体可描述如下：由于多头力量雄踞上风，股价迅速走高，但到一定价位后，卖方力量在不断酝酿和加强，最后多空双方达到均衡，此时股价基本处于静止状态；如果卖方力量超过买方，股价即开始回落；起初，跌势尚不明显，但后期卖方渐居主动，以致完全控制市场，说明一个大跌市即将来临，股价将会急转直下。因此，圆弧顶形成之后，多头应该迅速撤离。

圆形底与圆形顶相反，它的反转形态是向上反转。其基本形状是股价呈现弧形下跌，成交量逐渐减少，然后当股价缓和跌至相当价位时，上下波动几乎呈现水平状态，成交量也极度萎缩。此时需求逐渐增加，股价缓慢上升，呈现弧形，成交量随股价上升亦显著增加，随后股价上升速度加快，形成上升趋势，直至遇到阻力为止。

圆形形态具有如下特征：①形态完成、股价反转后，行情多属爆发性，涨跌急速，持续时间也不长，一般是一口气走完，中间极少出现回档或反弹，因此，形态确信后应立即顺势而为，以免踏空、套牢；②圆形顶或圆形底形态中，成交量的变化亦呈凹凸性相同的圆形，见图9.11。

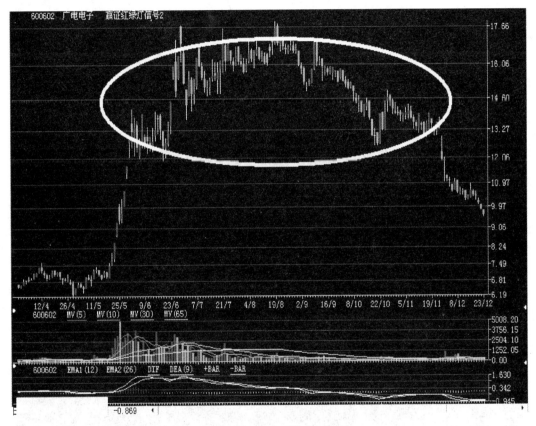

图9.11　实战中的圆形顶

2. 潜伏底

潜伏底是指股价在一个极狭窄的范围内横向波动。每日股价的高低波幅极小，且成交量稀少，在图形上形成一条横线般的形状。一般而言，经过一段长时间的潜伏期后，股价和成交量一旦同时摆脱沉静不动的局面，即会有大行情发生，股价会有大幅度上升，成交量也会转趋畅旺（图9.12和图9.13）。

潜伏底大多出现在一些波动不大的冷门股上。由于这类股票股性不活，因而受到投资者的忽视。稀少的买卖使股票的供求不可能大幅失衡，股价在一个狭窄的区域内小幅变动，其市场表现为潜伏不动，令人沉闷。最后，受到某些突如其来的消息刺激，如公司盈利大增、分配方案好等，使股价脱离底部潜伏期，大幅向上扬升。在股价潜伏的过程中，有内幕消息的人或有信心的人已收集了相当的筹码，当形态突破后，未来的上升趋势将会强而有力。因此，当潜伏期在成交量配合下向上突破时，应马上跟进，可获得可观的利润。

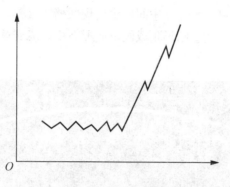

图9.12 潜伏底形态

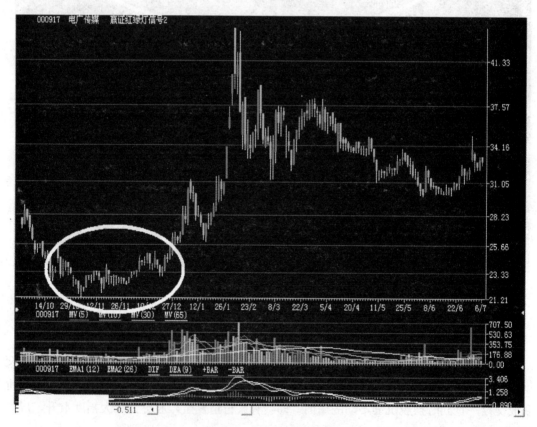

图9.13 实战中的潜伏底

由于潜伏的股票一般为冷门股，投资者跟进时应特别小心。一般应注意以下要点：①潜伏底经历的时间一般是很长的；②只有当底部出现明显的突破时，投资者方可跟进，突破的鉴别标准是成交量的激增；③在突破后的上升途中，必须继续维持高的成交量，否则应当考虑撤出。

9.1.4 V形、喇叭形与菱形形态

1. V形形态

V形走势是一种很难预测的反转形态。因为无论V形顶还是V形底的出现，都没有一个明显的形成过程，往往让投资者感到突如其来，甚至难以置信。

一般的反转形态，都有一个转为明确的步骤：首先是原来的走势趋缓，市场多空双方的力量渐趋均衡；接着价格也由先前的走势转为横向徘徊；最后，多空力量的对比发生改变，走势发生逆转，股价反向而行。但V形走势却迥然不同，它没有中间那一段过渡性的横盘不定过程。其关键转向过程仅2~3个交易日，有时甚至在一个交易日内完成整个转向过程。

V形走势可大致区分为如下3个阶段：①下跌阶段，通常左边的跌势十分陡峭，而且持续一段短时间；②转势点，即底部，其形状往往十分尖锐，一般在两三个交易日内完成，而且在这一低点成交量显著增加，有时候转折点就在恐慌交易日中出现；③回升阶段，股价从底点回升，成交量也随着增加，见图9.14(a)和图9.15。

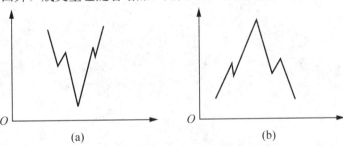

图9.14 V形形态

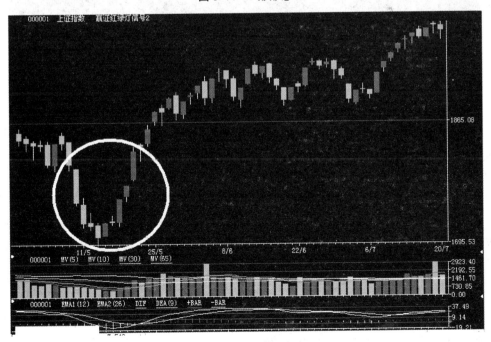

图9.15 实战中的V形底形态

V形走势的市场含义：由于市场中卖方的力量很大，使股价持续下跌，当这股沽售力量消失之后，买方的力量完全控制整个市场，使得股价出现戏剧性的回升，几乎以下跌时同样的速度恢复所有失地，因此在图表上形成一个V字般的运行轨迹。

倒转V形情形正好相反，市场看好的情绪使股价节节攀升，可是突如其来的某个因素扭转了整个趋势，卖方以上升时同样的速度下跌，形成一个倒转V形运行轨迹。通常，这种形态是由一些突如其来的因素和一些消息灵通的投资者所不能预见的因素造成的，见图9.14(b)和图9.16。

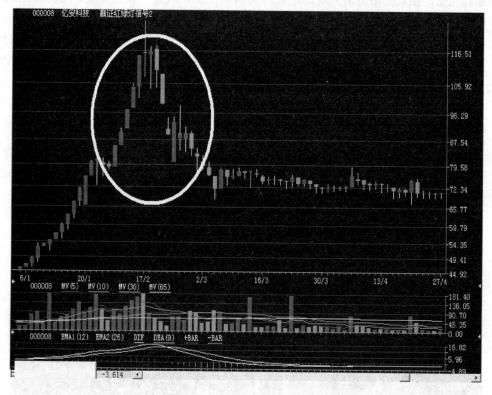

图9.16 实战中的V形顶形态

由于V形走势中反转的突然性，投资者往往难以预料，形态出现以后难以确认，因而容易贻误战机。根据对V形走势的历史分析，我们可将V形走势出现的条件概括如下：①一个明显且持续了一段时期的升势或跌势；②升势或跌势逐渐加速，趋势线（支撑线或压力线）斜度增加；③市势突然逆转，趋势线失守或被突破，一般以单日、双日反转或倒状反转的形式出现；④最后的多头或空头力量消耗殆尽，市价向相反的方向急速行动。V形走势的一个重要特征是在转势点必须有大成交量的配合，且成交量在图形上形成倒V形。若没有大成交量，则V形走势不宜信赖。

2. 喇叭形态

喇叭形的正确名称应为扩大形或增大形。这种形态是股价经一段的上升后，遇阻回跌，然后再上升、再下跌，上升和下跌的幅度均有所增大，如果把波动过程中的高点和低点分别连接起来,在形状上好像一只喇叭,故称为喇叭形。

喇叭形态的形成往往是因为投资者的冲动投资情绪所造成。通常在长期性上升的最后阶段出现,这是一个缺乏理性的市场,投资者受到市场炽热的投机气氛或市场传闻所感染,很容易追涨杀跌。这种冲动而杂乱无章的行市,使得股价不正常的大起大落,形成巨幅震荡的行情,继而在震荡中完成形态的反转,见图9.17和图9.18。

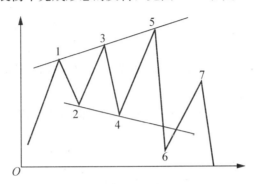

图9.17 喇叭形态

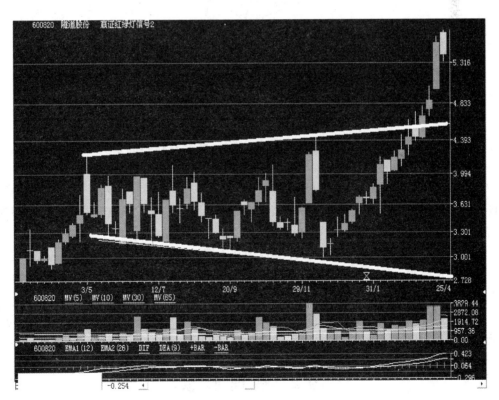

图9.18 实战中的喇叭形态

一个标准的喇叭形态应该有3个高点,2个低点。股票投资者应在第三峰(图9.17中的5)调头向下时抛出手中的股票,这在大多数情况下是正确的。如果股价进一步跌破第二谷,则喇叭形态完全可以确认,抛出股票更成为必然。

喇叭形态具有如下特征：①喇叭形一般是一个下跌形态，暗示升势将到尽头，只有在少数情况下，股价在高成交量配合下向上突破时才会改变其分析意义；②在成交量方面，整个喇叭形态形成期间都会保持不规则的大成交，否则难以构成该形态；③喇叭形走势的跌幅是不可量度的，一般说来，跌幅都会很大；④喇叭形源于投资者的非理性，因而在投资意愿不强、气氛低沉的市道中，不可能形成该形态。

3. 菱形形态

菱形又称钻石形态，其形态犹如钻石，见图 9.19。菱形实际上是喇叭形和对称三角形的结合。如果将这一形态分前后两个部分，即可发现，前半部就是喇叭形走势，具备两个高点和两个低点。但当股价第三次回升时，高点却不能超越前一高点，随后的下跌低点又比前一低点高，股价的波动从不断向外扩散转为向内收敛，此形成过程类似对称三角形。

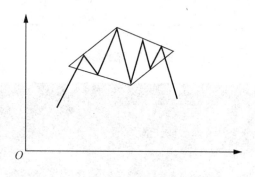

图 9.19　菱形形态

菱形形态的形成过程：当股价愈升愈高之际，投资者狂热的投资情绪完全替代了理智，因此价格波动增大，成交亦大量增加；但由于处于高位区，投资者的情绪渐渐冷却下来，成交减少，股价波幅收敛，市场投资意愿转变为以观望为主的心态，投资者静静等待市场的进一步变化；随后，股价向下突破，菱形形态即告成立，跌破支撑点的价格即为沽出信号。

菱形形态的主要特征如下：①由于其成因在于情绪激动的市场环境，故一般出现在中级下跌前的顶部或大量成交的顶点处，极少有机会出现在跌市中；②成交量方面，前半阶段有着不规则的大成交量，后半阶段成交逐渐缩减，待价格突破颈线时，成交量一般会回升；③菱形走势最小跌幅的量度方法是从股价突破菱形颈线开始，量度出形态内最高点和最低点的垂直距离，即为股价即将下跌的最小幅度。

9.2　整理形态

股价在运行过程中，经过一段时间的快速变动后，就不再继续原趋势，而在一定区域内上下窄幅波动，等待时机成熟后再继续前进。这种运行所留下的轨迹称为整理形态。整理形态一般表现为时间长短不一的横盘价格变动或由两个以上的密集区所形成。

9.2.1 三角形整理形态

1. 对称三角形

在一个特定的走势里,价格上升的高点逐渐下降,而下跌的最低点逐渐升高,且上升幅度的减少和下跌幅度的减少大致相当。如果把这些高点和低点分别以直线连接起来,即可发现价格高点的连线(压力线)向下倾斜,而价格低点的连线(支撑线)则向上倾斜,两线最后交汇于一点,形成一个上下相对称的三角形。这一走势称为对称三角形走势,见图 9.20。出现对称三角形走势后,今后走向的最大可能是沿原有的趋势方向移动。

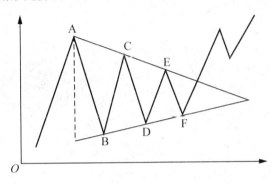

图 9.20 对称三角形

对称三角形只是原有趋势运动途中的休整状态,所以持续的时间不会太长。持续时间太长,保持原有趋势的能力就会下降。一般来说,突破上下两条直线的包围,继续原有既定方向的时间要尽量早,越靠近三角形的顶点,三角形的各种功能就越不明显,对投资的指导意义越不强。根据经验,突破的位置一般应在三角形横向宽度的 1/2~3/4 的某个位置。三角形的横向宽度指三角形的高度,见图 9.20。

对称三角形走势一般具有以下特征:①对称三角形一般是整理形态,但有时也可能在顶部或底部出现而导致大势反转;②对称三角形突破后,有可能出现暂时性反抽,但反抽不应高于支撑线或低于压力线,否则为假突破;③对称三角形的最小升幅或跌幅量度方法是在突破时,由突破点向上或向下量度出形态内最宽的距离(即形态最左方的高度),即为最小升跌幅度;④对称三角形的成交量,因愈来愈小的股价波动而递减,而向上突破需要大成交量配合,向下突破则不必。实战中的对称三角形见图 9.21。

2. 上升三角形

上升三角形是对称三角形的变形。从图 9.22 和图 9.23 中可以看出,两类三角形的下方支撑线相同的是向上发展,不同的是上升三角形的上方压力线并非向下倾斜,而是一条水平直线。

由于上升三角形上面的压力线是水平的,而支撑线是向上撑高的,因此,与对称三角形相比,它更有上升意愿,多方比空方更积极。通常以三角形向上突破作为这个持续过程终止的标志。

如果股价原有的趋势是向上的,遇到上升三角形后,几乎可以肯定今后是向上突破。如果股价原有的趋势是向下的,遇到上升三角形后,趋势的判断则有一定的难度;但如果在下降趋势的末期,出现上升三角形后,可以看成是反转形态的底部。

上升三角形一般具有以下特点:①属整理形态,但往往带有突破向上的可能,是一种"暗示向好"的走势形态;②上升三角形在突破顶部的压力线时,必须有大成交量的配合,否则为假突破;③突破后的升幅量度方法与对称三角形相同。

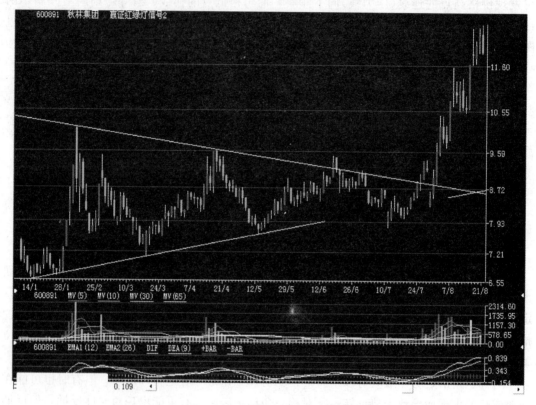

图 9.21　实战中的对称三角形

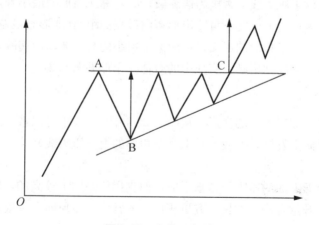

图 9.22　上升三角形

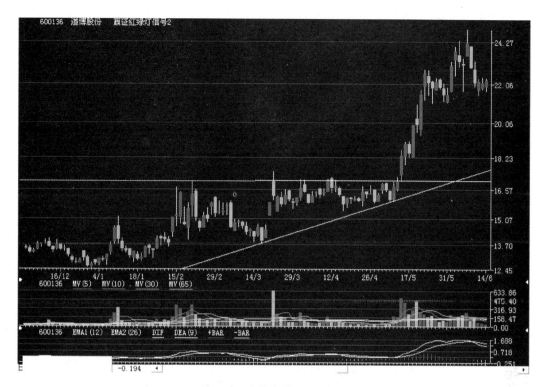

图 9.23 实战中的上升三角形

3. 下降三角形

下降三角形的形状与上升三角形恰好相反,是看跌的形态(图 9.24 和图 9.25)。它一般具有如下特点:①属于整理形态,其市场含义与上升三角形相反,是一种具有"暗示向淡"的走势形态;②下降三角形的成交量一直十分低沉,突破时也不必有大成交量配合;③下降三角形的跌幅量度方法与对称三角形相同;④如果股价原有的趋势是向上的,遇到下降三角形后,趋势的判断有一定的难度,但如果在上升趋势的末期,出现下降三角形后,可以看成是反转形态的顶部。

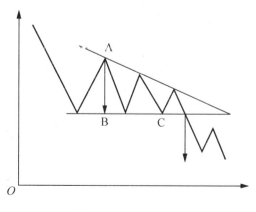

图 9.24 下降三角形

图 9.25　实战中的下降三角形

9.2.2　矩形整理形态

矩形(图 9.26)又称箱形,是指股价在两条水平的上下界线之间反复波动而形成的形态,是一种典型的整理形态。在矩形走势中,当价格上升到某水平时遇到阻力,掉头回落,但很快又获得支撑而回升,回升到上次同一高点时再一次受阻,而挫落到上次低点时则再次获得支撑。如果将这些短期高点和低点分别连接起来,即可绘出一条通道,这一通道既不上倾,又不下斜,而是呈水平发展。矩形的实战见图 9.27 和图 9.28。

矩形描述了实力相当的多空争斗的情景。它告诉我们,多空双方的力量在该范围内完全达到均衡状态,谁也无法占到上风。矩形走势初见端倪时,表示买卖双方全力交战,在主力撑持下,双方互不相让,股票持有者在达到某价格时抛出,买方在回落至某一低价位时抢进。久而久之,上下界线明显形成,多空双方战斗就渐趋平淡。

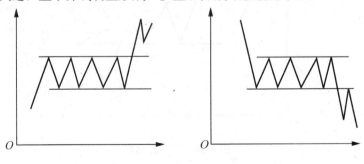

图 9.26　矩形

第9章 形态分析方法

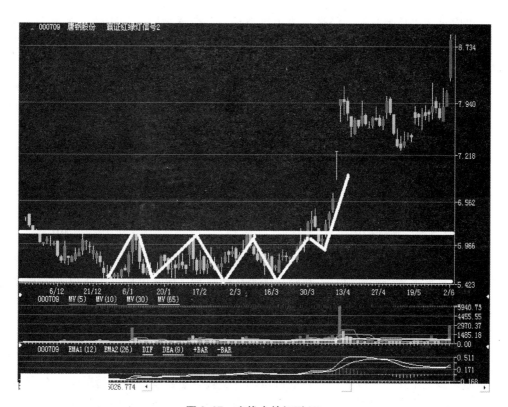

图9.27 实战中的矩形(1)

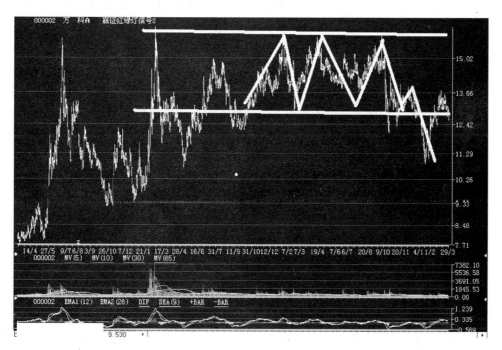

图9.28 实战中的矩形(2)

如果原来趋势是上升的，经过一段矩形整理后，会继续原来的走势，多方会占优势，采取主动，使股价向上突破矩形上界，继续一段上升行情。如果原来的趋势是下跌的，经过盘局后，空方将采取主动，突破其下界线，继续下跌。

矩形的突破也有一个确认的问题。当股价向上突破时，必须有大成交量的配合方可确认，而向下突破则不必有成交量增加；当矩形突破后，其涨跌幅度通常等于矩形本身宽度，这是矩阵形态的测算功能。

矩形与别的形态不同，它为我们提供了一些短线操作的机会。如果在矩形形成的早期，能够预计到股价将按矩形进行调整，那么就可以在矩形的下界附近买入，在矩形的上界卖出，做短线的进出。如果矩形的上下界相距较远，这种短线的收益也是相当可观的。

9.2.3 旗形与楔形整理形态

旗形与楔形是两个最为著名的持续整理形态，在股票价格的曲线图上，它们是出现频率最高的两种形态。它们都是一个趋势的中途休整状态，休整以后，还要保持原有的趋势方面。这两种形态的特殊之处在于它们都有明确的形态方向，而且形态方向与原有的趋势方向相反。如原有的趋势方向是上升的，则这两种形态的方向就是下降的。

1. 旗形

旗形大多发生在市场极度活跃，股价运动近乎直线上升或下降的情况中。在市场急速而又大幅的波动中，股价经过一连串紧密的短期波动后，形成一个稍微与原来趋势呈相反方向倾斜的长方形，这就是旗形走势。旗形走势的形状就如同一面挂在旗杆顶上的旗帜，故此得名。它又可分为上升旗形和下降旗形两种（图9.29～图9.31）。

旗形的上下两条平行线起着支撑和压力的作用，两条平行线的某一条被突破是旗形完成的标志。

旗形也有测算的功能。旗形的形态高度是平行四边形左右两条边的长度。旗形被突破后，股价将至少要走到形态高度的距离。大多数情况是走到旗杆高度的距离。

应用旗形研判时，要注意以下几点。

(1) 旗形出现前，一般应有一个旗杆，这是由于价格作直线运动形成的。

(2) 旗形在形态形成之前和被突破后，成交量都很大，但在形成过程中成交量不断减少。

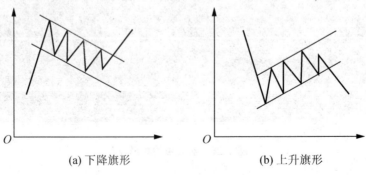

(a) 下降旗形　　　　　　　(b) 上升旗形

图 9.29　旗形

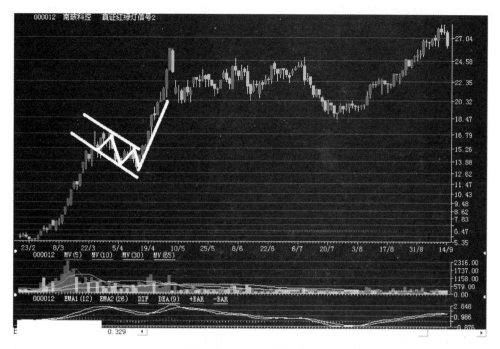

图 9.30　实战中的旗形(1)

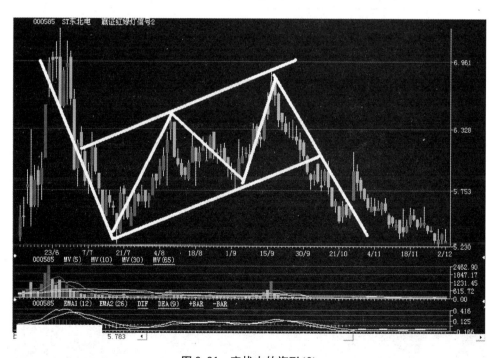

图 9.31　实战中的旗形(2)

（3）在形态形成过程中，若股价趋势形成旗形，但成交量大或不规则（不符合渐次减少的特征）时，下一步将会很快发生反转，而不是整理，即上升旗形要往下突破，下降旗形将向上突破。因此，观察成交量的变化在旗形走势中显得异常重要。

(4) 旗形持续的时间不能太长，一般应短于 3 周。否则，它保持原有趋势的能力将下降。

2. 楔形

如果将旗形中上倾或下倾的平行四边形变成上倾或下倾的三角形，就会得到楔形，楔形可分为上升楔形和下降楔形两种，见图 9.32～图 9.34。

上升楔形是指股价经过一次下跌后产生强烈的技术性反弹，价格升至一定水平后又掉头下落，但回落点比前次高，然后又上升至新高点再回落，在总体上形成一浪高于一浪的势头。如果把短期高点相连则形成一条向上倾斜的直线，且两者呈收敛之势。

同旗形一样，楔形也有保持原有趋势方向的功能，股价运行趋势的途中会遇到这种形态。上升楔形表示一个技术性反弹渐次减弱的市况，常在跌市中的回升阶段出现，显示股价尚未见底，只是一次跌后技术性的反弹。下降楔形常出现于中长期升市的回落调整阶段。

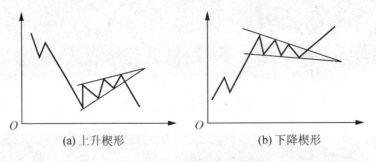

图 9.32　上升楔形和下降楔形

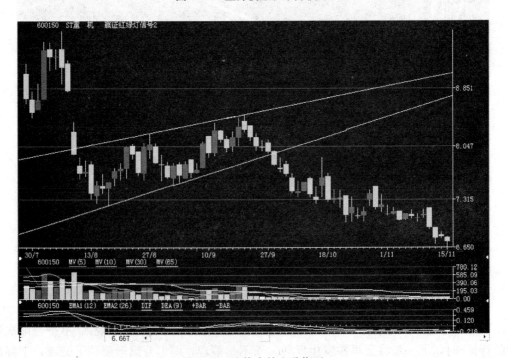

图 9.33　实战中的上升楔形

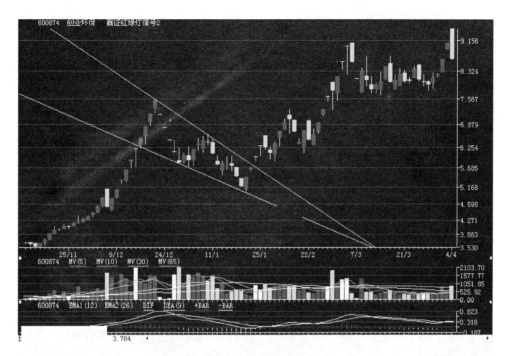

图 9.34 实战中的下降楔形

楔形的三角形上下两条边都是朝着同一方向倾斜,具有明显的倾向,这是该形态与前面三角形整理形态的不同之处。

与旗形和三角形稍微不同的地方是,楔形偶尔也出现在顶部或底部作为反转形态。这种情况一定是发生在一个趋势经过了很长时间,接近于尾声的时候。

在楔形形成过程中成交量渐次减少;在形成之前和形成之后,成交量一般都很大。

与旗形的另一个不同是,楔形形成所花费的时间较长,一般需要两周以上的时间方可完成。

9.3 缺 口 理 论

缺口分析是技术分析的重要手段之一。经典的技术分析著作将缺口划分为普通缺口、突破缺口、持续性缺口和消耗性缺口 4 种形态。但在实践中,经常还能发现另一类缺口形态,它有着自身鲜明的性质特征,这种缺口称为暂留性缺口。由于缺口具有不同形态,而每种形态各具特点,人们根据不同的缺口形态、缺口宽度和缺口位置常常能预测走势的变化方向和变化力度,因此,缺口理论已成为当今技术分析极其重要的预测分析工具。

9.3.1 缺口的概念

缺口是指证券价格在快速大幅波动中没有留下任何交易的一段真空区域,通常又称为跳空。缺口的出现往往伴随着向某个方向运动的一种较强动力。缺口的宽度表明这种运动的强弱。一般来说,缺口愈宽,运动的动力愈大,反之,则愈小。不论向何种方向运动所形成的缺口，都将成为日后较强的支撑或压力区域，不过这种支撑或压力效能依不同形态的缺口而定。

9.3.2 缺口的分类及作用

根据缺口的性质和作用不同，可以将缺口分为突破缺口、持续缺口、竭尽缺口等类型，见图9.35和图9.36。

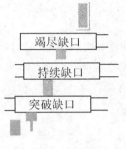

图 9.35 跳空缺口

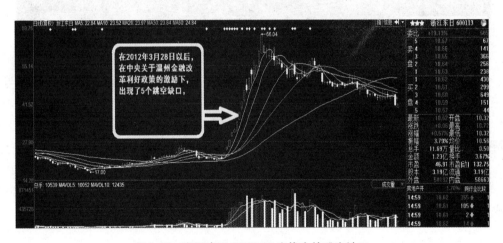

图 9.36 浙江东日(600113)实战中的跳空缺口

1. 普通缺口

普通缺口是指没有特殊形态或特殊功能的缺口，它可以出现在任何走势的形态之中，更多地出现在整理形态之中。普通缺口一个比较明显的特征是，它一般会在3日内回补，否则，就应考虑该缺口是否属于普通缺口形态。普通缺口的支撑或压力效能一般较弱。

普通缺口的这种短期内必补的特征，给投资者短线操作带来了一个简便机会。即当向上方向的普通缺口出现之后，在缺口上方的相对高点抛出证券，待普通缺口封闭之后买回证券；而当向下方向的普通缺口出现之后，在缺口下方的相对低点买入证券，待普通缺口封闭之后再卖出证券。这种操作方法的前提是必须判明缺口是否是普通缺口，且证券价格的涨跌有一定的幅度。

2. 突破缺口

突破缺口是指证券价格向某一方向急速运动，远离原有形态所形成的缺口。突破缺口蕴含着较强的动能，因而常常表现为激烈的价格运动，它的分析意义极大，一般预示行情走势将要发生重大变化，而且这种变化趋势将沿着突破方向发展。

突破缺口的形成在很大程度上取决于成交量的变化情况，特别是向上的突破缺口。若突破时成交量明显增大，且缺口未被封闭（至少未完全封闭），则这种突破形成的缺口是真突破缺口。若突破时成交量未明显增大，或成交量虽大，但缺口短期内很快就被封闭，则此缺口很可能是假突破缺口。

一般来说，突破缺口形态确认以后，无论价位（指数）的升跌情况如何，投资者都必须立即做出买入或卖出的指令，即向上突破缺口被确认立即买入，向下突破缺口被确认立即卖出，因为突破缺口一旦形成，行情走势必将向突破方向纵深发展。

3. 持续性缺口

持续性缺口是在证券价格向某一方向有效突破之后，由于运动急速而在中途出现的缺口，因而也称为中途缺口。持续性缺口的市场含义非常明显，它表明证券价格的变动将沿着既定的方向发展变化，并且这种变动距离大致等于突破缺口至持续性缺口之间的距离。

持续性缺口一般不会在短期内被封闭。因此，投资者可在向上运动的持续性缺口附近买入证券或者在向下运动的持续性缺口附近卖出证券，而不必担心是否会套牢或者踏空。

持续性缺口具有下述特点。

（1）持续性缺口是一种二次形态缺口。由于持续性缺口是在证券价格向某一方向发生突破之后中途出现的缺口，因而是一种二次形态的缺口，它只能伴随突破缺口的出现而出现。换言之，若证券价格未发生突破，则不存在持续性缺口形态，因此，持续性缺口形态比较容易辨别。

（2）持续性缺口能衡量证券价格未来的变动方向和变动距离。

（3）持续性缺口一般不会被封闭。

（4）持续性缺口具有较强的支撑或压力效能。

4. 消耗性缺口

消耗性缺口一般发生在行情趋势的末端，若一轮行情走势中已出现突破缺口与持续性缺口，那么随后出现的缺口就很可能是消耗性缺口，判断消耗性缺口形态可以确立。由于消耗性缺口形态表明行情走势已接近尾声，因此，投资者在上升行情出现消耗性缺口时应及时卖出证券，而在下跌趋势中出现消耗性缺口时买入证券。

消耗性缺口具有下述特点。

（1）消耗性缺口是一种二次或者三次形态的缺口。消耗性缺口是一种伴随突破缺口与持续性缺口出现而出现的缺口，因而是一种二次或三次形态的缺口。一般来说，在突破缺口与消耗性缺口之间总会出现一个或几个持续性缺口，紧接着突破缺口而出现的消耗性缺口比较鲜见。

(2) 消耗性缺口的产生一般伴随有巨大的成交量。消耗性缺口产生于市场的疯狂或恐慌之中。在上升或下跌趋势的末端，投资者由于获利或投资亏损的示范效应，拼命挤进购买者或抛售者的行列，使成交量急剧增大。

(3) 消耗性缺口在短期内必会封闭。由于消耗性缺口的产生主要缘于投资者的不理智和冲动，当这种不理智和冲动得到市场的启示之后很快就会有所纠正。这样，消耗性缺口就会在这种纠正中得以完全封闭。

(4) 消耗性缺口是一种表明市场将要转向的缺口形态。消耗性缺口的产生，表明市场买方(或卖方)的力量已经消耗殆尽，已无力再维持证券价格的上升或压迫证券价格下跌。市场多空力量对比开始发生根本转换，市场即将出现反转。

5. 暂留性缺口

暂留性缺口是一种具有平衡性质的缺口。在一个平衡的市势中，当买方(或卖方)的实力逐渐增强，并企图打破原有的平衡格局时，证券价格向某一方向急速运动而产生缺口。

暂留性缺口与突破缺口不同，尽管两者方向相同，但暂留性缺口出现的力度远不及突破缺口。当一个平衡形态貌似被突破之后，其价格走势并不强劲有力，就可以考虑属于暂留性缺口形态的可能。暂留性缺口也不同于普通缺口，普通缺口分析意义不大，而暂留性缺口分析意义较大，且回补与否完全要视市场的具体情况而定。

暂留性缺口具有下述特点。

(1) 暂留性缺口是一种保留平衡格局的缺口。暂留性缺口的出现表明大市正处于一定范围的平衡格局之中，这种平衡格局范围基本上以暂留性缺口为界限。例如，方向向上的暂留性缺口将成为平衡区域的下限，而方向向下的暂留性缺口则将成为平衡区域的上限。

(2) 暂留性缺口只表明市场暂时处于一种平衡稳定的结构中，这种平衡结构有可能随着市场买卖双方的能量变化发生相应的转换。例如，当买方力量略强于卖方，可能会形成向上的暂留性缺口；反之，则形成向下的暂留性缺口。市场买卖双方的能量发生变化时，有可能改变市场的平衡区域，这时，偏弱一方的暂留性缺口将会被封闭。但这种缺口的封闭并不预示行情将会变好或变坏，它只是表明新的市场平衡可能会在更大的一个区间内进行。

(3) 暂留性缺口一般以上下对立的两个缺口形态出现，即所谓双方向的暂留性缺口。这种形态的缺口一般会持续较长的一段时间，最终总会有一方的缺口被封闭。此时又将开始一种新的平衡格局。

(4) 单方向的暂留性缺口平衡要弱于双方向的暂留性缺口，而且单方向的暂留性缺口一般会被回补。如果单方向的暂留性缺口长久不被回补，则可能转变为突破缺口。

本章小结

反转突破形态描述了趋势方向的反转，是投资分析中应该重点关注的变化形态。反转变化形态主要有头肩形态，双重顶和双重底形态，圆形顶(底)和潜伏底形态，V形、喇叭形和菱形形态等多种形态。

股价在运行过程中,经过一段时间的快速变动后,就不再继续原趋势,而在一定区域内上下窄幅波动,等待时机成熟后再继续前进。这种运行所留下的轨迹称为整理形态。整理形态一般表现为时间长短不一的横盘价格变动或由两个以上的密集区所形成。整理形态分为三角形整理、矩形整理、旗形整理和楔形整理等形态。

缺口分析是技术分析的重要手段之一。经典的技术分析著作将缺口划分为普通缺口、突破缺口、持续性缺口和消耗性缺口4种形态。但在实践中,经常还能发现另一类缺口形态,它有着自身鲜明的性质特征,这种缺口称为暂留性缺口。

基本概念

头肩顶 头肩底 M头 W底 左肩 右肩 颈线 颈线位 多重顶 多重底 圆弧顶 圆弧底 潜伏底 V形反转 喇叭形 三角形 对称三角形 上升三角形 下降三角形 楔形 旗形 矩形 缺口 普通缺口 跳空缺口 突破缺口 继续缺口 持续性缺口 消耗性缺口 竭尽缺口 暂留性缺口

习　题

一、简答题

1. 什么是头肩顶(底)?它是怎样形成的?请说明形态的主要特征。
2. 矩形、旗形和楔形的区别是什么?
3. 对称三角形、上升三角形和下降三角形各自有何特点?各有什么功能?
4. 什么是圆弧顶(底)?什么是V形顶(底)?这两种形态出现后投资者应该如何做?
5. 什么是缺口?缺口有哪些分类?它的作用是什么?
6. 怎样处理圆弧底?怎样处理几种三角形的出现?

二、选择题

1. 根据股价未来变化的方向,股价运行的形态划分为(　　)。
   A. 持续整理形态和反转形态   B. 多重顶形和圆弧顶形
   C. 三角形和矩形   D. 旗形和楔形
2. 以下说法正确的是(　　)。
   A. 旗形无测算功能   B. 旗形持续时间可长于3周
   C. 旗形形成之前成交量很大   D. 旗形被突破之后成交量很大
3. 在众多的反转突破信号中,(　　)最为常见、著名和可靠。
   A. 双重顶(底)   B. 头肩顶(底)
   C. 圆弧顶(底)   D. 三(多)重顶(底)
4. 最易变成反转形态的整理形态是(　　)。
   A. 旗形   B. 楔形   C. 三角形   D. 矩形

5. 如果价格的变动呈头肩底形态,证券分析人员通常会认为( )。
   A. 价格将反转向上   B. 价格将反转向下
   C. 价格呈横向盘整   D. 无法预测价格走向
6. 与头肩顶形态相比,三重顶态容易演变成( )。
   A. 其他各种形态   B. 圆弧顶形态
   C. 反转突破形态   D. 持续整理形态
7. 根据技术分析的形态理论,喇叭形态的标志是( )。
   A. 有3个高点和两个低点   B. 有两个高点和3个低点
   C. 有3个高点和3个低点   D. 有两个高点和两个低点
8. V形是一种典型的价格形态,( )。
   A. 便于普通投资者掌握   B. 一般没有明显的征兆
   C. 与其他反转形态相似   D. 顶和底出现两次
9. 根据技术分析理论,矩形形态( )。
   A. 为我们提供了一些短线操作的机会 B. 与三重底形态相似
   C. 被突破后就失去测算意义了   D. 提示我们要耐心观望等待
10. 对称三角形整理至少要求有( )个转折点,一般应有( )个转折点。
    A. 2,4   B. 3,6   C. 4,6   D. 2,6
11. 在下列整理形态中,具有较强的上升意识的整理形态是( )。
    A. 对称三角形   B. 上升三角形
    C. 下降三角形   D. 矩形
12. 喇叭形态已经完成的标志是( )。
    A. 两个高点,一个低点   B. 两个低点,一个高点
    C. 3个高点,两个低点   D. 4个高点,3个低点
13. 所谓的头肩底形态属于( )技术分析方法。
    A. 趋势类   B. 形态类   C. 波浪类   D. 切线类
14. 以下不属于缺口的是( )。
    A. 持续性缺口   B. 消耗性缺口
    C. 突破缺口   D. 间断性缺口
15. 在双重顶反转突破形态中,颈线是( )。
    A. 上升趋势线 B. 下降趋势线   C. 支撑线   D. 压力线
16. 头肩顶形态的形态高度是指( )。
    A. 头的高度   B. 左、右肩连线的高度
    C. 头到颈线的距离   D. 颈线的高度
17. 无论是圆弧顶还是圆弧底,在它们形成的过程中,成交量的过程是( )。
    A. 两头少,中间多   B. 两头多,中间少
    C. 开始多,尾部少   D. 开始少,尾部多
18. 出现在顶部的看跌形态是( )。
    A. 头肩形   B. 旗形   C. 楔形   D. 三角形

19. 属于持续整理形态的是（　　）。
A. 圆弧形　　　　B. 双底形　　　　C. 头肩形　　　　D. 三角形
20. 属于持续整理形态的有（　　）。
A. 菱形　　　　　B. 喇叭形　　　　C. 旗形　　　　　D. W 形态

三、判断题

1. 形态理论通过研究股价所走过的轨迹形状，分析和挖掘出多空双方力量的对比结果，进而指导我们的行动。　　　　　　　　　　　　　　　　　　　　　　　　（　　）
2. 头肩顶和头肩底原理完全一样，只是方向相反。　　　　　　　　　　　　（　　）
3. 一般地讲，矩形形态为我们提供了一些短线操作的机会。　　　　　　　　（　　）
4. 旗形形成之前和被突破之后，成交量都不是很大。　　　　　　　　　　　（　　）
5. V 型走势往往出现在市场剧烈波动之中，比较容易预测。　　　　　　　　（　　）
6. 头肩形态是实际股价形态中出现最多的一种形态，也是最著名和最可靠的反转突破形态。　　　　　　　　　　　　　　　　　　　　　　　　　　　　　　　（　　）
7. 双重顶、双重底属于反转突破形态。　　　　　　　　　　　　　　　　　（　　）
8. 圆弧顶是一种反转形态。　　　　　　　　　　　　　　　　　　　　　　（　　）
9. 旗形和楔形这两种形态是三角形的变形体，两种形态的共同之处是大多出现在顶部，而且两者都是看跌。　　　　　　　　　　　　　　　　　　　　　　　　　（　　）
10. 持续性缺口一般不会在短期内被封闭，因此，投资者可在向上运动的缺口附近卖出证券或者在向下运动的缺口附近买进证券。　　　　　　　　　　　　　　　（　　）
11. 持续性缺口出现在行情趋势的末端，且伴随着大成交量，表明证券价格的变动将沿着相反的方向发展变化。　　　　　　　　　　　　　　　　　　　　　　　（　　）
12. 在上升趋势中股价在两个相同的高点形成 M 头，不能说明这就是双重顶反转突破形态的出现。　　　　　　　　　　　　　　　　　　　　　　　　　　　　　（　　）
13. 双重顶反转突破形态一旦得到确认，从突破点算起，股价将至少要跌到与形态高度相等的距离。　　　　　　　　　　　　　　　　　　　　　　　　　　　　（　　）
14. 头肩顶形态中的颈线起支撑线的作用。　　　　　　　　　　　　　　　（　　）
15. 三角形态是属于反转突破形态的一类形态。　　　　　　　　　　　　　（　　）
16. 上升三角形比起对称三角形来，有更强烈的上升意识。　　　　　　　　（　　）
17. 矩形在其形成过程中极可能演变成三重顶（底）形态。　　　　　　　　（　　）

实验实训题

实验：形态分析

1. 实验目的及要求

要求学生掌握形态分析的基本方法，包括圆弧顶、圆弧底、双顶、双底、头肩顶、头肩底等多种形态的图形特征、市场含义、价格预测功能。

2. 实验内容

实验内容为各种形态的图形特点及其价格预测功能。

（1）圆弧顶、圆弧底、双顶、双底、头肩顶、头肩底。

（2）持续形态与反转突破形态。

（3）缺口分析。

3. 问题讨论

（1）简单形态与复合形态的确认与分析。

（2）举例说明形态分析方法。

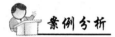

底部形态分析

股票的大幅上扬是从底部开始的，所谓底部应当有一个筑底过程，筑底的目的是调整均线（或称清洗筹码），只有当市场上对该股的抛盘达到了极致的程度，或者因为消息导致市场人士对股市绝望，而又有新生力量介入的时候底部才有可能形成，因此从图表看，一种形态为窄幅缩量，另一种形态则是巨量下跌，底部形成方可产生强大的上升行情。

实战中我们总结了7种底部形态："平台底"、"海底月"、"阳夹阴"、"均线星"、"三红兵"、"探底线"、"长尾线"。股票的底部一般三天形成，根据形态划分，不管任何形态都需和均线系统成交量配合而论，均线处于粘合或者短期均线在中长期均线下方可谓底部，而成交量没有一个递减缩小的过程或者没有一个放量急剧下跌的过程就谈不上底部，底部突破往往是由消息引起的，但它是通过时间和形态构造出来的，底部的七大形态具体论述如下。

（1）平台底。股价在5日均线附近连续平盘三天，迫使5日线和10日均线形成金叉或者5日线上翘，10日均线下移速率变慢，具体的要求是三天中第一天收小阴线，第二天收小阳线或小阴线，第三天收小阳线，整体看三根K线是平移的。

（2）海底月。它的具体要求是第一天收中阴线或者大阴线，第二、第三天收上升形态的小阳或十字星，并且三天中有成交量放大趋势的迹象。大阴线好比是一只大船沉入海底，但在底部受到强大的支撑，并有超过其下跌的能量维持它的上升，因此，假如说均线系统是往上的，中线指标看好，没有理由认为该大阴线是行情的中止，应该考虑这是主力刻意打压造成的，因此出现这种情况可以认为是新一轮行情的旭日东升。

（3）阳夹阴。即两根阳线中间夹一根阴线，意思是说第一天股票上扬受到抑制，第二天被迫调整，但第三天新生力量又重新介入，因此这种上升就比较可靠，后市向好的机会多。

（4）均线星。在底部均线系统刚修复往上的时候，往往会在均线附近收一个阴线或者阳十字星，这是多空力量平衡的一种表现，但发生在底部，第二天极容易出现反弹或者往上突破，这是一种不引人注目的形态。

（5）三红兵。在均线附近或者下方连续出现三根低开高收的小阳线，并且量有逐步放大的趋势，预示着有小规模的资金在逢底吸纳，后市将看好。

（6）探底线。当天开盘低开在均线的下方，而收盘在均线的上方，这是主力为了进一步做行情而刻意做出来的，按照惯性原理后市理应看涨。

（7）长尾线。当天开盘之后，股市出现放量下跌，但之后莫名其妙被多头主力拉升，留下了一个长长的下影线，这是做反弹资金介入的信号，只要第二天重拾上升路，上升空间就很明显。底部是由形态构造的，但成交量起了一个关键性的作用，无论是缩量也好、放量也好，都必须要有规律，如逐波缩量、温和放量，这都是一种向好的量变过程，但假如有放量不规则，或者上去的时候成交量很大但没有涨多少，无论任何形态都有成为下跌换档的可能，如1997年基金的疯跌。

（资料来源：http://wenku.baidu.com/view/5040e0601ed9ad51f01df278.html.）

第10章 其他技术分析理论和方法

教学目标

通过本章的学习,掌握波浪理论的思想、形态、特征和要点;掌握量价关系理论的思想和法则;了解周期理论和相反理论;注重均线分析的实质和用途。

教学要求

知识要点	能力要求	相关知识
波浪理论	掌握波浪理论的思想、形态、特征和要点	波浪理论、道氏理论、斐波那契数列、a浪、b浪、c浪
量价关系理论	掌握量价关系理论的思想和法则	价升量增、价升量减、价跌量增、价跌量减、天价天量、地价地量、底部放量、顶部对倒、葛兰碧
周期理论和相反理论	了解周期理论和相反理论	周期理论、相反理论
均线分析理论	注重均线分析的实质和用途	移动平均线、日线、月线、周线、季线、年线、半年线

第10章 其他技术分析理论和方法

导入案例

波浪理论的实盘操作

波浪理论让人既爱又恨，经常听到有高手用波浪理论赚了不少钱，而自己数浪的时候又磕磕绊绊，经常一波行情反复研究四五遍还是数不出浪来。到底波浪理论有没有用处，如果有用又如何使用呢？

（1）不要预测回调浪（第2浪和第4浪）会以什么样的形态展开，预测回调浪的形态对于操盘没有任何意义，而且基本上预测不到。回调浪的作用是确定进场和加仓的位置，研究回调浪就是要尽可能地找出回调浪的终点，通过K线形态、均线、趋势线或指标的背离找出回调浪的终点来确认良好的进场或加仓位置。

（2）寻找正在发展的推动浪的压力（上升浪）或支撑（下跌浪）没有意义，上涨行情不做空，下跌行情不做多。预测压力和支撑是逆势的行为。

（3）猜测一段行情的顶点或底点对于做盘无益。当你判断一段推动浪展开后，往往行情的运行空间远远超出你的预测，抄底摸顶经常进场的位置是推动浪的中间位置，会造成重大亏损。

（4）个人认为波浪理论最大的用处是趋势的判断，最适合做中长线单，波浪理论最佳的时间级别是4小时、日线和周线、小时图及时间更小的图。波浪形态瞬息万变，持续时间过短，有时候不是以完整形态展开，应用波浪理论做盘经常被扫止损，盈亏比不佳。

（5）波浪理论属于混沌和分形，判断波浪的形态和级别要保持心灵的开放，没有不可能的波浪。3浪可能是最短的浪，1浪和4浪可能在日线级别上重叠，不完整的平台型没那么少见，一个细分为3浪的波浪可能是一个推动浪。只要在更大级别的波浪上能够成立，那么细分浪的形态不需要那么苛求。

（6）判断波浪的级别及波浪是否在级别上（时间和空间）已经完成（a—b—c或1—2—3—4—5是否在级别上完成）非常重要，对于操盘有重要作用。例如，判断一个上升推动浪12345已经完成，当出现一个明显的三浪下跌时，要判断这波浪下跌的时间和空间是否与之前的上升浪对应，如果这波浪下跌空间时间与之前的2浪和4浪差不多，那么做盘的第一判断就是这波下跌只是a浪，后续还有b浪回调和下跌空间更大的c浪，这时候中长线做多是很危险的事情。

（7）当你很幸运地通过大周期的趋势线、均线、黄金延长线判断一波行情遇到压力或支撑时，可以通过判断波浪在级别上是否完成来断定趋势是否要反转。

（资料来源：http://www.y2.cn/thread-266492-1-1.html.）

以上案例告诉我们，随着证券市场的发展，有关证券及证券市场的理论研究也取得了丰硕的成果，并开始形成各种理论及在这些理论指导下的分析与操作流派，熟悉这些理论对于证券投资的理论工作者和实际操作者都有重要的意义。本章介绍其他一些常见的技术分析理论和方法。

10.1 波浪理论

10.1.1 波浪理论的基本思想

波浪理论是美国人艾略特首先提出来的。该理论以周期为基础，将之分为时间长短不同的各种周期，并指出，在一个大周期之中可能存在小的周期，而小的周期又可分为更小的周期。每个周期无论时间的长短，都按一个模式进行。这个模式就是8个过程，即每个周期上升(或下降)的5个过程和下降(或上升)的3个过程组成。这8个过程结束后，才能说这个周期已经结束，将进入新的周期，这是波浪理论最核心的内容。

与波浪理论密切相关的除了经济周期以外，还有道氏理论和斐波那契数列。

波浪理论中的大部分内容与道氏理论相吻合。不过波浪理论不仅找到了这些移动，而且还找到了这些移动发生的时间和位置。这是波浪理论优于道氏理论的地方；另外，道氏理论只有在新的趋势确定以后，才能发出行动信号，而波浪理论可以明确知道目前是处在上升(或下降)的尽头或中途，可以更为明确地指导操作。

斐波那契数列是由 2，3，5，8，13，21，34，…，n 构成的数列，具有很多特殊的性质，是波浪理论中所用到的数字。

10.1.2 波浪的形态

1. 基本形态

推动浪与调整浪是波浪理论的基本形态。一个完整的循环由8浪构成，俗称"8浪循环"。其中1、2、3、4、5浪称为推动浪，a、b、c浪称为调整浪。在推动浪中，1、3、5浪为上升浪，2、4浪为修正浪，其中第2浪是对第1浪的修正，第4浪是对第3浪的修正，而a、b、c浪是对1、2、3、4、5浪的修正，见图10.1~图10.3。

2. 循环形态

当一个8浪周期结束之后，随之而来的是第二个类似的周期运动，即同样是5个上升浪和3个下降浪的新8浪循环。这是属于同一级次的波浪形态。对于不同级次的波，波浪形态略有改变，但其基本原理是任一级次的波，均可细分为小一级次的8个波，见图10.4和图10.5。

在图10.4中，1、2、3、4、5，a，b，c等4波是小级次的波。(1)、(2)、(3)、(4)、(5)、(a)、(b)、(c)8个波是稍大一级次的波。

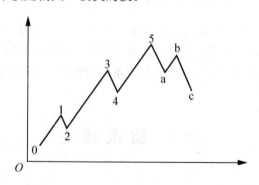

图 10.1　8浪结构的基本形态

第10章 其他技术分析理论和方法

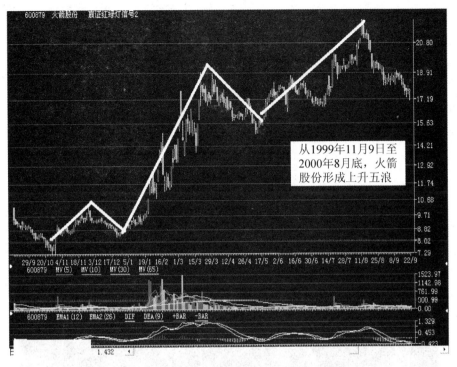

图 10.2 实战中的上升 5 浪结构的基本形态

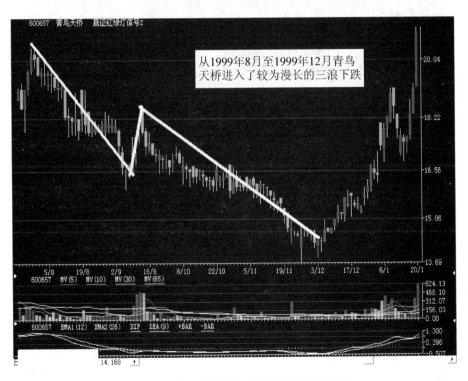

图 10.3 实战中的下降 3 浪结构的基本形态

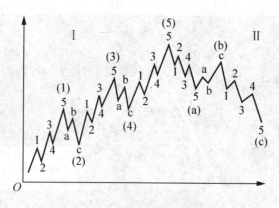

图 10.4 波浪的细分与层次

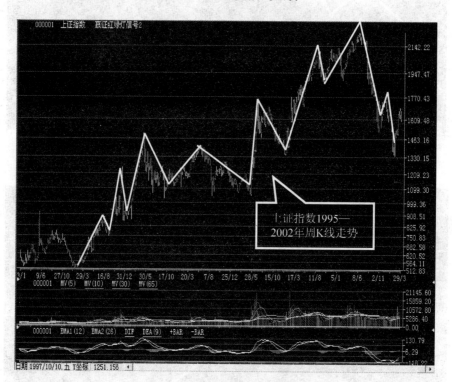

图 10.5 实战中的波浪的细分与层次

Ⅰ、Ⅱ是更大级次的两个波。波浪的循环周期可用表 10-1 表示。

表 10-1 波浪的循环周期

以一个循环来划分	多头市场	空头市场	完整周期
循环波	1	1	2
基本波	5	3	8
中型波	21	13	34
小型波	89	55	144

10.1.3 波浪的特征

1. 波浪的基本特征

（1）推动波，属于主要趋势方向上的波，一般可细分为 5 个小一级次的波。而调整波，属于与主要趋势相反方向的波，不论其上升或者下跌，均可细分为 3 个小一级次的波。

（2）一个 8 波运动（五升三落）的结束，可视为一个周期的完成，而此 8 波运动将形成更大一级次的两个波。

（3）时间的拉长或缩短可能改变波浪的长短，但并不会改变波浪的形态。

（4）波浪上升或下跌交替进行。

2. 各浪的特征

第 1 浪：第一浪出自于空头市场末期，市场买方力量尚不强大，因而往往回档的幅度很深。但第 1 浪通常上涨迅猛，行情较短。

第 2 浪：第 2 浪以下跌形态出现，使市场误以为熊市尚未完结，因而调整幅度很大，几乎吃掉第 1 浪的升幅。

第 3 浪：第 3 浪是最具爆发力的上升浪，运行时间及上升幅度一般为最长的一个波浪。行情走势激烈，市场热气沸腾，各种压力点位均可轻松而过。技术分析显示强烈的买进信号。第 3 浪经常出现"延长"形态。

第 4 浪：第 4 浪为下跌调整浪，通常以比较复杂的形态出现，但无论如何，第 4 浪的底不能低于第 1 浪的顶。

第 5 浪：第 5 浪的升幅通常小于第 3 浪，且经常出现失败的情况。第 5 浪中涨幅最大的是三四线低价股，有"鸡犬升天"的感觉，此时市场情绪高涨，但已孕育危机。

第 a 浪：a 浪以下跌形态出现，已宣告上升行情的完结，但大多数市场人士仍认为上升还将继续，此时仅为回档，a 浪中的技术分析往往出现背离信号。

第 b 浪：b 浪以上升形态出现，是多头最后的逃命机会，但却很容易使投资者误以为是新一波的上升行情而惨遭套牢。

第 c 浪：c 浪是破坏力极强的下跌浪，其跌幅之深、持续时间之长，往往超出了市场的预期。

10.1.4 波浪理论的要点

（1）在 1、3、5 推动浪中，第 3 浪不应是最短的一个浪。

（2）第 2 浪不能低于第 1 浪的起点。

（3）第 4 浪不能低于第 1 浪的顶点。

（4）常见回吐比率为 0.382、0.5、0.618。

（5）波浪理论中最重要的是波浪的形态，其次是比率与时间。

波浪理论中的精髓是它的普遍性和精确性。市场投资者人数越多，人为控制因素越少,波浪理论越精确。但由于波浪理论相当深奥,且变化多端,很少有人能利用波浪理论准确地预测到未来的行情走势。然而当行情走势结束之后,回过头来再以波浪理论进行总结,却又发现波浪理论的描述几乎准确无误。因此,学习波浪理论切忌流于表面,而应对波浪可能出现的各种形态进行深入细致的分析研究,才有可能在实践中取得良好的效果。

波浪理论要求有丰富的数据资料、众多的市场投资大众,否则波浪理论的精确性就难以保证。对于新兴的、发展时间尚短的证券市场,波浪理论的实用性似乎受到了一些挑战。因此,学习者应更多地将波浪理论与新兴证券市场的实际结合分析,认真探索其中的规律,而不应将其作为金科玉律,以免束缚了自己的分析思路。

10.2 量价关系理论

量价关系理论在技术分析理论中占据极为重要的地位。成交量是推动股价上涨的原动力,市场价格的有效变动必须有成交量配合,量是价的先行指标,是测量证券市场的温度计,通过其增加或减少的速度可以推断多空双方争斗的规模大小和股价涨跌的幅度。

10.2.1 量与价的关系

1. 价升量增

成交量是股市的"元气",股价只不过是它的表征而已,所以,成交量通常比股价先行。在上升趋势中,投资人购买股票,短期或中长期都可获得利润,赚钱的示范效应激发了更多人的投资意愿,从而使交投活跃,在积极的换手下,成交量不断创纪录,股价也不断上扬。但接最后一棒的往往被套(图10.6)。

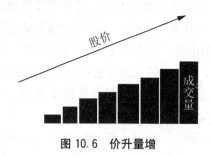

图 10.6 价升量增

放 量

放量一般发生在市场趋势发生转折的转折点处,市场各方力量对后市分歧逐渐加大,在一部分人坚决看空后市时,另一部分人却对后市坚决看好,一些人纷纷把家底甩出,另一部分人却在大手笔吸纳。放量相对于缩量来说,有很大的虚假成分,控盘主力利用手中的筹码大手笔对敲放出天量,是非常简单的事。只要分析透了主力的用意,也就可以将计就计。

(资料来源:http://stock.eastmoney.com/edu/gp/detail/1j11028.html。)

2. 价升量减

股价上升，成交量反而减少，表明买气已弱，卖方力量随时有表现的可能。故而对"缩量上涨"应保持高度警惕。"价升量减"（图10.7）是弱市的重要特征。如果把"价升"称作"高消费"，那么"量减"便表明已"养不起"。价升量减所显示的是一种量价背离的走势。一般说来，价升量减表明股价将无力上扬，但"股市无铁律"，有时也会出现股指不断创历史新高而成交量却不放大的情况。

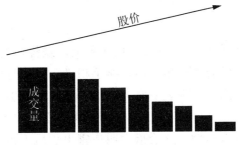

图10.7　价升量减

 知识链接

缩　　量

缩量是指市场成交极为惨淡，大部分人对市场后期走势十分认同，意见十分一致。这又分两种情况：一是市场人士都十分看淡后市，造成只有人卖，却没有人买，所以急剧缩量；二是市场人士对后市十分看好，只有人买，却没有人卖，所以又急剧缩量。缩量一般发生在趋势的中期，大家都对后市走势十分认同，下跌缩量，碰到这种情况就应坚决出局，等量缩到一定程度开始放量上攻时再买入。同样，碰到上涨缩量这种情况就应坚决买进，坐等获利，等到股价上冲乏力，有巨量放出的时候再卖出。

（资料来源：http://stock.eastmoney.com/edu/gp/detail/1j11028.html.）

3. 价跌量减

价跌量减大多是一个多头市场的象征。在多头市场里，每一次下调或调整，市场都充满一种惜售心理，加之"买涨不买跌"，成交量萎缩也就在情理之中了。"价跌"是整理的需要，是修复较高技术指标的需要；而"量减"则表明投资人有很强的持筹信心。在股价下跌的途中，只要成交量始终保持在一个较低的水平，就应该坚定持筹的信心，不要把筹码抛在交易清淡的市场里（图10.8）。

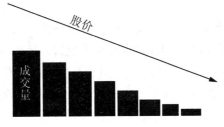

图10.8　价跌量减

知识链接

量的不规则变化

量不规则性放大缩小,这种情况一般是没有突发利好或大局基本稳定的前提下风平浪静时突然放出历史巨量,随后又没了音信,一般是实力不强的庄家在吸引市场关注,以便出货。

(资料来源:http://stock.eastmoney.com/edu/gp/detail/1j11028.html。)

4. 价跌量增

价跌量增(图 10.9)大多是一个空头市场的象征。跌势初期,投资人仍对股价走高抱有预期,多空双方对股价看法产生分歧,换手积极,这便是成交量放大的主要原因。当日若收出较长上影线的阴线,则表明空方占优,这时就应引起"持股仍看高一线者"的警惕,因为价跌而量增往往是庄家撤庄、机构出货的先兆。并且价跌而量增往往在以后的交易日里价虽跌而量不再增,这恰恰表明庄家出货后不再"空头回补",股价还有下行空间。

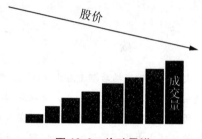

图 10.9 价跌量增

知识链接

堆量

堆量,当主力意欲拉升时,常把成交量做得非常漂亮,几日或几周以来,成交量缓慢放大,价慢慢推高,成交量在近期的 K 线图上形成了一个状似土堆的形态,堆得越漂亮就越可能产生大行情。相反,在高位的堆量表明主力在大举出货。

(资料来源:http://stock.eastmoney.com/edu/gp/detail/1j11028.html。)

5. 天价天量

股价上行理应是一个渐进过程,成交量的放大也应比较温和,突放巨量往往欲速而不达。出现巨量既有庄家拉高出货的阴谋,也有跟风盘盲目追涨惹下的祸根,理性的投资者大多会对"天价天量"(图 10.10)敬而远之。开市后应不断查看"今日量比排名","量比"很大的个股有可能在当日出现天价天量。盘中应不断关注"领先即时走势"图中的"成交量警示栏",对栏中不断出现的巨量成交股票应引起警惕。

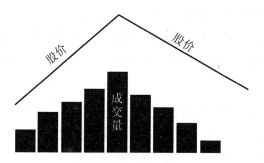

图 10.10　天价天量

6. 地价地量

股价下行后往往导致换手不积极，成交量随股价创新低而萎缩。每一次萎缩都可能导致再一次小反弹；而当成交量无法再萎缩时，这时股价也可能出现一个新低价，这时下跌行情已基本结束。关注"特别报道"中"成交量排名"和"今日资金流向排名"的最后一版，若其中有自己的股票，则有可能见到"地价"。关注自己持有股票的"即时走势图"，若两三分钟才有一笔成交，或每一笔成交量都非常小，量比也仅有零点几，则有可能见到"地价"（图 10.11）。

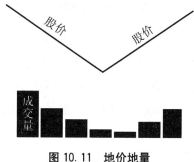

图 10.11　地价地量

7. 底部放量

"底部放巨量"之前，庄家已经悄悄吸货一段时间；"底部放量"（图 10.12）阶段是庄家加仓阶段；"底部放量"过后，庄家已完全控盘。任何时候，在众多只股票中，都会有

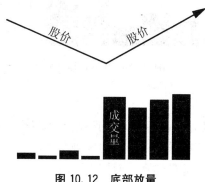

图 10.12　底部放量

蛰伏在底部并突然放量的个股,都会有"轿夫"。底部一旦放量,犹如雨后春笋忽然冒尖,接下来便会"突突"地往上长。庄家做某一只股票,大多在其低位介入,"从下往上"发动行情;散户买一只股票,短线客"买涨不买跌";中长线买家则应"买跌不买涨"。

8. 顶部对倒

所谓"对倒",即庄家在拉高过程中,自己卖自己买,从左手倒到右手,造成放量上行的假相,吸引跟风盘。"对倒"过程中,第一天买的股票第二天卖,第二天买的股票第三天卖……反正是从上往下卖,卖价大多高于庄家仓位的平均成本。顶部对倒与天价天量属于同一个原理,而"顶部对倒"更多是针对强庄股而言。对庄家想"胜利大逃亡"的个股千万勿做反弹,否则后果不堪设想(图10.13)。

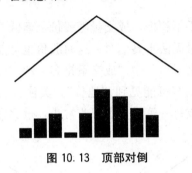

图 10.13　顶部对倒

9. 5 日均量两倍

5 日均量放大至两倍或更大,随后很可能产生回调甚至逐波下行。5 日均量放大至两倍或更大,往往表明庄家"去意已定"并以"坚决派发"为主。一旦出现这种情况,要立马引起高度警惕,在第 7 日应适当减仓。切不可把每 6 日出现的高价位当成自己的"成本"而不愿出局(图10.14)。

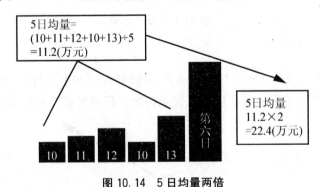

图 10.14　5 日均量两倍

10. 5 日均量 1/2

5 日均量萎缩至 1/2 或更小,随后很可能产生反弹甚至拾级而上。5 日均量萎缩至 1/2 或更小,表明庄家已无意再行打压,一轮新的攻势发动在即。一旦出现这种情况,应立马引起高度关注,在第 7 日应可适量建仓。而切不可因"恐惧"而丧失"铲底"的良机,对建仓者来说,低了还想低也是"贪"的表现(图10.15)。

第10章 其他技术分析理论和方法

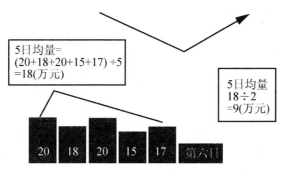

图 10.15　5 日均量 1/2

 知识链接

成交量变化 8 个阶段的"八阶律"

(1) 量增价平，转阳信号。股价经过持续下跌的低位区，出现成交量增加股价企稳现象，此时一般成交量的阳柱线明显多于阴柱，凸凹量差比较明显，说明底部在积聚上涨动力，有主力在进货为中线转阳信号，可以适量买进，持股待涨。有时也会在上升趋势中途出现"量增价平"，这说明股价上行暂时受挫，只要上升趋势未破，一般整理后仍会有行情。

(2) 量增价升，买入信号。成交量持续增加，股价趋势也转为上升，这是短中线最佳的买入信号。"量增价升"是最常见的多头主动进攻模式，应积极进场买入与庄共舞。

(3) 量平价升，持续买入。成交量保持等量水平，股价持续上升，可以在期间适时适量地参与。

(4) 量减价升，继续持有。成交量减少，股价仍在继续上升，适宜继续持股，即使锁筹现象较好，也只能是小资金短线参与，因为股价已经有了相当的涨幅，接近上涨末期了。有时在上涨初期也会出现"量减价升"，则可能是昙花一现，但经过补量后仍有上行空间。

(5) 量减价平，警戒信号。成交量显著减少，股价经过长期大幅上涨之后，进行横向整理不再上升，此为警戒出货的信号。此阶段如果突发巨量天量拉出大阳大阴线，无论有无利好利空消息，均应果断派发。

(6) 量减价跌，卖出信号。成交量继续减少，股价趋势开始转为下降为卖出信号。此为无量阴跌，底部遥遥无期，所谓多头不死跌势不止，一直跌到多头彻底丧失信心斩仓认赔，爆出大的成交量（见阶段8），跌势才会停止，所以在操作上，只要趋势逆转，应及时止损出局。

(7) 量平价跌，继续卖出。成交量停止减少，股价急速滑落，此阶段应继续坚持及早卖出的方针，不要买入，当心"飞刀断手"。

(8) 量增价跌，弃卖观望。股价经过长期大幅下跌之后，成交量增加，即使股价仍在下落，也要慎重对待极度恐慌的"杀跌"，所以此阶段的操作原则是放弃卖出，空仓观望。低价区的增量说明有资金接盘，后期有望形成底部或反弹的产生，适宜关注。有时若在趋势逆转跌势的初期出现量增价跌，那么更应果断地清仓出局。

（资料来源：http://www.178448.com/thread-445602-1-1.html.）

10.2.2　古典量价关系理论——逆时钟曲线法

量价关系理论较为复杂，而最浅显、最易入门的理论是逆时钟曲线。它是根据量价关系理论，观测市场供需力量的强弱，从而研判未来走势方向的方法（图 10.16 和图 10.17）。

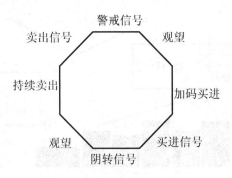

图 10.16 逆时钟曲线

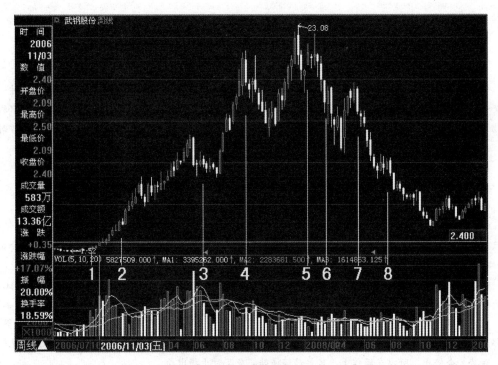

图 10.17 武钢股份实战

其应用原则有以下 8 个阶段。

（1）阳转信号：股价经一段跌势后，下跌幅度缩小，止跌趋稳；同时在两档盘旋时，成交量明显由萎缩转而放大，表示低档承接力转强，此为阳转信号。

（2）买进信号：成交量持续扩增，股价回升，逆时钟曲线由平向上时为最佳买入时机。

（3）加码买进：当成交量增至某一高水准时，不再急剧增加，但股价仍继续涨升，此时逢股价回档时，宜加码买进。

（4）观望：股价继续上涨，但涨势趋势成交量未能跟上，走势开始有减退的迹象，此时价位已高，不宜再追高抢涨。

（5）警戒信号：股价在高位盘整，已难创新高，成交量明显减少，此为警戒信号。此时投资者心理就有卖出准备，宜抛出部分持股。

(6) 卖出信号：股价从高位滑落，成交量持续减少，逆时钟曲线的走势由平转下时，进入空头市场，此时应卖出手中股票，甚至融券放空。

(7) 持续卖出：股价跌势加剧，呈跳水状，同时成交量均匀分布，未见萎缩，此为出货行情，投资者应果断抛货，不要犹豫、心存侥幸。

(8) 观望：成交量开始萎缩，股价虽继续下挫，但跌幅已小，表示谷底已近，此时多头不宜杀跌，空头也不敢肆意打压，应伺机回补。

逆时钟曲线简单易懂，是了解量价关系的启蒙知识。但对于复杂的K线量价关系无法做出有效解释；另外，对于股价剧烈波动的市场，经常发生单日反转，若刻板应用，会有慢一拍的感觉，不易掌握良好的买卖点。在高位时价跌量增，量价背离形态未能呈现出来，无法掌握最佳卖点；低位时的价稳量缩也无法呈现出来，不易把握最佳买点。

尽管逆时钟曲线有许多缺点，但仍有许多易于应用的正面价值，但切勿陷入教条，须结合实际情况。

10.2.3 成交量与股价趋势——葛兰碧九大法则

葛兰碧在对成交量与股价趋势关系研究之后，总结出下列九大法则，是研究量价关系的基本法则。

(1) 价格随着成交量的递增而上涨，为市场行情的正常特性。此种量增价升的关系，表示股价将继续上升。

(2) 在一个波段的涨势中，股价随着递增的成交量而上涨，突破前一波的高峰，创出新高，继续上扬。然而此段股价上涨的整个成交量低于前一个波段上涨的成交量。在此时期股价创出新高，但量却没有突破，则此段股价涨势令人怀疑，同时也是股价趋势潜在反转的信号。

(3) 股价随着成交量的递减而回升，股价上涨，成交量却逐渐萎缩。成交量是股价上升的原动力，原动力不足显示出股价趋势潜在反转信号。

(4) 有时股价随着缓慢递增的成交量而逐渐上升，渐渐地，走势突然成为垂直上升的喷发行情，成交量急剧增加，股价跃升暴涨；若紧随此波走势，继之而来的是成交量大幅萎缩，同时股价急速下跌，这种现象表明涨势已到末期，上升之力显示出趋势有反转的迹象。反转所具的意义将视前一波股价上涨幅度的大小及成交量增加的程度而言。

(5) 股价走势因成交量的递增而上升是十分正常的现象，并无特别暗示趋势反转的信号。

(6) 在一个波段的长期下跌形成谷底后，股价回升，成交量并没有随股价上升而递增，股价上涨欲振乏力，然后再度跌落至原先谷底附近，或高于谷底，当第二谷的成交量低于第一谷底时，是股价将要上升的信号。

(7) 股价往下跌落一段相当长的时间，市场出现恐慌性抛售，此时随着日益放大的成交量，股价大幅度下跌。继恐慌卖出之后，预期股价可能上涨，同时恐慌卖出所创的低价，将不可能在极短的时间内突破。因此，随着恐慌大量卖出之后，往往是空头市场的结束。

(8) 股价下跌，向下突破股价形态、趋势线或移动平均线，同时出现了大成交量，是股价下跌的信号，明确表现出下跌的趋势。

(9) 当市场行情持续上涨数月之后，出现急剧增加的成交量而股价却上涨无力，在高位整理，无法再次向上大幅上升，显示了股价在高位大幅震荡，抛压沉重，上涨遇到了强阻力，此为股价下跌的先兆，但股价并不一定会下跌。股价连续下跌后，在低位区域出现大成交量，股价却没有进一步下跌，仅出现小幅波动，此即表示进货，通常是上涨的先兆。

知识链接

葛兰碧九大法则的应用

葛兰碧九大法则的实际应用，见表10-2。

表10-2 深沪大盘历史重要底部的筹码统计及均价比较分析

日期 项目	1994年 7月29日	1996年 1月23日	1996年 12月24日	1997年 9月23日	1998年 8月18日	1999年 5月17日
长线获利盘	3.27%	6.87%	24.06%	17.66%	18.93%	19.15%
短线获利盘	6.78%	8.95%	5.92%	4.05%	3.55%	11.41%
低位筹码	21.44%	33.55%	16.09%	19.07%	22.45%	25.64%
均价/元	3.96	5.01	9.97	10.17	10.22	9.04
日期 项目	2002年 1月28日	2003年 1月3日	2003年 11月13日	2004年 9月13日	2005年 2月1日	2005年 3月18日
长线获利盘	7.37%	8.33%	20.19%	8.51%	13.00%	14.36%
短线获利盘	11.30%	10.9%	27.92%	12.65%	19.96%	14.84%
低位筹码	27.95%	31.9%	39.51%	44.29%	48.29%	51.32%
均价/元	8.84	7.87	6.86	5.66	5.19	5.34

注：以上统计是以流通盘为权重进行加权平均统计后得出的。

从以上数据对比中可以发现以下规律。

(1) 除2003年11月13日外(大盘蓝筹股率先启动)，所有底部的长短线获利盘都是在10%附近，个别超级大底(如1994年7月29和1996年1月23日)的数据都在10%以下，而相对应地，则是市场在头部的长、短线获利盘都在80%以上。其后的道理其实十分简单，空头们的"子弹"消耗接近完毕时，市场的调整便会自动戛然而止。

(2) 自2002年1月28日第一个市场底部后，大盘的低位似乎变化不大，但是市场的重心(均价)却在不停下降，而且市场的低位筹码也在不停增加，这就是所谓的在为未来行情的演绎中不断夯实的"基础"。

(3) 2005年3月18日，也是2005年春分前的最后一个交易日，两市大盘的长短线获利盘已经接近10%的"安全边际"，而均价与1996年1月23日相差仅仅6%左右(即1 150点附近)，而如果大盘真的不喘气地连续调整,那么击穿1 200点之后,两市的长短线获利盘就会双双低于10%,可以想象在一片恐慌中,介入的机会将会再次远远大于风险。

(资料来源:http://sc.stock.cnfol.com/050319/123,1311,1222142,00.shtml.)

10.3 周期循环理论与相反理论

10.3.1 周期循环理论

事物的发展有一个从小到大和从大到小的过程。这个循环发展的规律在证券市场上也存在。周期循环理论认为,无论什么样的价格活动,都不会向一个方向永远走下去。价格的波动过程必然产生局部的高点和低点,这些低点和高点的出现,在时间上有一定的规律性,这种规律性就构成了证券价格的周期。股市的循环周期可以分为以下几个阶段。

1. 低迷期

低迷期的特征是价格屡创低价,市场交易量甚少,投资者几乎人人亏损累累,不少人认赔抛出手中的股票,退出市场观望。

2. 初涨期

经过低迷期长久的盘跌阶段之后,股价大多已跌至不合理的低价区。此时由于股价低廉,卖压大大减少,少许资金即能使股价提高若干价位。因此,部分绩优股票价格开始呈现盘坚局面,整体股价涨幅较小,但出现止跌回稳现象。此时是长期投资买入的较好时机。

3. 反抽期

反抽期的特征是股价运动呈下跌趋势,致使不少于投资者认为熊市尚未完结而纷纷抛出手中的股票,市场传言又起,利空消息不断。反抽期的成交量比初涨期大大减少,股价虽然盘跌,但不再创新低。此阶段持股的投资者应有耐心,而持币的投资者应不失时机地买入股票。

4. 主升期

主升期的特征是股价大幅度上涨,成交量与日俱增,股票市场洋溢着一片欢乐的气氛。市场利好消息不断,股民新开户数大幅度增加,在外围增量资金的协助下,股价不断攀升,不管内行外行,买进股票都能获利。精明的投资者却在此时开始退场观望,但是市场中买方仍占绝对优势。

5. 末升期

末升期的特征是三四线股有冷门股股价大幅涨升,而热门股票上涨的幅度日趋减小,尽管成交量暴增并时常放出巨量,但股价指数已难再创新高,此时是卖出股票的大好机会,若在此时买入,极易深度套牢。

6. 初跌期

股票开始下跌，但下跌幅度不大，致使不少投资者误以为是正常回档而择机买进。由于价格甚高，此时买入非常危险，应及时出清手中所有股票。初跌期的显著特征是三四线股及冷门股跌幅较大。

7. 中间反弹期

经过初跌期之后，股价跌幅已深，部分短线抄手及机构大户入市抢反弹，因而引起股价上升。中间反弹期尽管呈现涨升局面，但实质上却是多头的最后逃命机会。投资者若此时仍持有股票，必须果断清仓，认赔了结。

8. 主跌期

中间反弹期过后，股价进入主跌阶段，主跌期的特点是股价跌势凶猛，跌幅巨大，来不及卖出的投资者惨遭深度套牢。此阶段投资的要点是买一次错一次，而卖一次对一次。

9. 末跌期

股价经过主跌阶段，又回到不合理的低价位。高价套牢者此时已不愿意割肉，而敢买股票者亦不多。此阶段的特征是成交量极度萎缩，股价极其低廉。末跌期常常与下一循环周期的低迷期相吻合。

周期循环理论的重点是时间因素。如果投资者能对股市的各个阶段认真分析，明确所处行情属于哪一阶段，就能制订出合适的投资计划。

10.3.2 相反理论

相反理论的出发点是基于这样一个原则：证券市场不创造新的价值，没有增值，甚至是减值的。如果行动同大多数投资者的行动一致，那么一定不能获得最大收益，因为不可能多数人获利。要想获得最大收益，必须同大多数人的行为不一致。相反理论具有以下要点。

（1）相反理论并非一定与众人的看法完全相反，而是依据市场的看好看淡程度确定投资计划。

（2）股市中赢家只是少部分人，因而只有与大多数投资者意见相反的那部分人才可能是赢家。

（3）人人都看好时，该买的都买了，因而将无钱可买，股价理应下跌；当人人都看淡时，该抛的都抛了，将无可再抛，股价理论上升。

牛市最疯狂之时，即报刊、电视等传媒都在寻找市场之顶点的时候，实际将是暴跌的前兆；而当市场低迷冷清，报刊、电视等传媒都在寻找市场底部的时候，机会可能已经来临。

10.4 均价关系分析

10.4.1 移动平均线的含义

证券市场的波动有时是非常剧烈的，短期的震荡使价格差异很大，对研究趋势的走向

有干扰作用。为消除这种影响,可以把某个时间段的价格综合起来找一个平均价,则得到一个较为规律的价格。以日线为例:

$$5日平均价=(C_1+C_2+C_3+C_4+C_5)\div 5$$

$$第6天5日平均价=(C_2+C_3+C_4+C_5+C_6)\div 5$$

把计算出的平均价标在每天的股价图上再进行平滑连接,就得到 5 日、10 日等移动平均线(moving average),如图 10.18。

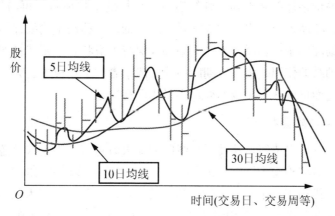

图 10.18　移动平均线

10.4.2　移动平均线的分类

根据时间长短的不同,移动平均线可分为短期、中期、长期移动平均线。一般而言,短期移动平均线指周期在 10 日以下的移动平均线;中期则指周期在 10～20 日的移动平均线;长期则指周期在 20 日以上的移动平均线。

根据计算方法的不同,移动平均线又可分为简单移动平均数(simple moving average,SMA)、加权移动平均数(weighted moving average,WMA,赋予不同日期不同的加权分量)和指数平滑移动平均数(exponential moving average,EMA,平滑因子小时较圆滑,平滑因子大时较为尖锐)3 种。

时间长短不同的几种移动平均线:股价跌破 30 日均线,强势市场结束;股价跌破 60 日均线,多头市场动摇;股价跌破 120 日均线,漫长雨季来临;股价跌破年线,熊市绵绵无绝期。

5 日均线,又称周线;10 日均线,又称半月线;20 日均线,又称月线;60 日均线,又称季线;120 日均线,又称半年线;250 日均线,又称年线。

10.4.3　移动平均线的实质

移动平均线是一种平滑工具,通过计算价格数据的平均值,可以求得一条起伏较为平缓的曲线。

移动平均线的变化滞后于市场行情的变化。但是,借助于较为平缓的移动平均线,可以大大简化探究潜在趋势的工作。

移动平均线实质上是一种追踪趋势的工具，其目的在于识别和显示旧趋势已经终结或反转、新趋势正在萌生的关键契机。

10.4.4 移动平均线的用途

1. 揭示股价平均成本

将一定期间的价格加起来平均，则知道目前价格的平均成本，再与当日价格做比较，并且从过去价格的变动可以看出平均成本增加或降低。若移动平均线保持上行状态，对价格有不断上推的助涨作用；相反，若移动平均线保持下滑状态，则使市场买方的人气逐渐消散，对价格有助跌的作用。将一段期间内购买股票者的平均成本公开，在知己知彼的情况下，买卖双方进而可以从未来成本变动中做出明智决定。

2. 显示股价变动的基本趋势

移动平均线是一条趋势线，移动平均线的周期天数越长，平均线就越平滑，就越能反映市场价格趋势。短期移动平均线代表短期趋势，中长期移动平均线则代表中长期趋势。在欧美市场，投资机构较看重200日的长期移动平均线，并以此作为长期投资的依据。一般而言，行情价格在长期移动平均线之下，属空头市场；行情价格在长期移动平均线之上，则为多头市场。

3. 股价支撑线和阻挡线

行情价格走在平均线之上，移动平均线具有对股价的支撑作用。价格即使下跌，只要多头市场尚未结束，跌到特定的移动平均线时，一定会获得相当的支撑。这是因为此时的移动平均线代表的是买入股票的平均成本。行情价格走在平均线之下，移动平均线则可视为股价的阻挡线。价格即使回升，只要空头市场尚未结束，遇到特定的移动平均线时，一定会遇到压力。这是因为此时的移动平均线代表的是卖出股票的平均成本。

4. 自动发出买卖讯号

自动发出买卖讯号，不需要主观判断。葛兰维将其概括为八大买卖法则，要点是，平均线从下降转为水平且有向上波动趋势，价格从平均线下方向上突破平均线，回跌中不跌破移动平均线，是运用短期移动平均线操作的最佳买入时机。平均线从上升转为水平且有向下波动趋势，价格从平均线上方向下突破平均线，回升时无力穿过平均线，是运用短期移动平均线操作的最佳卖出时机。

5. 预测一项交易的利润与风险

当股价在趋势线上呈锯齿状来回游动时，可以在主要的移动平均线上下定出一个轨道。在价位向上突破逸出轨道时，即可买进做多头。此时该轨道的纵深就是可能的风险损失，反之亦然。移动平均线的上下轨道如何决定，一般由使用者根据各种证券的特性而定。有人喜欢用10日移动平均线，上下各乘以102％与98％来作为轨道，见图10.19。

第10章 其他技术分析理论和方法

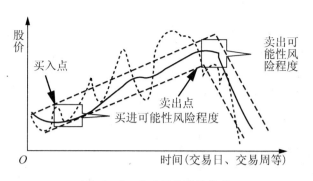

图 10.19 移动平均线的轨道

6．组合长短期移动平均线

短期移动平均线（10 日左右）所代表的是短期内多空价位平衡点，变动较为快速。长期移动平均线（25 日左右）所代表的是长时间内的平衡点，变动较慢、较稳定。投资者可以利用快慢不同的移动平均线来决定买进与卖出的时机，见图 10.20。

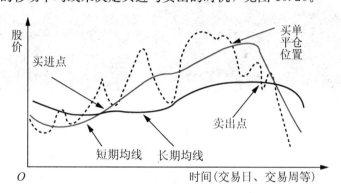

图 10.20 快速与慢速移动平均线买卖时机

10.4.5 移动平均线的优缺点

移动平均线的优点：能够指示买卖时机，而且在强劲的走势中，它发出的买卖信号极强；可以判断市场行情价格的真正趋势；在行情趋势持续发展时，买卖交易的利润非常可观。

移动平均线的缺点：当市场进入横摆的牛皮盘档时，买卖讯号频繁，移动平均线会不断发出错误的讯号；移动平均线的最佳周期日数与组合难以判断、确认；单凭移动平均线的买卖讯号无法给投资者充足信心，通常须靠其他技术指标辅助。

 知识链接

双龙出海形态均线实战

双龙出海：白色分时线和黄色均价线早盘形成双龙稳步攀升后，持续不拉升，而是横盘不动，但是盘中并不击穿黄色均价线，突然放量拉升，打破整理平台，直至涨停。

双龙出海形态要素如下。
(1) 早盘形成双龙齐飞雏形——开始跟踪。
(2) 拉升前多次回探不击穿黄色均价线——继续跟踪。
(3) 拉升前若击穿黄色均价线只能是探针式的击穿——放心跟踪。
(4) 拉升时必须有顶天量峰配合——配合十字交叉买入。
(5) 顶天量峰处最好有大手笔成交配合——放心买入。
(6) 震荡区间要控制在5%点以内——保证获利空间。
(7) 突破平台后量要持续放大——良性发展状态。

[案例一：达刚路基]

该股票早盘形成双龙稳步齐飞雏形，该股票在大盘震荡下行的时候处于横盘震荡，强与大盘，表明主力拉升该股票的决心，突然放量拉升，突破平台，三波反抽、即刻涨停，见图10.21。

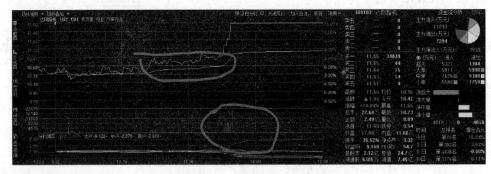

图 10.21　达刚路基均线实战

该股票盘中所具备以下要素。
(1) 早盘双龙雏形。
(2) 横盘阶段多次回调不破均价线。
(3) 突破平台放出天量。
(4) 突破之前均维持在1%以下。
(5) 突破平台量持续放大
(6) 突破平台，形成十字交叉，果断买入。

[案例二：章源钨业]

该股票早盘形成双龙稳步齐飞雏形，该股票在大盘震荡下行的时候处于横盘震荡，强与大盘，表明主力拉升该股票的决心，突然放量拉升，突破平台，见图10.22。

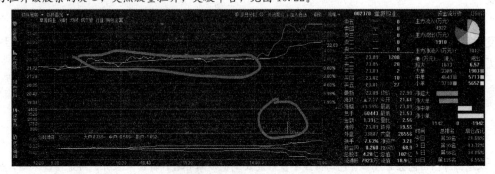

图 10.22　章源钨业均线实战

该股票盘中所具备以下要素。
(1) 早盘双龙雏形。
(2) 横盘阶段多次回调不破均价线。
(3) 突破平台放出天量。
(4) 突破之前均维持在2%以下。
(5) 突破平台,量持续放大。
(6) 突破平台,形成十字交叉,果断买入。

[案例三:云南锗业]

该股票早盘并没有形成双龙雏形,下探幅度太大,没有完成突破就击穿黄色均价线,直到快速拉升,所以这是该形态失败的原因,见图10.23。

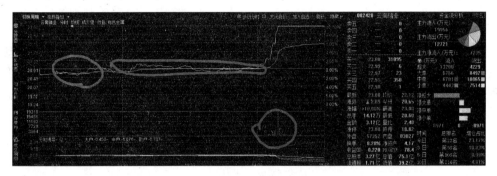

图10.23 云南锗业均线实战

该股票盘中所具备以下要素。
(1) 早盘双龙雏形没有形成。
(2) 横盘阶段击破均价线,多次反攻都没有突破。
(3) 突破平台放出天量,但是马上萎缩下来。

(资料来源:http://blog.sina.com.cn/zhangshangang18.)

本章小结

波浪理论是美国人艾略特首先提出来的。该理论以周期为基础,将之分为时间长短不同的各种周期,并指出,在一个大周期之中可能存在小的周期,而小的周期又可分为更小的周期。推动浪与调整浪是波浪理论的基本形态。一个完整的循环波由8浪构成,俗称"8浪循环"。其中1、2、3、4、5浪称为推动浪,a、b、c称为调整浪。当一个8浪周期结束之后,随之而来的是第二个类似的周期运动,即同样是5个上升浪和3个下降浪的新8浪循环。

量价关系理论在技术分析理论中占据极为重要的地位。成交量是推动股价上涨的原动力,市场价格的有效变动必须有成交量配合,量是价的先行指标,是测量证券市场的温度计,通过其增加或减少的速度可以推断多空双方争斗的规模大小和股价涨跌的幅度。量价关系理论较为复杂,而最浅显、最易入门的理论是逆时钟曲线。它是根据量价理论,观测市场供需力量的强弱,从而研判未来走势方向的方法。葛兰碧在对成交量与股价趋势关系研究之后，总结出九大法则，是研究量价关系的基本法则。

周期循环理论的重点是时间因素。如果投资者能对股市的各个阶段认真分析，明确所处行情属于哪一阶段，就能制订出合适的投资计划。相反理论的出发点是基于这样一个原则：如果行动同大多数投资者的行动一致，那么一定不能获得最大收益，因为不可能多数人获利。要想获得最大收益，必须同大多数人的行为不一致。

证券市场的波动有时是非常剧烈的，短期的震荡使价格差异很大，对研究趋势的走向有干扰作用。为消除这种影响，可以把某个时间段的价格综合起来找一个平均价，则得到一个较为规律的价格。把计算出的平均价标在每天的股价图上再进行平滑连接，就得到移动平均线。

基本概念

波浪理论　道氏理论　斐波那契数列　a浪　b浪　c浪　价升量增　价升量减　价跌量增　价跌量减　天价天量　地价地量　底部放量　顶部对倒　葛兰碧　周期理论　相反理论　移动平均线　日线　月线　周线　季线　半年线　年线

习　题

一、简答题

1. 什么是推动浪和调整浪？
2. 波浪理论的要点有哪些？波浪的基本特征有哪些？
3. 简述量与价关系的类型？
4. 逆时钟曲线8个阶段和葛兰碧九大法则是如何研究量价关系的？
5. 论述涨跌停板制度下量价关系。
6. 股市的循环周期可以分为几个阶段？
7. 相反理论的要点是什么？
8. 简述移动平均线的实质和它的作用。
9. 如何理解波浪理论中价格走势的基本形态结构？
10. 如何进行波浪的合并和细分？
11. 循环周期理论考虑问题的基本出发点是什么？
12. 斐波那契数列在循环周期理论和波浪理论中起何种作用？
13. 按照波浪理论的解释，一个完整的上升过程应该分为几个小的过程？

二、选择题

1. 波浪理论的创始人是（　　）。
   A. 马柯威茨　　　B. 罗斯　　　C. 艾略特　　　D. 夏普
2. 波浪理论认为股价运动是以周期为基础的，每个周期都包含了（　　）个过程。
   A. 9　　　B. 8　　　C. 7　　　D. 6
3. 波浪理论的最核心的内容是以（　　）为基础的。

A. K线理论　　　　B. 指标　　　　　C. 切线　　　　　D. 周期

4. 波浪理论认为一个完整的周期分为(　　)。
A. 上升5浪，调整3浪　　　　　B. 上升5浪，调整2浪
C. 上升3浪，调整3浪　　　　　D. 上升4浪，调整2浪

5. 不属于波浪理论主要考虑因素的是(　　)。
A. 成交量　　　B. 时间　　　C. 比例　　　D. 形态

6. 同技术分析理论对量价关系的认识不符的是(　　)。
A. 价格需要成交量的确认
B. 价升量不增，价格将持续上升
C. 股价跌破移动平均线，同时出现大成交量，是股价下跌的信号
D. 恐慌性大量卖出后，往往是空头的结束

7. 波浪理论的难点在于(　　)。
A. 浪的起始点的确认　　　　B. 确定浪的形态
C. 浪的层次的确定　　　　　D. 确定浪的终止点

8. 波浪理论主要考虑的因素有(　　)。
A. 股价走势所形成的形态
B. 完成某个形态所经历的时间
C. 形态形成与经济周期的关系
D. 股价走势图中各个高点和低点所处的相对位置

9. 在关于波浪理论的描述中，下列正确的有(　　)。
A. 一个完整的周期通常由8个子浪形成
B. 4浪的浪底一定比1浪的浪尖高
C. 5浪是上升的最后一浪，所以5浪的浪尖是整个周期的最高点
D. 波浪理论中的任何一浪，要么是主浪，要么是调整浪
E. 完整周期的波浪数目与斐波那契数列有密切关系

10. 下列关于波浪理论的说法，正确的有(　　)。
A. 较高的一个浪又可以细分成几个层次较低的小浪
B. 处于层次较低的几个小浪可以合并成一个较高层次的大浪
C. 在1、3、5推动浪中，第3浪应是最短的一个
D. 第2浪不能低于第1浪的起点
E. 第4浪可能低于第1浪的顶点

11. 如果股市处于(　　)阶段，则宜做空头。
A. 价涨量稳　　　B. 价稳量缩　　　C. 价跌量缩　　　D. 价涨量缩

12. 一般说来，技术分析认为买卖双方对价格的认同程度通过成交量的大小得到确认。具体表现是(　　)。
A. 认同程度小，成交量大　　　　B. 认同程度小，成交量小
C. 价升量增，价跌量减　　　　　D. 价升量减，价跌量增

三、判断题

1. 根据波浪理论，股票市场价格的变动趋势分为主要趋势、次要趋势和短暂趋势3种

类型。这3种类型趋势的最大区别是时间的长短和波动幅度的大小。　　（　　）

2. 若巨额买卖单存在频繁挂单、撤单行为且涨跌停经常被打开,当日成交量也很大,此时的巨量买卖单多是实单。　　（　　）

3. 投资市场人数越多,人为控制因数越少,波浪理论越不精确。　　（　　）

4. 股价随着成交量的递增而上涨,为市场行情的正常特征,此种量增价涨关系,表示股价将继续上升。　　（　　）

5. 股价随着成交量的递减而回升,股价上涨,成交量却逐渐萎缩,成交量是股价上涨的原动力,原动力不足显示股价趋势具有潜在反转的信号。　　（　　）

6. 一个浪不是主浪就是调整浪。　　（　　）

7. 如果股价继续上涨,但成交量不再扩增,这时应该追高抢涨。　　（　　）

8. 如果股市处于价涨量稳阶段,应该卖出部分持股。　　（　　）

9. 股价走势因成交量的递增而上升,这暗示趋势将反转。　　（　　）

10. 根据波浪理论,完整的波动周期上升是8浪,下跌是3浪。　　（　　）

实验实训题

实验一：移动平均线分析

1. 实验目的及要求

要求学生掌握移动平均价的计算与移动平均线的画法,并能运用移动平均线预测股票价格的变动,重点掌握黄金交叉点、死亡交叉点、反弹、回档等股票价格的市场变动趋势。

2. 实验内容

(1) 移动平均价的计算与移动平均线的画法。
(2) 举例说明移动平均线的特点。
(3) 葛兰碧8法则的含义及运用。
(4) 移动平均线的案例分析。
(5) 移动平均线的扩展(MACD)。

3. 问题讨论

长短期移动平均线的结合运用问题。

实验二：证券投资技术分析综合运用

1. 实验目的及要求

通过大盘及个股的案例分析,学生应掌握技术分析的综合运用方法,具备证券投资分析的初步能力。

2. 实验内容

(1) K线、均线、成交量的综合运用。

(2) 量比与换手率的综合运用。

(3) 形态、价、量综合运用。

(4) 技术指标的综合运用。

3. 问题讨论

(1) 选择股票,利用多种技术分析方法进行分析预测。

(2) 基本分析与技术分析的综合运用问题。

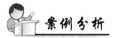

神奇的数列

既然波浪理论是"自然法则",其理论基础应是在现实世界中的某些规律。"0.618"最初由古埃及的数学家发现并称之为"黄金比率"。在日常生活中,这样的例子随处可见。直至3世纪,数学家斐波那契提出一个数列:1,1,2,3,5,8,13,21,34,55,89,144,233,377…这个数列被称为斐波那契数列。这个数列具有以下特性。

(1) 任何相临的两个数字之和都等于后一个数字,例如:

$$1+1=2;$$
$$2+3=5;$$
$$5+8=13;$$
$$144+233=377;$$
$$\cdots$$

(2) 除了最前面3个数(1,2,3),任何一个数与后一个数的比率接近0.618,而且越往后,其比率越接近0.618:

$$3\div5=0.6;$$
$$8\div13\approx0.615$$
$$21\div34\approx0.618;$$
$$\cdots$$

(3) 除了前3个数外,任何一个数与前一个数的比率,接近1.618。有趣的是,1.618的倒数是0.618。例如:

$$13\div8=1.625;$$
$$21\div13\approx1.615;$$
$$34\div21\approx1.619;$$
$$\cdots$$

斐波那契数列是波浪理论的数学基础,有兴趣的投资者可参阅有关著作。在这里,我们列出几个常见的例子。

(1) 若推动浪中的一个子浪出现延伸,其他两个推动浪运行的幅度及时间将会趋向一致。

假设,当第3浪成为延伸浪,则第1浪与第5浪运行的幅度及时间将会大致相同。如果不是,则也可能以0.618的关系出现。

(2) c浪的长度,常常以a浪的1.618倍出现。可以利用下列公式测试c浪的下跌目标:

c浪终点＝a浪×0.618。

(3) 水平三角形内,每个次级浪的升跌幅度与其他浪的比率,通常以0.618的比率出现。

(4) 第5浪的运行距离与第1浪始点至第3浪终点的距离也存在神奇数列的比率关系。

值得记住的神奇数有下列几个:0.618,0.382,0.5,1,1.618…

(资料来源:http://wenku.baidu.com/view/913ba00af12d2af90242e6cf.html.)

参 考 文 献

[1] 吴晓求. 证券投资学[M]. 3版. 北京：中国人民大学出版社，2009.
[2] 霍文文. 证券投资学[M]. 3版. 北京：高等教育出版社，2008.
[3] 谢百三. 证券市场的国际比较[M]. 北京：清华大学出版社. 2003.
[4] 邢天才，王玉霞. 证券投资学[M]. 大连：东北财经大学出版社，2007.
[5] 黄本笑. 证券投资学[M]. 2版. 北京：中国人民大学出版社，2009.
[6] 陈文汉. 证券投资学[M]. 北京：机械工业出版社，2010.
[7] 张玉明. 证券投资学[M]. 北京：清华大学出版社，2007.
[8] [美]戈登·J·亚历山大，威廉·F·夏普，杰弗里·V·贝利. 投资学基础[M]. 3版. 赵锡军，等译. 北京：电子工业出版社，2003.
[9] [美]汉姆·列维. 投资学[M]. 任淮秀，等译. 北京：北京大学出版社，2004.
[10] [美]滋维·博迪，亚历克斯·凯恩，艾伦·J·马库斯. 投资学[M]. 5版. 朱宝宪，吴洪，赵冬青，等译. 北京：机械工业出版社，2002.
[11] [美]滋维·博迪，亚历克斯·凯恩，艾伦·J·马库斯. 投资学题库与题解[M]. 4版. 朱宝宪，吴洪，唐淑辉，等译. 北京：机械工业出版社，2000.
[12] [美]弗兰克·K·赖利，埃德加·A·诺顿. 投资学[M]. 6版. 李月平，等译. 北京：机械工业出版社，2005.
[13] [美]布莱恩·克特尔. 金融经济学[M]. 北京：中国金融出版社，2005.
[14] [美]詹姆斯·B·阿科波尔. 公开上市[M]. 北京：中国人民大学出版社，2002.
[15] [美]马丁·J·普林格. 技术分析[M]. 任若恩，等译. 北京：中国财政经济出版社，2003.
[16] 中国上市公司资讯网(http：//www.cnlist.com).
[17] 中国国债协会(http：//1.202.200.81/index.jsp).
[18] 中国股票网(http：//www.yz21.org/).
[19] 中国证券网(http：//www.cnstock.com).
[20] 中国金融网(http：//www.zgjrw.com/).
[21] 中国证券监督管理委员会(http：//www.csrc.gov.cn/pub/newsite).
[22] 上海证券交易所(http：//www.sse.cn/sseportal/ps/zhs/home.html).
[23] 深圳证券交易所(http：//www.szse.cn/).
[24] 香港交易所(http：//www.hkex.com.hk/eng/index.htm).
[25] 中国人民大学书报资料中心(http：//www.zlzx.org/).
[26] 中国证券业协会(http：//www.sac.net.cn/).
[27] 中国投资信息网(http：//www.chinainp.com/).
[28] 东方财富网(http：//www.eastmoney.com/).
[29] 金融界(http：//www.jrj.com.cn/).
[30] 和讯(http：//www.hexun.com/).

[31] 上海证券报(http：//paper.cnstock.com/).

[32] 中证网(http：//www.cs.com.cn/).

[33] 国家统计局网站(http：//www.stats.gov.cn).

[34] 中国经济信息网(http：//www.cei.gov.cn).

[35] 中国经济改革研究基金会国民经济研究所(http：//www.neri.org.cn/).

北京大学出版社本科电子商务与信息管理类教材(已出版)

序号	标准书号	书　名	主编	定价
1	7-301-12349-2	网络营销	谷宝华	30.00
2	7-301-12351-5	数据库技术及应用教程(SQL Server版)	郭建校	34.00
3	7-301-17475-3	电子商务概论(第2版)	庞大莲	42.00
4	7-301-12348-5	管理信息系统	张彩虹	36.00
5	7-301-13633-1	电子商务概论	李洪心	30.00
6	7-301-12323-2	管理信息系统实用教程	李　松	35.00
7	7-301-14306-3	电子商务法	李　瑞	26.00
8	7-301-14313-1	数据仓库与数据挖掘	廖开际	28.00
9	7-301-12350-8	电子商务模拟与实验	喻光继	22.00
10	7-301-14455-8	ERP原理与应用教程	温雅丽	34.00
11	7-301-14080-2	电子商务原理及应用	孙　睿	36.00
12	7-301-15212-6	管理信息系统理论与应用	吴　忠	30.00
13	7-301-15284-3	网络营销实务	李蔚田	42.00
14	7-301-15474-8	电子商务实务	仲　岩	28.00
15	7-301-15480-9	电子商务网站建设	臧良运	32.00
16	7-301-15694-0	网络金融与电子支付	李蔚田	30.00
17	7-301-16556-0	网络营销	王宏伟	26.00
18	7-301-16557-7	网络信息采集与编辑	范生万	24.00
19	7-301-16596-6	电子商务案例分析	曹彩杰	28.00
20	7-301-16717-5	电子商务概论	杨雪雁	32.00
21	7-301-05364-5	电子商务英语	覃　正	30.00
22	7-301-16911-7	网络支付与结算	徐　勇	34.00
23	7-301-17044-1	网上支付与安全	帅青红	32.00
24	7-301-16621-5	企业信息化实务	张志荣	42.00
25	7-301-17246-9	电子化国际贸易	李辉作	28.00
26	7-301-17671-9	商务智能与数据挖掘	张公让	38.00
27	7-301-19472-0	管理信息系统教程	赵天唯	42.00
28	7-301-15163-1	电子政务	原忠虎	38.00
29	7-301-19899-5	商务智能	汪　楠	40.00
30	7-301-19978-7	电子商务与现代企业管理	吴菊华	40.00
31	7-301-20098-8	电子商务物流管理	王小宁	42.00
32	7-301-20485-6	管理信息系统实用教程	周贺来	42.00
33	7-301-21044-4	电子商务概论	苗　森	28.00
34	7-301-21245-5	管理信息系统实务教程	魏厚清	34.00
35	7-301-22125-9	网络营销	程　虹	38.00
36	7-301-22122-8	电子证券与投资分析	张德存	38.00
37	7-301-22118-1	数字图书馆	奉国和	30.00

相关教学资源如电子课件、电子教材、习题答案等可以登录www.pup6.com下载或在线阅读。

扑六知识网(www.pup6.com)有海量的相关教学资源和电子教材供阅读及下载(包括北京大学出版社第六事业部的相关资源)，同时欢迎您将教学课件、视频、教案、素材、习题、试卷、辅导材料、课改成果、设计作品、论文等教学资源上传到 pup6.com，与全国高校师生分享您的教学成就与经验，并可自由设定价格，知识也能创造财富。具体情况请登录网站查询。

如您需要免费纸质样书用于教学，欢迎登录第六事业部门户网(www.pup6.com)填表申请，并欢迎在线登记选题以到北京大学出版社来出版您的大作，也可下载相关表格填写后发到我们的邮箱，我们将及时与您取得联系并做好全方位的服务。

扑六知识网将打造成全国最大的教育资源共享平台，欢迎您的加入——让知识有价值，让教学无界限，让学习更轻松。

联系方式：010-62750667，dreamliu3742@163.com，lihu80@163.com，欢迎来电来信。